〈ポスト68年〉と私たち

「現代思想と政治」の現在

[編者]
市田良彦
王寺賢太

平凡社

〈ポスト68年〉と私たち✣目次

京都大学人文科学研究所共同研究成果報告書

凡例

1　本文および文末注の（　）は論文著者による注記等を示す。
2　引用文中の（　）は原文のものである。引用文中に論文著者による注記等がある場合は〔　〕にくくって示す（外国語論文著者の場合は［　］）。
3　外国語論文への翻訳者による注記等も〔　〕にくくって示す。ただし、そのうち長いものは、論文末に著者自身による注と並べて掲げる。論文著者による注のマーク＊と区別して☆のマークを付す。
4　参照文献のうち邦訳があるものは、原著と邦訳書の書誌情報を文末注に掲げる。ただし、引用文は原則として各論文著者が原文から翻訳している。
5　参照・引用が多数におよぶ文献については、最初の登場箇所に注を付して文末注に書誌情報を掲げたあとは、本文中に略号と参照頁を（　）にくくって記す。その際、邦訳がある場合は邦訳書の参照頁も併記する。
6　外国語原典の引用文中のイタリックは傍点に変えた。

〈ポスト68年〉と私たち

市田良彦

この論集は、京都大学人文科学研究所を舞台に五年（二〇一一年三月〜二〇一六年三月）続いた共同研究「ヨーロッパ現代思想と政治」の二冊目の成果報告書である。研究会の制度的枠組みと歩みについては、一冊目の論集『現代思想と政治——資本主義・精神分析・哲学』（平凡社、二〇一六年）の王寺賢太による「あとがき」を見られたい。同書をめぐっては公開合評会も催され、その記録は電子書籍として刊行されている。[*1] 本書はしかし、それらを踏まえた新しい成果というわけではない。またしかし、第一論集に収録できなかった諸論文からなる続巻でもない。

かたちのうえでは、本書は共同研究の期間中に開催された二つの国際シンポジウムの記録を中心に編まれている。その意味では事後報告という性格をたしかにもっている。それでも本書を『現代思想と政治』第二巻としなかったことにもまた、たしかな理由がある。私たちは、研究会においてつねに話題になってきたテーマを、第一論集ではあえて前面に掲げなかった。それが反乱の〈68年〉であり、そのアフターマスとして現代まで続いているかもしれない、いない〈ポスト68年〉である。もちろん、論文のなかにはそれを個々の思想家に関連づけて論じたものもあれば、当時の運動に内在する思想を扱ったものもある。それでも、第一論集における私たちの主眼は、あくまで「現代思想」の読み方であった。「政治」は——まして〈68年〉や〈ポスト68年〉のそれは——読み方を限定する私たちの視点という位置づけであった。

本書の第一部を構成するシンポジウム「Pourvu que ça dure…：政治・主体・〈現代思想〉」（二〇一五年一月一二日開催）は、それをいわば逆転させる試みである。すなわち、あくまで「政治」のほうを「現代思想」をフィルターに読んでみる。〈68年〉への応答として「現代思想」を読むことが第一論集に伏在するテーマになっていたとすれば、逆にその「現代思想」から「政治」の現在を読む、あるいはこの現在を〈ポスト68年〉として読み解いてみる、それがシンポ提題者として私の念頭にあった問題意識である。もとより、同じ問題意識は研究会を通じて、私以外のメンバーからもさまざまな機会に示されていた。「現代思想」を媒介に〈68年〉と現在を往還することは、いわばだれやなにを専門的に研究していても、全員が課されていると感じるテーマであった。現在のことはだれでも〝自分なりに〟知っている。そしてメンバーのそれぞれは、なんらかのかたちで〈68年〉とかかわりをもった思想家のことを〝よく〟知っている。だから現在という時間が、各人の「現代思想と〈68年〉」を研究会のなかで媒介してくれたと言ってもいい。ならばその成果を、各人の研究論文とは異なるかたちでまとめられないか。論文は各人の専門性に引き寄せて書かれるほかない。しかし、それだけに終わってはおしい、あるいはなにか欠けてしまうと思わせるものを、研究会における討論は確実にもっていた。

エティエンヌ・バリバールを招いての国際シンポというアイデアは、そうした思いから生まれたと言ってよい。研究会メンバーの一人としての私の考えを、ではなく、研究会という「私たち」の進行中の議論を、まさに「現代思想」から「政治」の過去と現在を読み解いてきたバリバールにぶつけてみる。そう考えて私たちは企画を立案した。ゆえに、私の責任でまとめられた提題論文には、そのときまでの研究会における議論が色濃く反映されている。それが「私たち」の名前で発表されなかったのは、おかしな言い方かもしれないが、私たちにとっては「私たち」が問題であったからである。[*2] いったい、どのような了解で「私たち」なる集合存在は作られるのか。ここにいる私たちを含め、それはまさに「政治」的な問題ではないのか。今日の「政治」問題とは畢竟、「私たち」の存在が自明性を失ったことそのものではないのか。問題であるものを、まるで解決済みであるかのように——あるいはアカデミズムの流儀をそのまま受け入れて——舞台に上せるわけにはいかない。「私」と「私たち」の緊張関係そのものを見えるようにするには、誰かが討論の現状と隠れた賭金を「私」の名前で背負う必要がある。となれば、代表である私にその任が回ってくるのは致し方のないことであった。

シンポジウムのタイトルに引用したフランス語のフレーズは、ナポレオンの皇帝戴冠式に際し、彼の母が呟いたとされる有名な言葉である。「続いてくれればいいのですが……」。母の危惧したとおり、皇帝権力はほんの数年間しか続かなかった。私たちもまた、現在の「政治」状況がこのまま長く続くわけはないという直感を共有しつつ会ごとの論題について議論を続けていた。しかし「このまま」とはどういう事態なのだろうか。「政治」をめぐる漠然とした危機感なり出口なしの感覚の背後に、私たちはなにを見定めるべきなのだろうか。「現代思想」から与えうる仮の答えの仮の手がかりとして、「主体」を考えることができるだろうと私たちは考えた。ここで「主体」とはさしあたり、「政治」の場にしばしば登場する「私たち」である。「私たち」とはだれか。それがはっきりしないまま、便利な呼称として「私たち」は乱発され（主権者？　マイノリティ？　生活困窮者？　納税者？——いったいどういう「私」のような人たちなのか——いまや「私たち」と進んで言わないのは富裕層ぐらいかもしれない）、その便利さがますます「私たち」を中身の欠けた希薄な存在にしていないか。そんな疑問がタイトル全体に込められている。シンポジウムのテーマに含まれる「主体」をパフォーマティヴに提示する必要性に、私たちは自覚的であったと私は思う。ほかのメンバーは、私がいかに自分（たち）のもやもやした切迫感を私の発表原稿に取り込んでいるかを注視していたはずである。近年のバリバールは文字どおり「私」と「私たち」の関係に「政治」の発生を見る哲学を構築してきた。そこからさらに、現在の「政治」を照射しつづけている。私たちにとってはこのうえない討論者であった。私の発表は、彼の大著『市民‐主体』（二〇一一年、未邦訳）*3を手がかりに、「現代思想」と「政治」の現在を橋渡しする試みである。

もう一人の討論者、ブリュノ・ボスティルスもまた、「政治」を「現代思想」から読み解くという趣旨に沿って選ばれた。彼は「現代思想」の文脈においてアラン・バディウに近しい哲学者であると同時に、ラテンアメリカの政治・文化史をフィールドとする研究者でもある。日本の「私たち」ともフランスやヨーロッパやアメリカの「私たち」とも異なるかの地の「私たち」を、徹底して反文化主義的なバディウの主体論から見つづけている人である。読者は彼の発表に、ローカルな視点からしか見えない普遍性と、普遍的視点からしか見えないローカル性の両方を認めるだろう。本書に収録することはできなかったものの、シンポジウムにおける討論は期せずして、その点に関連してきわめて興味深いものとなった。このシンポジウムは、パリで起きたいわゆるシャルリー・エブド事件（一月七日）の直後に開催された。事件は空港近くにも飛び火したため、バリバールは来日の可能性さえ危ぶまれ、彼は事件への論評（一月九日付リベラシオン紙掲載）を書き上げたその足で飛行機に乗った。私たちは言ってみれば、外部からいきなり抹殺対象たる「敵」の「私たち」として括られたようなものである。テロをただテロと非難するだけでは、私たちのほうからその「私たち」に進んでなるようなものだ。その論評と討論の場におけるバリバールのコメントは、この難題を引き受け、そうなってはならないと主張しつつ、そんなかたちで「私たち」の構成問題を暴力的に解決しようとするテロを拒否する、という苦渋に満ちたものであった。それに対し、ボスティルスの反応は、そんな引き裂かれた「私たち」にすら含まれていない、いやむしろ、「私たち」が引き裂かれることによってすら排除されてしまう南米の「私たち」に目を向けさせるものだった。

シンポジウムのあと、非公開ながら、研究会ではバリバールを囲んで彼の「私たち」をめぐる哲学そのものを議論するワークショップをもった。『市民-主体』が題材であるものの、書評をするというより、メンバー（ガブリエル・ラディカはゲスト）の専門領域に引き寄せて同書をどう読めるかを議論する場である。本書にはそのときの発表者の準備原稿を、加筆してもらったうえで収録した。現場ではそれぞれの発表に対してバリバールからのコメントがあり、さらにそれを受けての討論も行われたが、紙面の都合でそれらは割愛せざるをえなかった。

それに対し本書の第二部をなす国際ワークショップ「〈権力-知〉か〈国家装置〉か――〈68年5月〉後のフーコーとアルチュセール」（二〇一六年三月一九日開催）の記録は、『現代思想と政治』第二巻と言える側面をもっている。私の発表でも触れたことだが、研究会のなかでは、「現代思想と政治」と言えばだれの頭にも思い浮かぶだろう二つのビッグネームを大きく扱うことをあえてしなかった。アルチュセールとフーコーである。彼らの場合には、政治路線にかかわる論争を含む研究史の蓄積があまりに大きく、「現代思想」を俯瞰的に眺望する研究の対象になりにくかったというのが正直なところである。[*4] 彼らを見直すにはもっぱら彼らを対象とする共同研究がふさわしいかもしれない。[*5] アルチュセール研究者であるには違いない私も、この研究会の代表者としては、『現代思想と政治』の序にまとめたような俯瞰図を、個々の発表への応答を繰り返しながら作る作業に専念せざるをえなかった。しかし、共同の実質をもつなんらかの仕方で二人を論じる足がかりを残す必要がある、という判断は、研究会としても共有されていた。そこで、いわば五年間の活動の締めくくりとして、二人にかんする新世代の代表的研究者であるバーナード・ハーコートとノックス・ピーデンを招く企画が立てられた。彼らは主として英語圏で仕事を発表しており、私たちとしては、「現代思想」を特殊フランス的文脈から引き離すという意味も企画にもたせたかった。さらに彼らには、二つのビッグネームをめぐる彼らなりの研究最前線を提示するのみならず、そこに〈ポスト68年〉としての現在という視点を読みの制約として被せることを求めた。前年の国際シンポジウムとの連続性をもたせるためである。その点は、彼らに前もって渡した私の発表原稿からも読み取ってもらえると思う。

もちろん、〈ポスト68年〉という時代規定はあいまいである。〈68年〉がはっきりした年表上の出来事であるのに対し、〈ポスト68年〉はたんなる時代符牒にすぎないと言うべきかもしれない。七〇年代のことかもしれず、現代まで続いているかもしれず、〈68年〉との連続と切断はなおさらはっきりしない。それはちょうど、バリバールが論じた「構造主義」と「ポスト構造主義」の関係（私の発表を参照）のようなものである。しかし〈68年〉の街頭反乱が生起した事実を理論的、思想的に重く受け止めて「現代思想」が展開されてきた点は、第一論集が全体として強調しようとしたことであり、その「現代思想」が「政治」の現在になにがしかの知見をもたらしうるとすれば、その知見は「現代思想」の歴史に、ひいては〈68年〉以降の歴史にも、逆に新しい光を当てることができると期待してよいはずである。〈ポスト68年〉が一つの時代規定として有効だとすれば、有効さの根拠を理論的に示すことができるのは「現代思想」だけであろう。
フーコーとアルチュセールが思想界全体を巻き込んで著しい分岐を見せはじめた狭義の〈ポスト68年〉期を、今日どのように見直すことが可能であり、そこからどのような今日像を作ることができるのか、私たちは五年間の最後にそれを考えようとした。「権力‐知」と「国家装置」の概念が象徴的に示す分岐は、現在を含む〈ポスト68年〉の視点からは、ほんとうに分岐だったのか。あるいは、マルクス主義よりも深く革命や反乱を志向するかに見えた前者が社会関係のリベラルな管理思想と見分けが付きにくくなり、国家に社会関係の再生産を維持する要の地位を与えた後者が世界市場の猛威を前に国家をむしろ擁護せざるをえなくなっている現状に照らして、私たちはなぜわざわざ彼らの分岐に立ち返るのか。そこからなにをいまさらくみ取ることができるのか。この研究会から私以外に、長原豊と小泉義之が登壇することになった所以である。そして、ワークショップと同じテーマで、研究会メンバーの何人かに新しい論考を「補論」として書き下ろしてもらうことになった所以でもある。それらの補論は正真正銘の続『現代思想と政治』である。

〈ポスト68年〉は特に日本において、不幸な運命を享受している。言うまでもないだろう。反乱のあとに続いた、同志殺しの連合赤軍事件（一九七二）と一〇年以上にわたる凄惨な「内ゲバ」のせいである。そうした「暴力」を生みだしたことにより、その彼方に垣間見える〈68年〉は、全体として児戯に類する一過性の出来事に縮減される傾向を強くもってしまった。私たちは、好むと好まざるとにかかわりなく、〈68年〉をそのように見るようになった五〇年によって作られた「私たち」である。もちろん、暴力の暗雲の向こうに別の〈68年〉を見いだそうとする人たちも存在する。近代における社会運動の何度目かの勃興と、「階級闘争」からは区別されて現在に受け継がれる市民運動の創世こそを内実とする〈68年〉である。けれども、その内実が「暴力」に逆規定されていることもまたたしかであろう。「自立した市民の平和的運動」として把握されるのだから。「自立した」とは、「階級」理念に縛られた組織からの自立を、「平和的」とは、「連赤」と「内ゲバ」を反面教師とするという具体的意味を、なによりまずもっているだろう。〈68年〉と〈ポスト68年〉を暴力と非暴力の対立軸から解放して眺めることもまた、私たちの共同研究が副次的に――なかば意識的なかば無意識的に――目指したことであったように思う。問題はあくまで世界史である。フランス革命の「暴力」へのトラウマがヘーゲルをプロイセン官僚国家の先駆的哲学者にしたことは、バリバールがつとに指摘してきたとおりである（前掲『市民‐主体』所収の諸論文を参照）。また、異なる意見の平和的共存を体制安定の柱としたリベラルなワイマール共和国が、ユダヤ人にとってはシオニズムを加速させる以外に解決策のない失敗に終わったことも、歴史が教えるとおりである。負の十字架を背負わされた日本の〈ポスト68年〉は、世界内戦の相貌をおびるとさえ言われることのある現代に、長い歴史のなかでどこか戯画的（劇画的？）に見えるという点で先駆けていたのかもしれない。しかしそれも、政治が国家に集約されない事態は歴史上めずらしいことではなかったからだろう。

さまざまな因縁を経て友人となったバリバールが、空港から京都に向かう車内で私につぶやいた一言が思い出される。「おまえはいつも要求がきついなあ」。老人を一二時間の飛行機に乗せたことと私のシンポ提題論文の両方を指しての一言であるが、五年間を振り返っても、そのとおりだったと思う。研究会メンバーを「私たち」と呼ばせていただいたことにお詫びと感謝を申し上げる。

二〇一七年六月末日

＊1――鵜飼哲・檜垣立哉・森川輝一の三氏を評者に迎えた。『徹底討論　市田良彦・王寺賢太編『現代思想と政治』＠京大人文研』読書人、二〇一六年。

＊2——この点については前掲合評会における鵜飼哲の発言と、それに対する私の応答も参照されたい。
＊3——原著については三七頁注8を参照。
＊4——それでも『現代思想と政治』には、箱田徹のフーコー論「ミシェル・フーコーの内戦論」と、布施哲がフーコーとレオ・シュトラウスを比較して論じた「俗物に唾することさえなく」が収められている。また私の序では、アルチュセールおよびアルチュセール派（バディウやランシエール）が問題全体へのある種の前提的文脈を形成する要素として置かれている。
＊5——フーコーについては、この共同研究と同じ枠組みで、すなわち京都大学人文科学研究所の研究班として、小泉義之と立木康介を代表とする「フーコー研究」が二〇一七年四月よりスタートしている。

第I部① 国際シンポジウム

« Pourvu que ça dure ... »：政治・主体・〈現代思想〉

（二〇一五年一月一二日）

1 （ポスト）構造主義のヒーロー、政治の政治

市田良彦

1 はじめに

今日のシンポジウムは、お知らせのとおり「政治・主体・〈現代思想〉」と題されています。最初に私のほうから、その趣旨と今日の進め方についてお話ししておきたいと思います。主催団体である私たちの研究グループは「現代思想と政治」を問題にしています。しかし「現代思想」とはとても日本的な言い方で、世界的に見れば、なにを指しているのかまったく自明ではありません。そんな呼び名は日本にしかない。しかしそれでも、一九六〇年代のフランスにいわゆる「構造主義」という大きな思想潮流が登場して以来、六八年の「五月革命」をはさみ今日にいたるまで、いまやばらばらにしか読まれず、ばらばらにしか研究も活用もされない哲学者や思想家群のなかには、共通した問題設定と思想的傾向があったはずです。その共通のものに現在の視点から斬り込む私たちの視点が「政治」です。「政治」を通して見たとき、たしかに漠然とした総称であるけれども今もあえて一つの名前を与えて呼んだほうがいい思想的傾向があったのではないか。逆に言うと、固有の政治観なり、政治を問題にする固有の仕方によって浮き彫りにされる「現代思想」があるのではないか。そんな暫定仮説のもとに私たちは共同研究を進めてきました。もちろん、さまざまな思想家についてその政治観を問題にしたとたん、彼らは実に多様な姿を見せはじめます。いったいどこに共通性があるのか。「政治」というフィルターを通して眺めた

とき、彼らはほんとうに新しかったのか、「構造主義」なり「ポスト構造主義」といった冠をかぶせる正当性がいかほどあったのか、とさえ思えてきます。たとえばそんな括《くく》りのなかには必ず登場すると言っていい、ラカンとドゥルーズのあいだにどんな接点が「政治的に」あるのか。そもそも精神分析や哲学のどこに「政治」思想があるのか。思想と政治のこうした往還運動を続けるうえで見過ごすことのできない今日的な問題もあります。政治をめぐる現状です。いったいなにをもって、私たちは今日なにかを政治的ことがらと呼んでいいのでしょうか。政権交代とデモや街頭占拠のいずれが、いかなる意味において政治的なのでしょうか。グローバルに展開する資本の運動をまえに政治にたいしたことはできない、という「あきらめ」も、投票率の低さや現政権への信任に跳ね返るかぎりは政治的でしょう。言ってみれば、政治をめぐる分かりにくさそのものが、政治の現状、それもほとんど唯一の現状であるようなところがあります。「現代思想」を問題にしながら、私たちはこの現状についても考え込まざるをえませんでした。そして「現代思想」には、この現状を先取り的に説明しているようなところがあるようにも思えてきました。

そこで、今日のシンポジウムです。ここにおられるエティエンヌ・バリバールさんは、ご存じのかたも多いと思いますが、ルイ・アルチュセール編纂の『資本論を読む』（一九六五年）[*1]の共著者の一人で、その後、政治思想における「現代思想」を代表する一人となっておられます。元アルチュセール派の人たちのなかにはほかにも、アラン・バディウ、ジャック・ランシエールといった、現在、世界の思想界において政治を論じるときには欠かせない参照人物となっている人たちがいますが、バリバールさんは早くからそんな一人です。フランスのみならず英米圏でも活躍されています。またブリュノ・ボスティルスさんは、私よりも若い世代に属しておられますが、今名前を挙げたアラン・バディウの英訳者として、仏語圏と英語圏の「現代思想」を橋渡しする仕事をされているほか、ラテンアメリカの地域研究にも手を染め、そこでの現状を「現代思想」と突き合わせる仕事もされています。そのお二人に、「現代思想」における「政治」、そして現在の政治状況にはらまれる困難を問いとして投げかけて討論してみたいと私たちは考えました。「現代思想」の歴史を政治の現在から逆に照らし出すこと、そして逆に、「現代思想」の歴史から政治の現在に照明を当てる。それが私たちの研究会の問題意識であり今日のシンポジウムのテーマです。お二人には私のほうからあらかじめ、これからみなさんにかいつまんでその内容をお話しするテキストをお送りして、それに対する返答というかたちで発表を準備していただきました。漠然とイベント・タイトルだけを決めて個別の発表を並べる、というありがちな企画に終わらせたくないこちらの意図を汲んで、真剣に発表を準備してくださったお二人に深く感謝します。いわば討論はすでにはじまっているわけです。私はすでに質問をお二人に発し、お二人はそれにすでに答えてくださっています。そして、お二人の発表原稿をすでに読んでいる（つい先日ですが）私は、その答えをすでに知っています。シンポジウムの前半はここまでのプロセスの再現です。まず私から彼らに送った提題原稿を要約のうえ発表させてもらい、バリバールさん、ボステイルスさんに、それへの返答としての発表をしていただきます。それから、シンポの後半で討論はようやく現在形に移行します。再度、私からコメントと質問をさせてもらい、お二人に返答いただきますが、そのときには、研究会のメンバーをはじめ会場のみなさんも巻き込んで、文字通りの討論会にしたいと思います。よろしくお願いします。

2　出来事から現象へ——今日の反乱

ではこのままはじめさせてもらいます。シンポジウムタイトルはもう一度述べますが、「政治・主体・〈現代思想〉」です。今お話しした「政治」と「現代思想」という二つのテーマを、「主体」という語でつないでいます。「主体」問題を介在させることにより、「現代思想」はそのまま「政治思想」として立ち現れてくるのではないか、そして「現代思想」に伏在する「主体」概念、「主体」問題は、現在の政治状況を見るうえで有力なヒントを提供してくれるのではないか。それが、私からの提題のベースにある問いです。しかしこの問いにはもう一つの問いが裏側から張り付いています。現在の政治状況から見たとき、「現代思想」が提起した「主体」概念にはたしかに先駆的な知見が含まれていたけれども、同時に、状況はその「主体」の立て方に含まれる限界もまた示していないか。いわば状況のほうが思想を超えてしまい、思想に一種の無効を宣言しているような点がないか、という疑問です。

このとき、タイトルには入っていないもう一つの語がキーワードとなります。「出来事」です。物理的、客体的な「モノ」や「事象」、「現象」と異なり、「出来事」にはとても捉えにくいところがあります。ある人にとって確かに「あった」出来事は、他の人にとっても「あった」とはかぎらない。政治にかかわる場合は特にそうです。アウシュヴィッツや南京大虐殺の例は言うまでもありませんが、フランスにはフランス革命さえ「革命」としてはなかった、すなわち社会の深部には届かず、せいぜい都市部の騒擾——政権交代はその一部——にすぎなかった、と言う人々さえいます。出来事があったかなかったかをめぐって政治的立場が分かれると言ってよいほどであり、「現代思想」には、この「出来事」をめぐる思想であることにより一つの思想になっている一面があります。ドゥルーズとガタリには、出来事の曖昧さを逆手に取り、〈68年5月〉について、あれは「なかった」と言えるほどであるからこそ大きな出来事だったのだ、と述べているテキストがあります。[*2] ドゥルーズ哲学の全体を「出来事の哲学」、さらに積極的に「出来事の形而上学」と呼ぶことは可能でしょう。政治的立場において彼らと鋭く対立したバディウは日本ではまだあまり紹介が進んでいませんが、彼もまた仕事の中心に「出来事」の問題を置いています。そこでまず、そうした「出来事」問題を軸に「政治」と「主体」を「現代思想」風につないでみましょう。

政治的な出来事には、特有の主体がつきものです。出来事はそれ以前と以後に時間や時代を区分するから出来事であるわけですが、この時間の区分が政治においては特にあやふやです。日本のある種の伝統主義者にとっては、天照大神が出現して以降の時間は分割されてはいけないくらい、日本史には本質的になにも起きなかった。出来事が政治的なものになるのは、客体的因果性を超えた次元で出来事の実在を信じる人々が現れたときである、とさえ言っていいでしょう。その意味では、イエスの復活を信じる人々によってキリスト教が成立したことは紛れもない政治的出来事です。信じる人々が出来事の直接的担い手であるのか、観客であるのかは副次的です。とにかく、その出来事によって「われわれ」の時間や歴史は変わったのだと信じ、変わった証拠を既存の政治的審級のなかに刻み込もう、認めようとする人々が出現してはじめて、出来事は政治的な出来事になる。彼らが政治的主体です。ですから、政治的主体は、「社会的」つまり客観的な身分や位置づけを超えた名前をもたなくてはいけない。フランス革命に登場した「市民」は、旧体制（アンシャン・レジーム）における「第三身分」と実体として重なっていても、別の集団人格です。だからレジームを根底から変えることができた。プロレタリア革命の担い手たるプロレタリアートは必ずしも「労働者」ではない。あくまでプロレタリアの「名において」遂行されるのがプロレタリア革命です。だから「生産手段」の国有化というプログラムをともなわねばならなかった。特有の集団的主体の登場をもって出来事は政治になります。したがって逆に、出来事の存在性格のあやふやさ自体を主体の名前としてもいいでしょう。〈68年5月〉がその典型です。それは「若者や学生」たちの反乱ではなく、それが大いなる出来事であると信じる人々の名前そのものです。とにかく出来事と主体のあいだには、切っても切れず、相互に実体や中身を与え合う結びつきがあります。そのことを、ドゥルーズ＝ガタリであれ、バディウであれ、「現代思想」は強調してきました。

　では、私たちがとりわけ二〇〇〇年代に入って目にしてきた世界的反乱現象はどうでしょうか。ここでは詳細には立ち入りませんが、二〇〇五年のフランスにおける郊外暴動、二〇一一年のアラブの春、同年のスペイン・マドリッドにおける騒擾に、特有の名前をもった主体は登場したか。日本の3・11の後でもいいです。フランスの郊外暴動のときには、反乱を起こした人々は名乗るどころか、通常の意味における「社会的発言」のようなことをいっさいしなかった。なんの要求も掲げなかった。彼らは「黙って石を投げる」意思さえ感じさせ、ゆえに大統領は彼らを「ならず者」と呼んだわけですが、彼らはそれに対しても沈黙の暴力を激化させることで応えた。彼らを「イスラム系黒人とアラブ人」と名指した知識人[*3]は、人種差別だと非難されました。アラブの春はしばしば「市民革命」と言われますが、その「市民」に自らそう名乗る実体がないことは、政権が倒れたとたんに判明しました。新しい政治勢力はほとんど出現せず、伝統的な政治集団や原理主義者がすぐに鳶のごとくに油揚げをさらっていった。日本でも「脱原発」は、「脱原発派」が集団として現れたとたんに「アベノミクス」に選挙で負けました。そして「オキュパイ・ウォールストリート」運動です。彼らは「99％」という数字で名乗った。これは名前ではありません。そして運動内部では、代表者をもつ集団になる道を意識的に排した。いわば、「私たちは特定の政治的主体にはなりませんよ」と言ったわけです。

とにかく、こうした近年のケースでは、政治主体は固有の名前をともなっては出現せず、そのことが「出来事」を制度的政治との関係においてむしろ「事故」のようなものにしているように見えます。街頭に出る人々やいわゆる活動家も、無名・匿名の群衆であったり、あくまで有権者の一部であったりします。主体性を欠いた出来事は、それが続くことによって、客観的「現象」に変貌するでしょう。そして「事故」現象、「事件」の連続は、時間に切断を持ち込むどころか、現在を「システム」が失調する時間として持続させます。政治制度が機能不全に陥っているから「事故」が起こり、その「事故」が政治制度の機能不全をさらに深め、さらなる「事故」を招くという悪循環があるように見えるわけです。「機能不全」は、それ自体として客観化されて存在承認を受けるかわりに、もはやあるかないかを争点にすることを不可能にします。バディウを援用して言えば、さまざまな出来事は決定不可能性を喪失し、それゆえ出来事の到来に「忠実であること」を人々に求めることができなくなり、またそれゆえに、参加する人々や観客から「政治的である」こと、「主体になること」の可能性を奪っているように見えます。だとすれば、今日ではフランス革命直後のエドマンド・バークのような自覚的反革命派は登場しえないかもしれません。現に、事故の「不幸」、反乱を起こす人々の「無能」さと「憐れ」を高みからながめる半ば自覚的な「エリート」層が、反革命派にとってかわっているでしょう。

しかし反乱がシステムの「事故」となり、それゆえに連鎖する客観「現象」となっているとすると、そうした客体の正面には、「普遍的」となった政治主体が立ち現れようとしているのかもしれません。「99％」というスローガンはそんな期待もまた示していたはずです。しかし、全員がすでにその主体であるような政治は想像しがたいと言わねばなりません。すでに主体であるなら、ことさら政治を問題にする必要がないからです。ことはすでに「管理」問題に移行している。すでにみなが主体、主人公なのだから、われわれ全員の現在たる「時代」に切断を持ち込むようなマネはしないほうがいいし、ことを荒立ててなにかをしようとする人間は馬鹿だということになる。実際、かつての「歴史の終焉」イデオロギーは、問わず語りにそう語っていなかったでしょうか。リベラル・デモクラシーですべてOK、話はすべて終わっている。あとは欠陥の部分的修正だけをやっていればよろしい。だとすればしかし、「事故」は消えていくはずです。消えていかなければ、リベラル・デモクラシーは勝利したことにならないでしょう。ならば、消えるどころか、事故の連鎖が新たな政治「現象」となっているのはどうしてなのか。

とにかく、出来事と主体の結びつきがどこかで断たれてしまっていることが現在の政治を特徴づけているように思えます。出来事の主体として主体を考えているかぎり、ある種の袋小路に私たちはすぐさま陥ってしまう。では政治と主体の結びつきはどうなんだろうか。公認の政治は「人民主権」を言い続けていますし、私たちは、有権者なのだから選挙で成立した政権には従え、と日々言われつづけています。政治と主体ないし主体性は、どのように結びつき、また結びついていないのだろうか。現代思想はその点についてどう考えてきたのだろうか。出来事との特権的な結びつきをとりあえず括弧に入れて、そもそも主体概念は政治とどうかかわっているのかを考え直すべきときに来ていると思います。

3　エティエンヌ・バリバールの哲学的人間学あるいはその(ポスト)構造主義

それを考え直すうえで、私にとってはバリバール氏の仕事が大きなヒントになってきました。それが、本日彼をお招きしたほんとうの理由です。そこで、その点にかかわる彼の仕事を参照しながら、改めて私の問いを述べ直してみたいと思います。参照したい彼の仕事は二つあります。一つは、私が最初に「現代思想」という曖昧な総称にも、ほかならぬ「政治」という視点からは意味があるのではないかと述べた点にかかわります。バリバール氏は二〇〇五年に「ポスト構造主義は主体の廃棄だったのか」という論文を書かれています。[*4] その基本的なテーゼは、引用しますと、「ポスト構造主義はつねにいまだ構造主義であるし、構造主義は強い意味ですでにポスト構造主義であった」というものです。そして論文ではこの二つの思想傾向の同時性ないし共犯性を、政治が根拠づけている。それも主体の問いをめぐって、です。私が「現代思想」と呼んだものは、バリバール氏の論文では、あくまで一連なりのものとしてある構造主義とポスト構造主義です。彼はこの連続性を「主体」と「政治」によって説明しているわけです。

彼の議論を少し追いかけてみましょう。連続性を構造主義の側から見ていきます。言わずもがなのことかもしれませんが、構造主義が廃棄したのは「構成的主体」です。原因、原理、起源といった資格をもつ存在としての主体。構造主義はそれを廃棄し、主体を逆に構成されたもの、(原因ならぬ) 結果や効果として再構成しました。構造主義によって、主体は「構成するものから構成されたものへと転倒」された。ここまでは教科書どおりです。しかし、なにとして構成されるのか。たんに、真の「主体」である構造のエージェント、構造に操られ、動かされるだけのコマになったのか。つまり構造主義とはたんなる新たな決定論だったのか、とバリバール氏は問うわけです。そんなことはないだろう、主体は構造によってほかならぬ「構成的主体」へと構成されるのだ、と、彼はまさに構造主義の同時代人として、構造主義者として、他の構造主義者のことも振り返りながら述べています。つまり彼の見立てでは、構造主義は決定の中心を構造に移動させたのではなく、実は二つに分割したのです。その分割状態こそ構造であっただろう、と彼は考える。空間的イメージを用いてその点を説明すると、構造主義はそれまで一つの決定の中心をもっていた円を楕円に変えた。しかし、楕円の二つの中心は背中を接しているうえ、たえず入れ替わっている。主体に即して言えば、主体は構造によって構成されることで、バリバール氏の表現を引くと「臣従化と主体化、受動性と能動性の微分」になったのです。アラン・バディウはそんな主体と構造のあり方を「メビウスの輪」として形象化しています。[*5] そしてバディウは、この輪を断ち切る操作に、主体の新たな主体的行為を見いだすことになる。とにかくバリバール氏にとっては、構造主義とは構造のただなかに構造のリミットとして主体を位置づけ直す試みです。なぜリミットかと言えば、「構成するもの」が二つの中心のあいだを移動しつつ消えてしまうからです。「構成するもの」は、それを把握したと思ったとたんに、よそに移動してしまっている。これがバリバール氏によれば、構造主義のすでにポスト構造主義的な側面です。そしてポスト構造主義は構造のこのリミットを正面から問題にして、その捕まえがたさを「脱構築」や「欲望の流れ」として述べようとしてきたことになります。

とすれば言い換えると、いずれにしても現代思想は主体に対し、構造を破壊する力もまた与えていることになります。なにしろリミットなのですから。構造は主体から壊れはじめる可能性をもっていることになる。それが現代思想の定義する主体の政治性です。バディウはそこに賭けた。ドゥルーズも、構造主義には「構造主義のヒーロー」がいると書いています。[*6] 構造を作りながら、同時にその安定性をたえず脅かし、壊している存在です。とにかく、構造主義の構造とは最初から、全能の決定力をもっているどころかきわめて不安定なものだった、とバリバール氏は強調しています。とすると、構造のそんな危うさを体現しつつ、「臣従化と主体化、受動性と能動性の微分」である主体のあり方は、先に見た現代の現象的な主体のあり方とよく似ていないでしょうか。けっして決定の中心に躍り出ようとはせず、つまりかつての「人民」や「プロレタリアート」のように「構成的主体」を名乗ろうとせず、姿を現しては消え、現代世界の構造をたえず失調させている。私たちは現在、構造のリミットを目の当たりにしているだけなのかもしれません。つまり現代思想は主体に逆説的で捕まえがたい、そして強力な潜在力を与え直したけれども、それが現実化してみると、主体はほとんどリミットの位置から出ることができない。表に見えている分かりやすい政治を裏から脅かしつづけるけれども、表と裏という構造そのものを変えることができない。現代思想は正しかったかもしれないけれども、その予言的正しさはなんとも無力感の漂う仕方で実証されたのかもしれません。実際、リミットに閉じ込められた主体を、現代思想はしばしば政治ならぬアートのなかに見いだしてきました。たとえばドゥルーズは「アートはオピニオンをもたない」と書いています。[*7] 政治の世界は彼によれば「オピニオン」世界ですから、「アート」は別世界を作っていることになり、実際ドゥルーズは、「来たるべき人民」を映画と文学のなかに認めている。これではアートの政治性を語ることはできても、政治の世界に主体は登場しえないと考えるに等しい。

だからなのだと思います。バリバール氏は現代思想の袋小路に止まることをよしとせず、それをより長い哲学史のなかに置き直す方向に進みました。彼の言い方では「哲学的人間学」の系譜のなかに、現代思想が取り出した主体を置き、同時に政治そのものまで定義し直そうとする試みです。その仕事は現在、『市民‐主体』という本にまとめられていますが、[*8] それが私の参照したい彼の二つ目の仕事です。ここで特に注目してみたいのは、同書に何度も登場し、ある章で主題的に論じられているヘーゲルの『精神現象学』のなかの印象的なフレーズです。「われわれである私と、私であるわれわれ *Ich, das Wir, und Wir, das Ich ist*」。構造主義が廃位させた「主体」は、「私」を「われわれ」と同一視し、その「私＝われわれ」に「構成する」力を認めていた。それに対し、構造主義＝ポスト構造主義は、そんなふうに等置していることそのものに構造のリミットを見いだした。つまり現代思想は「＝」を、取り除けばいい既成事実とは実は見なしておらず、それ自体たえず揺らいでいるもの、どこか無理矢理でなければ成立しない関係だと考えたわけです。バリバール氏の議論は、そう整理してやることができます。構造主義以前は、「＝」を前提にものごとを考えはじめたけれども（私もあなたも同じ人間）、構造主義＝ポスト構造主義はどうしてそんな関係が成立するのか、と疑問に思うところから思考をはじめた。それはさておき、ヘーゲルを読むバリバール氏にとって、この等式は正しいのか間違っているのか以前に、政治とはなにかを端的に定義する方程式です。ルソーやヘーゲルといったさまざまに異なる政治思想はその解き方によって分かれる。政治そのものは、できようができまいが「実践」によって「＝」の関係を「私」と「われわれ」のあいだに設定しようとする。「私」と「あなた」がほんとうはどんな関係であるのかとか、他者といかにかかわるべきか、といった問題は、このように定義される政治にとってはどうでもよい問題です。とにかく「私」と「われわれ」のあいだから矛盾も差異も取り除いてしまおうとするところに政治は成立する。どのようにすれば「＝」に置けるのかを政治は考える。どうしてそんなことをするのかを考えることは政治問題ではありません。心理学や精神分析や宗教や哲学の問題にはなりえるかもしれないけれども、政治問題ではない。単純な定義ですが、実に含蓄の多いというか、そこからいろいろな帰結を引き出してくることのできる定義だと思います。たとえばバディウについて。彼において「私＝われわれ」は「一＝多」と一般化されます。*9 そしてその「＝」の関係は、純粋な「多」である「存在」を「一つ」のものと数える「構造」によって置かれる。というか「構造」はそのように定義されます。つまりバディウにとって「私＝われわれ」自体は構造が「解決」する問題であって、そこに政治問題はないということになる。政治は彼にとってあくまで、一つの「私＝われわれ」（たとえば国民国家的な）を別の「私＝われわれ」（同じく共産主義的な）に置き換える、構造外にいる主体の操作です。ところがバリバール氏の定義からすると、どんなあり方をするのであれ、「私＝われわれ」の関係を設定しようとすること自体に政治は存する。こういう違いをバリバール氏による政治の再定義からは取り出してくることができます。

私としては、それを次のような問いへと引き延ばしてみたい。この「私＝われわれ」の現在はどうなっているのか。象徴的に言えば、街頭と権力それぞれの場において、また世界市場において、「私＝われわれ」はどのように実現が図られているのか。実際にどう実現されているかではありません。そんなことはできないというのが現代思想の到達点ですから。バリバール氏は、そのとき「市民」という概念に注目します。「市民」とはどういうあり方をする「私＝われわれ」なのかと問うている。「市民 citoyen」とは「cité」という共同体の住民です。国家とも都市とも訳せるでしょうが、ここでは「私＝われわれ」の特定の歴史的あり方を指していると理解すべきでしょう。平たく言い換えると、彼の仕事からは、どんな「cité」がこれから可能なもの、目指すべきものとして出てくるのか。これが議論の大きな主題になると思います。

4　ルソーとヘーゲルのあいだで――二つの政治

しかし、彼の「哲学的人間学」における歴史的な議論をもう少し追いかけてみましょう。「市民」という「私＝われわれ」は歴史的に成立した「主体」ですから。お二人にお送りした原稿のなかではこの部分をかなり詳細に論じているものの、相当テクニカルな細部にも立ち入っていますので、ここではその大枠と私の結論的な解釈だけをお話ししたいと思います。

煎じ詰めると、バリバール氏が「市民 - 主体」に見て取る「私＝われわれ」のあり方は、先に見た構造主義とポスト構造主義の連続した関係をほぼそのままルソーとヘーゲルの関係に横滑りさせることで成立しています。だとすると、現代思想の袋小路をそのまま歴史的に前倒しすることに帰着しないだろうか。これが私の疑問です。しかし同時に、この横滑りを進めるバリバール氏の手続きからは、それだけに止まらない政治観もまた取り出せるのではないだろうか、とも私は考えています。

まずルソーがポスト構造主義を先取りした構造主義者である点。これは周知の「社会契約」をどう読むかにかかわります。ポイントはルソーにおける二つの「自然」の区別です。第一の自然は「社会契約」以前の、人々がばらばらに集まっているだけの状態。ルソーの用語では「aggrégation」ですが、ここでは「集合状態」と訳しておきます。「私＝われわれ」はいまだ成立しておらず、ただ「私」の群れだけがある状態です。社会契約はこれを「association」すなわち「連合」に変え、人々に共同体という第二の「自然」を与えようとします。そのかぎりで、社会契約が人々の群れを構造化すると考えてよいでしょう。ところがバリバール氏の読み方によると、社会契約以前に「aggrégation」は存在していない。人民が人民自身と「契約」を結ぶ行為遂行的《パフォーマティヴ》な行為によって「私＝われわれ」が実現したあと、この「＝」がない状態として「aggrégation」は事後的に析出され、提立されます。この事後性には「構造は要素に先立つ」という構造主義の定理のような考え方を重ね合わせることができるでしょう。構造が登場する以前は、「われわれ」はおろか実は「私たち」さえいない。集合性を意識さえしない孤立した「私」が多数存在しているだけです。『不平等起源論』の描く「森のなかの孤独な人間」を思い浮かべればいいでしょう。「連合」を形成し、共同体として「われわれ」を登場させた後、人々は自分たちがかつてそんな「私たち」にすぎなかったと自覚する。森のなかに点在していたときには、そんな自覚もありませんでした。構造が構造「以前」を作り出すわけです。

この構造主義のどこがポスト構造主義的かというと、社会契約のパフォーマティヴな性格に求められます。[*10] 全員一致で「連合」すると「語る」ことが、その連合を「なす」ことです。これは同語反復的で自己言及的な行為ですが、個人が行うふつうのパフォーマティヴな語りとは異なり、現実には不可能であるパフォーマンスです。全員が一斉に「私」は「われわれ」である、「われわれ」は人民である、人民は「私」であると語ることなどありえない。人民を僭称している輩どもがすでにいて、彼らに向かってお前たちは人民ではない、われわれが人民である、と告げることならありえるでしょう。けれども他人の存在を知らない人間に「私は私である」という自己意識がけっして訪れないのと同じように、あらかじめ人民でない人々にわれわれは人民であると語る可能性はないし、人民の全体性が即「私」なのだとはなおさら言えない。とすれば、人民は主体として二つの自然からなる構造のリミットをなしていると言えるでしょう。二つの自然――構造の「前」と「後」――の差異を支える差異です。なぜ人民が差異であるかと言えば、人民とは、人民を「語る」ことと「なす」ことという実はけっして同じにならない二つの行為の、同時にしか遂行されない共存そのものだからです。観念としての「人民」はいわば行為遂行的言語活動のフィクションです。「私＝われわれ」によって規定される「人民」は、語る「人民」と行為する「人民」のあいだに間隔を開いているのです。それゆえ、社会契約によって人々を構造化する試みは、実際には「私」と「われわれ」のあいだの埋まらない溝を「法」によって持続的に埋めようとする営みになる。第二の「自然」の名において、第一の「自然」を告発しつづけるわけです。その持続によってかろうじて「人民」は維持される。これが危ういということを、フランス革命は恐怖政治によって実証しました。

そしてそれがヘーゲルの出発点となります。二つの自然であれ、王である主権者と臣下である人民であれ、ルソーは両者のあいだにある「垂直的関係」を社会契約により「削減」しようとした。民主的な水平的関係に置き換えようとした。「垂直性の削減」とはバリバール氏の用語です。[*11] バリバール氏の目に映るヘーゲルは、ルソーのことを、社会契約により「垂直性」を一気に削減しようとしてフランス革命における悲惨を招いた、と見ています。削減を性急にやりすぎた、と思っている。「垂直性の削減」は共同体の自己破壊につながるであろう、それがヘーゲルによるルソー的政治の総括です。ではヘーゲルはどうしようというのか。答えは周知のものだと言っていいでしょう。垂直性を一気に潰してしまうのではなく、「精神の歴史」というプロセスのなかに吸収して無化しようとするのです。というか、「精神」が垂直性を次第に削減していくプロセスとして歴史を定義する。時間をかけて不安定なリミットをコントロールし、リミットとして維持しつつ暴発させないようにする政治路線です。「私＝われわれ」はヘーゲルにおいて、過程に内在する目的となったわけです。最初からあるけれども最後にしか実現されず、その最後はけっして訪れない、そんな目的です。ポスト構造主義が構造主義を前提するように、ヘーゲルはルソーを前提しつつ、ルソー的構造主義のリミットたる「人民」を「精神」に置き換えた。ポスト構造主義者に相応しく、捕まえがたく政治の表舞台には姿を現さない「精神」を主体にした。デリダなら「人民」につきまとう「亡霊」と言うでしょうか。現代思想はまさにルソーとヘーゲルのあいだをうろうろとすることで政治思想であったのだ、と言えるでしょう。そのかぎりでは、なんの進歩もありません。ジジェクによるヘーゲルの復興は、なにかこと新しいことをしたのでしょうか。

ここからは、バリバール氏の「哲学的人間学」に触発された私なりの解釈です。ルソーとヘーゲルは、身分関係や支配関係といった垂直的関係としての「政治的関係」を廃棄しようとしたという点で同じです。その意味で彼らの政治は、ともに「政治の廃棄」を目指す政治だった。このとき、ヘーゲルがルソーに、廃棄されるべきである政治を逆に生み出してしまう政治を見ている、という点が興味深いのは、ヘーゲルによるルソー批判において興味深いのは、ヘーゲルによる批判は、「私」と「われわれ」をユートピア的契約により短絡させようとして、国家建設です。

と反乱や革命まで短絡させてしまった、ということでしょう。すなわち、社会契約は「国家建設＝革命」というもう一つ別の「＝」の導入を招いてしまった。この短絡の結果が恐怖政治のカオスであり、バリバール氏も、それがヘーゲルのトラウマになったと述べています。こちらの短絡は、新しい垂直方向の振動です。上に向かって積み上げる建設と、下に向かって破壊する革命が一つの同じ行為をなすという振動。フランス革命の現実的プロセスは、まず王政を倒して更地《さらち》にしてから新しい共和国を作るという具合には進まなかった。そんなイメージは事後的に捏造されたフィクションです。王の首を切ったのは新しい体制（レジーム）です。破壊と建設は一つの過程の両面でしかありません。一つの過程にはらまれるこの矛盾が、ヘーゲルの目には、新しい共和国の自己破壊にまで突き進んだわけです。それが恐怖政治。そしてヘーゲルにとり、それは社会契約論の論理的帰結です。というより彼の目には、「建設＝破壊」という、革命経験における垂直方向の振動を抽象化したものが社会契約論であり、ルソー的政治だと映っている。彼はこの垂直性を精神の運動により削減しようとしたわけです。これこそが、ルソーとヘーゲルは政治路線として同じである、という命題の正確な意味でしょう。私はそのようにバリバール氏の「ルソー／ヘーゲル」論を読みました。

ここにあるのは、垂直的関係としての政治と、それを廃棄しようとする政治のめまぐるしい交代です。一見、垂直関係のほうが先にあるように見えます。しかしヘーゲルがルソーに見て取ったのは、水平関係を導入しようとするから垂直関係を生産してしまうのだ、という逆説です。しかしその点は、構造主義者としてのルソーにとって自覚されていたとも言えます。なぜならすでに見たように、彼は第二の自然「association」（「ほんもの」の水平関係）を導入することで、第一の自然「aggrégation」（虚構の水平関係）を上から抑え込もうとしたのですから。しかし二人とも、垂直的関係としての政治を自らの「敵」として先行させることによってしか、自分の政治を定義することができない。二人の政治はあくまで「政治に抗する政治」、「政治の政治」です。ならば彼らに見て取るべきは、自らをたえず二重化する営みとして定義される一つの政治なのではないでしょうか。政治への不信によって自らを定義する政治と言ってもいいです。あるいは垂直性と水平性の分化‐分裂、二つの方向性のあいだの振動。『精神現象学』の真ん中あたりで、ヘーゲルが「われわれである私と、私であるわれわれ」というフレーズを書き記すことで、自覚的であったかどうかはともかく表現してしまったのは、この振動の様子ではないでしょうか。彼のフレーズにおいて二つの「私＝われわれ」をつなぐ「と」und/and/et は、「＝」を言いたいかぎり余分なものです。この「と」は、「削減」できない二つの方向性のあいだの差異をこそ表現しているのではないか。

だとすれば、このフレーズを導入して以降の『精神現象学』後半部分の読み方、ヘーゲルにおける「精神」の位置づけ方も変更を余儀なくされるかもしれません。「精神」は垂直性を「削減」する運動であるのではなく、「削減」できない振動を「扱う」一つの技術である、と読むべきではないのか。弁証法を法則ではなく技術として見る視点が開けてくるのではないか。削減すること、取り除くことができないから、いかにそれを技術的に「扱う」かが問題となる対象こそ、この「と」であったのではないか。私にはそんなふうに思えます。これは抽象的であるように見えて、けっしてそうではないし、絶対的に新しいというわけでもない視点です。というのも、たとえばフーコーの「統治性」概念はまさにこの「と」を対象としているとも言えます。「統治性」概念は、「全体的かつ個別的に omnes et singulatim」という問題を出発点にしていました。[*12] 一匹の迷子の羊を救うことと、羊の群れ全体を同時に救うことはできない。しかし両方を同時に救おうとするところから、彼の言う牧人司祭体制ははじまった。問題は、解ける類のものではないから、その「扱い方」、しのぎ方、ごまかし方を考えねばならず、統治技術を発明しなければならない。フーコーはそのようにして晩年の統治性をめぐる考察の道へと入っていったはずです。歴史全体を、この技術の観点から見直そうとしたはずです。「全体的かつ個別的に」とはフーコー版「私＝われわれ」であったでしょう。この視点から見たときには、「精神現象学」のプロジェクト全体もまた、一個の統治技術だとみなすことができるはずです。

言い換えれば、これは政治を再度歴史化する道です。「精神」の歴史ではない歴史のなかに「政治」を挿入する、というアプローチです。「市民」もそうした「政治と歴史」のなかに置き直して考えることができると思います。

少なくとも、「市民」をたんにルソーとヘーゲルのあいだを現代思想風にうろうろすることを運命づけられる形象と見ていては、私たちが確認してきた現代思想の袋小路から抜け出ることができない。実際、バリバール氏も『市民‐主体』という書物のなかで、「ルソー＝ヘーゲル」とは違う道に進みだしておられるようにも見えます。ルソーとヘーゲル以外にもう一人、ロックをもちだすときにです。[*13] このもう一人の社会契約論者にとって、社会契約とは「私＝われわれ」の状態を作り出す操作ではありません。彼の契約は「私とは私が所有するものである」という「＝」をこそ実現しなくてはならなかった。つまりそれは、「私 my self」と「私の所有権 my own」のあいだで振動する循環を導入する操作だった。これは、所有権によって「私」と「われわれ」のあいだの解きがたい矛盾をコントロールしよう、「統治」しようとする技術であると見ることができます。「私」の所有権を保障してくれるかぎりで「われわれ」の実在を認めようとするわけです。もちろん、それで「私」と「われわれ」のあいだの矛盾が消えるわけではなく、ただ矛盾を「所有権」の地平に移動させてやるだけです。その地平により「私」と「われわれ」の関係を限定しようとする。所有権問題として両者の関係を調整しようとする。私たちが現在目にしている行き詰まりは、この調整法の行き詰まりではないでしょうか。現代の反乱の根底に所有をめぐる不平等感の世界化を見て取ることは、もっとも無理のない仮説でしょう。だとすれば、「私＝私が所有するもの」の「＝」によって定義されるような「市民」概念が有効性をなくしつつある、ということではないか。バリバール氏が「哲学的人間学」のプロジェクトを開始したのは、「主体のあとには誰が来るのか」というジャン＝リュック・ナンシーの提起した問いに、「市民」が来る、と答えることによってでした。[*14] その「市民」は依然としてわれわれの時代の「主体」でありうるのでしょうか。思想史に多少とも通じておられる方ならご存じのとおり、「所有権」を柱とするロック的社会契約はアメリカ合衆国の創設理念となりました。してみると、世界のアメリカ化により「市民」が世界化したのは歴史的必然だったかもしれない。「市民」概念の重要性は畢竟「アメリカ」問題の重要性であるかもしれない。いずれにしても、新たな不平等の広がりを前に現代の反乱現象が起きているのだとすれば、それは所有権主体としての「市民」の終わりを告げているのかもしれません。「市民のあとには誰が来るのか」、と問うてもよいのではないでしょうか。

＊1――ルイ・アルチュセールほか『資本論を読む』上中下、今村仁司訳、ちくま学芸文庫、一九九六―一九九七年。

＊2――ジル・ドゥルーズ、フェリックス・ガタリ「六八年五月〔革命〕は起こらなかった」（一九八四年）杉村昌昭訳、ジル・ドゥルーズ『狂人の二つの体制 一九八三―一九九五』河出書房新社、二〇〇四年。

＊3――アラン・フィンケルクロート。「68年思想」の批判から「公共性」をめぐる政治哲学の構築に向かった新哲学者（ヌーヴォー・フィロゾーフ）にして、フランスにおける親イスラエル知識人を代表する一人でもある。この発言は、イスラエルの日刊紙によるインタビュー記事において行われたが、その抜粋がルモンド紙に掲載され、大きな否定的反響を呼んだ。

＊4――Étienne Balibar, « Le structuralisme : une destitution du sujet ? », *Revue de métaphysique et de moral*, n° 45, 2005, pp. 5–22.

＊5――Alain Badiou et al., *Le noyau rationnel de la dialectique hégélienne*, Maspero, 1978. 同書については、我々の共同研究の成果の一つである次の論文を参照。松本潤一郎「矛盾は失効したのか――思考の政治的時効」、市田良彦・王寺賢太編『現代思想と政治』平凡社、二〇一六年。

＊6――ジル・ドゥルーズ「何を構造主義として認めるか」（一九七二年）小泉義之訳、『無人島 1969-1974』河出書房新社、二〇〇三年。

＊7――ジル・ドゥルーズ、フェリックス・ガタリ『哲学とは何か』財津理訳、河出書房新社、一九九七年、二五〇頁。

＊8――Étienne Balibar, *Citoyen-Sujet et autres essais d'anthropologie philosophique*, PUF, 2011.

＊9――Alain Badiou, *L'être et l'événement*, Seuil, 1998, « Médiation un : L'un et le multiple ».

＊10――Étienne Balibar, *Citoyen-Sujet*, *op. cit.*, pp. 231–232.

＊11――Étienne Balibar, *ibid.*, pp. 233–235.

＊12――同名の論文（邦訳タイトルは「全体的なものと個的なもの――政治的理性批判に向けて」北山晴一訳。『ミシェ

ル・フーコー思考集成Ⅷ』筑摩書房、二〇〇一年、に所収）のほかに、一九七七―七八年度講義である『安全・領土・人口』（高桑和巳訳、筑摩書房、二〇〇七年）「二月八日の講義」を参照。

＊13――Étienne Balibar, *Citoyen-Sujet*, *op. cit.*, p. 134.

＊14――ジャン＝リュック・ナンシー編『主体の後に誰が来るのか？』港道隆・鵜飼哲ほか訳、現代企画室、一九九六年。原著は一九八九年に刊行。「市民‐主体」という概念は同書に寄せられたバリバールの論考のタイトルとして、はじめて登場した。

2 政治と主体性をめぐる20のテーゼ

ブリュノ・ボスティルス
（上尾真道・箱田徹・松本潤一郎訳）

1

今日、政治理論は二重の挑戦を受けている。一方で、もっともラディカルな政治理論でさえ、多様で激しく、機動性に富んだ最近の政治実践に絶望的なまでに追いつけていないように見える状況がある。いわゆる「市民社会」周縁での暴動や占拠から、議会内左翼を再活性化して選挙による国家の全面的な、あるいはごくつつましやかなコントロールを目指す散発的試みに至るまで、現在の情勢を世界的規模で理論化するための分析対象には事欠かない。たとえば組織化の役割、国家の機能、歴史の位置、政治経済学批判について、こうした出来事からいかなる示唆を受け取ることができるのか。しかし、多くの理論家は染みついた衝動をにわかには克服できず、新聞の一面を飾るような出来事をいくつか選んで——そのうちのあるものは改良主義的で、公然とあるいはおずおずと国家指向的であり、またあるものはアナキスト的かつ自由至上主義的で、穏健か過激かを問わず反国家主義的である——、それらを思い思いに編み出した各自の理論の例示や説明に加えるだけで済ませるようだ。他方、現代政治理論にとっての第二の挑戦は、いま挙げたような最近の政治的試みの一部に見られる欠陥を、現代の理論や哲学が抱える欠陥としばしば同一視し、その欠陥に帰そうとさえすることである。とはいえこれは、自己批判という謙虚さを装った理論の傲慢の一例にすぎないかもしれない。現今の出来事に対して、上から先行きを示したり指導したりすることはおろか、もはやその速度についていくこともできなくなった理論家たちは、少なくとも現今の実践が支配的な理論の弱点や盲点を暴くものではあるという陰鬱な御託宣に沈潜するのを好む。どこそこの哲学者がどこそこの暴動の展望を読み解く概念ツールも手だてももたないと非難されたところで、知的権威が本当の意味で脅かされることはない。結局のところそうした非難は、あらゆるラディカルな実践は正しい理論に導かれなければならないという主張を、裏側から——否定や欠落によって——依然として行っているにすぎない。理論家たちは現在進行中の実践を前に、敗北しつつなお勝利しているのである。

2

この状況を悪化させているのは、理論と実践の関係が、できあいの答えを与えるどころか、あらゆる正統教義の陥っている現今の行き詰まりにおける眼目をなしているという事実である。もはや政治的実践が先行の理論や綱領の適用や逸脱とみなされえないことは——そんなことがかつてありえたとして——、今日では多くの人々が認めている。革命政治とは、強く望まれてきた理論と実践との融合をもたらすものだという考え方ですら——そのためにプラクシスという術語が案出され、古代ギリシア哲学から借用されさえした——、それ以上に古くからある西洋形而上学的思考の伝統に由来するものとして攻撃にさらされてきた。弁証法的綜合という理念は、この伝統に対するラディカルな批判であるよりも、むしろその君臨を示す契機ではないかというのである。マルクス主義はヘーゲル弁証法に負うところが大きいだけに（いわゆる青年マルクスと成熟したマルクスのあいだの「認識論的断絶」の契機をはるかに超える拡がりをもつかもしれない）、こうした攻撃から無傷ではいられなかった。その結果、理論と実践とは宙に浮いたまま、それぞれが盲目的に、あるいは教条的に自律するなかでいつまでもばらばらのままとなる。例外となるのは、時折つかのま走り抜け、たいていは短命に終わるメシア的な贖罪の一閃だが、そこにはもはや、空無化され不活性化されたプラクシスとしか呼びようのないもの、すなわち無為と化したプラクシス、実践なきプラクシスしかない。ついには、外部から注入されるのではなく運動に内在する理論という、今日、アナキスト的共産主義者、アウトノミスト、あるいは加速度主義者（アクセラレーショニスト）などと自称する、多くの活動家たちが共有する発想さえ、さまざまな出来事が実際に展開するなかで理論と実践の一致が実現するという千年王国的夢想の最新形でしかないとみなされる。いずれにせよこの夢は、西洋形而上学への批判や脱構築をほとんど逃れることができない。この批判によると、形而上学の遺産は、一方で、理論（第一哲学あるいは存在論）を実践（倫理あるいは政治）に先立つ超越的なものとみなす傾向、他方で、プラクシスの（弁証法的あるいは汎神論的）内在性を通した理論と実践の融合（綜合あるいは一致）を探究する傾向という、二つの面をもつのだから。

3

今日、政治にかかわる主体と出来事をいかに名づけるべきか——この問題は以上のような大きな行き詰まりのもとに位置づけられるべきである。名づけの難しさは、（一）理論と実践のあいだ、（二）政治と歴史のあいだ、そして（三）歴史と存在論とのあいだに自明な弁証法的連関が欠けている現状を示すにすぎない。精確に言うなら、形而上学への批判や脱構築の一部をなす弁証法への批判によって、政治と歴史の関係は、理論と実践の関係に劣らず崩壊しているのである。つまり、政治はもはや——そんなことがかつてあったとして——社会的・経済的要因を含むもっとも広義の歴史的要因に基礎づけられたり、そこから演繹されたりするものとはみなされない。「人民」「民族」「市民社会」「プロレタリアート」「平民」さらには「マルチチュード」さえ、もはやかつてそうであったほどには今日のアクターにぴったりとフィットしていないように見える。その大きな理由は、純粋な政治的出来事の起源が、アクターとそれに本性的ないし客観的に割り振られた社会的役割との避けがたい隔たり、主体とそれが経済構造に占める場との不一致、あるいは政治的主体をそれ自身から切り離す内的亀裂と結びついていることにある。けれども、こうした隔たりや不一致や亀裂が純粋な政治的出来事の源泉にあるという捉え方（だが、それは今のことなのか、それとも常にそうなのか。これこそまさにこの過程で消されてしまった問いの一部である）はあいにく、もっともラディカルなかたちをとったところでふたたび存在論化されてしまう。政治と歴史の分離ないし非推移性（intransitivity）が、理論と実践の距離ともども、存在的なもの（いまや政治・歴史・社会などあらゆる領域を含む）と存在論的なもの（存在そのものについての思惟としての哲学）とのあいだにあるとされる、より原理的な隔たりに差し戻されるからである。いわゆる存在論的差異を「政治 politics」と「政治的なもの the political」のあいだの差異に翻訳しようという一時期の試みは、この存在論化の一変奏にすぎない。しかしこの試みによって、政治的主体化の特定の名や様式が、たとえば政党や労働組合の階級政治のように、ある時代には機能したにもかかわらず今日ではそうでなくなってしまったように思われる歴史的理由が問えなくなっている。事実、このような政治の存在論化からは往々にして以下のような結論が引き出される。すなわち、これまで存在してきたいかなるかたちの政治も――マルクス主義に触発されたいかなる革命政治も――、あらゆる政治的主体を歴史や社会のなかで割り振られる客観的機能からつねにすでに引き剝がす不可避的な隔たりや不一致や亀裂を理解してこなかった、というのである。もっとも極端な場合、こうした反歴史主義的かつ反本質主義的な視点は、ハイデガーによる形而上学の破壊にならった歴史性ないし歴運性のラディカルな再検討からお墨つきを得ており、主体というカテゴリーを――政治的であるか否かにかかわらず――まるごと放棄することを前提とする。

4

逆説的にも、西洋形而上学の極致（それはニーチェのいう力への意志――ハイデガーの解釈によれば意志への至高の〔＝

主権的）意志——に体現される、形而上学の終わりの始まりを示す極致でもある）としての主体カテゴリーのラディカルな脱構築は、政治的主体性のほとんどすべての名に影響を与えている。「人民」「民族」「国家」「プロレタリアート」といった名が形而上学的主体性への批判に屈していることはたしかである。いわゆる評議会型共産主義がいう「ソヴィエト」（労農兵評議会）にも同じことが言える。これは一昔前、一九五六年後の脱スターリン化の過程で、また一九六八年後には新たな活力をもって——今日のアウトノミア系やアナキスト的共産主義系の多様な諸潮流の復活とともに、とまでは言わないにせよ——、全体主義的官僚制に対して自主管理というオルタナティヴを示すと期待されていた。しかしながら、この同じ批判は「共同体」概念には向けられてはいないように見える。短期間ではあったが、一九八〇年代に始まった共同体概念のラディカルで脱構築的な再検討が示そうとしたのは、共同体の名にふさわしい共同体は、本質的同一性という基底的統一なしであること、あるいは、なしであるべきことであり、そして共同体で共有されるもの、あるいは共有されるべきものは、結局のところ、無であること、共通本質の不在にほかならないことであった。「である」のか、「であるべき」なのか。この両義性に多くがかかっている。脱構築にありがちな存在論化の傾向が、一般的に直説法現在の肯定文を好んで断定調で用いることは明らかだが、その一方で、「無為の」「有限な」あるいは「単独的かつ複数的」云々と称される、共同体の本性をめぐる多様な議論が、いずれも「であるべき」という命法に潜む規範性に依存していることもまた明らかである。それなくしては、国民社会主義的であれ、共産主義的であれ、現存する共同体主義（コミュニタリアニズム）の最悪の形態を退けることはできない。言いかえれば、ジャン＝リュック・ナンシーやジョルジョ・アガンベンが、定冠詞付きの「共同体」、「共同体なるもの *the* community」（フランス語やイタリア語の定冠詞は、特に意味がなさそうな場合でもつねに強調符付きで理解されうるが、英語では定冠詞自体不要なことが多い）とは、すなわち実体や本質、安定した基底的な同一性をもたないもの「である」と断定的に肯定文で書きつけるのを読むときには、原理的にはそうであっても事実上そうとはかぎらないことを銘記しておかねばならない。彼らの哲学的省察が主要な標的とするイデオロギー的形態、すなわちナチズムやスターリニズムが共同体の理念を実現したやり方が、ナンシーやアガンベンが論じたようなものでなかったことは明らかなのだから。

5

かくして、存在論の領域に現在への史的批判を哲学用語に翻訳するという華々しい任務が割り当てられる一方、同時に、歴史と存在論を真に双方向的に結びつける可能性は断ち切られる。たとえばヒトラーとスターリンという固有名詞で名指される全体主義の双子の標準類型が代表する実在の歴史が、「共同体なるもの」という概念にそなわる存在論的に栄誉ある位階に到達することはけっしてない。事実においては物事がそう「であるべき」にもかかわらず、現実にそう「である」と断定するために、かくも見てくれの悪い重しは打ち捨てられているのである。しかしだからこそ、現存する共同体が哲学者たちによって自信満々に規定されるようなものであることなど、全体主義の脅威を唯一防ぎうるのかもしれぬ代議制民主主義の法的保護下でもありえないのではないかという印象を読者は抱かされる。せいぜいのところ、こうして共同体を想像し直したところで、直説法現在で肯定されるにすぎないものをなんとか探りあてたいという期待が時折閃くだけだろう。ニュースのヘッドラインから選りすぐりの、かといって予想を裏切ることもない散発的な実験が集められ――こちらでは芸術作品、あちらでは街頭蜂起――、われわれはそこから、実体も本質ももたず、純粋な「共‐存在 being-with」、純粋な「共通‐存在 being-in-common」へと曝け出された死すべき人間としての自らの根本条件を垣間見られるかもしれないというわけだ。二〇世紀の壊滅的経験はこうして、「共同体なるもの」のただなかにある有限性という核を暴力的に否認するものと断定され、ラディカルに存在論的な調子で記された診断を受け取る。結局のところ、まさにこのようなやり方ゆえに、政治の脱構築は同時に、集合的主体が将来いかなる意味をもつにせよ、それを実現することは不可能なことであり、けっして望ましいことではないとさえ決めつけるのだ――少なくとも、もはや絶望的なまでに形而上学的とみなされた「作品」「労働」「営み」といった概念に基づく限りは。それでもなお、当の共同体の思想家たちはある種の共産主義の観念に訴えることをやめようとはしない。ナンシーは『無為の共同体』冒頭で、ジャン＝ポール・サルトルのよく知られた言明（サルトルにとっては、マルクス主義こそが現代の乗り越え不可能な地平であった）に曖昧に言及しながら、「われわれにとって共産主義はもはや乗り越え不可能な地平ではないと主張するときにも、われわれは同時に、同じくらい力強く、共産主義の要請ないし要求は、あらゆる可能な地平の彼方へと進む身振りに通じていると主張せねばならない」[*1]と述べている。

6

すでに明らかなように、マルクス主義的弁証法の形而上学的本質をめぐる一見衒学的なこの論争は、左翼政治と左翼理論の歴史に多大な衝撃をもたらした。具体的にはその結果として、すでにきわめて多様であった社会主義・共産主義左翼がともに哲学的に過ぎるアリーナに引きずり出され、政治的プロジェクトという主要特徴をすぐさま完全に失うことになったのだ。政治思想の水準における二〇世紀最大の幻術とでも言うべきものによって、社会主義・共産主義左翼の歴史（マルクスとバクーニンからレーニン、ルクセンブルク、トロツキーを経てスターリン、毛沢東、カストロ、ホーチミンにまで至る流れ——とはいえこれらの人物の名前が挙がることは滅多になく、たとえばハイデガーやフッサールのテクストと同じぐらい強い関心が寄せられる研究はほとんどない）の再考は、今日、形而上学による存在の忘却に対する千年来の闘いの眼目に仕立てあげられて示される。逆に言うと、形而上学の歴史についてのハイデガーの講義やセミナー、さらには最近刊行された『黒ノート』やらの熱心な読者たちは、緊急に求められているポスト形而上学的左翼の先駆者を自任することもできる。こうして、差異の哲学諸派は自称「左翼ハイデガー主義」を生み出し、「ラディカル・デモクラシー」とか「来たるべき民主主義」とかを擁護することによって、後続世代の思想家たちが、過去のあらゆる政治運動や国家形態や大衆蜂起の失敗や欠陥を、形而上学の批判や脱構築に照らして再考することを可能にしたのである。「あらゆる」？——その通り。政治的問いが立てられる土台そのものがのっけから問題とされる限り、政治に関するあらゆる具体的な事実や事例を、なにもかも一緒くたにして一掃してしまう、「形而上学」や「主権」や「ヘゲモニー」に対する批判から逃れることなど望むべくもない。そのうえこの批判にとっては、「形而上学」「主権」「ヘゲモニー」という三つの語はおおよそ等しく、ほぼ入れ替え可能なので、「ポスト形而上学」を口にする者は誰でも、「ポスト主権」「ポスト・ヘゲモニー」を含意することになる。「Plato から NATO まで」とは、いかにも大衆受けする脚韻だが、カリカチュアどころか、こうした批判が脱構築的懐疑の網を世界に投げかけるときの対象の広がりを如実に示している。☆1 さらに驚くべきことには、こうした懐疑は右翼よりも左翼に対してはるかに執拗に適用されるのだ。かくして、個人であれ民衆であれ、プロレタリアートであれマルチチュードであれ、あらゆる自己解放の試みに組み込まれている形而上学の誘惑に対してけっして警戒を怠らないと宣言することで、形而上学の脱構築の支持者たちはつねに公認左翼のさらに左に自らを位置づけることができる。また、これもまちがいなく見逃せないことだが、諸々のいわゆる「新たな唯物論」をも生み出してきた差異の哲学者たちとその現代の後継者たちは、過去のいかなる唯物論よりもラディカルに唯物論的であるとつねに主張することができる。そのとき、この過去のさまざまな唯物論のなかには、なによりも、取り返しのつかないほど観念論的で形而上学的とされ、マルクスに帰されるある種の（弁証法的かつ史的な）唯物論の影が差していることは言うまでもない。

7

政治的主体性の概念そのものの正体を徹底的に暴露することが、今日の理論的行き詰まりの唯一の帰結ではない。いわゆる「フレンチ・セオリー」に限っても、ジャック・デリダの門人たちに見られる形而上学の脱構築というハイデガー的伝統とは別に、われわれは一連の思想家——とりわけアラン・バディウ、ジャック・ランシエール、エティエンヌ・バリバール——を見出すことができる。彼らはいずれも主体化概念を政治の本質として維持しつづけており、逆説的にも皆ルイ・アルチュセールの教え子として知られている。逆説的というのは、ハイデガーに劣らずアルチュセールにとっても、主体というカテゴリーはそもそも疑わしいものだからである。アルチュセールにおいては、主体は形而上学的というよりもむしろイデオロギー的なものとされ、科学的、政治的その他いかなる真理にも係わらない。アルチュセールの正典的テクスト群に見られるこの主体の拒絶とは対照的に、マルクス主義の危機のただなかで——しばしばポスト・マルクス主義出現のきっかけとして言及される危機である——、アルチュセールの教え子たちが直面した困難な課題は、形而上学の脱構築にもかかわらず、それと両立しうる主体の理論を提示することだった。このことが意味するのは、脱構築を完遂することの不可能性であり、あるいはむしろ、少なくとも介入する主体に関するなんらかの概念がない限り脱構築は不可能だということである。ハイデガーとアルチュセール（そして彼らの門人たち）という名を記された二つの知的伝統のあいだには、本質的両立可能性（〈一者〉を脱構築する必要性）とともに、本質的両立不可能性（主体に関する最小限の理論を放棄するか維持するか）がある。

8

政治的主体をめぐるこの討議が演じられる場の一つは、先述した政治と歴史の関係に係わっている。バディウやランシエールのような思想家にとって政治はつねに主体の活動であり、もはや歴史や社会学や経済学の客観的データに依拠するものではない。この「もはやない」は二様に解釈可能である。すなわち、かつて歴史的にはなしえたことの命運が尽き、実践的選択肢としてはもはや使い物にならないのか。あるいは、ただ見当ちがいの理論的伝統だけが、過去から続く階級闘争を各時代の社会的・経済的現実性から直接派生するとみなしていたのか。さらに二様の解釈を言いかえると、たとえ階級闘争をめぐるマルクスの洞察がかつては歴史的に正しかったとしても、マルクスは事実上失効してしまったのか。あるいは、たとえ階級闘争の偶発的特性へのマルクスの洞察がそののち正統マルクス主義の伝統において決定論的本質主義のもとに埋葬されてしまったとしても、マルクスは理論的にはつねに正しかったのか。

9

それゆえ、あらゆるポスト・マルクス主義は、政治と歴史のあいだの乖離を考慮することを背後で共通の前提としている。この政治と歴史のあいだの乖離は、政治と社会、あるいは政治と経済の関係をも含む広がりをもっている。この観点からすると、バディウの軌跡は範例的である。この二、三〇年のあいだに、バディウはマルクス主義の分析的役割を政治的役割から次第に切り離すようになったからだ。一つの診断としてなら、マルクスの政治経済学批判は今日かつてなかったほど有効かもしれないが、だからと言って、活動家たちがわれわれの時代の政治的叛乱に介入するための適切な戦術と戦略を編み出す助けにはならない。マルクス主義のこの二つの相ないし論理の節合部で、なにかが深い危機に陥ったのだ。私が分析と政治と呼んだ二つを、ピエール・ダルドーとクリスチャン・ラヴァルのような他のマルクス解釈者は資本の論理と階級闘争の論理と呼んでいるが、彼らにおいて、この二つの論理は共産主義の想像的な膠《にかわ》によってのみ乗り越えうる共約不可能性によって特徴づけられている。「共産主義は、まったく異なる歴史をもつ二つの思考の系譜をひとくくりにするための〝膠〟の役割を果たす。資本主義の「客観的」論理と、諸階級間の内乱という「実践的」論理は、より高次の社会的・経済的組織化の形式において合流するだろう。言いかえれば、未来への想像的投影のみが、異なる本性をもつこれら二つの展望を共闘させるのである」。バディウ自身は、われわれが政治の展開を宗教の展開と同様に「歴史を通して、歴史のなかで、歴史とともに」理解しうるということに、ますます確信をもてなくなっている──若きマルクスが『聖家族』（一八四五年）に記したこの言葉は、晩年のダニエル・ベンサイードが折々に繰り返した言葉でもあったのだが。というのも、『存在と出来事』（一九八八年）の著者にとって、政治は完全に出来事の秩序に属すものであり、単なる事実や事実についての臆見をことごとく捨象しない限り、出来事を理解することはできないからだ。それゆえ、バディウは次第に政治的介入を、芸術・数学・愛という他の三領域の出来事と同じく、自己準拠的で、それ自体によってのみ正統化されるものと見なすようになった。このことは特に一九八〇年代末から一九九〇年代中頃にはっきりしてくる。およそ『存在と出来事』から『メタ政治学綱要』（一九九八年）刊行までのこの時期、バディウの仕事の反歴史主義と反弁証法的傾向は、勢いを得て事実上頂点に達していた。しかし、多くの注釈者はその後の仕事にも同様の反歴史主義的傾向を嗅ぎつけ、『共産主義の仮説』（二〇〇九年）と『歴史の覚醒』（二〇一一年）で提起された共産主義の〈理念〉への回帰にも同様の立場を見ている。その正誤はともかく、この立ち位置にどのような潜在的欠陥が結びつけられるかは明らかだろう。現世を見下すかのような超然とした態度。蜂起する大衆を貶める哲学者‐知識人の特別扱い。より一般的に言えば、マルクスよりもむしろプラトンの哲学的庇護を公然と求めて果たされる、実践と理念の分離。逆に、バディウに敵対する立場にも潜在的リスクが含まれていることは明らかだ。行為のための教育を優位に置く、理論に対する反知性的侮蔑。自律的な政治戦術の出現に際して、世界資本主義システムの史的サイクルと危機に基づくこじつけの説明を与えてすませる傾向。より一般的に言えば、『資本論』（一八六七年─）の分析的でシステム論的なマルクスの特権化による、『共産党宣言』（一八四八年）や『フランスの内乱』（一八七一年）の政治的・介入的マルクスの切り捨て──もちろん、『資本論』の追補としては、主体性の役割をより強調する『経済学批判要綱 *Grundrisse*』〔以下『要綱』〕（一八五七─五八年）が加えられたりもするのだが。とはいえ、バディウの軌跡から窺われる、活動家の言説としてのマルクス主義についての評価の変遷は、実はそれほどラディカルなものではない。「歴史」という語の意味や意義には異なる解釈が与えられるとしても、バディウは事実上つねに、政治が必然的に歴史に投錨し、根を下ろす一方で、歴史それのみから導き出されたり演繹されたりすることはありえないというテーゼを擁護してきた。だからこそ、政治的出来事はすべて必然的に「強いられた」出来事なのだ。たとえばバディウは『主体の理論』（一九八二年）において、歴史と政治のあいだの弁証法的節合を、生産的大衆とパルチザン階級の弁証法という構図で考えようとしていた。バディウは言う。「階級は、その弁証法性の弁証法的分割に沿って解された場合、大衆の生産的歴史性に投錨するパルチザン的政治活動を意味する」。「すべてはこれらがいかに一体となって働くかを知ることにかかっている。なぜなら、この協働こそ階級だからである。これによって、政治的特異性が是正可能なものとして歴史の現実的運動のなかに生起させられる」[*3]。たしかにバディウはそののち、この他動（詞）的推移性（transitivity）という観点を、あるいは少なくとも、パルチザン的行為を通して組織化される歴史と政治、大衆と階級の弁証法的協働という観点を放棄する。『政治は思考可能か』（一九八五年）では、自動（詞）的非推移性が政治の本質規定の新たな鍵となる。政治こそ、マルクス自身の言説においても〈現実的なもの〉の点を印づけるものであり、ただマルクス自身の政治経済学批判だけがその言説を一つのフィクションのなかに固定しおおせたというのである。だからと言って、これ以後、バディウがマルクスの弁証法を放棄し、歴史というカテゴリーともども使用を控えるようになったわけではない。事実、近年刊行された『歴史の覚醒』でも、バディウは依然として、政治と歴史を節合するために同様の文法を大々的に再検討している。ただしいまや、あらゆる政治がそこに「投錨し」「根を下ろす」と言われる歴史は客観的諸要因に準拠することはなく、かえって政治的出来事をそれとして支える主体的過程に全面的に内在化する。バディウのポスト・マルクス主義ないしポスト毛沢東主義にとって、重要なことはもはや歴史の政治化ではなく、政治の歴史化なのだ。歴史に再生や覚醒があるとしたら、その基礎はもはや階級闘争の客観的歴史にではなく、ある種の自然発生的蜂起や暴動が歴史的なものへと生成することに、またそれらの歴史的暴動を政治的なものに化すことにある。言いかえれば、これをまだ出来事の理論と呼びうるとしても、この理論のすべては弁証法に属しているのであり、問題とされるのは、自然発生的暴動、歴史的運動、政治的組織化に内在的なしかたで時代に画期をもたらすことなのだ。こうして、『主体の理論』では大衆・階級・党との関連で問われていた古い問いの新しいヴァージョンが、『歴史の覚醒』では次の一節に現れる。「われわれはいかにして、〈歴史〉の覚醒を〈理念〉の徴のもとにある能動的な物質性として政治的に刻み込むべきか？」――とりわけこの刻み込みが、もはや前もって社会的に規定されたものではなく、むしろ稀にして偶発的な場合には。「簡単に指摘しておこう。あらゆる政治的真理が巨大な民衆的出来事に根づくとしても、やはり政治的真理は民衆的出来事に還元可能とは言えない[*4]」。

10

フレンチ・セオリー内部でも、諸々の国境の彼方でも、構造主義からポスト構造主義にかけて起こった転換は、政治的主体性の問いを問題化するより大きな過程のなかで重要な転回点を画している。先述の通り、この文脈では二つの支配的潮流を区別しうる。一方は依然マルクス主義と弁証法に結びついており、この潮流にとって政治は主体化の過程と切り離せない。他方は差異の名においてもっぱらヘーゲル＝マルクス主義的弁証法を標的としており、この潮流において主体は手の施しようがないほど形而上学的なものにとどまるとみなされる。ハイデガーの思考の遺産に連なる後者の傾向において、われわれが手にするのはせいぜい無為の「共同体」の基礎となる「共存在（共にあること）」の存在論の暗示にすぎないが、アルチュセールの正典的著作の遺産に連なる前者の傾向においては、政治的主体を重要視する議論がしばしば「人民 people」のカテゴリーを維持すべしという訴えのかたちをとる。こうして、たとえばバディウとランシエールは、『人民とはなにか』（二〇一三年）という論集に寄せた論考のなかで、単数形の「人民」は、この名詞が形容詞を伴う場合に見てとれるような一切の個別主義的な刻印とは峻別される限りにおいて、今日の政治主体のための名として有効であり続けていると論じている。「「人民」という言葉が肯定的意味をもつのは、国家の可能的な非存在とかかわる場合だけである。人々が創設を願う一つの禁じられた国家であっても、人々が消滅を願う一つの公認国家であってもよい。「人民」とは、民族解放戦争という移行的形式において、あるいは共産主義政治という決定的形式において、十全な価値を獲得する言葉なのだ」[*5]。だがその伝でいけば、よく似たやり方で、ポピュリズムの論理はあらゆる政治過程の本質を描き出していると論じるもう一人の旧アルチュセール派、故エルネスト・ラクラウの理論的志向を位置づけることもできるだろう。そのときこれらの議論は、「人民」が複数の「諸民族 peoples」において現れるときなにが起こるのかという問いを提起する。複数の「諸民族」というのは、たとえばジュディス・バトラーが近年世界規模で起きている一連の出来事に投影する「われわれ人民 we the people」という表現のように単数ではない、という意味である。バトラーはまるで、この表現が、アメリカ合衆国に本拠を置く狭く規定された立憲主義の伝統に属していることを忘れ果てたかのようなのだ。反対に、今日の政治的主体にとって可能なものとしてこの「人民」という名を複数化することは、アメリカでは“indigenous peoples”、カナダでは“first nations”、中南米では“*pueblos originarios*”等と呼ばれる「先住民族」の人種的・民族的・文明的多様性をなんらかのかたちで参照することにつながる。サドリ・キアリは『人民とはなにか?』寄稿論文で、「人民の観念が展開し、特殊な意味作用を獲得する意味の世界は、一般に、国民、市民/主権、そして従属的と呼びうる諸階級という、他の三つの観念相互のさまざまに異なる節合の上に構築される」として、こう付け加えている。「ここで行った記述を補完するために、人民がネイションと同じ基盤を手に入れながら、ネイション「未満」のものとして自己規定する場合を挙げることができる。それは一般に、人々がとりわけ文化的レベルにおけるある種の自律的権力に固執しながら、自らに固有の国家を承認することは望まない(あるいは断念する)場合である(これについては、ヨーロッパ諸国における多くの「少数民族」を引き合いに出すことができるだろう)」[*6]。今日、政治的主体の名をめぐって行われているきわめてヨーロッパ中心の議論においては、こうした複数性が参照されることはほとんどない。しかし、毛沢東の文化大革命におけるプロレタリアートと農民のあいだの古典的緊張関係、メキシコ革命やキューバ革命における農業改革、ボリビアにおける新たな複数民族国家の憲法起草といった諸過程を理解しようとするなら、われわれは今日の政治的主体の「雑多で」「混成的な *abigarrado*」本性という問いに目を背けたままではいられない。

11

いずれにせよ、アルチュセール派との対話を通して新たなコンセンサスが生じた。ここでアルチュセール派のなかには、ランシエールやバリバールのみならず、バディウやラクラウ、またアルチュセールとの関係が直接的ではなく、アルチュセールとだけ結びつけられるわけではないにせよ、スラヴォイ・ジジェク、ジュディス・バトラー、サンドロ・メッザードラのような比較的年少の一連の思想家も加えてよいだろう。このコンセンサスの背後で共有されている前提においては、主体と構造は後者の本質的不完全性を通して節合可能とされるが、この不完全性は前者の介入なくしては可視化されえない。だからこそバリバールの言葉を借りれば、「良き構造主義はすべて、すでにポスト構造主義である」ということになる。「だが私の仮説はまさに、実のところポスト構造主義といったものなど存在せず、むしろ(国際的な「輸出」や「受容」や「翻訳」を通じてこの名を得た)ポスト構造主義はその名にかかわらずつねにいまだに構造主義であり、またそのもっとも強い意味における構造主義はすでにポスト構造主義であるというものだ」[*7]。この文脈で見逃せない決定的な点は、いかなる構造もつねにすでにその内部において脱臼させられており、必然的な隔たりや不一致によって印づけられた構造は自己完結的な全体性として自らを構成することを妨げられているということだけではない。それだけなら、正典化されたアルチュセール自身から学ばれるべき教えにすぎず、アルチュセールはこの点に関してデリダのようなハイデガー派とも完全に一致している。それ以上に決定的な点は、この隔たりや不一致が、まさしくその場——これが出来事の場であり、状況の歴史性はそこに徴候的に凝集する――に働きかける介入的主体がいない限り出現しないということなのだ。これがアルチュセール派マルクス主義、デリダ派脱構築、ラカン派精神分析、イタリア・アウトノミア派の余波のなかで仕事を進めてきた多くの思想家が共通に導いた主要な理論的刷新である。ジジェク最初の主要作『イデオロギーの崇高な対象』（一九八九年）に寄せた序文でラクラウが見事に要約しているように、「一つの主体が存在するのは、実体――客体性――には自らを完全に構成することができないからである」[*8]。

12

この新たなコンセンサスに伴う問題は、構造が孕む隔たりや不完全性に節合された結果生じた主体の理論が、新たな法としてふたたび存在論化された点にある。ちょうどアルチュセールが『マルクスのために』（一九六五年）の正典的論考で、不均等発展法則を、文明間の衝突やロシアのようなある種の国々の周縁的性質といった史的諸状況にはかかわらぬ、いかなる構造にも適用可能な「根本法則」に転換した場合がそれである。ジジェク、バトラー、メッザードラが論文においてひっきりなしに行う諸々の公式化も同様であり、いまやわれわれは、主体はつねに権力構造によって自らが被った規定に対して過剰であり、にもかかわらず、まずはこの構造が主体を存在させるのだと言い聞かされている。あたかもそれが主体性そのものの取り消しえない法則であるごとくに、「行為能力はそれを可能にする権力を超過する」とバトラーは仮定する。「主体が権力によって完全に規定されることも権力を完全に規定することもない（だが、顕著にかつ部分的にはそのいずれでもある）とすれば、主体は無矛盾の論理を超過する、いわば論理の突起物《デキモノ》である」[*9]。さらに、構造を構造自体が内包するラディカルな偶発性に開くとともにそこで開かれた余白に主体を刻み込むという、この必然的過剰の名のもとで、現代の理論は往々にして、没後刊行の論考で「偶然性唯物論」という折衷案を模索したアルチュセール自身の足跡を辿っている。アルチュセールはこの「偶然性唯物論」によって、若き日に自分がそう考えていた弁証法的唯物論のいわゆる決定論を回避できるだろうと考えたのだった（もっとも、正典化された論集のなかで、彼は当初から、弁証法的唯物論の名のもとで、この「偶然性唯物論」諸原則のいくつかを分節しはじめていたのだが）。

13

市田良彦の言葉に、今日支配的な政治人間学や新たな基礎的存在論に似たものがあるとすれば、精神は「実体としてだけでなく、また主体としても」考えられるべきだというヘーゲルの格言に新たなひねりを加える、このコンセンサスゆえである。[*10] もちろん、この新たなコンセンサスの背後に控えるヘーゲルのお墨付きを誇らしげに肯定する点で、ジジェクはもっとも突出した哲学者である。彼の眼には、このお墨付きが、〈絶対〉に向けて全体化する弁証法の欲動を克服したと主張する教科書的な脱構築と決定的に絶縁するものと映る。だが、ヘーゲルの現前がジジェクの場合ほど退屈なまでに明らかでない場合にも、現代の理論におけるきわめて多くの他の著者たちのなかに、実体と主体の節合に関する同様の想定が見つかる。その意味で、理論に関するわれわれの現状は、ドイツ観念論の執拗なパラダイムによって圧倒的に制圧されているのだ。

14

まさにそれゆえに、全体性原理にかかわる形而上学的土台にしかるべき脱構築を施すことによって、ドイツ観念論から相続された主体の理論的パラダイムとの断絶を図るいかなる企ても、アルチュセールのもう一人の弟子ピエール・マシュレの著作のタイトルが二者択一的に告げているのと同じ問いに直面する。『ヘーゲルかスピノザか』(一九七九年)。実際、没後公刊されたアルチュセールの仕事を追跡する過程で、その努力への報いとして、多くの著者たちがスピノザをはじめとするプレ・ヘーゲル、プレ・カントの思想家に思いがけぬ味方を発見している。マキァヴェッリはそれほど以前の者ではないにせよ、ルクレティウスとなると古代の唯物論者だ。結局のところ、ハイデガー的な思考の杣道《そまみち》がもたらすラディカルな帰結と同様、このような努力もまた往々にして主体の理論を完全に犠牲にすることに終わりがちなのだが、いまやこうした努力はラディカルな内在性、偶発性、そして主体的というより客体的な偶然の存在論的肯定の名においてなされている。

15

主体の理論と政治に関する現状の行き詰まりは、慣れ親しんだ哲学のトランプのカードを繰り直すことではなく、二重に折り畳まれた歴史化を要求する。「政治の歴史的様態」という、かつてのバディウの友人で活動家仲間だったシルヴァン・ラザリュスの提起した概念を、ジャコバン派、ボルシェヴィキ、スターリン主義、議会制民主主義などを越えてさらに拡張してゆくべきだろう。この概念の拡張は少なくとも、政治を行う際の諸様態、たとえばかつて世界中で共産主義の政党や組合が行っていた階級に基づく政治の様態が、今日では廃れ、飽和してしまったとしても、かつては適切なものでありえたという事実を説明する縁《よすが》とはなるだろう。それに加えて、われわれはさらに、複数の異なる「主体の理論」をも歴史化すべきなのだ。これらの理論から新たなポスト・ヘーゲル的コンセンサスが出現し、あたかもこれまで存在してきた唯一の主体の理論であるかのごとく、反論も寄せつけないかたちで自らを確立してきたのだから(『主体の理論』でバディウ自身がまさに「主体の理論はただ一つしか存在しないというのが真理である」[*11]と書きつけるときがこれである)。

16

第一の歴史化に関して、われわれは、カイロ、タハリール広場の多くの出来事や、スペインのプエルタ・デル・ソル広場の「怒れる人々 *indignados*」や、アメリカ合衆国のウォール街占拠といった最近の一連の暴動と蜂起は、二〇〇六年にメキシコで起きたいわゆるオアハカ・コミューンとともに始まったのではないかと問うてみたい。オアハカ・コミューンは続いてカリフォルニアの人々を鼓舞し、彼らは「オークランド港占拠」ならぬ「オークランド・コミューン」を自称した。だが、バディウ以下の人々がさかんにやったように、この名を性急に一八七一年のパリ・コミューンという英雄的事例に準拠するものとしてだけ解釈すべきではない。『フランスの内乱』（一八七一年）のパリ・コミューン分析では一瞬そのことを忘れているように見えるとしても、マルクス自身よく知っていたように、ヒスパニック世界には一六世紀に遡る営々たるコムネーロ（*comunero*）反乱の伝統がある。この伝統は、一六世紀カスティーリャのコムネーロス（*comuneros*）反乱以来、一八世紀アンデスとヌエバ・グラナダで起きた先住民の多様な蜂起を経て、一九一四年から一五年、メキシコシティの少し南で起きた原サパティスタによる一年間に及ぶラディカルな農地改革と軍事的自治の実験にまで連なる。この実験を、トロツキスト史家アドルフォ・ヒリーは「モレロス・コミューン」として描き出した。このようにコミューンは、集権化された国家に対する準アナキスト的自律を契機として、それにとりわけ適合的と思われる政治的活動と組織化の歴史的様態として間歇的に現れ、ラテンアメリカの文脈においては、とりわけ動員の鍵を握る要素である農民とプロレタリアートの結合を伴う。しかし、これはある意味で、もはや存在論的領域には還元されえない共同体の問いを引き戻し、コミューンの多様な政治的形式の建設において、原始的とか原初的とか呼ばれる共同体がいかなる歴史的運命をもつのかを探究するよう、われわれに促すものでもある。

17

似たような問いが、第二の歴史化の課題、すなわち、ドイツ観念論から継承された支配的ヴァージョンをはじめとする主体をめぐる多様な理論の歴史化の枠組み作りにおいても生じるはずである。たとえば今日、新たなコンセンサスにおいて、主体は構造の不完全性によって分割を被ることによって出現するというヴァージョンが確立されているのだとすれば、われわれはやはりこのヴァージョンがいかに成立し、いわば唯一の主体の理論として存在論化され、あらゆる時代に対して妥当なものと化したのかを理解すべきである。出来事の偶発性をどれほど強調しようと、この出来事の理論自体は徹頭徹尾、非歴史的で超越論的なままにとどまっている。そのとき、ある主体が出来事への忠実さによってなんらかの介入を果たすのはどのようにしてかに関する理論はつねにたった一つしかないことになり、その一方で、“Americas”〔北・中・南米の総称〕征服とともに到来したキリスト教や資本主義のグローバル化のような、主体の異なるタイプや形象を画する出来事などなかったことにされてしまう。これに対して、われわれがこれらの出来事を考慮しようとするなら、件のタイプや形象は、もはや構造的でも超越論的でもなく、歴史的あるいは系譜学的な主体の理論を要求する。その理論は、最近アラン・ド・リベラが『主体の考古学』として刊行した複数巻の仕事や、先頃亡くなったアルゼンチンの哲学者レオン・ロジチネルの資本主義とキリスト教的主体性の歴史的連関についての仕事が示すラインに沿うものとなるだろう。

18

この文脈において、マルクスの思考はいまだに有用である。『要綱』においても——その主体指向の資本主義分析へのアプローチは、アルチュセールがいた頃のエコール・ノルマルで講義を行ったアントニオ・ネグリを触発し、そののち『マルクスを超えるマルクス』(一九七九年)としてまとめられた——、われわれが注目するのは一八五七年の「序説 *Einleitung*」や イタリア・アウトノミア派が皆インスパイアされたいわゆる「機械についての断章」のみならず、英語圏ではエリック・ホブズボームが独立した小冊子として編集し、特にラテンアメリカのような周辺的あるいはポスト・コロニアルな文脈でマルクス主義の基本文献として繰り返し版を重ねつつ読み継がれてきた、「資本主義的生産に先行する諸形態」についての中心的一節である。この節が焦点化するのは、資本主義の歴史的出現の問いをあらためて立て直すことの必要性である。この資本主義の歴史的出現はそこで、それ自体としては資本主義的ではない諸要因が偶然的出会いを果たした結果とみなされる。こうした諸要因が事後的に再コード化され、資本の不可能なループのなかに循環的に繰り返し刻み込まれることによって、あたかも諸要因が資本そのものから生じた結果のようにみなされることになるのである。およそこうした資本の不可能なループのメカニズムゆえに、本源的蓄積の運動に先行する、いわゆる原始的、農本的ないし農民的なコミューンや共同体は、永遠に失われたものとして現れるのだ。まさにこの理由によって、多様な暴動や蜂起はしばしばコミューンという名を採用し、ユートピアへの回帰の名のもとに活動する。こうしたユートピアの夢は単なる遡及的幻影の結果ではないし、構成上つねにすでに失われている存在論的共同体を選択することで一掃されるべきものでもない。そのユートピアの夢はまた、もともとただアトム化した個人だけが存在しているように映っていたブルジョワ市民社会の市場の上で、あたかも集団的主体を動かそうとするかのような、いかなる政治的イニシアティヴにも不可避的につきまとう一つの局面でもある。

19

とはいえ、『要綱』の中心的諸節で描かれる資本の循環するループと、マルクスが「フォイエルバッハ・テーゼ」（一八四五年）第三で、自己をとりまく環境の変更と自己変革との「偶然の一致 coincidence」あるいは文字通りには「落ち合い falling together」、すなわち構造と主体の同時的変形として定義した革命的実践の構造そのもののあいだには奇妙な類似がある。« Das Zusammenfallen des Ändern der Umstände und der menschlichen Tätigkeit kann nur als umwälzende Praxis gefasst und rationell verstanden werden. »（「環境の変更と人間的活動あるいは自己変革の一致は、ただ革命的実践としてのみ捉えられうるし、理性的に理解されうる」）[*12]。このテーゼが今日支配的なポスト・ヘーゲル的コンセンサスとの関連で翻訳されるときでさえ、あるいはそのときにこそ、一つの主体は自分自身がつくりだしたわけではない環境に規定されつつ、自己と自己をとりまく環境を同時に変形することができるという発想が、資本は自らの出現にとって有効な諸前提そのものをこれらの前提が資本自身によってつくりだされたかのごとくに定立するという、資本のループの無気味な複製を提示していることは動かせない。ここではマルクスによる主体の諸理論とじっくり取り組んでみる余裕は明らかにないけれども、その諸理論はしたがって、ある根本的なしかたで、私が言う第二の歴史化、すなわちドイツ観念論から遺産相続した政治的人間学が超越論的なものないし非歴史的なものに生成した過程の歴史化に貢献しうるはずである。そのような企ては、資本主義の革命的転覆へのもっともラディカルな呼びかけさえ、近代という時代においてのみ普遍的かつ永遠に有効なものとして自らを提示しえた、あるきわめて独特な主体の理論に依拠しつづけているかに見えるという事実に、新たな光を当てることができるはずである。われわれはなによりドイツ観念論の哲学的影響に苦しんでいるのだなどと言いたいわけではない。むしろドイツ観念論の勃興そのものがより広い歴史的過程の一部分であり、この過程のなかで、われわれの主体性理解は資本の自己変革、資本の活動をモデルとしてきたように思われるということだ。

20

出来事を掲げつつ依然として超越論的である、今日支配的な主体の理論が、非歴史的なものへと生成した過程を徹底して唯物論的に歴史化する際に、キリスト教的自己理解を前キリスト教的自己理解から切り離したり、人間の言表と思考についての資本主義的理解を前資本主義的理解から切り離したりすることを許す、歴史的指標の抹消などありえない。だからといって、われわれはそのかわりに、あらゆる時代のあらゆる文化がそれ自身の主体の理論をもつはずだというような、歴史相対主義の立場を選択すべきだというのではない。われわれがなお主体はつねに存在してきたと論じようとするのなら、主体はつねに同じ主体的形式において存在してきたわけではないと付け加えるべきだろうということなのだ。主体は、デカルトであれヘーゲルであれ、その先達と目されるのかもしれぬ聖アウグスティヌスであれ、哲学者が発明したものではない。主体が典型的に近代的なものであり、どんな主体の理論も暗に近代性の理論を含むとさえ言えるのだとしたら、われわれは、かかる近代的主体がいかにして、近代的主体がつくったわけではなく、むしろ多くの実際的ないし歴史的諸前提として自己の眼前に見出した前近代的環境という基礎に向けて自己を投射しえたのか、理解しようとすべきだろう。別の言い方をすれば、主体と主体でないもの（自然・欲望・力-意志・生命、あるいは単にある種の力の諸量子や欲動など、どのように呼ばれようと、いずれにせよ主体が操作し働きかける質料-素材である）のあいだの断絶は、近代と前近代のあいだの断絶、あるいは資本主義とプレ資本主義の経済的かつ主体的（心的・リビドー的・認知的・情動的）な諸編成のあいだの断絶とあわせて探究されるべきである。そのときはじめて、あの難問を回避することができるはずだ――どれほど過激かつ暴力的な調子で反資本主義を標榜しようと、いかなる世界変革への呼びかけも、自分の髪を自分で引っ張ることで宙に浮く永遠のミュンヒハウゼン〔ほら吹き男爵〕のように、自らの出現の歴史的諸前提を含むあらゆるものを産出できるという資本の幻想を支えるあの不可能なループを複製し続けているにすぎないという難問を。つまり、そのときはじめて、われわれは資本主義的主体と同じように思考し行動することを止められるはずなのだ。

メキシコシティ―京都、二〇一五年一月

訳者注　文中〔　〕内は訳者による補足。原則として、〈　〉内は原文では大文字で始まる語、傍点部分は原文イタリックだが、これに準じていない場合もある。

【書誌】

Agamben, Giorgio. *The Coming Community*. Trans. Michael Hardt, Minneapolis: University of Minnesota Press, 1993〔ジョルジョ・アガンベン『到来する共同体』上村忠男訳、月曜社、二〇一二年〕。

Badiou, Alain. *Being and Event*. Trans. Oliver Feltham. London: Continuum, 2006.

———. *Metapolitics*. Trans. Jason Barker. London: Verso, 2005.

———. *Theory of the Subject*. Trans. Bruno Bosteels. London: Continuum, 2009.

———. *The Communist Hypothesis*. Trans. David Macey and Steve Corcoran. London: Verso, 2010〔アラン・バディウ『コミュニズムの仮説』市川崇訳、水声社、二〇一三年〕。

———. *The Rebirth of History: Times of Riots and Uprisings*. Trans. Gregory Elliott. London: Verso, 2012.

———. "Vingt-quatre notes sur les usages du mot 'peuple.'" *Qu'est-ce qu'un peuple ?*, Paris : La Fabrique, 2013, 9-21〔バディウ「「人民」という語の使用に関する二四の覚書き」『人民とはなにか?』所収〕。

Badiou, Alain et al. *Qu'est-ce qu'un peuple ?*, Paris: La Fabrique, 2013〔バディウほか『人民とはなにか?』市川崇訳、以文社、二〇一五年〕。

Balibar, Étienne. "Structuralism: A Destitution of the Subject ?" trans. James Swenson, *Differences: A Journal of Feminist*

Cultural Studies 14:1(2003) : 1–21.

Bensaïd, Daniel. "'Dans et par l'histoire': Retour sur la Question juive." In Karl Marx, *Sur la Question juive*. Ed. Daniel Bensaïd. Paris: La Fabrique, 2006, 74–135.

Bosteels, Bruno. *Badiou and Politics*. Durham: Duke University Press, 2011.

———. "Introduction: This people Which Is Not One," *What Is A People ?*, New York : Columbia University Press, 2016.

———. "The Fate of the Generic : Marx with Badiou," *(Mis) readings of Marx in Contemporary Continental Philosophy*. Ed. Jessica Whyte and Jernej Habjan. New York: Palgrave Macmillan, 2014, 211–226.

Butler, Judith. *The Psychic Life of Power: Theories in Subjection*. Stanford: Stanford University Press, 1997〔ジュディス・バトラー『権力の心的な生――主体化＝服従化に関する諸理論』佐藤嘉幸・清水知子訳、月曜社、二〇一二年〕。

———. "'Nous, le peuple': réflections sur la liberté de réunion." *Qu'est-ce qu'un peuple ?*, Paris: La Fabrique, 2013. 53–76〔バトラー「われわれ人民――集会の自由についての考察」『人民とはなにか?』所収〕。

Dardot, Pierre and Laval, Christian. *Marx, prénom: Karl*, Paris: Gallimard, 2012.

De Libéra, Alain. *Archéologie du sujet. I. Naissance du sujet*. Paris: Vrin, 2007. *II. La Quête de l'identité*. Paris: Vrin, 2008. *III.1. L'acte de penser. La Double Révolution*. Paris: Vrin, 2014.

Gilly, Adolfo. *The Mexican Revolution*. Trans. Patrick Camiller. New York: The New Press, 2006.

Heidegger, Martin. *Nietzsche*. Trans. David Farrell Krell. San Francisco: Harper, 1991〔マルティン・ハイデッガー『ニーチェ』1・2、細谷貞雄ほか訳、平凡社ライブラリー、一九九七年〕。

Khiari, Sadri. "Le peuple et le tiers-peuple." *Qu'est-ce qu'un peuple ?*, Paris : La Fabrique, 2013. 115–136〔サドリ・キアリ「人民と第三の人民」『人民とはなにか?』所収〕。

Laclau, Ernesto. *On Populist Reason*. London: Verso, 2007.

———. "Preface," in Slavoj Žižek, *The Sublime Object of Ideology*. London: Verso, 1989, ix–xv.

Lazarus, Sylvain. *L'intelligence de la politique*. Ed. Natacha Michel. Marseille: Editions Al Dante, 2013.

Macherey, Pierre. *Hegel or Spinoza*. Trans. Susan M. Ruddick. Minneapolis: University of Minnesota Press, 2011〔ピエール・マシュレ『ヘーゲルかスピノザか』鈴木一策ほか訳、新評論、一九八六年〕。

Marx, Karl. "Theses on Feuerbach," in Karl Marx and Friedrich Engels, *Collected Works*. Vol. 5. London: International Publishers, 1975. 3-5〔マルクス「フォイエルバッハにかんするテーゼ」『マルクス＝エンゲルス全集』第三巻所収、大内兵衛ほか訳、大月書店、一九六三年〕。

Mezzadra, Sandro. *La cocina de Marx: El sujeto y su producción*, Trans. Diego Picotto. Buenos Aires: Tinta Limón, 2014.

Nancy, Jean-Luc. *The Inoperative Community*, Ed. and trans. Peter Connor, Minneapolis: University of Minnesota Press, 1991〔ジャン＝リュック・ナンシー『無為の共同体——哲学を問い直す分有の思考』西谷修・安原伸一朗訳、以文社、二〇〇一年〕。

Negri, Antonio, *Marx beyond Marx: Lessons on the Grundrisse*. Trans. Harry Cleaver, Michael Ryan and Maurizio Viano. New York: Autonomedia/Pluto, 1991〔アントニオ・ネグリ『マルクスを超えるマルクス——「経済学批判要綱」研究』清水和巳ほか訳、作品社、二〇〇三年〕。

Rancière, Jacques. "The populism That Is Not To Be Found." *Qu'est-ce qu'un peuple ?*, Paris: La Fabrique, 2013. 137-143〔ジャック・ランシエール「不在のポピュリズム」『人民とはなにか?』所収〕。

Rozitchner, León. *La Cosa y la Cruz: Cristianismo y capitalismo (en torno a las Confesiones de san Agustin)*. Buenos Aires: Losada. 1996.

———. *Cuestiones cristianas*. Buenos Aires: Biblioteca Nacional, 2013.

Žižek, Slavoj. *The Sublime Object of Ideology*. London: Verso, 1989〔スラヴォイ・ジジェク『イデオロギーの崇高な対象』鈴木晶訳、河出文庫、二〇一五年〕。

＊1——Jean-Luc Nancy, *The Inoperative Community*, ed. and trans. Peter Connor, Minneapolis: University of Minnesota Press, 1991, pp. 8-9(trans. Modified)〔ジャン＝リュック・ナンシー『無為の共同体——哲学を問い直す分有の思考』西谷修・安原伸一朗訳、以文社、二〇〇一年。ここでは、ボスティルスの英訳から重訳した〕。

☆1——オランダの歴史学者デヴィッド・グレスの著書に『プラトンからＮＡＴＯまで——〈西洋〉の理念とその敵』（一九九八年）がある。

＊2——Pierre Dardot and Christian Laval, *Marx: prénom Karl*, Paris : Gallimard, 2012, p. 11.

＊3——Alain Badiou, *Theory of the Subject*, trans. and intro. Bruno Bosteels, London : Continuum, 2009, p. 27. マルクス派との関係をめぐるバディウの変化についてのより詳細な分析として Bosteels, "The Fate of the Generic : Marx with Badiou," in *(Mis)readings of Marx in Contemporary Continental Philosophy*, ed. Jessica Whyte and Jernej Habjan, New York : Palgrave Macmillan, 2014, pp. 211–226 を参照。

＊4——Alain Badiou, *The Rebirth of History: Times of Riots and Uprisings*, trans. Gregory, Elliott, London : Verso, 2012, pp. 67 and 89. 歴史と政治に関するバディウの見解の変化については Bosteels, Chapter 3 and 7 in *Badiou and Politics* を参照。

＊5——Alain Badiou, "Vingt-quatre notes sur les usages du mot 'peuple'," *Qu'est-ce qu'un peuple ?*, Paris : La Fabrique, 2013, p. 21〔アラン・バディウ「「人民」という語の使用に関する二四の覚書き」『人民とはなにか?』所収、二一頁〕。

＊6——Sadri Khiari, "Le peuple et le tiers-peuple" in *Qu'est-ce qu'un peuple ?*, pp. 117–118〔サドリ・キアリ「人民と第三の人民」、前掲『人民とはなにか?』所収、一二七―一二八頁〕。近刊の同書英語訳版に寄せた私の序論も参照。Bosteels, "This people Which Is Not One," in *What Is A People ?*, New York : Columbia University Press, 2016.

＊7——Étienne Balibar, "Structuralism: A Destitution of the Subject ?" trans. James Swenson, *Differences: A Journal of Feminist Cultural Studies* 14:1(2003): p. 11.

＊8——Ernesto Laclau, "Preface," in Slavoj Žižek, *The Sublime Object of Ideology*, London: Verso, 1989, p. xv.

＊9——Judith Butler, *The Psychic Life of Power: Theories in Subjection,* Stanford: Stanford University Press, 1997, 15 and 17〔ジュディス・バトラー『権力の心的な生』〕。Chapter 2, "Producción de subjetividad," in Sandro Mezzadra, *La cocina de Marx: El sujeto y su producción*, trad. Diego Picotto, Buenos Aires: Tinta Limón, 2014, pp. 23–33 も参照。

＊10——Yoshihiko Ichida, "Héros (post-)structuraliste, politique de politique," *ZINBUN* 46 (2015), pp. 3–20 ／市田良彦「（ポスト）構造主義のヒーロー、政治の政治」本書所収。

＊11——Badiou, *Theory of the Subject*, p. 115.

*12——Karl Marx, "Theses on Feuerbach", *Collected Works*, London: International Publishers, 1975, vol. 5, p. 4.

3 大革命の後、いくつもの革命の前

エティエンヌ・バリバール
(王寺賢太・立木康介・信友建志・廣瀬純訳)

市田良彦氏からわれわれに宛てられた質問は、どれも射程が広く容易に答えられるものではありませんが、それらの質問は今日まちがいなく、政治と歴史の思考を支配するもっとも根本的な哲学的問題にかかわっています。それに正解を与えようとするのは不遜であるとしても、そこから逃げてすむわけでもない。今日、政治はグローバル化すると同時に断片化し、スペクタクル的であると同時に予見不可能であり、予見不可能でありながら反復的でもある――そんな今日の政治において、それでもなお「出来事」を「出来事」となしうるものはなにか。「新自由主義」的世界において進行中の社会の再組織化と分極化の過程に対しては、さまざまな集団的「主体性」が抵抗の声を挙げている――そうした集団的「主体性」はどの程度の堅固さをもち、どのように形成され、どのように分解するのか。とりわけルソーやヘーゲルを経由する政治哲学の系譜、すなわちマルクスもまたその継承者の一人である政治哲学の系譜においては、「人民」「市民社会」「社会契約」といったカテゴリーが繰り返し論じられてきた――こうしたカテゴリーには今日どれほどの妥当性、有効性がありうるのか。「コンセンサス」をかつてのように想定することが日増しに難しくなっている今日、政治の主体や政治のエージェントのみならず、そもそも政治という概念そのものが分裂や分断をまぬがれず、敵対性や不同意《ディセンサス》を表象し「図式化」するのにこれまで役立ってきた「階級闘争」というカテゴリーも有効性が疑わしくなっている――そうした状況にあって、なお今日の分裂や分断を考えるために「人民」「市民社会」「社会契約」といったカテゴリーを弁証法の舞台に乗せる必要があるのだとすれば、それはどのように可能なのか。同時代の実例をいくつも挙げ、同時代の多くの哲学者たちの概念やカテゴリーを参照しながら、市田氏はこれらすべての問題を複雑かつ精緻に問うています。

その市田氏からの質問状を繰り返し読み直した末に、私にはすべての質問に一つの言葉が取り憑いているように思えてきました。その言葉は質問状の中心的な位置に姿を現しているわけではないにせよ、あるときにはその現前によって、またあるときにはその不在によって、すべての質問に然《しか》るべき意味を与えているように思われたのです。その言葉とは、「革命」にほかなりません。ここで私が「現前によって」というのは、「革命」という言葉が質問状のなかにたとえば「フランス革命」といった歴史的術語として、あるいは歴史的出来事の特定の種類、集団的行動の特定のモデルを総称する語として現れているからです。また「不在によって」というのは、もはやこのカテゴリーを用いて今日の状況を考えたり未来を想像したりすることはできない、あるいはもはや別の名のもとでしかこのカテゴリーを考えることはできないとされているように思われるからです。したがって私は、「革命」という言葉とこの言葉が先の一連の問いと結んでいる関係を中心に据えて、市田氏からの質問に「応答」したいと思います。あらためて要約すれば、人間の活動の歴史性と歴史的モデルについての問い、政治的主体についての問い、時間性の諸形態についての問いとなるでしょう。むろん、ここでの応答は一つの素描、あるいはいくつかの開かれた問いのリストにならざるをえません。

私がこの応答を「大革命の後、いくつもの革命の前」と題したのは、二つの異なる賭けに同時に挑《いど》みたいと考えたからです。第一の賭けは根底的批判です。「革命」の理念が意味し、命ずることについてのわれわれの見方が不可逆な変化を経験したのだとすれば、もはやわれわれには、革命概念そのものを温存しつつ新たな環境や新たな条件に応じて「更新」し、「適合」させるだけでよいと考えることは許されないでしょう。他方、第二の賭けは、いかなる予断ももたず道を開いておくこと、あるいは道を開くことです。とりわけ、「革命」というカテゴリーを完全に「時代遅れ」と断定し、なんの痕跡も残さずに消え去ったなどとみなすような予断を退けなくてはならない。あとで見るように、こうした予断は、革命理念と同じぐらい古くからある反革命思想の典型的なやりロのひとつにほかなりません。

数年前になりますが、政治と残酷さ（ないし「極限的暴力」）の関係について試論を書く機会があり、私はそこで、二〇世紀のさまざまな革命の経験から今日引き出しうる否定的教訓について、すなわち、革命が自分自身の暴力の使用、テロルの使用を「文明化 civiliser」し、市民間の関係のなかに馴致することができなかった無力について考察しました。その試論を私は「どうして革命の時代が過ぎ去ってしまったなどと想像するのか」[*1]という、一見、単なる修辞的疑問文とも映りかねない問いで締めくくったのです。この一文には、おそらくは無意識のうちに、ルソーが「危機的状況と諸革命の世紀が近づいている」[*2]と予告する『エミール』の一節が反響しています。

しかし、今日提起されているのはまさにこの問いではないでしょうか――一つの歴史的サイクルが一巡したあと、われわれは「革命の時代」を出てしまったのではないか。「革命」の観念は、二世紀以上にわたって歴史（ないしは歴史性）のある種の表象と、そこで政治が果たすべき決定的役割とにかたく結びつけられて理解されてきましたが、それと同じように「革命」を理解する限り、われわれはもはや「革命の時代」から出てしまったのではないか。革命は今日、少なくともわれわれのすでに知っているかたちでは、もはやラインハルト・コゼレックのいう「期待の地平」とはなりえないでしょう。[*3] 一八世紀末以来、ヨーロッパでも非ヨーロッパでも、それぞれの世代が歴史のなかで自分たちの位置を考える際には、革命こそが、常なる可能性としての「未来」を描き出しているのだと思われていました。今日においては、その常なる可能性としての「未来」そのものが、まるごと過去のものになってしまったのではないか。現在のこうした「革命」の格下げが、ある種の喪の現象の姿をとるのも避けがたいことでしょう。その現象はとりわけ、二〇世紀に命運が尽きてしまったように見えるものとは異なる、革命理念の新たなモデル、新たな解釈の探究に現れているように思われます。そこでは、かつてのものよりもいっそう「本源的な」モデル、そして近現代の革命に特徴的ないかなる社会運動、いかなる組織形態にも汚染されない「純粋な」モデルが探し求められています。私はこの観点から、今日ポスト・マルクス主義者やポスト近代主義者たちが行っている、現象学的意味での「遡行＝退行 régressions」をある程度理解できると考えています。「革命」という言葉を口にするか否かは別として、彼らのうち多くが、資本主義と新自由主義とに対するラディカルな代案を探し求める際に、この「遡行＝退行」を行っているのです（むろん、それぞれ異なる意図をもってのことですが）。少しずつ時代を遡って、啓蒙時代の「平等のための蜂起」に至る者もいれば、それよりもずっと以前の宗教的伝統に見られるメシア到来の「終末論的期待」に至る者もいる。この場合、問題のメシアは人間でも集団でもかまいません。さらには、古代ギリシアから継承される——あるいは古代ギリシアに投影された——「非代議制的」民主主義に「ラディカル・デモクラシー」のモデルを見出し、このモデルと現在のさまざまな反乱との類似を指摘する者もいます。われわれが置かれている現在の知的「契機」においては、デリダ風に言えば、革命の痕跡が「幽霊的」に行き交っているということになるかもしれません。その革命の痕跡のなかでは、誘引と反撥の運動が、あるいは反復と置換の運動がたえず相争っているのです。

部分的にとどまるとはいえ、私はここで、革命理念をめぐる以上のような錯綜を解明する作業に手をつけたい。そのため論点を四つに絞り、図式的ではありますがそれを一つずつ検討してゆきます。それぞれの論点はいずれもアポリアに行き着くでしょう。第一に、とりわけマルクス主義によって定式化された革命理念の「ドラマ的」特性について。この特性がある種の歴史表象を特定の政治戦略に結びつけることを許すのです。第二に、「ブルジョワ革命」（政治革命、民主主義革命）と「プロレタリア革命」（社会革命、社会主義革命）との類比と差異について。第三に、人民にせよ階級にせよマルチチュードにせよ、意識的にかつ組織化されて「革命をなす」ことのできる一つの「われわれ」の出現としての主体の「集団化」をとりあげます。そして第四に、この主体化の「裏面」とも言うべきものについて、とりわけ主体化が大衆動員のかたちをとる際の根本的な両義性に焦点を当てることになるでしょう。

1　ドラマトゥルギー

革命のドラマトゥルギーは、時間図式と闘争図式の組み合わせの上に成立します。この組み合わせゆえに、革命の問題と戦争の問題とはつねに隣り合わせでありつづけたのですが、しかしまた同時に、革命的伝統の大部分においては、これら二つの問題の混同を回避し、政治の種別性ないし政治の「優位」を確保しようとする努力がなされることにもなりました。

この組み合わせをリードする「導きの糸」を三段階に分けて記述しうるでしょう。第一に、革命はある状態から別の状態への歴史的移行であること。あるいは、ある体制から別の体制への移行と言ったほうがよいかもしれません。フランス語でこの「体制 régime」という言葉は、「旧体制 Ancien Régime」の破壊と同時に、それと対をなす近代的で共和主義的な「新体制」の建設を想起させますが、この言葉が指しうるものはさまざまです。歴史的な「時代」でも、ヘーゲル的な意味での精神の「形象」でも、さらには「社会形成体」でもかまいません。マルクス主義的には、この「社会形成体」は連続的に継起するものとして類型化される「生産諸様式」に結びつけられるでしょう。もっとも、「社会形成体」を「体制」とみなすには、「社会形成体」は目に見える記述可能な特徴の寄せ集めとしてではなく、確固たる内的一貫性（「有機的」一貫性）[*4]をそなえた全体性、体系として捉えられねばなりません。いずれにせよ、ここでの大問題は、ある体制から別の体制へのこの歴史的移行が不可逆的なものとして表象されるか否かにあります。つまり、「革命」と「進歩」という二つの理念のつながりをどう考えるかが問題なのです。「進歩」の観念が「退行」の観念となんの齟齬もなく両立しうるとしても、「進歩」の観念はやはり本質的に、移行が不可逆であることを前提しています。人類の解放や諸価値の観点をとるにせよ、社会関係の変化や新たな技術能力の獲得の観点をとるにせよ、諸々の体制は必然的「発展」が描く一つのラインの上に書き込まれるからです。したがって、移行はその形式や契機や持続において偶然的でありうるとしても、その内容においては必然的でなければならない。

以上のような第一の特徴に第二の特徴が加わり、革命のドラマトゥルギーに戦略的要素が持ち込まれます。すなわち、革命は闘争であり、紛争を通じてはじめてその結果が得られること。むろん闘争をどう考えるかはさまざまで、先程言ったとおり、内戦モデルはその一つにすぎません。しかし、この内戦モデルが強力であることは簡単に説明がつきます。革命において武装した二つの陣営が実際に対決することがないとしても、革命は相反する利害をもつ「党派」対立として現れねばならないからです。同語反復的にすぎないとしても、少なくとも、既成体制の維持に利害をもつ党派と、支配や疎外から自由になるために既成体制を転覆することに利害をもつ党派の対立がなくてはならない。一九世紀には、この対立は「秩序派」と「運動派」の対立と呼ばれることもありました。さらに、闘争がある体制から別の体制の移行に行き着くには、闘争は「極限に達する」必要があります。攻撃される支配体制が破壊され、解体されるところまで行かねばならない。こうしたイメージは非常に一般的で、敵対する勢力は必ずしも「社会階級」からなる必要もなければ、相対立する利害が経済的である必要もありません。しかし、社会は分割されていなければならない。また、その分割は恣意的であってはならないし、一過的であってもならない。現存の社会形態と同じくらい必然的でなければならないのです。したがって、時間のなかで生じる切断、つまり革命の「前」と「後」の切断と——ここでは「革命」と言うより、持続の如何にかかわらず「革命的出来事」と言うべきかもしれません——、革命前から社会のなかに存在し、革命を招来する分割ないし矛盾のあいだには、対応関係があります。われわれはここですでに、革命的出来事の時間的諸様態の問題に踏み込んでいます。この出来事はとりわけ「前未来」の時制で考えられるでしょう。つまり、いったん革命が終わった際には、それ以前に存在していた矛盾をのりこえるために「必然的だったことになっているだろう aura été nécessaire」移行として考えられるのです。その矛盾ののりこえのためには、矛盾を極限まで推し進め、二つの「部分」、二つの「半身」への分割というかたちを与えねばならない。その際、この両者が対等であろうとなかろうとかまいません。とはいえ、この移行が新たな諸矛盾を生まないわけではない。あらゆる矛盾に最終的な解決をもたらすことは、マルクス主義より前には、必ずしも革命の図式に内在的な条件というわけではありませんでした。マルクス主義は「最終革命」の理念に到達して、諸階級の存在そのものの廃棄と、利害対立の存在そのものの廃棄を目指します。だからこそ、その「最終革命」は、それ以前のいかなる革命よりもラディカルでなければならなかったし、「絶対的」なものとして考えられることにもなったのです。

しかし、革命理念に典型的な図式を得るには、もう一つの要素が欠かせません。この第三の要素を加えてはじめて、革命のドラマトゥルギーは真の「山場を迎える」のです。その要素は一見、図式を錯綜させるだけで、そんな錯綜などなしですませたいものですが、かつてそれなしですませられた者は誰もいない。その意味で必然的なものです。すなわち、反革命がその要素です。[*5] 反革命なしの革命は存在しない。より正確に言えば、革命は必ず、革命と反革命のあいだの副次的闘争を生みだし、あちらに傾いたりこちらに傾いたりのバランスの転変を繰り返します。しかし、反革命とはなにか。それは端的に言えば、自ら組織化して、革命を妨害し、失敗させようとする革命への抵抗や反対にすぎません。ところがこの反革命という要素を考慮すると、これまで見てきたのよりもはるかに複雑な「弁証法」が必要となります。社会の分割も時間的切断も、相対立する二項に基づくものでしたが、実際のところ戦略の図式は三項からなるのです。革命に対しては、不可避的に反革命がさまざまなかたちで対立する（反革命勢力、反革命的事件など）。しかもこの反革命に対してはさらに、私が特に類を立てて「ウルトラ革命 ultra-révolution」と呼んでいるものが対立します。すなわち、革命が直面する障碍をのりこえることを自分たちの政治目標として掲げる諸勢力の総体であり、彼らはとりわけ反革命の排除を志向します。その際、ジャコバン的な「テロル」を伴うか否かは本質的なことではありません。

革命と反革命と超革命が対峙するこの山場とともに、革命は、政治や社会の変化――それがどれほどラディカルであるにせよ――をもたらす単なる一過程であることをやめ、結末のさだかならぬ一つのドラマとなります。しかし事態は、少なくとも表象のレベルにおいてはいっそう錯綜します。重層的に決定されるこの紛争の利害関係や争点はさまざまに表象されうるからです。そうしたさまざまな表象を、フランス革命やロシア革命のよく知られた事件や言説と対応させることはそれほど難しいことではありません。ここでフランス革命をモデルにとるなら、反革命勢力の介入によって、相対立する二つの戦略に道が開かれたことが分かります。当時既に存在した「リベラル」と呼びうる人たちの観点からすると、主要な危険（テロルの危険、人民からの支持を失わせる過激化の危険、自己破壊的な急進主義の危険）は反革命にはなく、むしろ革命の転覆や阻止を目論む不満分子を破壊しようとする「ウルトラ革命」運動から来るとみなされます。だからこそ、「ウルトラ革命」運動を（国家の力で）弾圧するか、武装解除して無効化するとともに、革命を改革に仕立て直さなくてはならない。こうして、たとえば平等の確立を長期目標として水で薄め、革命に「フィージビリティ」や「合理性」の限定を与えようというわけです。逆にこうした限定は、超革命的傾向に与する者からは反革命の偽装した姿と目され、偽装しているだけにおそらくはもっとも危険な反革命とされるでしょう（「テルミドール反動」）。こうして単なる敵対者ならぬ「内なる敵」が浮上します。ロベスピエールからフランス革命期の「アンラジェ（「憤怒派」：恐怖政治期に弾圧された最左派の一集団を指す）」や初期コミューン派を経て若きマルクスまで、このような状況から諸々の帰結を引き出しながら革命政治の言説が練り上げられていきました。それが永続革命論です。[*6] この永続革命論においては、途絶された革命や、新旧両派の妥協にとどまる革命は、失われた革命、反対物に転化した革命とされます。革命の運動は「終わり」に至る前に止まってはならず、あらゆる障碍は破壊されねばならないのです。

しかしこうした発想は、ウルトラ革命的「急進性」という観念同様、きわめて両義的です。どれほど急進的な革命指導者であっても、革命においては必ず、自分たち以上に急進的な「極左主義者」に遭遇するときが来るからです。革命指導者たちは、その「極左主義」を革命にとっての危険、ひいては反革命に操られる道具とさえみなします。こうして、「粛清」を通じて革命運動の自己破壊が始まるのです。「例外的」可能性につけいる隙も与えぬまま、ドラマは悲劇へと転調してしまう——二〇世紀のヨーロッパ史ではこの「例外的」可能性が実現したことがあるとはいえ。つまり、ファシズムがそうであったように、保守陣営もまた革命的ないしウルトラ革命的大衆の「方法」や組織形態を模倣的に採用するゆえに、ある体制から別の体制への移行（「切断」）と、社会的勢力の「分割」（または配分）のあいだの対応関係が「攪乱される」のです。今日ではそれに加えて、さまざまなかたちで予防的反革命とでも呼べるものが存在するのではないかと問うてみなければなりません。この予防的反革命はそれ自体暴力的であると同時に、暴力が全面化した状況（ジョルジョ・アガンベンがヴァルター・ベンヤミンに着想を得て、「規範化された例外状態」と呼んでいるもの）を利用しようとします。戦略的領野はそのせいでいっそう錯綜しますが、そこからは同時に、現在どうして革命理念が解体しつつあるのか、どうして革命的でありうるはずの運動が、体制変換を「実行」するために自己組織化できない単なる反乱の連鎖に終わるほかないかがおおよそ理解可能でしょう。[*7] いずれにせよ、私がここで革命理念をめぐる第一のアポリアとして置きたいのは、それぞれ過剰で表裏一体となった諸形態がまるごと、革命過程を支配するドラマトゥルギーのなかにあらかじめ書き込まれていることにほかなりません。

2　あらゆる革命は「ブルジョワ的」か？

革命ドラマに参加する主体の問題に立ち入った検討を加える前に、少し脇に逸れて、この革命ドラマは本質的にブルジョワ・ドラマではないかと問い直しておかねばなりません。とりわけロシアと中国の大革命、それから反帝国主義の諸革命といった二〇世紀の革命のエピソードを理解するために、外からのみならず、内からも適用され、革命の渦中にいる人々が自らを知覚し、組織化し、程度の差はあれ暴力的な展開を経験する際の図式を提供したのは、とりわけフランス革命とその典型的なエピソードによって確定され、拡張や極端化を受けたりしながら作られた徹頭徹尾「ブルジョワ的」なモデルだったのではないか。だとすれば、今日われわれが革命理念を革命とは別の介入や反乱の図式のもとに抑圧したり隠蔽したりしている理由も、「プロレタリア」革命に対する「異論」というよりも、いまだにフランス革命のモデルと痕跡に対する「異論」にあるのではないか。[*8] このフランス革命のモデルにはテロル〔恐怖政治〕も含まれますが、このモデルを特徴づけるのは、それがなにより、解放と国家建設の展望を孕んだ「市民による革命 révolution de *citoyens*」であったこと、あるいは「市民であることの革命 révolution de *citoyenneté*」であったことです。コゼレックが「革命的経験の史的基準」の系譜学を構築した際のやりかたから窺われるのも、結局のところこのことにほかなりません。私にはここに根本的な問いがあるように思われるのですが、それに単純な回答を与えることは困難です。説明しましょう。

一方で、私がいま話した図式が（したがってまた、その図式が革命家たらんとする者に課す「命法」と「期限」が）まるごと、〔バスティーユ襲撃の〕一七八九年から〔ナポレオンが権力を掌握する〕一七九九年までの、あるいは〔復古王政成立の〕一八一五年から〔七月王政成立の〕一八三〇年までの、フランス革命をモデルにしていることは明らかです。このフランス革命はすぐれてブルジョワ的な革命、市民的かつブルジョワ的な革命であり、「秩序」派と「運動」派のあいだ、あるいは左翼と右翼のあいだの分極や、両者の力関係の逆転といった典型的なエピソードをそなえていました。「プロレタリア独裁」の観念もこのモデルにしたがうものであることは、レーニンにもベルンシュタインにもよく自覚されていた。このような観点からすれば、ハンナ・アーレントが特権化したアメリカ革命も、フランス革命も、ロシア革命も、同じシナリオの反復、同じ主題の変奏のように映ります。しかし他方で、一九・二〇世紀の「反資本主義」革命がこのブルジョワ革命モデルから身を引きはがし、ブルジョワ革命に対立しようとしたことを見逃してはなりません。それらの革命がブルジョワ革命モデルに「社会的」な内容を注入したのは、そのような内容がブルジョワ革命にもともとそなわっていなかったからであり、ある意味、ブルジョワ革命の普遍主義的な政治概念とは相容れないものであったからです。ましてや、民主主義国家建設のプロジェクトと、「階級なき社会」、したがってまた「国家なき社会」、『共産党宣言』の言う「政治的国家」なき社会建設のプロジェクトにいたっては、まるで正反対です。あらゆる共産主義革命が「国家の廃絶」を遠い未来に延期し、事実上、国家機構を強化したではないかと、事実を引き合いに出して性急な反論をなし、この原理的な分岐を無視してはなりません。というのも、社会主義と共産主義のさまざまな伝統において、そして特にマルクス主義において、政治の観念が孕むあらゆるアポリアの源泉がここにあるからです。ポスト・マルクス主義の思想家たちが「政治的なものの再興」に走ることになったのもそれゆえでした（このポスト・マルクス主義的な「政治的なものの再興」には、「人権の政治」とか「平等の方法」[*9]といったかたちをとるものも含まれます）。

マルクス主義の伝統はこのアポリアと直面した際にも、「永続革命」の観念を特権的な哲学的操作子として用いました。ここで「永続革命」は、ブルジョワ革命が「二重底」であることの承認として解釈されます。すなわち、言説や制度の表層において革命が純粋に「政治的」で民主主義的であったとしても、社会の深部においては、革命は消去不可能な紛争を抱えこんでおり、その紛争がついに陽の目を見る際には、革命の進行を屈曲させ、新たな方向づけを与え、また新たな紛争を生み出さざるをえない。しかしながら、こうした表象についても二通りの読み方ができることが分かるでしょう。一方で、それは「ブルジョワ革命の不安定性」を意味するものとして理解されます。ブルジョワ革命はある支配形態を揺るがせることによって、その支配形態をひそかに掘り崩していたもう一つの潜在的な支配形態をあらわにし、最終的に別の革命の概念に到達する——産業革命と労働者プロレタリアートの形成によって、新たな「社会的条件」が付加される場合にはなおさら——というわけです。他方ではそれを、プロレタリア革命はブルジョワ革命の最左翼を担うものであると理解することも可能です。プロレタリアートは「人民のなかの人民」[*10]を体現し、ブルジョワ革命をその極限まで推し進め、階級支配さえ人類の解放のために廃棄すべき不平等の体系の一部とみなして、ブルジョワ革命を「やり直す」のだ、と。その際には、「プロレタリア的」・共産主義的革命概念がブルジョワ哲学の地平に属することは問題とされるどころか、むしろ積極的に承認されるでしょう。

とはいえ、以上の確認からいかなる教訓を導き出すか、やり方はさまざまです。だとすれば、われわれが「革命」というカテゴリーを用いつづける場合には、それが孕んださまざまな矛盾に立ち止まり、諸々の限界を問題化しようと努め、われわれが当の限界を侵犯しようとするその「現在」においてなにが起こっているのかを自分自身に問わなければなりません。ここで個人的なケースについて話をさせていただければ、私自身は革命のカテゴリーに関して相反する二つの立場のいずれを選択したこともあるにせよ、逆説的にも、つねにその双方を同時に維持しようとしてきたのです。[11]

一つは、アルチュセールが最終的に提起することになった立場であり、[12]『ルイ・ボナパルトのブリュメール一八日』のマルクスの分析をまっすぐに継承するものです。すなわち、あらゆる「革命」は過去の反復という「イデオロギー的形態」のもとで生きられ、戦われる。革命は「革命神話」という「イデオロギー的形態」を身にまとうのであり、それは大衆が現れる舞台の上だけでなく、革命のアクターや「主体」たちそのものの意識においても同様なのです。このことは、ローマやギリシアの、またときには中世の衣装を身にまとったブルジョワジーの革命だけでなく、サン・キュロットやパリ・コミューンをモデルとしつづけたプロレタリアートやその理論家たちの革命にもあてはまります。したがってあらゆる革命の問題は、革命が自分自身の神話に対して、あるいは「革命的」想像力に対して、批判的距離をとる能力をもつか否かになるでしょう。この想像力によって、革命はあらかじめ一定のシナリオや配役のなかに、つまり私が「ドラマトゥルギー」と呼んだもののなかに押し込められてしまうのですから。

しかし、これは多くの教訓の一つにすぎませんし、そもそもこの教訓は一面的なものでしかありません。エルンスト・ブロッホは二〇世紀中頃のマルクス主義において、多くの点でアルチュセールとは対極的な人物でした。そのブロッホがよく理解していたように、革命的想像力には単に過去の反復という幻想的機能しかないのか、そこには未来を先取りし、限界を侵犯し、定義上いまだ知られていないものへと導く、「ユートピア的」次元も含まれているのではないかと問うてみなければなりません。[13] 私自身はこの問題を、共産主義革命のなかにあるブルジョワ革命の痕跡の問題と接合しようと試みてきました。旧秩序との「断絶」というシナリオの核心はつねに、人民や大衆が既成秩序やその制度的枠組みを突破し、別の体制、別の社会、別の生き方への道を開くことにあります。したがって、そこには蜂起の観念があり、「市民であること」そのものに孕まれた「蜂起」の契機がある（その主要な理論化の一例がルソーであり、ヘーゲルはそのルソーの理論化に震えあがったのでした）[14]。この意味で、革命はつねにいまだにブルジョワ革命でありつづけると言うことは同時に、「市民であること」の、すなわち「蜂起」の、来るべき諸形態を問うことでもあるのです。その来るべき諸形態は、過去のモデルからある種の民主主義的想像力（私はそれを仮に「平等＝自由 égaliberté」と呼んだことがあります）を受け継ぐとともに、そのモデルのなにを保持しつづけることになるのか。また、過去のモデルを数多くの実験の対象としながら（その大半はおそらく失敗に終わるでしょう）、そのモデルには還元不能ななにを「発明する」ことになるのか。

3 「〈私〉／〈われわれ〉」、あるいは革命的「主体」の超個人的意識

ここでもやはり図式的になることは避けられないとはいえ、いまや革命の主体の問いをとりあげるべきときです。この問いは、諸革命の行為主体を同定するとともに、この行為主体が革命過程に加わることで被るさまざまな変形を同定するという二重の意味をもちます。バディウをはじめとする現代の一部の哲学者たちにとって、「革命の主体」という表現は自明なものです。強い意味で主体たちが構成されるのは革命的「時機」や革命的「状況」において——あるいは「恋」のような革命的経験に類する経験において——だけである以上、この表現は同語反復的でさえある。強い意味での主体たちとは、言い換えれば、個人と集団の対立をのりこえる諸々の自由のことにほかなりません。しかし、こうした不問の了解を裏返せば、革命そのものは徹頭徹尾「主体的」過程として思考されているということになります。[*15] とはいえ、マルクス自身やレーニンがそうしたように、革命的状況は客体的条件（素因）と主体的条件（素因）の「出会い」の産物であり、この問題含みの組み合わせこそが革命過程の中軸でありつづけると考えるなら、革命の主体という観念自体が、その可能性の条件を探るための批判的議論に付されるべきでしょう。

私の考えでは、こうした議論は、少なくとも最初の段階では、革命政治を「ふつうの」政治とは分かつものか

ら出発すべきです。お望みなら、革命を「稀」で「例外的」な政治活動の一形態が姿を現す絶頂的瞬間とするものから、と言ってもかまいません。この「例外的」な政治活動が政治を白熱させ、理想を実現するのです。こうした活動はむろん、自由の行使もしくは解放、権利の獲得、「自分自身の歴史をなす」力の獲得といったかたちをとります。しかし、そこでとりわけ重要なのは、個人の意識と集団の意識のあいだに可能なかぎり完全な相互性が確立され、個人の意志と集団の意志の融合にまで達することです。一連の革命的出来事の反響を鳴りわたらせる、『精神現象学』の決定的な一節において、ヘーゲルはこの相互性を名指すために——この相互性が自分自身を名指すようにしむけるために、と言うべきかもしれません——寓意的定式を示していました。すなわち、「〈私〉が〈われわれ〉であり、〈われわれ〉が〈私〉である」がそれです。ここに含意されるいくつかの事柄を検討してみましょう。[*16]

第一の問いには足早に触れるだけにとどめますが、とはいえ、これはある意味で、主体性の人間学的形象の歴史性についての問題全体を巻き込む問いです。その問いとは、個人と集団の関係の政治的強化（あるいは構成的主体性のこのような表象）は近代に固有のものであるか否か、したがって前の省察を承けて言えば、「ブルジョワ的」であるか否か、というものです。私の考えでは然りです。というのも、プレ・ブルジョワ的諸文化が〈私〉と〈われわれ〉の完全な相互性を理論化したのは神秘主義の領域においてであって、政治や「市民であること」にかかわる領域においてではなかった。古代の「ローマ人」すら「主体性」とみなされることはありませんでした。「ローマ人」は一つの法的ステータス、制度的構築物であって、しかもそれは諸階級の差異によってただちに「分割」されてしまう。ただブルジョワの時代だけが「一般意志」のような観念の数々を発明し、社会的関係と政治的活動という二つの面を思考することを可能にするのです。この二つの面において、市民は権利をもつ者として個人化されると同時に、主権の行使において集団と不可分とされます。しかし、一般意志とはそれ自体がすでに一つの革命的な観念、革命的でないとしても蜂起的な観念であり、政治が自らを「基礎づけ」、自らを「構成」し、自らの「起源」に回帰し、自らをその本質において「顕現させる」特権的な瞬間にサインを送っています。その特権的瞬間において、通常ならルーティンや、制度や、主体の外部にある権威への従属が課す諸限定をのりこえて、政治が顕現するのです。

政治的主体の根本的に哲学的な性格がここに際立ってきます。政治的主体とは、革命において、革命によって構成される主体にほかならない。つきつめていえば、それは革命的出来事の前にも後にも存在せず、ただその現在にのみ、すなわち革命を「なす」行為のただなかでのみ存在する主体なのです。マルクス主義の伝統において、そのことをもっともうまく言い当てたのは、おそらくルカーチです。ルカーチは、「歴史の主体＝客体」としてのプロレタリアートの概念と、プロレタリアートの「階級意識」の概念を通じて、政治的主体の革命性を表現しました。プロレタリアートはその「階級意識」において、自らの根源的な否定性に依拠して社会的関係の「総体」を捉えるとともに、いちはやく社会的諸関係の変革に手をつけるとみなされたのです。「自由の政治」という強い意味での政治が、この自由の行使そのものから結果するのだとすれば、主体たちの政治的能力はいったいどこから生じるのか――出口なしとも見えてもおかしくなかったこの問いは、こうして準超越論的な「構成的」哲学概念になります。革命において、主体は自分自身を超え出る集団的なものに参与することを通じて、自分自身を政治的なものと「なす」というわけです。これをサルトルは『弁証法的理性批判』のなかで「融合する集団」と呼んでいます。[*17]

とはいえ、すべての問題が解決されたというにはほど遠いので、ヘーゲルの定式を「導きの糸」としてもう少し問題を展開してみましょう。第一のよく知られた困難は、ブルジョワ的思考が、〈私〉と〈われわれ〉の「和解」という観念の二つの競合するヴァージョンのあいだで、すなわち、国家的解釈と革命的解釈のあいだで揺れ動いてきたことにかかわります。これら二つの解釈は、ある意味でいずれもヘーゲルの『精神現象学』に現前し、そこで密かにせめぎあっており、そのことがまさにこの本の美しさと活気をなしています。まず革命的解釈によれば、〈私〉と〈われわれ〉は合流し、同一の意識を生み出し、同一の人格を形成するに至る。というのも、制度の人為性が取り払われたり、一時的に中断されたりして、サルトル風に言えば「アンガジェした」個々の主体が、無媒介に一つの全体の構成員になるからです。そのときこの主体は、唯一の意志と同一の歴史的希求の担い手となり、集団の代表者にして解釈者として活動することになるでしょう。反対に、国家的解釈によれば、〈私〉と〈われわれ〉が合流するのはもっぱら制度的、社会的、そして最終的には国家的な構造がありとあらゆる種類の媒介、たとえば法律・文化・祖国・宗教といった媒介を生産し、再生産する限りにおいてであり、同時にこの共同体のほうも彼らを「対等で」、「連帯した」等々とみなされる構成員として「承認する」ことになる。ヘーゲルはこのディレンマを「精神」の生成変化という思弁的な術語に翻訳しますが、周知のように、近代の政治においては、基本的に人民というカテゴリーの用法をめぐって延々と議論が続いています。「人民」もしくは「人民のなかの人民」（たとえば活動家、「活動的」市民、普遍的階級、「分け前なき者たち」）という語が指すのは、国家のなかにありながら、構成的権力を代表しつづける者、あるいは、自らの正統性の拠り所となる蜂起の痕跡をとどめている者にほかなりません。さもなければこの語は、国家に飲み込まれることにどこまでも抵抗し、国家の外に位置する主体性の真正な極を、あるいは「ポリス」や「人口」にはけっして還元されない「政治的能力」を指示するでしょう。あるいはまた、共和主義の伝統にしたがえば、この「人民」という語は、国家なしには存在しないであろうものを指示するかもしれません。すなわち、いっさいの革命が渇望しながら、革命が制度的枠組みとともに「成し遂げ」られたときにはじめて実現するもの、諸個人と同時に共同体を生み出し、両者の相互承認を保証するものを指示するのかもしれません——たとえこの承認があらゆる種類の紛争の種になり、ある意味で不完全なままにとどまらざるをえないとしてもです。[*18]

目下の議論の枠組みにおいてわれわれの関心を惹くのは、いうまでもなく第一の解釈、すなわち革命的解釈です。この解釈は、主体性の政治的性格と同時に、〈私〉と〈われわれ〉の相互性という図式——ヘーゲルにおいてこれは真の思弁的同一性になります——に内在する緊張を激化させます。マルクスに見られるとおり、この相互性の定式化は、個人と集団の差異の「中和」などではなく、むしろ相反するものの一致であり、そこでは個体性が解放され、自律的能力として称揚されると同時に、集団が単なる寄せ集めの「行動力」を凌《しの》ぐ「行動力」を獲得します。しかしこの相互性はとりわけ、「意識」という概念の歴史的‐政治的用法においてデリケートな問題を提起することになる。実際、革命的主体性を考えるには、活動能力や一般意志を想定するだけでは十分ではないし、単なる利害（たとえそれが「解放をもたらす」利害であろうと）に準拠するのではなおさら不十分です。それ以上に、諸個人と集団に共通する「意識」を性格づける必要があるのです（ここで集団は、人民や、革命的「階級」や、場合によっては「党」や革命的「前衛」等々を指すことになります）。そしてこの地点において、主体の哲学は二つに引き裂かれます。なぜなら、この哲学は「過剰」と「過少」を同時に維持しなければならないからです。すなわち、集団の自己意識（その役割、歴史的使命）と、世界や社会の状況に関する意識を包摂するより高次の意識（政治的意識）の観念がある一方で、革命的契機には定義上残余があり、意識を逃れる（意識には到達できない）地平という観念がある。その双方を同時に維持しなくてはならないのです。

ヘーゲルはこの点についても問いを先取りし、それに寓意的な形式を与えていました。「意識の背後で」生み出されるものについての考察、すなわち、意識がつねに「遅れ」をとり、自身の運動と経験からずれるようにしむけるものについての考察です。意識がもっとも強烈に政治的になるまさにその瞬間に、その意識の背後で、知らぬ間に、意識を担い手とし道具とする歴史が、いや、この歴史のなにかが生起するのです。けれども、マルクス主義はこの点でヘーゲルよりさらに先に進み、複数の定式化と、矛盾を解決する複数の方法のあいだで、身を引き裂かれることを厭《いと》いませんでした。ただし今度は、参照すべきはルカーチではありません。というのも、『歴史と階級意識』の著者にとっては、プロレタリアが有する奇蹟的特権のために困難が解決されてしまい、全体性に強いられた極度の剝奪ゆえに、プロレタリアは自らがいかなる全体性に参与しているかを正確に感知することができるとみなされるからです。これに対して、われわれが参照すべきは、ひとを不意に躓《つまず》かせることもある革命の物質的条件を理論化したすべての人々であり（マルクスがすでに一八五二年の『ルイ・ボナパルトのブリュメール一八日』で喝破していたように、その条件は革命が頓挫するときにはじめて意識されるとまで言われます）、またアルチュセールのように、革命過程の根本的な無意識性を理論化したすべての人々にほかなりません。彼らにしたがうなら、革命の主体を無意識的主体（「無意識の主体」ではないにせよ）として定義するか、「歴史の科学的認識」の合理主義的理論と組織（革命的党）によるその適用のうちに、革命の無意識的部分を克服する手段を求めるかのいずれかに導かれるでしょう。このうち後者は、革命の主体の超意識（supraconscience）、あるいは真理への特権的関係と呼ぶべきものですが、そのようなものを求める際には、革命的主体性の構成そのもののうちに、こっそりと国家の等価物を再導入してしまう危険があります。その国家の等価物は「国家形態」の一変種でありながら、解放を目指すかぎりにおいて、新手の奇蹟によって、人民および人民の利益との分離をまぬがれることができるとされるのです。アルチュセール自身が、マルクスから受け継いだ理想に関して、〔革命主体は無意識的か超意識的かという〕これら二つの偏差のあいだで揺れ動いたことはほぼ明らかです。[*19]

4　〈われわれ〉と〈ひと＝世人〉——大衆の両義性とポスト革命的主体の匿名性

この四番目の論点は前の論点を引き継ぐもので、当然、同じくらい展開すべきところですが、ここではその余裕はないので、これまでの論点以上にかいつまんでお話しします。ここで問題となるのはつまるところ、二〇世紀の政治的悲劇がわれわれに対して、革命的なドラマトゥルギーに関する見方、したがって革命の行為者や主体に関する見方のなにを変更するよう迫ったのかという問いです。ここで二〇世紀の政治的悲劇というとき、私は、国家共産主義とファシズムの諸形態という相対立する全体主義の歴史と同時に、「ポスト植民地」へと堕落した民族解放の歴史のことを考えています。[*20] この点に関して、私はイマニュエル・ウォーラーステインの著作『脱＝社会科学』の仏訳に付された副題、「一九世紀から出るために」を展開すべきだと考えています。[*21] 実際、私がこれまで示してきたような考察は、現在において（したがってもはや古典的な革命的言説とはまったく異なる状況で）語られているにもかかわらず、その言葉遣い一つとっても、われわれがすでに出てしまった時代に属しているのです。そして、この移動、このずれが生じているひとつの理由は、社会・経済の客観的条件の変化をとりあえず別とすれば（とはいえ、この客観的条件を切り離してしまうことはできませんが）、まさに大衆運動そのものの両義性に関する二〇世紀の政治的経験にあります。この大衆運動の「歴史の舞台」への登場こそ、革命政治にとって定義上不可欠な要素でした。

大衆運動の両義性を云々するからといって、共産主義とファシズムのプロジェクトやプログラムが等価であったと言いたいわけではありません。しかし、この両者のあいだの競合や模倣を単なる偶然的現象とみなし、二〇世紀の革命が地獄に追いやられ、革命がその反対物に、「アンチ革命」とでも呼べるものに（その完璧な一例がソ連型国家共産主義です）転化したのは偶然だったのだと言いたいわけでもありません。反対に、大衆動員が反革命の道具に転化し、革命政治を簒奪する道具に転化したのはなぜか、大衆動員がもつこの転用可能性にはいかなる密かな「原動力」があるのかと問わなくてはなりません。ところで、これまでの記述では、「主体たち」と「人民」、「主体たち」と階級的組織のあいだには中間項が欠けていましたが、その中間項となるのが大衆運動です。大衆運動は政治的主体化が生じる地平であり、そこでは政治的主体化の方向づけはまだ一義的には規定されておらず、一方の極から他方の極へと振れることもありえます。したがって、ハンナ・アーレントを含め一九五〇年代以来の「全体主義」批判の理論家たちがやってきたように、大衆運動のさまざまなあらわれを単一モデルに押し込めてしまうのではなく、むしろ大衆運動を可塑的なものとして定義し、その帰結を検討しなければなりません。

集団的同一化と組織形成についてのフロイト以降の精神分析理論をここで参照せずにすませることはできないでしょう。その精神分析理論は、宗教運動や政治運動を対象としてとりあげてきましたが、この両者はそれぞれの内的「紐帯」の観点からすればきわめて似通っているものとされます。しかし、そうした精神分析理論の孕む問題もあります。というのもフロイト以降、精神分析理論は、部分的にではあれ、政治に関する保守的な考え方と結びついており、大衆運動に情動の「一次的」かつ「原初的」な形態への退行現象しか見ようとしないからです。大衆運動は始原において抑圧されたものの回帰であり、「文明」の諸形象を貶めるものにすぎないとされる。

ヘーゲルなら「精神」の諸形象と呼んだはずのこの「文明」の諸形象だけが、人類を自身の欲動に根差した紛争の暴力から守り、死の欲動さえ社会的行動の道徳化に奉仕させることもできるというわけです。だとすれば、革命政治の伝統とその主体観を試練にかけ、革命政治の「意志」と「戦略」がどれほど無意識によって規定されているかを分析するだけでは不十分です。この無意識による規定のレベルでは、革命政治の「意志」や「戦略」と反革命運動の「意志」や「戦略」のあいだにはなんら本質的区別はないということになるでしょう。だからこそ、大衆における集団化の情動が相対立する政治と結びつく際の、結合のありかたと状況とを識別せねばならない。その情動はあるときは既存の社会秩序を転覆しようとし、あるときはその反対に、権力関係・搾取関係を脅かしうるあらゆる変革に対して既存の社会秩序を断固防衛しようとするのですから。さらにこの識別は、政治的主体として構成された「われわれ」の内部にとどまらず、むしろより一般に「ひと=世人 On」とでも呼べるものの内部に踏み込まねばならない。ハイデガーにとって、群衆は「非本来的」な、「誰でもよい人間」、「特性のない人間」で、私はここで、群衆を「das man ひと=世人」と呼んだハイデガーの用語法を意図的に踏まえています。したが、私はその反民主主義的な意図に逆らい、政治と歴史的変革を規定する「人民」の境位に対する侮蔑に逆らって、「ひと=世人」の内部にまで踏み込んだ識別が必要であると言いたいのです。

この識別の「実践的」な一例として、スペインやギリシアの「怒れる人々」の運動から「オキュパイ・ウォールストリート」や「アラブの春」まで、近年世界各地で起こっている反乱に特徴的な現象をとりあげることもできるでしょう。たしかに、どれも程度の差はあれ一過的なもので、弾圧や否定的評価の対象とされています。しかし、これらの運動にはけっして歴史的記憶が欠けていたわけではなかった。それどころか、収入や権力や機会の不平等が途方もなく大きくなってしまったこの世界で、革命政治を灰燼のなかから再生させようとする欲望とともに、革命政治の否定的教訓にほとんど取り憑かれていたと言ってもよいでしょう。自由を渇望する大衆がふたたび現れたというだけなら、歴史上幾度も起こってきたことの繰り返しにすぎませんが、一連の運動を特徴づけるのはそればかりではなく、匿名性の文化を共有していることにあるからです。この匿名性の文化は、はっきりと、「ヒエラルキー」と「規律」をそなえた組織に対立しています。そのような組織こそ、全体主義とともに、労働運動のもっとも伝統的な諸党派が「われわれ」を構成し、維持しつづけるために用いてきたものでした。一連の運動の特徴としては、ドゥルーズにならって「マイナーな」とでも形容できるような、主体性の諸形態のあいだの揺らぎを挙げることもできます。その揺らぎは、階級やネーションを土台として集団的主体を「動員」し、「組織」しようとしてきた国家的あるいは反国家的な諸制度に対して中立的で、そうした諸制度から「身を引く」ものであり、さらには道徳的・性的・宗教的な「差異」や指向を複数化する傾向を示しています。*22

こうした実験的試みはすべて共通して、私が古典的な革命モデルに属するものとした「分割」モデルを、「分派」や「ヘテロトピー」（フーコー）のモデルに取り替えようとする点で共通しています。その帰結として、社会の「友」・「敵」への分割から、あるいは敵対する二つの陣営という図式から生じる模倣的円環を断ち切ることが求められる。少なくとも形式的に言えば、この模倣的円環ゆえに、同じ大衆動員の形態や同じ「闘争」や「内戦」の言説が、革命と反革命の双方に循環し流通することになったのです。とりわけ二〇世紀の共産主義とファシズムに見られたような、革命と反革命のあいだでも事情はかわりません。だからこそ同時に、この民衆の「新たな動員」が客観的に革命的な性格をもつか否か、それが社会関係を変革し、経済的利害を筆頭とする支配的利害を揺るがせる力をもつか否かは、不分明なままにとどまらざるをえない。むしろわれわれが目にしているのは、たとえば、政府や政治経済的エリートの腐敗に対する告発といった、市民的性格をもつ動員と、ロマン主義時代の「ユートピア的社会主義」の発想を復活させるかのような、生活・労働・社交上のオルタナティヴで「自律的」なスタイルの実験を両極とする揺らぎです。したがってそこでもまた、歴史的反復のメカニズムが作動していると言えるでしょう。とはいえ、それはいつの日か革命的主体性の新たな形象となるものが姿を現し、一般化する以前の準備段階なのかもしれない。いずれにせよ、その一般化は、古典的な革命党のように中央集権化された軍隊や教会のモデルにしたがってではなく、「ネットワーク」によって実現するでしょう。その未来は人々の意識的な営為や理論化によってのみならず、人々の背後で編み出されるほかありません。期限なく開けた未来だけが、最終的に、反復と発明のいずれが勝利するかを告げることができるはずです。

*1——Étienne Balibar, *Violence et Civilité*, Paris, Galilée, 2010, p. 158.

*2——J.J. Rousseau, *Émile, ou de l'Éducation* (1762), *Œuvres Complètes*, La Pléiade, t. III, p. 468〔『ルソー全集』第六巻、樋口謹一訳、白水社、一九八〇年、二五九頁〕。

*3——Reinhart Koselleck : *Vergangene Zukunft. Zur Semantik geschichtlicher Zeiten*, Frankfurt, Suhrkamp, 1989 (trad. française *Le futur passé*, Éditions de l'EHESS 1990). 私はこの本の第三章「近代的革命概念の史的諸基準」からいくつか重要な示唆を得た。この章では問題のルソーの一節に参照が求められている。

*4——ここで「有機的」というのは、「有機的時期」と「危機的時期」を区別し、後者において革命が起こると考えたサンシモン主義者たちの意味においてである。Voir *Doctrine de Saint-Simon. Exposition*, Première année, 1829, Nouvelle édition avec Introduction et Notes par C. Bouglé et E. Halévy, Paris, Librairie Marcel Rivière, 1924.

*5——私が執筆した以下の辞典の項目を見よ。L'art. « contre-révolution », dans *Dictionnaire critique du marxisme*, dirigé par G. Labica et G. Bensussan, 2ème édition, Paris, PUF, 1985, pp. 239-242.

*6——「永続革命」概念は一八五〇—五二年のマルクスのテクストに現れる。とりわけ一八五〇年三月の共産主義者同盟中央委員会への呼びかけを見よ〔『マルクス＝エンゲルス全集』第九巻、大内兵衛・細川嘉六監訳、大月書店、一九六一年、所収〕。Cf. Alain Brossat, *Aux origines de la révolution permanente*, Paris, Maspero, 1974.

*7——Giorgio Agamben, *État d'exception*, Paris, Seuil, 2003〔ジョルジョ・アガンベン『例外状態』上村忠男・中村勝己訳、未来社、二〇〇七年〕。

*8——同様の考えはフランソワ・フュレによっても彼特有のやりかたで表明されているが（François Furet, *Le Passé d'une illusion. Essai sur l'idée communiste au XXe siècle*, Paris, Robert Laffont et Calmann-Lévy, 1995〔『幻想の過去——20世紀の全体主義』楠瀬正浩訳、バジリコ、二〇〇七年〕）、それ以前に、おそらくいっそう興味深い議論として Ferenc Feher, *The Frozen Revolution: An Essay on Jacobinism*, Cambridge, Cambridge University Press, 1988 がある。

＊9――Jacques Rancière, *La méthode de l'égalité*, entretien avec Laurent Jean-Pierre et Dork Zabunyan, Paris, Bayard, 2012〔ジャック・ランシエール『平等の方法』市田良彦・上尾真道・信友建志・箱田徹訳、航思社、二〇一四年〕。

＊10――この「人民のなかの人民」は若き日（一八四三年）のマルクスにおいては「全きデモス〔民衆〕démos total」とも呼ばれた。以下の註解からは多くの示唆が得られる。Miguel Abensour, dans *La démocratie contre l'État*, Paris, Félin, 2004〔アバンスールの著作で議論されるのは、マルクス「ヘーゲル国法論（第二六一―三一三節）の批判」の以下の一節である。「民主制は君主制の真理であるが、君主制は民主制の真理ではない。〔……〕民主制においては、そのどの一つの契機も、それに当然属するもの以外の意義を必要としない。すべての契機は、現実的にただ全デモス〔民衆〕の契機なのである。君主制においては一部分が全体の性格を規定する」（平林康之・土屋保男訳）『マルクス＝エンゲルス全集』第一巻、大月書店、一九五九年、二六二頁 (M. E. W., I, p. 230)〕。

＊11――É. Balibar, *Sur la dictature du prolétariat*, Paris, Maspero, 1976〔エティエンヌ・バリバール『プロレタリア独裁とは何か』加藤晴久訳、新評論社、一九七八年〕; *La proposition de l'égaliberté. Écrits politiques*, Paris, PUF 2010.

＊12――とりわけ没後刊行された「自らの限界にあるマルクス」（一九七八年執筆）を見よ。Louis Althusser, *Écrits philosophiques et politiques*, Tome I, Paris, Stock-IMEC, 1994, pp. 357-524〔ルイ・アルチュセール『哲学・政治著作集』I・II、市田良彦・福井和美訳、藤原書店、一九九九年、I巻所収〕。

＊13――Ernst Bloch, *Le principe espérance*, 3 vol., Paris, Gallimard, 1976, 1982, 1991. Traduit de l'allemand par Françoise Wuilmart〔エルンスト・ブロッホ『希望の原理』山下肇ほか訳、白水社、二〇一二―一三年、全六巻〕。

＊14――私がここでルソーを祖とする蜂起的契機と呼ぶものと、アントニオ・ネグリが逆にルソーを批判し、スピノザ的モデルに訴えて「構成的権力」と呼ぶもののあいだには、明らかに類似とともに相違がある。しかし、いずれもブルジョワ革命の地平のなか、あるいはその縁に位置づけられている。Voir A. Negri, *Le pouvoir constituant. Essai sur les alternatives de la modernité*, Paris, PUF 1997〔アントニオ・ネグリ『構成的権力』斉藤悦則・杉村昌昭訳、松籟社、一九九九年〕。

＊15――このような哲学的構えは、認識論や存在論の観点では真っ向から対立する著者たちにも共通のものである。たとえば、それはネグリの立ち位置の根本にも見出せる。ネグリがバディウのように理念や真理に対する忠実さでは

なく、生と欲望を語るとしてもである。ただしネグリは、この点『歴史と階級意識』のルカーチを名高い一例とする伝統により近く、集団的主体（ないし「対自的階級」）を「主体‐客体」とみなし、それを「生権力」ないし「生産諸力」の創造性の基底に見出そうとする。この点、バディウとジジェクが呼びかけた「共産主義の理念」をめぐる二つのシンポジウムを見よ。*The Idea of Communism*, Edited by Costas Douzinas and Slavoj Žižek, London, Verso 2010〔コスタス・ドゥズィーナス、スラヴォイ・ジジェク編『共産主義の理念』長原豊・沖公祐・比嘉徹徳・松本潤一郎訳、水声社、二〇一二年〕; *The Idea of Communism 2: The New York Conference*, Edited by Slavoj Žižek, London, Verso 2013.

＊16――原文は « *Ich, das Wir, und Wir, das Ich ist* »。G.W.F. Hegel, *Phénoménologie de l'Esprit*, Chapitre IV (« La vérité de la certitude de soi-même »)〔ヘーゲル『精神現象学』長谷川宏訳、作品社、一九九八年、第四章「自己確信の真理」一二八頁〕。ジャン・イポリットの後を承けて、私自身もこの定式の註解を以下の書物で提示した。Voir, *Citoyen Sujet*, Paris, PUF 2011, pp. 209-241.

＊17――György Lukacs, *Histoire et conscience de classe* (trad. Kostas Axelos et Jacqueline Bois), Paris, Minuit, 1960〔ジェルジ・ルカーチ『ルカーチ著作集 第九巻 歴史と階級意識』城塚登・古田光訳、白水社、一九六八年〕; Jean-Paul Sartre, *Critique de la raison dialectique* (1960), Tome I : *Théorie des ensembles pratiques*, précédé de *Questions de méthode* (nouvelle édition corrigée par les soins de A. Elkaïm-Sartre, Paris, Gallimard 1980)〔『サルトル全集』第二六―二八巻『弁証法的理性批判Ⅰ 実践的総体の理論』竹内芳郎ほか訳、人文書院、一九六二―七三年〕。

＊18――Voir Catherine Colliot-Thélène, *La démocratie sans « demos »*, Paris, PUF, 2011.

＊19――二〇一五年三月、「二五年後のアルチュセール」と題してガブリエル・ペリ財団が組織した国際シンポジウムにおける私の発表を見よ。« Althusser et "le communisme" », *La Pensée* n° 382, Avril-juin 2015.

＊20――Achille Mbembe, *De la postcolonie. Essai sur l'imagination politique dans l'Afrique contemporaine*, Paris, Karthala 2000.

＊21――I. Wallerstein, *Impenser la science sociale. Pour sortir du XIXe siècle*, Paris, PUF, 1995〔イマニュエル・ウォーラーステイン『脱＝社会科学――19世紀パラダイムの限界』本多健吉・高橋章監訳、藤原書店、一九九三年〕。

*22――「革命の文明化」のプロジェクトとしての「マイナー戦略」については、前掲 *Violence et Civilité* における私の考察とともに、近刊予定の Guillaume Sibertin-Blanc, *Causes Mineures* を参照せよ。

第I部② 国際ワークショップ

〈われわれ〉がエティエンヌ・バリバールの読解に負うもの

――ルソーからブランショまでの個体性と共同性

（二〇一五年一月一七日）

4　孤独のアノマリー——事例オタネスとルソー政治思想

佐藤淳二

ボルドゥ　〔……〕神経束の根元を乱して変質させるならば、当の動物も変わってしまうでしょう。動物はそのひとまとまり全体でこそ生きているわけでして、神経網の枝分かれを支配しきる時もあれば、逆に神経網の方から支配されてしまう時もあるというふうに見えます。

レスピナス嬢　すると動物は、専制体制にあるか、さもなくば無政府状態にあるというわけですわね。

ボルドゥ　専制支配下にあるとは言い得て妙というところです。神経束の根元の方が命令を下すなら、残り全体はそれに従う。そこで動物は自分自身の主人というわけで、まさに「心身健全ナリ《メンティス・コンポス》」ですね。

（ディドロ『ダランベールの夢』[*1]）

一六五一年、ホッブズが、『リヴァイアサン』の名高い序文で、近代的主権国家を「政治体（ボディ・ポリティクス）」として示し、国家社会の構造を一つの身体組織に見立てて以降、人工的人間・人造身体という一つの隠喩が、まるで一つの概念のように政治理論の諸テクストに取り憑くことになった。おそらくは、この隠喩は、「王の二つの身体」と言われる歴史的概念で想定されている「神秘の身体」に由来するものであろう。[*2] しかし、この隠喩を中世の王権概念の世俗化ということだけで片付けるわけにはいかない。とりわけ唯物論の思想が展開していた一八世紀において、さまざまな政治的な言説における「政治体（政治社会）」の観念については、それがはらむ身体イメージの持つ意味からしても、つねに入念な顧慮が与えられるべきであろう。例えば、冒頭に引いたディドロ『ダランベールの夢』の一節では、「政治体」のイメージが巧妙に加工されて活用されている。政治体は、ある意味で転倒された形で登場人物たちによって語られている。つまり、ここでは政治構造が人体の隠喩で語られているのではなく、逆に、身体構造ないし心身問題が政治構造の隠喩で語られているのだ。このようなディドロによる演出は、一つの言表的な戦略性を帯びているわけで、この戦略の目的などをまずは把握する必要があるだろう。簡単に言ってしまえば、この言表の戦略目的は、医療的実践という知的領域の中に、（政治）哲学的ないし文学的言説を取り込むことにあるのだ。ディドロは、ここで物語中のダランベールの「発作（危機）」を契機として、医師ボルドゥに、ヒステリー的と最近までは呼ぶことが習慣だったような、ある女性患者の症例を報告させている。[*3] 引用箇所はその直後の対話部分だ。ボルドゥが「支配する」と表現したのに対してレスピナス嬢は敏感に反応し、「専制体制」と「無政府状態」へと精神と身体の関係を発展させ、ヒステリー的な女性の身体を、政治的隠喩で語り、ある意味で身体を「政治化」している。逆に「政治体」の方は、隠喩的水準で「女性化」し、「ヒステリー」つまり無政府状態の可能性に開かれたものとなる。この隠喩の交錯《キアスム》が、ボルドゥという有名医師の眼差しの下に置かれているのも、ディドロのいつもの入念な演出の枠と言わねばならない。こうして登場人物二人が、ダランベールの見た夢に触発されて繰り広げる饒舌なまでの言説は、凝集され徐々に収斂して、「自己の支配」という観念を中心に動きはじめる。つまり、大脳（神経束の根元）は、同一性を作り出す器官であり、それが主体の中心の座にあって、身体全体の自己同一性を作り上げ浸透させていくとされる。この自己同一性は、政治的アナロジーで言えば、一国の主権にあたり、主権のように自己自身を支配することに他ならない。隠喩の上とはいえ、国家権力と身体とがここでも同じ平面に並立し、関係するということは興味深い。[*4] もちろん、大脳の「専制体制」といっても、それは隠喩という限定されたものに過ぎず、さらにはディドロの政治思想において、「政治体」という隠喩も「描写的意味価値」しかないという見方も可能だろう。[*5] しかし、これらを単に描写のための「隠喩に過ぎない」と片付けることはもはや許されない。少なくともここでの隠喩は、修辞学的なものというよりも、内容と表現の間に一種の補完性・相補性がみられるものではないだろうか。ボルドゥとレスピナス嬢の駆使する隠喩は、ディドロの政治思想全体に関わり、そのニュアンスや色合いを変更する力をもつものであろう。医学的あるいは心理的生理学的な領界は、褶曲して一挙に政治的な領界に姿を現す。隠喩的な平面で生じるこのような幻惑的なまでの移行こそ、解釈すべき課題としてあるのだといえよう。

いったいいかなる特異な点やアノマリーによって、自己への自己関係から、社会的すなわち間主体的な関係への通路が開くのか。そして、その通路を主体はいかにして自己を構成しつつ移動するのであろうか。端的に言えば、この移行の鍵を握っているのは、ルソーの政治理論において機能している「共通の自我」という観念である。この観念こそが、上に述べたような問題構成の中心にあるのだ。

1　身体と政治

「共通の自我」は、奇妙なほど抽象的な観念である。この観念を具体的に理解していくために、何よりもまず、ルソーのテクストで政治体に直接に関わり、しかもこの「共通の自我」の観念を用いている文章である「政治経済論」(『百科全書』第五巻所収の項目)を読解する必要がある。核心部分を次に引用しておこう。

政治体は、一つ一つ個別に考えるならば、有機的に組織された一つの身体と見なすことが出来よう。主権は頭部を表す。成文法と慣習法は、脳つまり神経の原理であり、知性、意志、感覚の座である。その裁判官と行政官が、身体各器官である。商業、工業、農業は、口であり胃であって、全体で共有される滋味栄養を準備する。公共の金融財政は血液であって、賢い経済が心臓となって、この血液を送り出し、身体全体にわたって養分と生命とを分配するのだ。市民たちは、肢体であり、身体という仕組みを動かし、活力を与え、働かせる。この身体の仕組みは、いかなる部分であろうとも傷を蒙ることがあれば、その生命体が健全である限り、すぐさま大脳に痛みの印象として伝えられずにはおかないのである。

ここでは「主権」は明確に「頭部」を表す。以下詳しく、身体表象と国家構成要件とが隠喩的に結び付けられている。一見して明らかなように、人間の身体と政治経済体制との比喩関係が、一貫した論理性を伴って提示されている。ホッブズの身体・有機体のイメージが、ここではっきりと見透かされる。しかし、ここにはホッブズのイメージに一定の変更と移動が加えられてもいる。少なくとも二点を指摘しておきたい。第一に、国家の力量が、ルソーにあっては、「血液」としての「金融」の構造の上に新たに据えられているということである。第二に、ルソーの隠喩全体が、「構成的権力」の方向に引っ張られ、移動しているという点があり、これはより重要である。国家の動力源は、自由な市民の相互作用と協同性に基礎を持つのであり、ホッブズのような超越的な国家権力（リヴァイアサン）に対して、内在性の立場を貫くルソーの特性がここにも現れているだろう。この点は、すぐ後で「感受性」を問題にするときに立ち返ることにしたい。ともあれ、ホッブズの超越的国家像が、上下の垂直な関係を思わせるのに対して、E・バリバールが、「市民性」を内在的で水平的な関係として捉えていることを想起しよう。ルソーもたしかに、水平性としての内在性への志向をここで打ち出していること、これは決定的な重要性を持っている。

『政治経済論』では、ルソー政治理論の中心軸が、隠喩を通じて常に語られている。それがまさに「共通の自我」であり、それを一つの系とする公理「一般意志」なのだ。身体隠喩として引用した上の箇所の直後に次のように述べられている。

社会と動物の生命はそれぞれ全体への共通の自我、相互の感受性、そしてすべての部位同士の内的な照応である。この相互伝達が停止するようなことがおこれば、形式の統一は蒸発してなくなり、隣接する部分はそれぞれ属するといってもただ単に併存するのみとなるのではなかろうか。人間なら死ぬだろうし、国家なら解消される。政治体（政治社会）は、つまるところ、一つの意志を備えた精神的存在なのである。そしてこの一般意志こそ、全体と各部分の保存と生の享受を常に志向するのである〔……〕。

あまりにも名高い一節かもしれない。ここでわれわれは、ディドロのテクストから始めた身体と国家の隠喩関係が、まったく別の段階に入ったことを確認することができる。振り返ってみれば、ディドロの身体隠喩では、各器官・各部位は、潜在的につねに「無政府主義的」なのであり、叛乱好みの民衆と想定されていたのであるが、それゆえにこそ、大脳は専制政治によってそれに応じていたのである。結果としてディドロにあっては、全体の「健康」とは、各部位の完全な従属化を意味していたはずである。これに対して、われわれが今扱っているルソーにあっては、政治体（政治社会）は、「相互の感受性」に基づくのであり、それはつまり相互的で可逆的であるような原理によって構成されているということである。ルソーが、「全部位同士の内的な照応」と書いたり、「相互伝達」という言葉を使ったりするのは、この相互性の構成が、現代なら「ネットワーク」の相互性と呼ばれるであろうものと、極めて近いからである。この感受性の網の目、あるいは回路こそが、「共通の自我」によって語られている当のものであり、それは一種の間主観性に他ならない。[*6]

「共通の自我」は、内在性でありつつ、政治体の全体に関わるのだから、内とも外とも、内在とも超越とも、どちらかに確定できるものではない。それはつねにほぼ内在的であり、かつほぼ超越的でもある。もともと「政治体」は隠喩でありつつ概念的であるという意味で、これまたほぼ概念と言えるものであったことと同様の事態である。この内在的／超越的な「共通の自我」を、自己関係という視点からもう一度まとめておこう。まずディドロの演出では、ボルドゥとレスピナス嬢は、心身双方に関わる健康問題の解決策として、自己が自己に対する（大脳と各器官という水準でだが）関係を、「専制政治的」な自己管理として提示していた。専制政治と無政府状態を二者択一として示すディドロの視点に立つならば、「主権」の確立は必要欠くべからざるものなはずだ。身体には、ある統一原理が必要だ、これがディドロの実際の立場なのである。しかし、ルソーからの眺めはまったくこれと異なる。『政治経済論』に話を限っておこう。そう限ってみても、ルソーのいう「共通の自我」の志向するものは、主権の貫徹した統一社会というよりも、むしろ相互依存的で協同的な、一つのよく秩序化された社会なのだ。比喩的に述べるなら、その社会の各構成部分は、ある平板な、高低差のない平面の上に並列的に配置され接続されているだろう。あたかもそれは、互いに共鳴し合う音源たちの相互作用の様に似ているだろう。どのような微細な振動も、互いに転写し合い、響き合わせるような接続の様が想像される。

　ディドロとルソーの違いは大きい。ディドロは明らかにボルドゥの背後に立ち、治療者の側にある。ルソーはその対極にあり、「病者」の位置に立つであろう。ルソーの「病い《やま》」はむしろ生き方であり、生そのものとしての「異常」の側に彼がいるということを意味するであろう。[*7] ディドロ『ダランベールの夢』とルソー『政治経済論』とを隔てる差異は、このように深く、本質的である。その差異は、生の「異常さ」あるいは異常さとしての「生」そのものに由来するであろう。では、この異常さとは何か。身体を感受性のシステムに接合できるとディドロは考え、それを統一的に維持し、統制できると考えていた。しかし、ルソーの持ち込んだ「共通の自我」は、この接合を問題化してしまう。身体と感受性のシステムの間には、亀裂が入るのである。この亀裂こそが、「意志」なのだ。感受性の恒常性・連続性・規範性に対して、意志は不連続であり逸脱であり、宙づりであり「異常」である。この「異常さ」にこそ、ディドロとルソーの差異を見るべきであろう。

　さらにこの異常さを、社会の水準に移動させ拡大するなら、政治体そのものに入り込む亀裂が想定されることになる。そしてそれこそが、ルソーのいう「一般意志」なのだ。もちろん、「一般意志」が成立するためには、諸個人の個別的な意志が「綜合」され得なければならない。ルソーはまだ「綜合」という概念を用いないのはもちろんだが、ほぼ同じことをわれわれが見てきたように、「共通の自我」が担うと考えるべきだろう。それは、連続的な自動生成である倍音のシステム（ハーモニー）や共鳴の伝達（コミュニカシオン）でもなければ、さらには単なるネットワークでもない。それははっきりと、感受性の亀裂としての意志、政治体の亀裂としての一般意志、そういった異常さの上に構築されるネットワークでなければならない。こうして政治体と一般意志の関係を、われわれは異常さの問題構成の下に把握することができるだろう。このような亀裂を具体的に語る形象を探す時、『人間不平等起源論』の「献辞」に付されたルソーの註の一つにわれわれは突き当たるのである。

2 痕跡としての「イソノミア」——事例オタネス

ディドロ『ダランベールの夢』の素晴らしさの一つは、その喚起力のある隠喩とその巧妙な演出である。ディドロ演出の冴えによって、個体化作用を担う自己は、自らを制御しつつ、政治的主体ともなり、身体と社会において統一的な主権に基づく政治(「専制政治」)を遂行する。隠喩の水準でのこの遂行性は、テクストがいかに同一性と他者性、複数性と単一性の弁証法を繁茂させようとも、揺るぎなく貫徹されていく。例えば、『ダランベールの夢』の「蜜蜂の群れ」という有名な隠喩では、「群れ」そのものが一つの動物とみなせる以上、統一された全体性として現れるとされている。このように、同一性(一者)と非同一性(多数)との間に、対立というよりも柔軟な相互移行、相互反転の可能性を持つ形式性が認められているのであり、この形式こそが、ディドロにとっての「生命」の概念を巧妙に表象するものなのである。われわれ現代人の目から見て、ディドロの思想の中に並外れて現代的なものを見いだすのも、このあたり、すなわち同一性と非同一性とが取り結ぶ偶発的な関係性においてである。とはいえ、身体の思想が政治理論の平面で形象を選ぶとき、ディドロの思考におけるこのようなしなやかな反転可能性ないし果てしなく事物を分解し分散させていくその弁証法の力が、時に毀損されることがあるのではないか。すくなくとも、その場合、「一者」は「多数性」を圧倒し、制圧しようとすることは間違いない。ディドロにおいてもまた、「政治体」という厄介な隠喩は、著者ディドロの意図を裏切るのであろう。

「政治体」は、一つの徴候、隠された病巣の表層への現れなのだ。いったい何が、この徴候の下に隠れているのだろうか。ディドロという「症例」を超えて、何か普遍的な「病い」が隠れてはいないのだろうか。つまり、「政治体」はいかにして問題を発生させる原因となっているのか。先回りして言えば、亀裂の入った社会の活動を、隠喩的に身体・生命活動として捉えるならば、そこにはある「他者性」つまりは非＝身体性が入り込まざるを得ない、ということである。まさに、このひび割れ・亀裂に忍び込む「他者性」こそ、政治的国家的「健康」への気遣いがどうしても必要となる理由なのだ。

エマニュエル・テレーは、つとに事の本質を見抜いていた。テレーによれば、古代ギリシアにおいて、身体の健康という観念が、国家運営・統治の「健全さ」の比喩として機能し得たのは、まさに、「健康」と「イソノミア」が同一平面上にあったということなのだ。

そこで、そもそも「イソノミア」とはこの文脈では何かと、問うべきだろう。もはや周知のことだが、それは「命令」が一切不在となる状態であり、それゆえに何人も権力を振るえず、支配する者も支配される者もいない理想的政治状態を指していた。それはつまるところ、テレーの言に依るならば、古代ギリシアにおける国家の理想であり、そこでは「自由で平等な個人によってなる共同体の中での共存」が保証されると同時に、「いかなる優越も、いかなる従属も」排除されるのだった。[*8] つまり、古代ギリシア人が政治的な平面で想定していた「健康」が、まさに「イソノミア」だったのであり、それは政治体内部において支配関係から逸脱する領域を拡大すること、あるいはそもそも支配と被支配の関係そのものを不在とすることだったのである。

ボルドゥ／ディドロによって示された「健康」は大脳による支配を前提としていたから、この形象が「イソノミア」の対極に位置することは言うまでもないだろう。そればかりか、ディドロの見事な演出は、大脳による同一性（＝主権）の貫徹を、医師ボルドゥの医学的眼差しによる承認のもとに置いている。政治的イデオロギー的主張が、医学の知という後ろ盾を得ているかのようなのだ。

しかし、ルソーの場合は話が違う。すでに詳しく見たように、『政治経済論』において、確かに「政治体」はある発話者の視点から語られ形象化されているという点でディドロのテクストと共通性を持ちはするものの、その発話者とて、自己統御・同一性維持の主座として大脳の特権性を主張することは決してないのである。この差異は重大だろう。なぜならば、「政治体」を身体的な隠喩にしたがって語りつつも、ルソーは、ボルドゥのような当代きっての医学者の知に従わないばかりか、そもそも身体を医者の視線では見ていないからである。ルソーのテクストが内蔵している視線は、ではどのようなものか。それは少なくとも、医者の視線、言い換えれば、人よりもより多くかつより良く知っていると想定される視線ではないだろう。ルソーのテクストに潜む視線は、むしろ社会的治療従事者のそれであり、「ケア」するものであり、両義的な語源をもつ「薬師《ファルマシアン》」の視線ではないだろうか。それは、「自ら苦しむ治療者」（J・スタロバンスキー）の眼差しなのである。[*9] 目的地への経路を知る者が「牧人」となるのだとすれば、自らも彷徨するような人が、果たして牧人としての権力を持つであろうか。つまるところルソーがテクストを紡ぎつつ同一化する人物は、医者でもなく、牧人でもなく、ましてやすべてを統括する全体主義的「指導者」でもない。ジュネーヴ市民権を失って放浪した彼が同一化する人物形象とは、迷うことを知る治療従事者、「自ら苦しむ治療者」に他ならない。自ら苦しむ治療者は、なぜ自らの苦しみを治さないのかとすぐさま問いかけられるだろう。こう答えよう。この「治療者」はその治癒能力を、逆説的にも、治癒能力の欠如から引き出すのだ、と。治癒する者（医者）が治癒される者（患者）を扱うのでは、その関係は支配者と被支配者の間にある支配権力関係と同じだということはいまさら言うまでもないだろう。だとすれば、自ら苦しむ治療者とは、ちょうど支配と被支配の関係から身を引くオタネスのようであり、その意味で「イソノミア」に通じるものであることもこれまで述べたことから繰り返すまでもない。この通路こそ、『政治経済論』と『人間不平等起源論』とを繋ぐ、最深部に開かれた道であろう。この開かれた道から、『人間不平等起源論』にルソーが附した、最初の著者註が読まれるべきなのである。大きな遠回りをしたが、ようやくここでわれわれはテクストに辿り着く。

ヘロドトスの語るところによれば、偽スメルティス殺害後、ペルシアを解放した七名は、国家に如何なる統治形式を設立すべきか膝つき合わせて評定したという。その際、オタネスは、統治は共和国たるべしと力説した。他の大君たちは、思い上がって国家簒奪を狙うか、他人を尊重するより他ない統治形式など死よりおぞましいとも感じていたから、よもや共和国などという言葉がサトラップたる者の口にのぼるとは、予想だにしていなかったのだ。オタネスの進言に誰も聞く耳持たぬという有様は、想像に難くない。大君たちが、君主選出の手続きに粛々と入るに及ぶや、ついにオタネスは、従属も拒否するし、命令支配も拒否すると言い放ったのだ。王位継承権を放棄し、それは他の人々に喜んで委ねること、その見返りとしては、ただ自らとその子孫が自由独立のままであることのみを要求するというのであった。この願いは、ただちに受け入れられるところとなった。[*10]

この短いエピソードは、『人間不平等起源論』の最初の原註に引用されている。ルソーは、『起源論』の論説本文を補完するために多量の原註を附しているが、この原註1番は、言説の本体をなす論説部分に付け加わるのではなく、「ジュネーヴ共和国への献辞」を補完するものである。すぐ後に述べるように、「献辞」はジュネーヴへの閾ともいうべきシャンベリーで書かれたと演出されていたわけで、この原註は、閾を設定して言説を輪郭づける輪郭線を補完していることになる。この註は、閾への閾であり、枠の枠、輪郭線の外枠の線とでもあえて呼ぶべき場所を占めているのであり、オタネスの挿話は、このように幾重にも余白化された余白に書き込まれる。内部へと囲いこむ線は、自動的にその外部を発生させるが、そのようにして『起源論』の論説本文は、その枠としての「献辞」を産み、「献辞」はその直接の外部として「原註」を生成していく。この複雑な関係を見落としている限り、「ジュネーヴ共和国への献辞」を、単にユートピア的夢想やナイーヴな祖国愛の吐露と見なして、いささかの侮蔑と優越感を込めて位置づけるという悪弊からわれわれは抜け出すことはできない。[*11]ルソーが援用する言説の戦略と、その複雑な政治的含意を、意識的無意識的を問わず、見落としてはならないだろう。

では、ここで重要な点は何か？　それは、オタネスの事例が、法の下でのあらゆる市民の平等の現実性を要請しているという点である。つまり、ここで問題となっているのは、「イソノミア」の観念なのだ。この観念は、複雑なテクスト的襞の中に折り込まれている。それを必要な範囲に限って開いていこう。

最初に開くべき襞は、オタネスの事例を包み込む「献辞」であるが、これは著者ルソーの実人生と『不平等論』という言説が作り出す折り目と言えるだろう。「献辞」に込められたルソーの願望は、この閾をなす（パラ）テクストが、ジュネーヴ市民権の回復というルソーの帰還の旅の物語の中に書き込まれることであった。やや複雑な伝記的事実を背後に持つこの「献辞」であるが、ここでは、最後に附された署名と日付（「シャンベリーにて　一七五四年六月一二日」）について知ることで十分であろう。結論から言えば、署名はさておき、この日付は正確ではない。もちろん、これは記憶間違いなどではなく、ルソーはわざと実際とは違う日付を打っているのである。よく知られているように、この日付については、『告白』で次のように述べられている。

> パリ出発の前に、『不平等論』の献辞の下書きは終わっていた。それを仕上げたのは、シャンベリーに到着してからだった。私はその場で日付を書き込んだ。フランスとジュネーヴのどちらでもない場所で日付を打っておいたほうが、たとえどのような障碍が持ち上がろうとも、回避がより容易になるであろうとの判断からなのだ。[*12]

フランス王国とジュネーヴ共和国のいずれでもない、中間の場所サヴォワ公国のシャンベリーの日付はこうして後追い的に付けられたのである。些細なことに見えるが、ルソーのこの身振りは、重層的に解釈しておくべきであろう。まず、空間的な意味がこの「献辞」の署名には読み取れる。署名者は、フランスとジュネーヴという二つの国家の中間に位置し、そのどちらにも決定的には属さないことを、署名の場所によって明示している。さらに、ここに時間設定の意味が重なる。一七五四年六月一二日現在であれば、ルソーはまだ故国ジュネーヴの正式な市民権を回復してはいない。そして彼は、フランスに居住こそすれ、そもそもその国民（フランス王の臣民）ではない。署名の場所、日付において、ルソーはどこにも帰属していないこと、これが遂行的に示されている。この署名行為は、自らが書いたものの自己への帰属を言明しつつ、同時に、署名する者の帰属を時間空間の両面から、宙づりにするもの、すなわち虚構（フィクション）の行為なのである。*13 そこに込められた作者の意図を確定することは難しいだろうが、現実のジュネーヴとの懸隔を意識していたルソーが、「ユートピア」的な賛辞を皮肉ととられることを警戒したのかもしれない。ジュネーヴ市民となる前、いまだジュネーヴに到着していない時点に、言説を刺し止めておくならば、どこにもない場所についての言説ともとれる、誇張的な賛辞は弁明可能であろう。しかし、原因や意図よりもここで重要なのは、言説の効果である。この効果は、ルソーの発話（署名行為）が、彼の重要な移行のただ中で行われていることから派生するが、端的に言えば、ルソーは、一つの出来事から別の出来事への移行の瞬間に身を置き、言葉をそこに刺し止めているのである。つまり、この発話は、間にしか場所を持たず、決して特定されないものであり、それ自体一つの例外を形作る。いわば、例外である私が語っているのだ。

もちろん、ただちに次のように反論されることだろう。なるほど、ルソーはここで中間地帯にはいるが、しかし単にそれは中立の立場に過ぎず、殊更に「例外」と言えるものはないのではないか、と。一七歳の時にジュネーヴを出奔して以来、長い遍歴を経て故国ジュネーヴに帰還する直前、「献辞」の仕上げとともに、ふとその歩みを止める。それは、ごく自然なことであり「例外」と言えるものかと、反問されるであろう。もしも、「献辞」の政治理論的な地平を無視して、それをジャン＝ジャック個人の歴史の中でのみ解釈するならば、そうかもしれない。しかし逆に、この署名の政治性ないし理論性を明確化するならば、話はそれですまなくなる。極端に個人的な生活史の一コマに、ある普遍的な政治哲学の一般性が到来する様を特定できるだろう。この一コマが書き込まれている「自伝」とは、そもそもそのような個と普遍の出会う場として読まれるべきではないだろうか。

西洋政治思想の一般性が、そうして密かに到来したとすれば、その場を特定することが必要である。それは、原著者が、彼の書いたもの（たとえ『不平等論《ディスクール》』が演説（discours）と想定されるにせよ）へと介入する点、すなわち原著者＝発話者の身分から補った註の系列においてである。すでに引用した、註系列の第1番へと戻ることにしよう。ヘロドトスの故事を引用して、オタネスとその一族に与えられた特権が、「例外者」の特権だということの意味を今こそ十分に把握することができる。この例外者としての特権は、註の最後でルソーが暗示しているように、主権によって与えられた主権を超えるパラドックス絡みの特権である。オタネスの要求は、自分自身とその一族のみは、法を超えて生きることを許され、他人に対しては一切の義務を負わないという権利を与えられることであった。「国家の中にあって全能であり、王その人（＝主権）よりも絶大な力を持つ」ことになると、ルソーは、すぐ後で述べることになる。ここでルソーがはっきりと理解していたのは、主権にはパラドックスが組み込まれていること、オタネスの要求は遂行的にこのパラドックスの在処を指さしていたということ、そして絶対的な君主を「選ぶ」ということそれ自体が主権を超える権力というパラドックスを実行していること、これである。

それだけではない。ここで例外として求められている特権とは、すでに詳しく見てきたことから明らかなように、まさしく個人に限定された「イソノミア」なのである。個人限定ヴァージョンのイソノミアは、間違いなく、個人主義の思想論争に繋がる興味深い主題となるだろう。[*14] ともあれ、単独者・例外者が、政治的な自由を得るならば、孤独な存在として、他人に従属することも命令することもないが故に、単独者たちは絶対的に平等であり、権力関係を発生させ得ない。ルソーにおける「孤独」は、政治理論の視点から透視するなら、法を超えた存在として、社会の政治秩序を壊乱しかねない要素として現れる。まさに、E・バリバールが強力にイソノミアを解釈して言うように、それは「ポリテイアという古代ギリシアの制度が持つ、蜂起的で革命的な側面」[*15]なのである。「イソノミア」を、ルソー自身が暗示的とはいえ、しかし疑いなく強調している事実から、われわれはたしかに、ルソー自身の政治思想の奥底に潜む、バリバールが言うところの蜂起的な性格を読み取るべきなのだろう。もしそうだとすれば、ルソーの政治思想を、マキァヴェッリからスピノザへ、そしてそこからさらにマルクスへと連なる流れの中に、改めて位置づけ直すことも可能となるであろう。ルソー自身が、オタネスの特異な事例を、偶然のエピソードと見ることなく、ルソー思想の理論的問題系に接続可能なものと見なしていただろうこと、それは註の最後に附された、独り言とも思えるようなぶっきらぼうなまでに短い評言を読めばわかるであろう。

〔オタネスの〕この特権には何か制限が加えられたかもしれないが、その点に関してヘロドトスは、われわれ後世の人間には何も伝えない。とはいえ、何らかの制限があっただろうと想定する他ない。さもなくば、オタネスにとっていかなる法も認める必要もなく、また誰に対して釈明する必要もなくなるのであり、そうなれば、国家の中にあって全ての権力を握るに等しく、オタネスが王よりも強大な存在となっていたであろうから。*16

オタネスは、国家の中にあって何ものでもない存在となることを要求した。何ものでもないとは、同時にすべてでもあり得るということであろう。権力の放棄は、全権力の奪取でもあり得るだろう。オタネスは、そのような例外の場所、効力を持つ空白となることを要求したのである。それは、究極の「私有財産」の在り方、固有性と私有財産が出会う存在論的な深みともいえる。ありきたりの「孤独」のイメージでオタネスの事例を理解したつもりになってはならない。彼の退隠は、単なる引き籠もりでは全くなく、王を選べる地位にある者が不在と見なされることとそれ自体が、攪乱であり、不安定化であり、だからこそ「蜂起的」なのだ。ルソーは、例外のこの力を完全に理解している。カール・シュミットにはるかに先んじて、ルソーの政治学は存在論的な次元に到達しつつあった。これ以降、ルソーの政治学は、このような政治的存在論ともいえる領域に関わりつづけることになる。例えば、ルソー政治理論の到達点である『社会契約論』で問われているのは、社会を作りなす人間の諸力の総体だ。もちろん「総体」といっても、個別成員など何らかの数えられる要素の算術的総和、足し算の結果と考えたとしたら、まったくの誤解だろう。ルソーの読者を悩ませる「一般意志」と「全体意志」の相違に関わるから、もちろんここで詳しく立ち入ることはできないが、単純に考えても、二人の人間がいて、それぞれの意志が異なっている時に、この二人の間に「合意」が生じた場合、二つの意志は「足し算」できるわけでもないし、ましてや「ベクトルの合力」などとは関係がないことがすぐに判るだろう。「Aを欲する」という人と「Bを欲する」という別の人との「合意」は、足し算ではない。思い切って比喩的に語ってみよう。例えば、二人はそれぞれ「A」というメロディと「B」というメロディを歌うのだが、それが移調されたり、リズムを変えたり、要するに変奏を続けるうちに、元の二つのメロディとは全く似ても似つかないが、しかしそのどちらをも包摂していたとしか思えない、ある一つの隠れたメロディが現れるという具合に想像してみることである。そのほうが、足し算や力学モデルでは到底到達できないルソー思想の核心に、われわれは恐らく近づくであろう。

ここでわれわれは、ルソーの「孤独」のイメージを再考することを迫られる。孤独者や隠者といえば、社会のネットワークや環境から身を引き、環世界たる社会組織の内部には自分の居場所を見いだすことができない人と、一般に表象される。しかし、それを孤独者・単独者当人の消極的な態度や逃避などと思い込むのは早計だろう。孤独を選ぶ者は、その行為で彼もしくは彼女以外の残りの者たち全員を、憎悪し、非難し、告発しているかもしれないからだ。積極的な切断としての孤独は、社会が排除する力に抵抗するように、自らを社会から排除する行為であろう。そこには、自らを社会から切り離す、一種の積極的な力が必要な場合もあろう。まさに、事例オタネスこそは、稀有な形でそのような切断の力による孤独を表している。ルソーが注目したのは、国家の絶対的な権力を掌握できる人物が、権力に対抗して完全な孤独を選ぶことであり、それが含意する政治的な不安定性であった。事例オタネスが啓示したのは、政治的権力の領野の中心に例外の場がぽっかりと開き得ることであり、力能が充満した空白を現出させることが稀にあるという事実なのである。

3　例外の言葉

オタネスは、政治の場に生じた空白であり、規則から逸脱する「異常さ《アノマリー》」であった。彼の事例は、いかなる政治にも、逸脱的な何かが生じ得ることを証言している。オタネスが、本当に「命令することもなく、従属することもない」存在となったとすれば、彼は、内部に棲みつく外部として、国家の中で完全に独立した存在となっただろう。言い換えれば、オタネスが国家に帰属するのは、その当の国家から帰属しないことを保証されるからなのだ。帰属しないという意味で帰属する……。つまりこの「異常さ」には、ルソーが暗示するように、背理が孕まれている。すぐさま疑問が湧くであろう。オタネスのような孤独は行き止まりではないか？　特異な「唯一者」は、果たして他の「唯一者」たちと結合・連合できるのであろうか？　オタネスの事例を引用しつつ、フランスとジュネーヴのいずれにも帰属しない場所と日付で「献辞」に署名するルソーは、同様の唯一者としての自分を意識してはいなかったはずがない。たとえ、ルソーが古代のサトラップに自己を重ね合わせていたというのが言い過ぎだとしても、少なくとも、このような単独者・唯一者・例外者たちは、果たして共同体ないし共和国を構成し得るのかと自問はしていたであろう。「誰にも命令せず、誰にも従属しない」というイソノミアの理想から、ルソーの『社会契約論』が課題とした「各人が全員と結合しつつ、自分自身にしか従属しない」[*17]ような社会契約の考案までは、大きな距離があり、その道行きは捻《ねじ》れている。いったい、オタネス（たち？）との連帯の道は可能なのであろうか、唯一者たちの孤独な共同体とはそもそも考えることができるのだろうか。そこに、ルソー思想の核心が存在する。

すでに見てきたように、事例オタネスも「献辞」署名者ルソーも、国家の内部とも外部ともつかぬ場所を設定し、内と外の区別から身を引き、そのことで区別そのものを攪乱しようとしている。そのことから、いわゆる「共和主義的徳」が、共和国の内部構造への明確で顕示的な参加を意味する限り、ルソーの「共和主義」は通常思われているよりずっと深く微妙な差異を含むことにもなる。「共和主義」が内と外の峻別を必然的に含意するのに対して、ルソーの思想実践ははるかに柔軟であり、全体性と特異性、総体と例外、内なる外といったそのテーマはいずれも褶曲や二重化・重層化を繰り返す複雑な立体性を持っている。それがしたがっている論理を、簡略に素描しておこう。

ここで問題となっている論理こそが、『社会契約論』のかの有名な「全体的譲渡 l'aliénation totale」なる概念を存立させている。『社会契約論』第一編第六章で提示される社会契約を結ぶと、直ちに次のように人々は結合される。

> その瞬間に、各契約者の個別の人格に代わって、この結社行為〔社会契約締結のこと〕は、その集会に集った投票者の声の総数で構成された精神的で集合的な集団を産み出す。この集団は、まさにこの同じ結社行為から、その統一性、その共通の自我、その生、そしてその意志を受け取るのである。*18

『政治経済論』ですでに見た「共通の自我」が、この決定的な箇所で回帰しているように見えるが、しかし、それは『政治経済論』とはまったく異なった次元に置かれているのである。要点だけ述べておこう。ここで「共通の自我」が成立するのは、「社会契約」が発話された、そのコーラスの声の直後ないしは同時〔「その瞬間に」〕とされる。常識的には、人々の間に共感や同情などのアフェクトが広がり、一人一人を繋げて一つの大きなまとまりを作り、この情動ないし感情の共同性が、「われわれ」という共同主観性の基底となるという順序で、人は考えるだろう。この常識的で「論理的」な順序を、ルソーは無視しているかのようだ。一度、ルソーの「非」常識を受け入れて、それをあるがままに眺めてみよう。文字通りには、次のようにならないだろうか。すなわち、無秩序の世界で追い詰められた人々は、誰もがついに「社会契約」の言葉を同時に発話するのだ、と。その発話と表裏一体になって、あるいはその言葉の余白として、さらにはそこで言い残されたこととして、その発話をした「瞬間に」、自分自身から発話が発せられるのを自分で聞くその時に、その言葉が何故出現したのか、了解される。もちろんすぐに名づけられるわけではないが、それはやがて表現されることになる。契約の瞬間は、いわばパニックであり狂気の決断の一瞬である。そのアフェクトが去り、人々が落ち着いて想起するに至ると、そこに「共通の自我」があったのだ、という自覚が生じるのだ。この「共通の自我」こそが、むしろ「社会契約」の基盤であり存立の基底であるし、そうだったのだ、と。それを誰もが「承認」する（その説明が「説得する persuader」）とは限らないが、少なくともそう「解釈」せざるを得ない（同じく説明が「納得させる convaincre」）し、そう結論するだろう。

このように再構成してみてようやく、社会契約が同時に発話されたというルソーの逆説的な文言が理解可能となる。自分たちは自分たち自身の意志しか持たない。しかるに、その意志は「社会契約」の発話に同時に到達している。つまり、「一般意志」の到来が、その時に確立するのだ。こういった発想の方向でさらに進むならば、人民が人民自身を産み出すという人民主権の概念も、その謎を自ら明かすであろう。ルソー『社会契約論』の内的な弁証法はここで起動するのだ。それはこうして一度発見された「一般意志」がすぐさまに抑圧され、「一般意志」から確立したはずの国家という制度が、自分自身の原因である「一般意志」を否認し、あるいはそれを疎外し、そこから離脱していくこと、このプロセスが暗黙の前提となっているのである。この疎外の様式《モード》によって、さまざまな政治の問題が生じてくるし、それに応じてルソー『社会契約論』の全体は展開されている。[19]

各人は、それまで互いに内面を見通せないままに関係していたが、この社会契約と共に、「人格」を共同性に「譲渡」し、「共通の自我」を確認する。この時、各人は内面を失い、透明に公開することで、共同体に全体的に同化されるのであろうか。そうではない。

そもそも、社会契約が発話されているとルソーが入念に演出していることを考え合わせなければならない。自己を透明化するかのような契約も、記号によって媒介されざるを得ない。それによって声と記号の根源的な不透明性を蒙っていること、このことからしても、自己への透明な現前はあり得ないこと、これはすでによく知られている議論であろう。[20] 内と外は、単に反転するのでもなく、単に交換可能な等価なものとなるのでもない。内と外は、発話を契機として、別次元を付け加えて捻転・褶曲して、複雑に絡み合うことになる。ルソーの社会契約の初源的シーンは、契約を声にして発話することと深く結びついている。純粋で内的で自己に現前する「透明な」声ではなく、不透明であるが故に瞬時に透明化する不可能で逆説的な声が、社会契約と不可分に結合しているのである。

＊　＊

これまで『不平等起源論』の「献辞」を中心に述べてきたが、その日付は、繰り返すが、一七五四年六月一二日であった。翌一七五五年夏に『不平等起源論』が公刊され、その翌年の一七五六年四月にはデピネー夫人の領地エルミタージュにルソーは転居する。年譜を表面的に見る限りは、有名になった思想家・音楽家のルソーは、故郷に錦を飾り、幸福な時期にあったように見えるかもしれない。しかし『告白』を読んでみるならば、一七五四年のジュネーヴ行きの時点で、すでにドルバックやグリム、そしてデピネー夫人やディドロその人とも、ルソーは緊張関係に入りつつあったことが語られている。ついに、『告白』第九編で痛切に物語られるように、一七五七年三月頃には、ディドロとの諍《いさか》いが表面化するのである。ディドロが彼の『私生児』に書き込んだ台詞（「一人でいるような者には、邪悪な人間しかいない」）を、ルソーはまさしく彼自身に向けられた人格攻撃として受け止めたのである。ルソーの自意識の過剰ぶりを証言するエピソードとも言えるが、それだけですますわけにはいかない。ここまで述べてきたことから、事は、ディドロとルソーの思想性、少なくとも二人の政治哲学の根源的な隠喩をめぐる対立に淵源するのだと、理解されるべきであろう。

身体の各部分は平等であり協働のネットワークに内在するが、それを統御する座は、身体の部分とは別の次元にあらねばならないし、それは大脳以外ない。ディドロは、そこから政治共同体の統治の隠喩を紡ぎ出す。一方、ルソーは、そのような身体的隠喩から離脱していく。大脳（今日なら人工知能ＡＩなど「認知科学的」擬制の権威）の支配を免れることは、身体部位には不可能である。内在的な権力関係のキャンセル、オタネスに見られるイソノミアの実現は、大脳支配の隠喩の下ではそもそも無理なのだ。では、どうすればよいのか。

オタネスの事例を活用しつつルソーが暗示していたのは、政治的なイソノミアが、絶対的国家権力によって保証される時に生じるパラドックスであったと言えよう。オタネスが特異な事例であるのは、リヴァイアサンへとサトラップたちが絶対的権力を回付しようとしたその瞬間に、いわばリヴァイアサンそのものが退隠し、社会の内部に隠れて不可視となるという、複雑な神話作用を形成するからである。内と外が入れ替わり循環するクラインの壺のような神話である。ルソー思想において、この神話はどのような理論的形成物へと変成したであろうか。まず、オタネスは国家主権と同等の力を持つ「例外」として現れる。だからこそ、オタネスは、国家の中にある別の（イソノミア）国家となるだろうとルソーは暗示したのである。近代において、このような「例外」はどこに求められるであろうか。この問いが、ルソー『社会契約論』とくにその「一般意志」の概念を読み解く鍵となるであろう。

本稿で述べてきたことから見通せるのは、次のようなことである。近代の政治思想を貫く根本的な問い、すなわち、主権を制限できる力とは何かという問いに、ディドロもルソーも正面から答えている。ディドロは、唯物論的とはいえ、超越的支配の次元を残してそれに答えたのに対して（主権を超越するもの、例えば物質や自然がある）、ルソーは、あくまでも人民主権による内在性の立場を堅持した。では、ルソーにおいて、主権と並ぶものとは何か。ジョン・ロックのパラダイムで発想する彼にとって、それを私的所有権（ないしその裏の観念である「人権」）として考える他に道はなかった。しかるに、事例オタネスに典型的に現れることだが、ラディカルなイソノミアは、徹底した私的所有権に帰着する以上、今度はこの徹底した私的所有権も裏返って国家によって保証される国家の「外」ということになる他ない。これを一挙に整理し解決するのが、ルソーの場合は、社会契約による「全面譲渡」すなわち私的所有の完全な譲渡とその取り戻しという概念装置だったのである。この地点から、一般意志の問題を逆に照射することこそ、ルソー問題として残された最後の課題の一つなのである。

＊1——Diderot, *Le Rêve de d'Alembert*, in *Œuvres philosophiques*, Paris, Gallimard, « La Pléiade », 2010, p. 389.

＊2——カントーロヴィチ『王の二つの身体』小林公訳、ちくま学芸文庫、二〇〇三年、を参照。

＊3——「発作＝危機」という言葉の歴史的な意味作用については、Georges Benrekassa, *Le langage des Lumières, Concepts et savoir de la langue*, Paris, PUF, 1995 を参照。

＊4——ミシェル・フーコーの「古典主義時代が進展する中で、権力の標的対象としての身体なるものが、一挙に発見されたのである」(Michel Foucault, *Surveiller et punir*, Paris, Gallimard, 1975, p. 138／ミシェル・フーコー『監獄の誕生——監視と処罰』田村俶訳、新潮社、一九七七年、一四二頁)という有名な言葉は、ディドロのテクストにも間違いなく深く関わるであろう。

＊5——Cf. Jacques Chouillet, *Diderot, poète de l'énergie*, Paris, PUF, 1984, pp. 279–299.

＊6——「共通の自我」をめぐる弁証法の意味については、E・バリバールの深い考察が参照されるべきである。問題となっているのは、市民性(「ポリテイア」の訳としてバリバールは考えている)であるが、これについては特にバリバールの論文 « *Ich, das Wir, und Wir, das Ich ist* : le mot d'esprit » (Étienne Balibar, *Citoyen-Sujet*, PUF, 2011, chap.5) に展開されているので参照されたい。ルソー『政治経済論』との関わりでは、ルソーの『音楽事典』項目「ハーモニーの音」などで、「コミュニカシオン」「関係」などの言葉で語られる共鳴現象を考慮に入れる必要があるだろう。もっとも、ここに「和音」に対する「メロディ」の優位を説いていること、すなわち「状況」に対して「個体性」にルソーがアクセントを置くことを考え合わせなければならず、それはかなり複雑な議論となることが予想される。

＊7——もちろんここではG・カンギレームの表現に依拠している。健康とは「安全と保証の総体(ドイツ語で Sicherungen と呼ばれるもの)である。すなわち、現在における安全、将来における保証の謂いだ」(Georges Canguilhem, *Le Normal et le pathologique*, Paris, PUF, 1992, p. 131／ジョルジュ・カンギレム『正常と病理』滝沢武久訳、法政大学出版局、一九八七年、一七七頁)。

＊8——Emmanuel Terray, *La Politique dans la caverne*, Paris, Seuil, 1990, p. 210.

＊9――「自ら苦しむ治療者」や「治療薬としての人」といった形象については、J・スタロバンスキー『病のうちなる治療薬』小池健男・川那部保明訳、法政大学出版局、一九九三年、を参照せよ。この点について、E・バリバールは「二重の疎外」ないし二重の裏返しという重要な解釈を提示している。*La proposition de l'égaliberté*, PUF, 2010, p. 107.

＊10――J.-J. Rousseau, *Les Œuvres complètes*, Gallimard, « la Pléiade », t. III, p. 195／『人間不平等起源論』原好男訳、『ルソー全集』全一六巻、白水社、一九七八―八四年、第四巻二六四頁。以下、この全集からの引用に当たっては、OCと略記し、直後に巻数を添えて表示する。傍点強調は引用者による。

＊11――「献辞」にルソーの「政治的ナイーヴさ」を見いだす論者の代表は、前世紀のルソー学における権威J・S・スピンクとR・ドラテである（cf. Robert Derathé, *J.-J Rousseau et la science politique de son temps*, Vrin, 1971, pp. 10-11／ロベール・ドラテ『ルソーとその時代の政治学』西嶋法友訳、九州大学出版会、一九八六年、六頁）。これらを決定的に古びさせてくれたものとして、Helena Rosenblatt の研究を挙げるべきだろう。

＊12――Rousseau, OC I, p. 392／『告白』小林善彦訳、前掲『ルソー全集』第一巻四二四―四二五頁。傍点強調は引用者による。

＊13――ルイ・マランの諸議論を参照せよ。

＊14――ルイ・デュモンからジャン＝ピエール・ヴェルナンに至る個人主義の問題の考察は、E・バリバールのルソー論を辿る機会に改めて試みたい。

＊15――É. Balibar, *La Proposition de l'égaliberté*, PUF, 2010, p. 162 et p. 213.

＊16――Rousseau, OC III, p. 195／『人間不平等起源論』、前掲『ルソー全集』第四巻二六四頁。

＊17――ルソー『社会契約論』第一編第六章。

＊18――ルソー『社会契約論』第一編第六章。強調はルソーによる。

＊19――つまり「一般意志」は、抑圧されてなお力を発揮する「神話」のような存在といえる。この点に関しては、著者が準備しつつある『〈啓蒙〉のリミット』（仮題）において、アドルノ／ホルクハイマーの『啓蒙の弁証法』を検討しつつ論じる予定であり、また「共通の自我」と「一般意志」の関係については、E・バリバールの一連のルソー論の研究を補論として収める予定の『孤独のアノマリー』（仮題）で、改めて論じる予定である。

＊20——ルソー『社会契約論』の読解においては、デリダの『グラマトロジーについて』よりも、同じ哲学者の『幾何学の起源への序論』や『声と現象』との対話を深めるべきだと、筆者は考えている。

5　ルソーにおける所有権と共同体

ガブリエル・ラディカ
（松川みゆう訳）

1　エティエンヌ・バリバール、政治哲学者にして哲学の政治史家

エティエンヌ・バリバールの諸著作を分類するとき、ひとは現代の政治と社会的正義の問題（時に喫緊のもの）[1]を扱う政治哲学的著作[2]と、スピノザ、ルソー、ヘーゲル、マルクス、アーレントといった古典的哲学者の読解を行う哲学史的著作[3]の区分を立てたくなるかもしれない。前者が論証と介入を絡め合わせる政治哲学者の作品であるのに対して、後者は釈義に属し、用語の選択や論証の比較や伝統的テクストの詳細な分析に見られる細心さにおいて際立っている、というわけである。[4]この分類は間違ってはいないにしても、仮初めのものでしかありえない。フランス革命と人権宣言のモーメントに依拠しつつ現在を分析し、アーレント論とデリダ論を挟んで、最終的には「最新のヒジャブ事件」を論じる政治哲学論集『平等‐自由《エガリベルテ》の定理』[5]はどちらに分類されるだろうか。また、極限的暴力という現代的現象を検討しつつ、その分析のためにスピノザ、ウェーバー、ヴェイユ、アーレントに遡り、ムベンベやバディウまで視野に入れる『暴力と市民性』[6]はどちらに分類されるだろうか。ほとんどの場合、政治哲学と哲学史は補完的であり、両者は連携し支え合っている。[7]

　このことから、なぜバリバールが政治哲学史にとどまらず、哲学の政治史を手がけるのかを確実に理解することができるだろう。この哲学の政治史は、われわれの著者の署名とも言うべきいくつかの特徴をそなえている。

第一に、古典的著作家の読解においては、つねに政治的な観点と問題に優位が認められる。実際、研究対象として特権化されるのは、人民・国民・階級・主権・暴力・紛争・民主主義そして「市民であること citoyenneté」といった諸概念である。一例を引こう。バリバールは『同一性と差異性』において、ロックの『人間知性論』第二巻第二七章を精読する。この精読は形而上学の問題系（いかに人間の同一性を同一性の他の諸体制から区別するか）に探りを入れるが、それは近代イギリスにおける「所有的個人主義」の問題[*8]を扱うための準備なのだ。次いで第二に、哲学的伝統に連なる著者たちは現在の政治分析に用いられ、現在の政治分析を照射する。ルソー、ヘーゲル、マルクスがこうしてたえずあらためてアクチュアルなものにされるのだ。そして第三に、これが本論で強調される点になるが、政治的観点が法的観点に対して優位に立つ。法哲学の用語のみによって問題を提起することを拒み、政治を法権利の観点から記述するカントとは逆に、法的なものに政治的なものの刻印を押すからである。バリバールは法哲学を熟知しており、法哲学を引用しもするが、それはテクストでは徹頭徹尾政治的な問いに従属させられる。とはいえ本論の狙いは、この身振りを系譜学的に問い直し、バリバールからアルチュセールへ、アルチュセールからマルクスへと遡ることにはない。この血統を真剣に受け取ることにしよう。法権利が意味を持ちうるのはある特定の共同体においてのみである。だからこそバリバールは、構成された規範を対象にとり、法権利に照らして政治を評価するよりも、むしろ規範を構成することを可能にする過程を対象とし、政治に照らして法権利を判断する。バリバールの哲学史研究で、スピノザ、マキァヴェッリ、ルソーといった著者たちが特権的地位を占めるのもそのせいだ。

この第三の特徴を対比によって浮き彫りにすることができるだろう。ユルゲン・ハーバーマスは、仏訳で「事実と規範のあいだで」という副題を付された『法と民主主義』[*10]において、規範が出現し、採択され、承認される際のさまざまな現実的局面を分析対象とし、考慮に入れようと努めている。ハーバーマスは、多様なかたちをとる事実性から出発して規範が妥当性を獲得することを認めるのである。経済史や、議会における政党間の関係に介在した偶然性や、ある法廷におけるある判事の道徳的性格などからなる生地《きじ》の総体に出発点をとっても、そこから公正で正統なものが立ち現れ、全員によって承認されるか、承認可能なものとなるかすることは可能である。成立の契機と構成において個別的であるとともに、その射程において一般的である社会契約は、事実と規範のあいだで演じられるこの弁証法の典型的な契機なのだ。したがって、規範の正統化の作業には果てがなく、規範は適応すべき新たな状況にたえず直面する。しかし、この規範の客観性はハーバーマスの分析の地平にとどまりつづけるのだ。この客観性が、超越的審級ではなくコミュニケーションの規則によって与えられるのだとしても、事態は変わらない。カント主義者たるハーバーマスは、政治を法権利に従属させるとともに、歴史の介入にこの身振りの成功を委ねるのである。*11

一方、バリバールの言説も事実と規範の縫い目に置かれていることにかかわりはない。彼は事実（社会的関係、歴史、紛争）と規範（制度、法律、法権利）を突き合わせる。『平等《エガリ》‐自由《ベルテ》の定理』冒頭のテクスト「〈市民であること〉の二律背反」を例にとろう。ハーバーマスにおいてそうだったように、バリバールにおいても政治的概念（件のテクストでは民主主義的な〈市民であること〉の概念）は変遷しうるものであり、歴史的にとりあげ直されてそのつど独自のやりかたで緊張を解消し、新たな社会的・政治的布置に適応する。たとえば〈市民であること〉の政治的概念に、一九世紀末以来、とりわけ二〇世紀において「社会的」と呼ばれてきた概念を付加することは、〈市民であること〉の民主主義的概念にとって欠くことのできない新たな支えの一つとなりうる――ただしこの場合、〈市民〉はあくまで能動的な意味で捉えられねばならず、〈市民〉を公的扶助と公的補助金の消費者に貶《おとし》めるような受動的な意味で捉えられてはならない。しかし、バリバールが強調するのはハーバーマスとは逆のことなのだ。ハーバーマスのように、規範の観点から事実を考察して、最終的には規範が事実の領域から離脱し、アプリオリに超越的形式すなわち「不可変的」（ハーバーマス）形式を保証されると考えるのではなく、バリバールは、所与の力関係と権力の実効的現実にこそ、つまり合意の結果よりも諸々の合意に至りうる過程にこそ関心を寄せる。法が侵犯を誘発するのと同様に、紛争は規範の源泉となりうる。*12 法権利が政治的紛争に秩序を与える可能性を強調することが、カントに忠実であることだとすれば、法権利の政治的暴力と、政治が法権利に対して暴力を振るう可能性を主張することは、マルクスに忠実であることを意味するのである。

私がバリバールの仕事を「哲学の政治史」と評す理由がよく理解されたことだろう。私はこの政治的アプローチが、ルソーの議論の種別性を認識するのにとりわけよく適しており、「ジュネーヴ市民」の著作に対してなされた諸解釈の袋小路を位置づけ、理解させてくれることを示したい。そこでとりあげられるのは国制法である（第二節）。次に、バリバールの論文「所有的個人主義の転覆」をとりあげ、私的所有権（民法に属する）の問題に関して、ルソー読解において政治の法権利に対する優位という原則を適用することが、慎重を要するとはいえ、きわめて実り多いものであることを示したい。ルソーの独自性は、所有権を法的次元にのみ位置づけ、所有権と具体的な市民の共同体や公正との関係から眼を背ける他の思想家との比較によって明らかになるだろう（第三節）。私は最後に、バリバールのルソー読解が強調する「所有権」と「享受」のあいだの隔絶は、ルソーにおける「占有」と「使用」の重要性を思い起こすことで、部分的にではあれ埋め合わせがつくことを示したい（第四節）。

2　ルソーにおける政治の優位——紛争の制定力と主権者の実効性

政治的正統性にとって、紛争は好ましいものでありうる。マキャヴェッリやスピノザだけでなく、一般に紛争に敵対し、全員一致を愛好するとみなされがちなルソーもまた、この考えを擁護する。

ルソーが国家を分裂させる徒党を恐れることはよく知られている。しかし、ルソーは主権の定義に自由を組み込むために、ある種の市民間の紛争を必然的ないし正統的なものとして、あるいは自由が賭けられている場合には有用なものとして容認することになる。

専制君主は臣民に国内の平穏を保証する、と言う者もあるだろう。よろしい。だが、専制君主の野心のために臣民が巻き込まれる戦争や、彼の飽くことなき貪欲や、彼の大臣たちのむごい仕打ちが、臣民たちの内紛よりもいっそう荒廃をもたらすとしたら、臣民たちは国内の平穏からなにを得られるというのか。この平穏そのものが臣民たちの困窮の一部であるなら、なにを得られるというのか。[13]

紛争は正統なものでも正統性をもたらすものでもありうるし、逆に紛争の不在は専制君主が権力を握っていることの指標となりうる。そればかりか、制度が一時に打ち建てられてそのままということはありえない。人民の構成が最終的なものであることはありえないからこそ、ルソーは政治秩序内部に主権者が実効的に現前する必要性を強調する。主権者は政治体制の一形態としての国制（constitution）を受け容れ、特定の国制を高位規範とする考えさえ受け容れたとしても、（国制は他の諸規則と違って公式に変更されるべきだから）現在の一般意志に反する過去の一般意志の法的記録にすぎないとみなされるときには、いかなる国制であろうとそれを拒否する。政治的自由の最良の番人は、成文憲法でも伝統でもなく、構成的権力が永続し、すぐそこに現前していることにある。[14]政治的代表制はこの現前を倍加させるどころか、完全に失わせてしまうものであるとして、ルソーはこう言っている。

人民が自ら承認したものでない法律はすべて無効であり、断じて法律ではない。イギリス人民は自分たちが自由だと思っているが、大間違いである。彼らが自由なのは議員を選挙するあいだだけで、いったん議員が選ばれてしまうと彼らは奴隷となり、何者でもなくなる。[15]

あるいはまた、主権者の譲渡に対してはこう言われる。

なるほど、主権者は「私はある人物が望んでいることを、あるいは少なくとも望むと言っていることを現に望む」と言うことはできる。しかし「この人物が明日望むことを、私も望むであろう」とは言えない。というのも、意志が未来に関して自らを縛るのは不条理であり、また、望んでいる当人の利益に反することに同意を与えることはいかなる意志にもできないからである。したがって、人民がただ服従することだけを約束する場合には、人民はその行為によって解体し人民としての資格を失う。主人が現れた瞬間にもはや主権者はいなくなり、その瞬間に政治体は破壊される。[*16]

民主政はけっしてひとたび獲得されて終わることはなく、[*17] つねに生み出された規範を人民の実効的な現前に基礎づけねばならない。バリバールが思い起こさせるように、「一般意志は法律を介して表明され［……］、社会がなすあらゆる決定に必然的に内在する」。ルソーは政治秩序内部にこうした主権者の現前を望む点で、シェイエスやコンスタンといった法治国家と立憲主義の思想家以上に、ペインや、その後の直接民主政の支持者たちや、あるいは時としてルソーの名に依拠しようとしたマルクス主義者たちに至る潮流の発想の源であり続ける。ルソー的理念にしたがえば、ひとが政治権力の所持を剝奪（déposséder）されることなどあってはならないのであり——そのような剝奪はそもそも語義矛盾でさえある。[*18]

3　所有権——法的問題か、政治的問題か

3—1　二重の剝奪

しかし、統治形態を組織する国制法にかかわる限りでは、他のルソーの注釈者たちも、政治的なものの法的なものに対する優位、構成するものの構成されたものに対する優位をたやすく承認するだろうが、ひとたび民法と

りわけ所有権を規制する法律が問題になると、事態はそれほど自明ではないように思われる。ルソーも次のように明言している。

たしかに所有権は市民のすべての権利のうちでもっとも神聖な権利であり、ある意味では自由そのものよりも重要である。

このことは三つの理由によって説明される。

というのも、所有権は生命の保存にもっとも緊密に結びついているから、あるいは財産は人身よりも奪われやすく、守るのに難しいので、奪われやすいものほど尊重されなければならないからである。そして最後に、所有権は市民社会の真の基礎であり、市民がなす約束の真の保証人だからである。実際、財産が諸個人を保証するのでなければ、義務を回避し、法を欺くことほど容易なことはないだろう。[*19]

要約すれば、所有権が神聖であるのは、第一に生存のためであり、この生存の必要は証明するまでもない。第二に、所有権は紐帯のうちでもっとも脆く、人間の配慮と自制によってしか守られえないものは神聖なものとされるからである。第三に、所有権には社会的紐帯そのものの神聖性が懸かっているからである。もし、人々がなにも持っていなければ、罰金や没収を定めたところで彼らに法律を尊重するようにしむけることはできないだろう。たしかに、「所有権は神聖である」と書かれている。『人間不平等起源論』の所有権批判の一節を愛読する者たちは失望を覚えるかもしれない。しかし、所有権が神聖なのはこれが社会的紐帯に基礎を与えるからであり、いわば社会的紐帯が神聖であるからだとも書かれている。所有権の擁護者たちはこのことに戸惑うだろう。ところで所有権が存在するのは、それが安定的で、確固として制度化され、恣意的で気まぐれな構成的権力に従属しない場合だけである。人民はそうすることが合法的だからと言っていたずらに税額を変更し、立法者としての信頼を失うことがあってはならない。所有権が法権利であるには長期的な持続のなかで保証される必要があるのだが、このことは先述の一般意志の自由な現前とは対立するのだ。とはいえ、所有権にかかわる法律が専制的でなく正統なものであるためには一般意志から発されたものでなければならないから、そのかぎりで、私的所有権は政府の構成と同様、あるいはそれ以上に公的な事柄である。

この所有権を理解するのに、法哲学で足りるだろうか。所有権制定の政治的次元を、主権者の意志の過剰なまでの現前（surprésence）によらずに理解できるだろうか。この点で、一連の注釈者たちは正当にもルソーと法哲学の伝統の血縁関係を持ち出し、ロベール・ドラテ、ヴィクトール・ゴールドシュミット、ミシェル・ヴィレーらは我勝ちに、グロチウス、プーフェンドルフ、ロック、ホッブズ等々のルソーの対話者たちの名を挙げながら、所有権の設立を解明しようとしてきた。[*20]

政治的観点を法的観点に優越させるバリバールの読解は、この点で貴重である。バリバールによれば、私的所有権の設立には具体的な共同体との関係が書き込まれている（「所有的個人主義の転覆」）。バリバールはこうして、所有権の政治的意味は、所有の法権利が設立すると称するものとは正反対であることを示すのである。

バリバールは、ある個人をある物の所有者にするという法権利の言明を鵜呑みにすることを拒否して、「国家による市民のための所有権の法的確立（『社会契約論』第一篇第八章）は、実際のところその剝奪でもある」[*21]と断言する。この剝奪は二重であり、人間は自己自身と自分の持ち物を剝奪されるという。自己の剝奪というのは、ひとは共通の自我の一部となると自己自身を所有することができないからである。自分の持ち物の剝奪というのは、第一に、自然状態において土地は誰の物でもないことが確認されることと結びついている。第二に、個人はなにかを獲得すると占有物を享受できると考えるが、それは思い違いにすぎず、享受しようとすると次々に障害が現れて、享受はたえず拒否されるからである。第三に、社会状態で制定される正統な所有権は、主権者と共同体によって有効なものとして承認されねばならず、ロックにおいてそうであるように、所有する者の一方的な宣言によるのではないからである。政治体は自身を優先して、もともとなにも持ってはいないわれわれから没収し、全財産を全面的に譲渡させることから始め、政治体自身を領土の最初の占有者とする。だから、剝奪こそが所有権の核心にあるのだ。享受が地平の彼方へと放棄され、おそらくは想像上のものとなってしまうのもこのためである。

したがって、法権利が指名する所有者が現実に自分の所有物を持つことはない。所有権に保証を求めたがゆえに、所有物を奪われることになったのだ。

3―2 近代主観主義とアリストテレス的客観主義の克服

しかし、所有権に関する法的言説をよりよく批判するためには、この言説にもう少し接近すべきかもしれない。ミカイル・クシファラスは「ルソーにおける所有権の政治的宿命」*22 に関する論考で、「土地は誰のものでもない」という常套句が、スコラ哲学に由来し自然法学に受け継がれた、土地の原初的共有という問題系を参照していることを示している。この問題系は、カントの『法論』でも議論されるものだ。

土地が誰の物でもないのは、神によって贈られたにせよ捨て置かれたにせよ、土地は人類全体の物だからである。誰か個人の物ではない以上、土地は誰の物でもない。この理論を擁護しようとする者は、所有権に関して主観主義的な把握を採用している。私の所有権は私の物に対する権利‐権力であり、この権利‐権力は他のすべての個人がその物の使用を差し控えることから生じる。私が人類に属する土地の一部を私的に所有するためには、私以外の各人が権利主張を取り下げなければならない。こうして所有権が、所有者以外の個人が物の使用を差し控えることの総和から生じる結果として直観に反するかたちで提示されると、所有権は物の無媒介な占有からも、個人が物に対して持ちうるはずの孤独で至上な関係からもかけはなれたものとなる。ここで描かれる物との関係はきわめて抽象的で、他のすべての個人との関係に媒介された関係であり、その尺度や、様態や、行使についてはなにも明らかにされない。

ホッブズによれば、「あらゆる人間はすべての物に対して本性上持つ権利を奪われる」。したがって、私がある物を所有するためには、人々は直接この物を放棄するのではなく、その物に対して持つ権利だけを放棄する。権利を移譲することは、われわれはある他人がその権利を享受するのを妨げないとその者に向かって宣言することだが、厳密な意味ではなにも移譲されはしない。[*23] 所有権は社会状態にしか存在しない。所有権を同胞に対して主張することはできても、国家を体現する人格に対して主張することはできない。「最高命令権を持つ者に対抗して何かあるものを自分の所有物とする者は誰もいないこと」[*24]。ホッブズにおいて、君主は他の誰よりも優位にある所有者なのだ。

グロチウス、プーフェンドルフ、ホッブズと同様、ルソーもまた、所有関係は物に対する直接的な関係ではなく、その物の使用を差し控えることに同意する他の主体たちとの関係にすぎないと考える。バリバールが語る剥奪、すなわち現実的占有からの根源的な疎隔は、すでに自然法学者たちの所有権に書き込まれているのである。

ヴィレーは近代法学者たちのこの主観主義を切って捨てる。彼らは所有権の形式的定義にこだわるあまり、意志的な契約の尊重にではなく、物の分配において見出されるはずの所有権の公正な程度とか客観的正義とかいったものに到達できないからである。ヴィレーによれば、この所有権にかかわる客観的正義を理論化したのがアリストテレスとトマスだった。[*25] 実際、近代人においては、ある人がある物を所有しているか、正当に自分の権利を獲得したか、他人に侵害されていないかといったことばかりが問われるが、このような見方は極端な抽象にすぎない。そんなことになったのも、近代人は自分たちの理論によって、誰が余計に持ち、誰が過小にしか持たないかを決定するための法的道具を原理上奪われているからなのだ。

ロックは労働を所有権の尺度とすることで、物とのより具体的な関係と公平な分配を考えることに成功しただろうか。しかし、ロックにおいては労働が抽象的なやりかたで規定されている。労働の理論的機能が、自然状態では具体的に獲得できない他の個人の合意のかわりを果たすことに限られているからである。労働は、物を具体的に私有化することを可能にするものとはみなされていない。ロックはマルクスからは遠く離れているのだ。

ところでバリバールの読解は、ルソーが自然法学者たちのような主観主義者ではないことを示唆している。所有権は諸個人間の多角的合意の果てしない系列の結果であるだけでなく、限られた広さと資源をそなえた共同体に市民を結びつけるからである。

ルソーはアリストテレスによる正義の客観的尺度、すなわちヴィレーが夢見た公平に回帰することはないが、かといって私的所有権の程度問題を提起することを拒むわけではない。ただしこの尺度は主体のなかに据えられる。主体だけが同胞との平等・不平等の関係を評価し、表明することができるからだ。こうした関係が把握されるのは間主観性においてのみなのである。客観的公平以上に、存続可能で許容可能な不平等の性質が問題となる。したがって、所有権を規定するこの間主観性は、合意と約束の中立的な確認として法的であるのみならず、ルソーにおいては社会的評価としての性格を帯びるのである。だからこそ、占有するものは変わらなくても、私は他人の状況に応じて豊かであったり貧しかったりすることがありうる。

富をあらわす記号が発明される前には、富は、人間が持ちうる実在の唯一の財産であった土地や家畜以外のものから成り立つことはほとんどありえなかった。ところで、不動産が数においても広がりにおいても増え、地上全体を覆い、すべてが互いに接するようになると、ある者は他の者を犠牲にすることによってはじめて拡大できるようになり、弱いか無頓着であるかして自分の不動産を手に入れることのできないあぶれた人々は、なにも失わないのに貧乏になる。というのも、周囲ではすべてが変化しているのに、その人々だけが変わらず、富める者の手から生活の糧を受け取るか奪うかせざるをえなくなったからである。そこから、富者と貧者のさまざまな性格に応じて、支配と隷属、あるいは暴力と略奪が生じはじめたのである。[*26]

占有はけっして絶対的にはなりえないばかりか、その構造上、諸々の不平等が孕む不満に脅かされることが分かる。この点、ルソーが公正の思想家であるだけでなく、不平等の思想家でもあるのに対して、自然法学者はこの政治問題に盲目だった。ルソーにおいては、国家による所有権の制定が公正の問題の忘却へとつながることはなく、むしろこの問題を突出させると断言するときに、バリバールが思い起こさせてくれるのはこのことだ。ルソーのテーゼは以下のとおりである。すなわち、自由の維持のためには、不平等を破壊すべきでも、私的所有権を廃止すべきでもなく、不平等を中程度にとどめなくてはならない。[*27] これなしには、政治的紐帯はあらゆる正統性を失ってしまうだろう。実際、所有権は市民が他の市民に対して持つ責任を保証しなくてはならないが、それが可能なのは、所有と権力が中程度であるという条件のもとだけである。反対に所有の不平等が拡大すると、所有権は――その第一の役割は自由を保証することであるにもかかわらず――自由に反し、自由の破壊者となる。実際、所有権こそが、一定数の人々が他人に買われ、支配されることを許すだろう。所有権はひとたび制定されると、自分が保証するはずのものの反対物を引き起こす危険を常に孕んでいるのだ。

あらゆる立法の体系の目的となるべき全員の最大の福祉が、正確にはなにから成り立っているかを探求してゆくと、それが二つの主要な対象、すなわち自由と平等とに帰着することが分かるだろう。なぜ自由かと言えば、個別的な依存関係はいかなるものであれ、すべて国家という団体からそれだけ力を奪うことになるからである。なぜ平等かと言えば、それがなければ自由は存続しえないからである。社会における自由がなんであるかについてはすでに述べた。平等について言えば、この語を、権力と富の程度の絶対的同一性の意味に解してはならないのであって、次のように理解しなければならない。すなわち、権力に関しては、それが暴力にはいたらず、地位と法律によるものよりほかにはけっして行使されてはならないということであり、次に、富に関しては、いかなる市民も他の市民を買えるほど富裕ではなく、いかなる市民も身売りを余儀なくされるほど貧困であってはならない、ということである。[*28]

ルソーにおいては政治的観点が所有権を隅々まで支配している。なぜなら、正統な国家は常に所有権問題を解決し、諸個人の地位を定めねばならないからである。言い換えれば、ルソーにおいて（バリバールもまたこの点に無関心ではない）[*29]、市民の地位は所有権の機能と不可分なのだ。『社会契約論』ではたしかに所有権の尺度が提示されており、これは所有された物の平等ではなく、所有権によって可能となる人々の公民的対等に基づく。『法論』のカントは、あえて狭隘な法的観点をとって不平等を考えることができなかったため、その結果として、〔一七九一年の段階で〕シェイエスによってすでにフランスで制度的に実現されていた可能性、すなわち、国家のなかに受動的市民〔一定額以上の直接納税額に達しないがゆえに、参政権を持たない市民〕が存在する可能性を容認することになった。ルソーにおいては逆に、他人からの独立を保つのに十分な所有をそなえていない者が存在するような国家は、正統な国家とはみなされない。それは主権が自由ではなく従属に奉仕する国家であり、全員が奴隷であるような国家なのだ。

4　所有と占有、享受と使用

とはいえ、バリバールが「所有的個人主義の転覆」で展開した議論を補完するやり方を示唆することもできるかもしれない。所有権と占有はわれわれから剝奪するのだとしても、ルソーは同時に、バリバールが主張する想像上の享受にはとどまらない、物との関係を探求しているからである。

第一に、占有が所有権を定めうるかを問わねばならない。ところが、物を占有するだけでは所有権は定められない。

富める有力な人間が広大な土地を獲得して、そこに住むことを望む人々に法律を押しつけたとしよう。そこに住むことを許す条件として、富者の至高の権威を承認し、そのあらゆる意志にしたがうべきことを定めたとしよう。それならまだ私にも分かる。しかし、私にどうしても分からないのは、それ以前にさまざまな権利が存在していることを前提とする取り決めを、どうして法権利の最初の基礎となしうるのか、またこの行為は、土地の所有権と住人の自由を二重に簒奪する圧政者の行為ではないか、ということだ。ある個人が広大な領土を自分のものにして人類から奪うことは、処罰に値する簒奪行為ではないだろうか。なぜならこの行為は、地上のその他の住民から、自然が共有のものとして彼らに与えた住処と食糧を奪うのだから。必要と労働に応じて、最初の占有者に土地の権利を与えるとしよう。だが、この権利は制限なしでありうるだろうか。ある共有の土地に最初に足を踏み入れただけで、それを自分だけの所有物であると宣言することができるものだろうか。[*30] 他のすべての人々を追い立てる力があるだけで、追い立てられた人々からそこに戻る権利を奪うのに十分だろうか。あるものを占有するという行為は、どこまで所有権を基礎づけることができるのだろうか。ヌニェス・バルボアが海岸で南海と南米全土をカスティリヤ王の名の下に占有すると宣言したとき、すべての住民からその土地を奪い、世界のすべての君主をそこから締め出すにはそれで十分だったとでもいうのだろうか。だからこそ、このような儀式はどれほど増えても無駄だったのである。カトリック王〔＝スペイン国王〕がその執務室から一挙に全世界を占有したと宣言しようが、彼の帝国からは他の君主が以前に占有していた土地は除かなければならなかったのだから。[*31]

この議論は、バリバールが主張するのとは反対に、所有に尺度がありうることを示唆している。資格としての所有権が個人から占有物を剝奪するのは事実（所有者が占有物を奪われた者であるということ、これはバリバールの政治的ルソー解釈が示す重要な指摘である）だとしても、ルソーはまたその道徳的・経済的テクストにおいて、ひとはいかにして満足のいく占有によって物を再所有化できるかを探求しているのである。

ここで「占有」は、所有の権利を基礎づけるのではなく、物の使用に向かうものとして理解しなければならない。所有権（propriété）―占有（possession）―使用（usage）―享受（jouissance）の系は、エティエンヌ・バリバールが示す所有権／享受の二項対立よりも完全で、実り豊かであるように思われる。享受は占有された物との関係において存在する。なるほど、この享受を消費や破壊の側に位置づけ、孤立したかたちで考えるかぎりにおいては[*32]、享受が占有物に対してもつ関係は、所有権と同じくらい抽象的であろう。しかし占有は、所有権に関して理に適った程度を知るべきことを要求する観念であり、使用は、真に持つとはいかなることかを規定する際に、ルソーが持ち出す道徳的・経済的な主題系なのだ。ここからルソーは結局のところ、革命的であるどころか、むしろ古代哲学的な諸々の主題に回帰する。

物の善き使用の探求を通じて、私は実際にさまざまなものを我が物にしてゆく。まずは自己自身の身体と能力であり、次いで自分の富と資産である。「もし私が豊かだったら」という『エミール』の有名な仮想では次のように書かれている。

> 大地を覆い尽くすこの莫大な財のうちから、私は、自分にとってもっとも快く、もっともよく我が物にできるものを求めよう。そのため、自分の富を最初に使用するのは、閑暇と自由を購《あがな》うためであろう。それに加えて、私は健康を付け加えよう――もし健康を購うことなどできるなら[*33]。

「もし私が豊かだったら」、つまり、私が豊かさを所有においてではなく、使用において認めるなら、私は排他的な快を追い求めることをやめるだろう。私は私的所有権の存在をもたらした事物の推移を遡って、むしろ共有＝共同体の快を探し求めることになるだろう。

> 私の交わりの唯一の絆は、相互の愛着、趣味の合致、性格の適合であるだろう。私は、金持ちとしてではなく、人間として他人と交わり、交わりの魅力が利害によって毒されることをけっして許しはしないだろう[*34]。

人間の占有物に対する関係は、使用を通じて時間のなかで持続的に展開する。そのとき、いかなる条件のもとで享受が許されるのかを理解しなくてはならない。物の享受は能動的な使用によって果たされるのであり、受動的な体験によっては十分に記述しえない――バリバールにはそう返答しなくてはならない。小説において、ジュリは「享受の技法 art de jouir」を発明する。その技法にはまったく無媒介なものなどなく、彼女の享受の能力とそれに対して差し出されるさまざまな物とを用いながら、いわば巧みに享受を遅らせることで、享受を最大化するような使用を前提とする。ルソーはこのようにして、所有権 - 権力と一対をなすような単なる消費 - 破壊とは異なる享受を考えているのである。

使用することができないなら、私が真に所有するものはなにもない。だとすれば、他人の使用を排除する権利によって所有権を定義するとは、もっとも付随的でもっとも外的なものによって定義するに等しく、物事を逆さまに捉えていることにしかならないのだ。実際、この排除は私がなす使用についてはまったくなにも教えてはくれないのである。

法的な所有権が、主体は所有者であること、いったん彼の所有物となったものは永久に彼の所有物であることを主張するのに対して、エティエンヌ・バリバールはこの法的確実性を疑うように促す。しかし、自己自身と物の使用に関する考察は、主体のふるまいと主体による物の行使とのあいだの差異を、主体とその所有物のあいだの差異に先行するものとみなし、それによってこの差異を基礎づけるのである。ルソーはスピノザ同様、われわれが物に対して持つ純粋な能力には関心を示さないが、『エミール』と『新エロイーズ』では潜勢力〔puissance〕についての問題系をあつかっている。このふたつの著作は間接的にしか政治的でなく、いかにして政治が使用と潜勢力の問いを取り込むことができるのかを知る必要がある、という返答が返ってくるかもしれない。おそらくは、ルソーの統治と政治経済についての問いかけが、これらの問題を政治に導入する道を示唆しているはずだ。

エティエンヌ・バリバールとともに政治哲学を真剣に受け取ることは、法的言説を鵜呑みにするのを拒否することであり、集団の存在と所有権の行使に先行して所有者が存在すると信じ込むのを拒否することである。ルソーを真剣に受け取ることは、使用によって、非正統的な私有化にも単なる破壊としての消費にも還元されない、所有権の特定の秩序を定めることができるのではないかと問うことである。

＊1——テロリズム、不法滞在、フェミニズム、ヨーロッパ。

＊2——Avec Immanuel Wallerstein, *Race, nation, classe. Les identités ambiguës*, Paris, La Découverte, seconde édition, 2007〔エティエンヌ・バリバール、イマニュエル・ウォーラーステイン著『人種・国民・階級——「民族」という曖昧なアイデンティティ』若森章孝ほか訳、唯学書房、二〇一四年〕; *L'Europe, l'Amérique, la guerre*, Paris, La Découverte, 2005〔『ヨーロッパ、アメリカ、戦争——ヨーロッパの媒介について』大中一彌訳、平凡社、二〇〇六年〕; *Droit de cité*, Paris, Puf, 2002〔『市民権の哲学——民主主義における文化と政治』松葉祥一訳、青土社、二〇〇〇年〕。

＊3——*La philosophie de Marx*, Paris, La Découverte, nouvelle édition rev. et augmentée, 2014〔『マルクスの哲学』杉山吉弘訳、法政大学出版局、一九九五年〕; *Spinoza et la politique*, Paris, PUF, « Philosophies », 1985〔『スピノザと政治』水嶋一憲訳、水声社、二〇一一年〕; *Citoyen sujet et autres essais d'anthropologie philosophique*, Paris, Puf, 2011; *Identité et Différence. L'invention de la conscience* (introd. du texte de Locke de l'*Essai philosophique* (II, XXVII)), Paris, Seuil, 1998.

＊4——Cf.『市民‐主体 *Citoyen sujet*』の序文：「わたしが同じく重視する方法についての考察を、先の要約に付け加えよう。これまでのほぼすべての試論は読解に属し、テクストを対象とするかテクストの解釈である〔バリバールによる強調〕。そしてこれらのテクストは常にきわめて個別化されている。それは、それらのテクストに著者がいるためだけではなく、とりわけそれらが常に特異だからである」（*op. cit.*, pp. 17-20）。

＊5——*La proposition de l'égaliberté. Écrits politiques 1989-2009*, Paris, PUF, « Actuel Marx confrontations », 2010, rééd., 2012.

*6――*Violence et civilité. Wellek Library Lectures et autres essais de philosophie politique*, Paris, Galilée, 2010.

*7――これは『市民‐主体、その他の哲学的人間学試論 *Citoyen sujet et autres essais d'anthropologie philosophique*』の序文で表明される命題である（*op. cit.*, pp. 20–22）。

*8――Cf. « Le renversement de l'individualisme possessif », *La proposition de l'égaliberté*, *op. cit.*, pp. 91–126.

*9――Cf. Étienne Balibar, *Écrits pour Althusser*, Paris, La Découverte, 1991〔エティエンヌ・バリバール『ルイ・アルチュセール――終わりなき切断のために』福井和美編訳、藤原書店、一九九四年〕。マルクスの法哲学に対する批判については、Marx, *Contribution à la critique de la philosophie du droit de Hegel [1843]*, Paris, Allia, 1998〔カール・マルクス『ユダヤ人問題によせて／ヘーゲル法哲学批判序説』城塚登訳、岩波文庫、一九七四年〕の導入部を参照せよ。

*10――*Droit et démocratie* [1992], trad. C. Bouchindhomme et R. Rochlitz, Paris, Gallimard, « Nrf », 1997〔ユルゲン・ハーバーマス『事実性と妥当性――法と民主的法治国家の討議理論にかんする研究』河上倫逸・耳野健二訳、未来社、上下二巻、二〇〇二―〇三年〕。

*11――Cf. Jürgen Habermas, *La paix perpétuelle, Le bicentenaire d'une idée kantienne*, Paris, Cerf, 2005. ハーバーマスはここで、政治的共同体の文化とその法的構成とのあいだには確実に紐帯が存在するという信念を再確認したうえで、ヨーロッパの公共空間の構成を願っている。

*12――エティエンヌ・バリバールの指導を受け、『国内紛争と自由』という表題の本で公刊されたマリー・ガイユの博士論文（Marie Gaille, *Conflit civil et liberté : la politique machiavélienne entre histoire et médecine*, Paris, Champion, 2004）は、この紛争に潜在する制定力に注目して議論を展開している。この著作は全編を通じて、マキァヴェッリの『ディスコルシ』における以下の命題に意味を与えることを目指しているといえよう。「貴族と平民との不和を非難の対象とする人びとは、私に言わせれば、ローマに自由をもたらした第一の原因そのものに文句をつけているようなものだ。いわば彼らは、彼らが生み落としたすばらしい成果よりは、内紛が巻き起こしたざわめきと叫びのほうに、より心を奪われているのだ」（Machiavel, *Discours sur la première décade de Tite-Live*, *Œuvres*, trad. C. Bec, Paris, Robert Laffont, 1996, I, ch. 4, p. 196〔『ディスコルシ』永井三明訳、ちくま学芸文庫、二〇一一年、四二頁〕）。

*13――Rousseau, *Contrat social*, I, 4, *Œuvres complètes*, éd. B. Gagnebin et M. Raymond, 5 vol., Paris, Gallimard, « Bibliothèque de la Pléiade »（以下 OC）, 1959–1995, t. III（以下 III）, p. 355〔『社会契約論』作田啓一訳、『ルソー全集』全一六巻、白水社、一九七八―八四年、第五巻一一五頁〕。

*14――この問題に関しては、Jean-Fabien Spitz, *John Locke et les fondements de la liberté moderne*, Paris, PUF, 2001 を見よ。

*15――*Contrat social*, III, XV, OC III, p. 430〔『社会契約論』二〇三頁〕。

*16――*Contrat social*, II, I, OC III, pp. 368–369〔『社会契約論』一三三頁〕。

*17――« Ce qui fait qu'un peuple est un peuple », *La crainte des masses. Politique et philosophie avant et après Marx*, Paris, Galilée, 1997, p. 102.

*18――古典的共和主義に基づくルソーの再読は、この命題を理解させることに腐心している。とくに Jean-Fabien Spitz, *La liberté politique, essai de généalogie conceptuelle*, chapitres X et XI, Paris, PUF, 1995, pp. 395–465 を参照せよ。

*19――*Discours sur l'économie politique*, OC III, pp. 262–263〔『政治経済論』阪上孝訳、前掲『ルソー全集』第五巻八七頁〕。

*20――Cf. Robert Derathé, *Jean-Jacques Rousseau et la science politique de son temps* [1950], Paris, Vrin, 1995〔ロベール・ドラテ『ルソーとその時代の政治学』西嶋法友訳、九州大学出版会、一九八六年〕; Victor Goldschmidt, *Anthropologie et politique, les principes du système de Rousseau*, Paris, Vrin, 1983, p. 561 sq.

*21――« Le renversement de l'individualisme possessif », *art. cit.*, p. 105.

*22――« La destination politique de la propriété chez Jean-Jacques Rousseau », *Études philosophiques* 2003–3, pp. 331–370.

*23――*Éléments de la loi naturelle*, I, 15, trad. D. Weber, Paris, Le Livre de Poche, 2003, p. 185〔ホッブズ『法の原理――人間の本性と政治体（コモンウェルス）』田中浩ほか訳、岩波文庫、二〇一六年、一五〇―一五一頁〕。

*24――*De cive*, 2.6.15, trad. Samuel Sorbière, p. 159, Paris, GF-Flammarion, 1982〔ホッブズ『市民論』本田裕志訳、京都大学学術出版会、二〇〇八年、一四四頁〕。

*25――Michel Villey, *La formation de la pensée juridique moderne*, Paris, PUF, « Quadrige », rééd., 2013.

*26——*Second Discours*, OC III, p. 175〔『人間不平等起源論』原好男訳、『ルソー全集』第四巻二四四頁〕。

*27——『山からの手紙』を参照のこと。「ところが、もう片方の党派はなにを支えにしているでしょうか。富裕にどっぷりつかった連中ともっとも下賤な民衆です。買収する人々と、身売りする人々、この両極端のなかに、法と正義に対する愛を求めるべきでしょうか。国家はつねに彼らによって堕落するのです。金持ちは財布を法とし、貧乏人は自由よりパンを好むからです。この両派を比較しさえすれば、どちらが先に法を侵害するかを判断するには十分です」（*Lettres écrites de la Montagne*, OC III, p. 890〔『山からの手紙』川合清隆訳、『ルソー全集』第八巻四四〇—四四一頁〕）。ルソーは項目『政治経済』ですでに以下のように明言している。「貧乏人たちを守り、金持ちを抑えねばならないときには、すでに最大の悪はなされている。法がまったき力を発揮するのは、中間層においてだけである。法は金持ちの財宝に対しても貧乏人の困窮に対しても同じように無力なのだ。前者は法を尊重せず、後者は法から逃れる。前者は網を破り、後者は法をかいくぐるのだ」（*Économie politique*, OC III, p. 258〔『政治経済論』阪上孝訳、『ルソー全集』第五巻八二頁〕）。

*28——*Contrat social*, II, 11, OC III, pp. 391-392〔『社会契約論』一五八—一五九頁〕.

*29——『市民 - 主体』全編の企ては、ジャン＝リュック・ナンシーによる「主体の後に誰が来るのか」という問いのもとに置かれており、バリバールがこの問いに所有権との関係をもつ「市民」によって答えたことを思い起こそう。

*30——「たしか『オランダのオブザーバー』だったと思うが、なんとも可笑しな原則を見たことがある。野生人たちだけが住んでいる土地はすべて無主の土地とみなされるべきで、その土地を占領して住民を追い払うのは正統な行為であり、住民に対して自然法に反する危害を加えることにはならないというのである」。ルソーによる原注。

*31——Rousseau, *Manuscrit de Genève*, OC III, pp. 300-301〔ルソー『社会契約論／ジュネーヴ草稿』中山元訳、光文社古典新訳文庫、二〇〇八年、三四八—三四九頁〕。

*32——Cf. David Graeber : « L'idée même de consommation : désir, fantasmes, et l'esthétique de la destruction de l'époque médiévale à nos jours », *Des fins du capitalisme (Possibilité I — hiérarchie, rébellion, désir)*, trad. M. Rueff, Paris, Rivages, 2014.

*33——*Émile*, OC IV, p. 678〔『エミール』樋口謹一訳、『ルソー全集』第七巻一四一頁〕。

*34——*Ibid.*, p. 683〔『エミール』一四六頁〕。

6 「市民 - 主体」の理念とそのパラドックス
──バリバール、ルソー、政治的主体性

佐藤嘉幸

1 臣民 = 主体の後には市民 - 主体が来る

ジャン = リュック・ナンシーは *Cahiers confrontation*, n° 20 において、「主体の後に誰が来るのか」という問いかけを提起した。その問いかけに対して、エティエンヌ・バリバールは同誌に収録された論文「市民 - 主体」[*1]において、「主体 sujet」を(王権に服従する)前近代的な「臣民 sujet」と解釈し、臣民 = 主体の後には「市民 - 主体 citoyen sujet」が来ると応答している。私たちが本稿で論じるのは、「市民 - 主体」の理念と、そのパラドックスについてである。バリバールの応答を引用しよう。

「臣民の後には市民が来る」。(権利と義務によって定義される)市民は、臣民の後に来るあの「非臣民」であり、それを形成し承認することによって、臣民の従属に(原理上)終止符が打たれる。

この答えは、(フィクションとして)発見されるべきものでも、終末論的賭け(主体が終わりに近づいているとすれば、来たるべき後継者について何を語るべきか)の中で提示されるべきものでもなく、既に与えられており、私たち全員が記憶に留めている。年代を付すことさえできる。すなわち、一七八九年である。この年とそれが示す場所が、臣民から市民への交代の全過程を閉じ込めるには単純すぎるということを知ってはいるが、

やはりこの年は、この交代が逆戻り不可能であること、切断の結果であることを示している。

私たちはまた、この答えには歴史的に見て独自の正当性があることを知っている。すなわち、臣民の後に市民が来るのは、(革命という観念自体に含まれている)復権という資格においてであり、さらには復活という資格においてであり。それは、臣民が原初的人間ではないからであり、逆に、ボシュエの命題に反して、人間が「臣民」としてではなく、「法の上で、自由かつ平等」なものとして「生まれる」からである。

(43/四五)

「臣民=主体の後には市民が来る」、とバリバールは述べている。市民とは、「臣民の後に来るあの「非臣民」」のことであり、それは一七八九年に提示された。一七八九年とは、フランス革命の端緒の年であると同時に、「人間と市民の権利の宣言」が憲法制定議会において採択された年である。その第一条は次のように述べる。「人間は自由で権利において平等なものとして生まれ、かつ生きつづける。社会的区別は共同の有用性にもとづいてのみ設けることができる」(したがって、「人間と市民の権利の宣言」は、市民の平等と自由を宣言しつつ、それに一種の自己制約を課している。この点については後述する)。「人間と市民の権利の宣言」は「市民としての人間の権利」という決定的な理念(そのパラドキシカルな性格については後述する)を提示した点において、一つの不可逆的な「切断」をなしている、とバリバールは述べている。

一七八九年の「人間と市民の権利の宣言」は、切断を特徴づける決定的効果を生んだ。しかしながら、この宣言のタイトルと第一条の二重性が直ちに示すように、これは本質的に両義的なテクストだった。人間と市民の権利、生まれかつ生き続ける、自由かつ平等。こうした二重性の各々、特に最初の二重性は、起源を二分しており、正反対の読み方の可能性を秘めている。基礎となる観念は人間なのか市民なのか。宣言された権利は、人間としての市民の権利なのか、市民としての人間の権利なのか。ここでスケッチした解釈では、優先すべきなのは後者の読み方である。すなわち、表明されている権利は市民の権利であり、目的は市民権を作り上げることである――ある根本的に新しい意味で。実際は、人間性の観念も、人間性と自由の等価性も、新しい観念ではない。既に見たように、それらの観念は、もはや原初的隷属の理論と両立不可能ではない。すなわち、キリスト教徒は本質的に自由かつ臣民であり、君主の臣民は「自由民」なのである。新しいのは市民の主権であり、それによってまったく別の自由の概念（そしてまったく別の実践的定義）がもたらされるのである。しかし、この主権は、遡及的に基礎づけられる必要がある、ある種の人間概念の中に。さらには、これまでこの語が内包してきた意味と矛盾する新しい人間概念の中に。（51／五三―五四）

「人間と市民の権利の宣言」における決定的な新しさとは、それが「市民の権利」を作り出したことである。言い換えるなら、それは「市民の主権」であり、それはまったく新しい「人間概念」の中に基礎づけられねばならない。しかしながら、なぜそのような基礎づけが必要なのか。主権とは、近代以前には君主の主権であったし、その主権は神によって与えられたものと説明されており（王権神授説）、その意味で、主権概念は常に階層性や優位性と切り離すことができなかった。しかし、「人間と市民の権利の宣言」が提起したのは、根本的に新しい主権概念であり、それは「平等な主権」という、古典的主権概念から見ればパラドキシカルな主権概念であった。そして、こうしたパラドキシカルな主権概念を説明するために、「生まれながらの平等」という、経済的、身体的観点からは現実的にあり得ない理念を、「市民の権利」として「人間本性に組み込むこと」が要請される。バリバールはこれを「誇張命題」と呼んでいる（51-52／五四）。しかしそのようなパラドキシカルな命題は、新たな問題を生み出すことになる。

それは新しい問題の発生でもある。あるパラドックス（平等としての主権）を説明するための、別のパラドックス（生まれながらの平等）というわけである。革命家たちが絶えず典拠にする古代政治（アテネよりもローマやスパルタ）の伝統では、市民の平等は自由に基づいており、この自由に伴ういくつかの決められた条件の中で実現されると考えられていた（自由は世襲的、あるいはほとんど世襲的な社会的地位である）。今や問題は、その逆を考えること、すなわち平等に基づく自由、平等の動きによって生み出された自由を考えることである。したがって、それは非限定的自由、より厳密に言えば自己限定された自由である。つまりこの自由は、平等の規則を守ることができるように、言い換えれば自らの原理に合致し続けるように、自分自身に定めた制限以外の制限を持たない。別の言い方をすれば、問題は市民とは誰かという問いに答えることであり、誰が市民かという問い（あるいは誰と誰が市民かという問い）に答えることではない。その答えは、市民とはあらゆる「自然」権を享受し、人間の人間性を完全に実現する人間であり、単に他のすべての人間と平等であるが故に自由な人間である、ということになる。またこの答え（あるいはこの答えの形を取った新しい問い）は、次のように、ただし事後的に表現されることになるだろう。すなわち、市民とは主体である、市民は常に推定上の主体（権利上の主体、心理学的主体、超越論的主体）である、と。私はこの新しい展開を市民の主体への生成と呼ぶつもりである。（52／五四—五五）

フランス革命時にしばしば参照された古代政治の主体概念においては、市民の平等は自由に基づいていた。つまり、世襲的な自由を保持する自由市民のみが、市民の平等を保持し得たのであり、その平等は奴隷による経済的生産によって支えられていたのである。それに対して、「人間と市民の権利の宣言」は、まさしくその逆の理念、つまり平等に基づく自由という理念を提示した。つまり、人間は、権利上平等なものとして生まれるがゆえに、自然権として保持する自由を享受する。これを哲学的な文脈で言い直せば、「市民とは（超越的審級に服従しない）超越論的主体である」ということになる。バリバールはこの運動を「市民の主体への生成」と呼んでいる。また、彼は別の論文において、平等に基づく自由というこの理念を、平等と自由という二つの概念の本質的な分離不可能性、そして自由に対する平等の先行性を示すために、平等（égalité）と自由（liberté）を結合したカバン語であ

る égaliberté という語によって表現している。[*2]

しかしながら、「人間と市民の権利の宣言」が提起した平等があくまでも「権利上の平等」に留まることが、平等に関するまったく異なった二つの解釈をもたらすことになる。

> したがって、二つの道が開かれる。一方では、平等は「象徴的」である。これが意味するのは、あらゆる個人が、どのような力、権力、所有物を持っていたとしても、市民である限り（そして市民権を行使する公的な行為において）、他の全員と等価だと見なされる、ということである。他方では、平等は「現実的」である。これが意味するのは、個人の諸条件自体が平等、あるいは少なくとも等価であってはじめて、市民権が存在することになる、ということである。その場合、実際、権力ゲームは権利ゲームにとってもはや障害にはなり得ず、平等本来の潜在的力が、権力の生み出す効果によって壊されることはないであろう。象徴的平等の方は、条件が不平等になればなるほど一層自己主張し、理念性を守り、自分を無条件なものとするが、現実の平等の方は、階級なき社会を前提とし、またしたがって階級なき社会を作り出そうと努力する。こうして、「形式的」民主主義と「現実的」民主主義の二律背反は、直ちに一七八九年のテクストに書き込まれた〔……〕。
>
> （53-54／五六）

平等概念において、「象徴的」平等と「現実的」平等を区別することができる。一方の「象徴的平等」は、個々人が持つ所有物や権力にかかわらず、すべての個人が「象徴的」かつ「権利上」平等であると見なす。言い換えるなら、それは個々人の間の「現実的な」経済的、政治的不平等を無視する理念であり、ブルジョワ資本主義はこの道を選択した。「象徴的」平等は、マルクスの言う「二重の意味で自由な労働者」の存在を許容する。つまり、労働者は自由な人格として、自分の労働力を商品として売ることができると同時に、生産手段から自由な存在として、自らの労働力以外に売る商品を持たないのである。[*3] 他方の「現実的」平等は、個々人の「現実的な」経済的、政治的平等を目指すものであり、社会主義国家と福祉国家はこの道を選択した。[*4]「人間と市民の権利の宣言」は、このような二律背反的な道を、「権利上の平等」という概念によって、そのテクストの中に書き込んでいたのである。

2 『社会契約論』と市民-主体のパラドックス

しかし、このような二律背反的な道は、「人間と市民の権利の宣言」だけではなく、その起草者たちが参照していたルソー『社会契約論』[*5]に既に書き込まれている。私たちは、ルソー『社会契約論』を参照しながら、同書においてルソーが既に提示していた「市民-主体」という理念とそのパラドックスについて考えてみたい。

ルソーの社会契約とは、自然状態からある種の社会状態を生み出すものである。その点において、彼の社会契約は、ホッブズのような古典的契約論と一見変わりがないように見える。しかし、その目的はまったく異なったものである。ルソーは社会契約の目的を次のように定義する。

「各構成員の身体と財産を、共同の力のすべてを挙げて守り保護するような、結合の一形式を見出すこと、そしてそれによって各人が、すべての人々と結びつきながら、しかも自分自身にしか服従せず、以前と同じように自由であること」。これこそが根本的な問題であり、社会契約がそれに解決を与える。

（I, 6, 360／二九）

ルソー的社会契約は、各人が自分自身にしか服従せず（君主や神のような超越的審級に服従する古典的契約論との差異）、各人が自由であることを目的とする。したがって、社会契約は次のようなただ一つの条項に還元される。「各構成員をそのすべての権利とともに、共同体の全体に対して、全面的に譲渡すること」(I, 6, 360／三〇)。その結果として、社会契約は一つの精神的共同性を作り出す。

だから、もし社会契約から、その本質的でないものを取り除くと、それは次の言葉に帰着することがわかるだろう。「私たちの各々は、身体とすべての力を共同のものとして一般意志の最高の指導下に置く。そして私たちは各構成員を、全体の不可分の一部として、ひとまとめとして受け取る」。この結合行為は直ちに、各契約者の特殊な自己に代わって、一つの精神的で集合的な団体を作り出す。その団体は集会における投票者と同数の構成員からなる。それは、この同じ行為から、その統一、その共同の自我、その生命及びその意志を受け取る。このように、すべての人々の結合によって形成されるこの公的な人格は、かつては都市国家という名前を持っていたが、いまでは共和国または政治体という名前を持っている。それは、受動的には、構成員から国家と呼ばれ、能動的には主権者、同種のものと比べるときは国と呼ばれる。構成員について言えば、集合的には人民という名を持つが、個々には、主権に参加するものとしては市民、国家の法律に服従するものとしては主体＝臣民と呼ばれる。(I, 6, 361-362／三一)

社会契約は、アルチュセールが「社会契約について」[*6]において述べるように、契約そのものがじつはその一方の当事者である共同体を「無から」創設する行為である(アルチュセールはそれを「第一のずれ」と呼んだ)。つまり社会契約とは、個々人と、社会契約そのものによって創設される共同体との間の契約行為なのである。そして、個々人はその共同体の創設に参加することによって、精神的共同性あるいは「共同の自我」を形成する。ルソーはこの「共同の自我」(共同的な超越論的自我)を「人民」あるいは「市民」と呼んでいる。そして、市民は自らの立法行為が作りだす法律に「主体＝臣民」として自ら服従する。したがって、「市民‐主体」とはまさしく、フーコーの言う「経験的‐超越論的二重体」なのである。バリバールも同様の考えを、第一編第六章の定式を受けて社会契約を媒介とした主権者と法律の関係を述べた、『社会契約論』第一編第七章を引用して、次のように述べている。

「この公式から次のことがわかる。〔……〕各個人は言わば自分自身と契約しているので、二重の関係で約束している。〔……〕したがって、主権者が自ら破ることのできない法を自分に課するのは、政治体の本性に反する。〔……〕そこから、人民という団体に義務を負わすいかなる種類の基本法もなく、またあり得ないことがわかる。社会契約でさえ同様である。〔……〕ところで主権者は、それを構成している個々人からのみ成り立っているのであるから、彼らの利益に反する利益を持っていないし、また持つこともできない。したがって、主権者の権力はその臣民に対して、何らの保証を与える必要はない。政治体がその全成員を害しようとすることはあり得ないからである。〔……〕しかし、臣民が主権者に対する場合は、こうはいかない。その場合には、〔約束を守るのが〕臣民の共同の利益であるにもかかわらず、主権者が臣民の忠誠を確保する方法を見出さない限り、彼らが約束を守るかどうかの保証はどこにもない。実際、人間としての各個人は、市民としての彼の持っている一般意志に反したり、あるいはそれと異なる一般意志を持つことがある。〔……〕彼は、臣民の義務を果たそうともしないで、市民の権利を享受するかもしれない。このような不正が進めば、政治体の破滅を招くだろう。したがって、社会契約を空虚な公式としないために、一般意志への服従を拒む者は誰でも、団体全体によって屈服を強制される、という約束を暗黙のうちに含んでいるのである。〔……〕このことはただ、彼が自由であるように強制される、ということを意味しているに過ぎない」（I, 7）。〔……〕この厳密な公式には、古代の意味つまり服従の意味での「臣民」が、最後に姿を現しているのが見られるが、それは法の臣民に変貌しており、厳密に法を作る市民と相関している。また、一般利害と特殊利害の間で引き裂かれた「人間」の名の下に、新しい「主体」、つまり市民‐主体になるべきものが姿を現しているのが見られる。

（56-57／五九―六〇）

したがって、ルソーこそが、まさしくその特異な社会契約によって、市民‐主体という「経験的‐超越論的二重体」の設立を予告していたのである。そのような主体において、超越論的審級に存するのは法を作る「市民」（集合的主体）であり、経験的審級に存するのは、超越論的審級に服従する「主体」（個的主体）である。つまり市民‐主体とは、自らが立法行為に参加することによって作り出した法に自ら従う「法の臣民」、すなわち内在性の主体、あるいは自律的主体なのである。

さらに、ルソーの社会契約は、先に見た égaliberté、すなわち平等（égalité）と自由（liberté）の分離不可能な結合関係、自由に対する平等の先行性、そして象徴的「平等」と現実的「平等」の間の二律背反をも既に明らかにしている。

社会契約は、市民の間に平等を確立し、そこで市民はすべて同じ条件で約束し合い、またすべて同じ権利を享受することになる。だから、契約の性質上、主権のすべての行為、すなわち、すべて一般意志の正当な行為は、すべての市民を平等に義務づけ、あるいは恩恵を与える。したがって、主権者は国家体のみを認め、これを構成する個人に差別をつけない。では、主権の行為とは本来何だろうか。それは、上位者と下位者との約束ではない。政治体とその構成員の各々との約束である。〔……〕臣民がこのような約束にのみ従う限り、彼らは何人にも服従せず、自分自身の意志のみに服従するのである。〔……〕そこからわかることは、主権は、いかに絶対的であり、いかに神聖であり、いかに侵すべからざるものであろうとも、一般的な約束の限界を超えないし、また超えられないこと、そしてすべての人は、これらの約束によって彼に残されている限りの彼の財産、自由を十分に用いることができる、ということである。（II, 4, 374-375／五二）

ルソー的社会契約において、すべての市民は同じ条件で契約に参加し、同じ権利を享受する。つまり、社会契約は、全構成員間の「象徴的」平等という原理を形成する。そして、社会契約はその結果として、自らの「象徴的」平等という原理において、全構成員に自由と所有権を保証するのである。ここに私たちは、自由に対する平等の先行性を見出すことができる。また私たちは同時に、ルソー的社会契約が所有権を確保することによって、「現実的」平等を放棄していることをも理解することができる。アルチュセールはこれを、社会契約におけるすべての権利の「全面的譲渡」とその結果としての「所有権」の確保のあいだの「ずれ」、すなわち「第二のずれ」として明らかにした。

ルソーとその「市民‐主体」は、「象徴的」平等の原理に留まることによって、「現実的」平等という理念を放棄した。ルソーに代わって「現実的」平等の理念を追求したのはマルクスであり、その現実態としての社会主義国家と、そしてそれによって強いられた修正資本主義国家としての福祉国家であった。しかし、社会主義体制が崩壊し、さらには経済成長の鈍化によって福祉国家という理念が失効を宣告された現在の世界には、新自由主義的資本主義という唯一の経済体制しか存在しない。こうした現状において、経済的な意味での「現実的」平等を実現するために残された希望は、理念としてのコミュニズムと、世界各地において自然発生的に組織されている、新自由主義的資本主義がもたらした不平等や社会的諸矛盾への抵抗運動以外にはない。これらの運動にはまた、水平的で横断的な運動の組織化や、多数決を許容しない直接民主主義のような、新たな政治的実験を見出すこともできる。

3 直接民主主義の問い

結論として私たちは、市民‐主体の理念について、もう一つの重要な問題を検討しておきたい。それは、経済的な意味での「現実的」平等を超えて、政治的意味での「現実的」平等を実現する手段としての、直接民主主義の問題である。私たちはなぜこの問いを結論において扱うのだろうか。この問題について、ルソー『社会契約論』のよく知られた一節を参照しよう。

> 主権は譲渡されない。これと同じ理由によって、主権は代表されない。主権は本質上、一般意志の中に存する。しかも、一般意志は決して代表されるものではない。一般意志はそれ自体であるか、それとも、別のものであるからであって、決してそこには中間はない。人民の代議士は、だから一般意志の代表者ではないし、代表者たり得ない。彼らは、人民の使用人でしかない。彼らは、何一つとして決定的な取り決めをなし得ない。人民が自ら承認したものではない法律は、すべて無効であり、断じて法律ではない。イギリスの人民は自由だと思っているが、それは大間違いだ。彼らが自由なのは、議員を選挙する間だけのことで、議員が選ばれるや否や、イギリス人民は奴隷となり、無に帰してしまう。その自由な短い期間に、彼らが自由をどう使っているかを見れば、自由を失うのも当然である。
>
> （III, 15, 429-430／一三三）

「主権は代表されない」し、「主権は本質上、一般意志の中に存する」とルソーは述べている。市民はその一般意志を表明することによって立法行為に参加するのであり、その表明を決して代議士という「代表」に委ねるべきではない、と彼は述べているのである。つまり、一般意志の表明が蜂起的なものであるとすれば、それは一般意志の理念が、政治的主体性の自己構成としての直接民主主義の理念に接続可能だからなのである。

しかしながら、バリバールは「市民‐主体」に関する論文において、直接民主主義の問題に触れつつも、それについて明確な立場を示していない。彼は「市民‐主体」において次のように述べている。「市民の能動性は、代表の概念と相容れないのか。過去には、そう主張することもできた。そこから、古代に依拠するかどうかは別として、能動的市民権を「直接民主主義」と同一視する、長く続いた一連の言説が生まれる。実は、この同一視は、ある混同に基礎を置いている」（54／五七）。「ある混同」とはいかなる「混同」だろうか。バリバールによれば、古代の市民権概念は、能動性の概念を含んでいたにもかかわらず、主権者の意志の概念を含んでいなかった。古代の直接民主制において重視されたのは、能動的市民の概念であると同時に、くじ引きという、能動的市民間の政治的平等のシステムであった。それに対して、近代的市民は主権者であり、選挙において主権者として能動的に代理人を選出することを通じて、自らを市民として個別化すると同時に、人民の「精神的共同性」を作り出す。したがって、「ある混同」とは、古代の直接民主制に「主権」概念を読み込むような「混同」であり、そうした「混同」に基づいて能動的市民権を直接民主主義と同一視する言説が存在してきた、ということになる。このような指摘を見れば、バリバールは直接民主主義について明確な態度表明をしていないものの、むしろ直接民主主義ではなく代表制民主主義を擁護しているように見える。

この点についてさらに考察するために、『市民‐主体』に再録されたヘーゲル論「Ich, das Wir, und Wir, das Ich ist（私とは私たちであり、私たちとは私である）」を参照しよう。その中でバリバールは、ルソーの共同体形成の理論を、ヘーゲルのそれと比較している。バリバールは、私たちが先に論じた「共同の自我」形成に関する『社会契約論』第一編第四章の一節を引用し、これを「構成的権力」を「被構成的権力」の中に、主権／人民を国家／政府の中に内在させるような「人民の自己構成」であると定義して[*7]、次の二点を指摘する。

第一に、ルソーによる「共同の自我」形成とは、「垂直性の還元」あるいは、人民が自分自身と維持している「二重の関係」——すなわち主権者であると同時に臣民である、分割可能であると同時に不可分である、平等であると同時に不平等である、自己に同一であると同時に自己と異なっている——へと主権を組み込むことである。そのとき主権は、廃棄されるのではなく超越の場から内在の場へと下降する。そして、その媒介を行うものが、法という「全員に対する全員の行為」である。主体＝臣民を自らが作り出した法に服従させることによって「共同の自我」を作り出す。そのとき主権は、それが法の媒介によって法の臣民としての主体自身に関係づけられる限りにおいて、政治的結合（association politique）、すなわち人民に内在する。

第二に、ルソー的「共同の自我」は、「自然的個人」と考えられていると同時に、そう考えられてはいない。

それは共同体外部に対しては一つの不可分の共同性として「自然的個人」と考えられるが、共同体内部に対してはそうではない。なぜなら、ルソーの言う「精神的で集合的な団体」は、諸部分と諸力の間の関係性のシステムであって、その内部に内的紛争を含んでいるからだ。そこからバリバールは、この集合的主体は「アンチノミーの展開」としてのみ存在可能であり、極限においては「不可能なもの」であると結論づける（233-234）。

ここからバリバールは、とりわけフランス革命時の恐怖政治をルソー理論の実現の経験と考えたヘーゲルのルソー批判を参照し、次の二点を指摘する。

第一に、ルソーによる「垂直性の還元」、すなわち垂直的主権の人民への内在化は、ヘーゲルによれば「虚構的還元」であって、それは法という媒介がすぐに消失してしまうか、不活性なまま残るという意味において、性急すぎるものである。それは内的紛争に対して距離を取るため、結果として共同体を構築するより、それを破壊することに帰結する。それはフランス革命の恐怖政治期に現れた「自己破壊」の運動である。

第二に、ヘーゲルによれば、政治体の自然主義と、一般意志の絶対的主体主義との間のルソーにおける揺れにおいて、前者の自然主義が優位にある。ヘーゲルにとって、ルソーは「諸力の関係」の表象に捉われた意志の概念にとどまる限りにおいて、意志としての自由、自由としての意志の概念を欠いている。ルソーの極端な「意志主義」は執拗な「自然主義」を隠しているのであり、したがって存在に意志の普遍性（絶対精神）を書き込む可能性、そして存在の事物性を止揚する可能性を欠いている（235-236）。

こうしたヘーゲルによるルソー批判にバリバールは全面的に賛同しているわけではない。しかしながら、このような議論の流れから、私たちは一つの結論を導くことができるだろう。バリバールは、ルソー的な「意志主義」に対してヘーゲルのルソー批判を対置し、「意志主義」の極度化が共同体の内的紛争とその「自己破壊」に帰結することを警戒している。そして、その意味において、彼は直接民主主義の「意志主義」による自己破壊的側面に対して、代表制民主主義によって一定の歯止めをかけようとしているのである。

フランス革命の初期プロセスにおいて、革命家たちは、代議士は選出される地方の代表ではなく国民全体を代表しており（すなわち命令委任ではなく代表委任）、市民は代議士を選出することを通じて一般意志の表明を行っている、と解釈することによって、現代まで持続する代表制民主主義のシステムを基礎づけた。大きな意味では、本稿で見たようなバリバールの思想もこうした代表制民主主義の流れの中に位置づけられるだろう。しかしながら、一九八九年のいわゆる「イデオロギーの終焉」以来、右派政党と左派政党の政策はほぼ同じものとなっており（もはや一つのイデオロギー、すなわち新自由主義イデオロギーしか存在しない）、政党政治は世界的に右傾化している。また例えば日本においては、福島第一原発事故後に民衆の七割以上によって支持され喫緊の課題となっている脱原発の問題に、[*8] 代表制民主主義のシステムは適切に応答できていない。なぜなら、多くの民衆の脱原発支持にもかかわらず、国政選挙において争点となるのは常に経済であり、脱原発のような問題は争点化されないからだ。そのような意味において、代表制民主主義はある種の限界に逢着しているように思われる。

そこから私たちは、「意志主義」の極度化に対する警戒を保持しつつも、代表制民主主義を補完する新たな政治的発明を模索することが必要だと考える。ここではその詳細に立ち入る紙幅はないが、[*9] 例えばその政治的発明の一つとして、市民による徹底した相互討議と決定の場としての「評議会」（ハンナ・アーレント）のような直接民主主義のシステムを、代表制民主主義を補完する仕方で導入することを提案しておきたい。[*10]

＊1——Étienne Balibar, « Réponse à la question de Jean-Luc Nancy : "Qui vient après le sujet ?" », in *Citoyen sujet et autres essais d'anthropologie philosophique*, PUF, 2011. 初出は以下。« Citoyen sujet. Réponse à la question de Jean-Luc Nancy : Qui vient après le sujet ? », in *Cahiers Confrontation*, n°20 : « Après le sujet qui vient », 1989／「市民主体」松葉祥一訳、『主体の後に誰が来るのか?』現代企画室、一九九六年。以下、本文中にページ数を原書（*Citoyen sujet*）／邦訳書の順で略記する。

＊2——Étienne Balibar, « La proposition de l'égaliberté » in *La proposition de l'égaliberté*, PUF, 2010, p. 68.

＊3——Karl Marx, *Das Kapital*, Bd. I, *Marx-Engels Werke*, Bd. 23, Dietz, 1962, p. 183／『資本論』（一）、向坂逸郎訳、

岩波文庫、一九六九年、二九四頁。

*4——Cf. Étienne Balibar, « Nouvelle réflexions sur l'égaliberté » in *La proposition de l'égaliberté*, pp. 153-155.

*5——以下、引用に際しては次の版を用い、本文中に出典（編、章、原書ページ数／邦訳ページ数）を略記する。Jean-Jacques Rousseau, *Du contrat social*, in *Œuvres complètes*, t. III, Gallimard, coll. « Pléiade », 1964／『社会契約論』桑原武夫・前川貞次郎訳、岩波文庫、一九五四年。

*6——Louis Althusser, « Sur le "Contrat social" », in *Solitude de Machiavel*, PUF, 1998／「〈社会契約論〉について」『マキャヴェリの孤独』福井和美訳、藤原書店、二〇〇一年。初出は以下。*Cahiers pour l'analyse*, n°8, 1967.

*7——« *Ich, das Wir, und Wir, das Ich ist* : le mot de l'esprit », in *Citoyen sujet et autres essais d'anthropologie philosophique*, p. 232. 以下、本文中にページ数を略記する。

*8——例えば、朝日新聞の二〇一四年三月の調査によれば、即時、長期的スパンを含めて脱原発に賛成する人々は七七%に及ぶ。以下を参照。「原発再稼働「反対」59%」『朝日新聞』二〇一四年三月一八日。また、同じく朝日新聞の二〇一六年一〇月の調査でも、同じく脱原発に賛成する人々は七三%であり、同様の傾向が続いている。「原発再稼働「反対」57%」『朝日新聞』二〇一六年一〇月一七日。

*9——この点について、私たちは以下の著作の「結論」でいくつかの提案を行っている。佐藤嘉幸・田口卓臣『脱原発の哲学』人文書院、二〇一六年。

*10——Cf. Hannah Arendt, *On Revolution*, The Viking Press, 1963, Penguin Books, 1990, Ch. 6 : "The Revolutionary Tradition and Its Lost Treasure"／『革命について』志水速雄訳、ちくま学芸文庫、一九九五年、第六章「革命的伝統とその失われた宝」。また、アーレントにおける評議会の理論を参照しつつイオニアのイソノミアについて考察した以下の書物も参照。柄谷行人『哲学の起源』岩波書店、二〇一二年。

7 バリバールとともにブランショの不服従を考える

——侵犯と抵抗の方法としての非応答の権利

上田和彦

エティエンヌ・バリバールは、モーリス・ブランショを論じるにあたって[*1]、「アルジェリア戦争における不服従の権利宣言」[*2]（以下、「不服従の権利宣言」と省略）の非妥協的な姿勢を、ブランショが独りで書いたほかのテクストを分析することによって示そうとする。「不服従の権利宣言」は集団によって起草されたテクストであるが、ブランショはその主要な起草者と見なされている[*3]。そこでバリバールは「不服従の権利宣言」のテクストを、ブランショの思考に固有な極端さを例示するほかのテクスト（「文学と死ぬ権利」および「叛乱、書くことの狂気」[*4]）とともに読むことを提案する。これら二つのテクストで問題とされるのは「文学」である。しかしバリバールによれば、ブランショはそこで、「文学」を「政治の極端な契機」に結びつける「逆説的な関係」に接近している[*5]。それゆえバリバールは自らの読解によって、ブランショにおいて文学の問題と政治の問題が交差する地点に読者を近づけながら、その政治的かつ文学的な思考の理論的核心を捉えるために、「不服従」と「叛乱」の考え方を検討するように読者を駆り立てる。というのも、まさにこの二つの考え方をめぐって、文学と政治の関係は逆説的なものとして現れるからだ。「不服従の権利宣言」で重要だとされるのは、政治的な活動（脱走など）としての不服従であるが、ブランショがサドに見出すのは、書くという行為における不服従の極端な形である。書くという行為はたしかに文学にかかわる行為である。だが、バリバールによれば、ブランショはそこで、「政治において、政治そのものを越え出る何か、あるいは、政治の標準状態を越え出る何かを表現できる唯一の可能性」[*6]が稼働するのを見ている。そうであるならば、ブランショが構想した不服従とは、いかなる地平で効力を持つのかを理解することが肝要となる。

このようにして、ブランショの二つのテクストを精査した後、バリバールは「不服従の権利宣言」に立ち返ると、次の問いを提起する。「不服従の権利宣言を、その固有の時とは別に、いったいどうすればいいのか」。[7] たしかに論考の終わりまで読むと、バリバールが「不服従の権利宣言」から、「それ固有の時とは別に」政治的な実践を生みだすことができるような考え方を引きだそうとしているのは分かる。しかしながら、バリバールは建設的な提案をする前に、読者にある疑念を吹き込む。それが「不服従の権利宣言」の政治的活動としての実効性を否認するようなものであるだけに、この疑念はよりいっそう不安を誘うものである。バリバールにはこの疑念を最終的には斥ける意図があることを承知しながらも、本論考の議論を始めるために、この疑念に立ち止まりたい。

> とりわけ、サドを、サン＝ジュストの分身、彼自身よりも過激な分身にしてしまった後では、次のような示唆に到達する危険がないか。民主主義的な緊急事態の高みにある、個人的かつ集団的行為としての不服従の権利、政治がそれ固有の制度に抗うこの極端な契機、それは厳密に言えば、文学空間だけに存在するのではなかろうか、という示唆に到達する危険が。[8]

この示唆は、「不服従の権利宣言」に発想源をえて、個人的かつ集団的な行為が法を中断し、民主主義的な制度を再創設するために効果的になるような別の契機を模索している革命家たちを意気阻喪させるだろう。ブランショが、サドとサン＝ジュストに助けを求めながら、一九六〇年代のフランス人たちを鼓舞して向かわせようとした「叛乱」が、実のところ、文学空間だけに存在するのであれば、ブランショとその仲間たちが追求した活動はすべて無駄だったことになるし、ブランショに倣って革命を切望している人々すべてが絶望することになろう。

ところがバリバールは、このような示唆を示して見せながらも、政治的な空間において有効な実践を準備させてくれるような考え方をブランショに見出すべく、「さらにひと踏んばり」するように求める。バリバールは、ブランショのテクストの読解を、侵犯の図式と抵抗の図式へと方向づけるのである。「不服従の権利宣言」の射程を正確に捉えるためには、これらの図式を考慮する必要があろう。バリバールは次のように言い表している。

> 侵犯、あるいは侵犯の可能性がなければ、民主主義はない、権力の手先になることから身を守る権利はない。
> 抵抗、もっと適した言い方をすれば、諸々の抵抗は、社会防衛の「免疫」メカニズムの総体を挫折させうる力を構成する。*9

これらの言い回しを読み返していると、ブランショのテクストをもう一度詳しく検討して、侵犯と抵抗の図式を見出したくなる。バリバールが読者に提案する読解の方向性には全面的に賛成する。しかしながら、ダイモーンがなおも次のような疑念を吹き込んでくるのである。政治がそれ固有の制度に抗うこの極端な契機は、厳密に言えば、文学空間にしか存在しないのではないか、叛乱は、侵犯の形を取るにせよ、抵抗の形を取るにせよ、もっぱら文学のなかで可能なのではないか、と。こんなダイモーンと決着をつけたい。それゆえ、バリバールの考察を念頭においたうえで、次のような仮説をあえて差し出すことにしたい。ブランショがサドをもとにして考える叛乱は、あるひとつの「文学空間」にしか存在しない。しかし、その「文学空間」は、政治空間のただなかで開く可能性がある。

1　市民権の本質としての死ぬ権利

まず、ブランショ自身が、政治的行動と文学的活動が一致する時期があると述べているくだりを確認することから始めよう。

> その時にこそ、彼〔作家〕は歴史のなかで次のような決定的な瞬間に出くわすのだ。法、信仰、国家、天上界、旧世界といったすべてが、なんの努力も、なんの作業もいらずに、無のなかに崩壊する瞬間に。人は、自分が歴史から離れたのではないのを知っている。そうではなく、歴史が今や虚ろになっており、歴史が、現実のものとなりつつある空虚であり、出来事と化した絶対的自由であるのだ。このような時期は、〈革命〉と呼ばれる。この瞬間、自由は、すべてが可能である、すべてが為されうる、という直接的な形で現実のものとなることを要求する。寓話のような瞬間であり、この瞬間を知った者はそこから綺麗さっぱりと引き返すことなどできない。というのも、彼は歴史を自分自身の歴史として知ったのであり、自分自身の自由を普遍的な自由として知ったのだから。実際、寓話のような瞬間だ。そこでは寓話が語るのであり、寓話の言葉がそこでは行動となる。このような瞬間が作家の心を駆り立てるということほど、根拠のある事実はない。革命的行動はあらゆる点において文学が体現するような活動と類似している。無から全体へ移行し、絶対的なものを出来事として、それぞれの出来事を絶対的なものとして、肯定しようとする。革命的な行動は、世界を変えるために、いくつかの言葉を並べる必要しかない作家と同じ力、同じ容易さでもって解き放たれる。それはまた純粋さという同じ要請を持っている。そして、為すことすべてに絶対的な価値があるという確信があり、望ましい評価できる平凡な目的にかかわる平凡な行動などではなく、最終的な目標、最後の行為であるという確信がある。この最後の行為とは自由であり、もはや自由と無の間にしか選択の余地がない。[*10]

一見すると、政治的行動が文学的活動と一致する時期があるとブランショ自身が言っているのは、先の仮説を裏付けるために好都合であるように見える。たしかに、革命において政治的行動は、文学がそれまで存在していた言語を破壊するように、旧世界を破壊しようと企てる。二つの行為は、同一ではないにせよ、非常に似通っている。ともに絶対的自由を希求し、すべてを無から建設しようと望むのだから。革命的な行動は、文学が持つ破壊的な力で武装しようとしたとさえ言いたくなる。というのも、革命においては、寓話で語られるような言葉——旧世界をすべからく取り消すという寓話——が、まさに行動になることが望まれたからだ。このように見てみれば、政治的な行動が文学的な力を必要とし、文学が政治的な行動になるような例外的な時期があると考えることができよう。

しかし、注意しなければならない。先の引用でブランショは、恐怖政治にいたるフランス革命の歩みを記述しているのである。自由が絶対的になる時、何が起こるのか。絶対的自由の名の下に、革命の行動はすべてを破壊しようとする。旧世界を支配していた信仰、習慣、法が揺さぶられるだけでなく、私的な活動がすべて問いに付される。市民の生そのものも、私的な利益への関心を内に含んでいようものなら告発されうる。秘された内面は疑われ、すべてが公に晒されねばならないと要求される。そして市民たちは皆、共和国を「各人の、かつ、すべての人々の事業」として創設するように駆り立てられる。それはまさしく、絶対的自由の共同事業になる。では、この企てはどのような帰結をもたらすのか。死である、とブランショは厳《おごそ》かに言う。

市民にはそれぞれ、言わば死ぬ権利がある。すなわち、死とは彼にたいする断罪ではなく、彼の権利の本質である。彼は罪ある者として消されるのではなく、自分を市民として肯定するために、彼には死が必要なのであり、死による消失のなかでこそ、自由が彼を生まれさせるのである。こうした点において、〈フランス革命〉は他のあらゆる革命よりも明白な意味を持っている。〈恐怖政治〉による死は、そこでは叛徒にたいする単なる罰なのではなく、すべての人々にとっての、避けることのできない、あたかも望まれているかのような、決着のつく日〔l'échéance〕なのであり、自由な人間たちの間での自由の働きそのもののようにみえる。*11

ブランショはいかなる論理でもって、死は「断罪」ではなく、「市民の権利の本質」であると断じているのか。その論理を辿っておこう。共和国は、既存の秩序を取り消すために解体する力を必要としているのだが、この解体する力を、あらゆる市民が潜在的に持っている。というのも、市民たちは、古き法、受け入れられていた習慣、所与の帰属関係、自分たちの共同体を拒否することができるだけでなく、自分たちの存在そのものを拒絶することができるからだ。市民は、〈人間〉として、自分の周りに存在しているものを否定できるだけでなく、自分自身の存在を否定し、自分自身ではもはやない、ということができる。〈人間〉は、自らが投げ出されている世界から、自分がいまここで引き受けている存在から、自分を解き放つこと（s'absoudre）ができる。そこにこそ絶対的な（absolu）自由がある。絶対的自由という理念によって市民たちは、自らを抹消しながら消失のなかで止むことなく生まれ返る〈無限なるもの〉の運動を体現するように駆り立てられるようになる。そのようにして、市民たちは、あるひとつの至高性＝主権に達することになろう。しかし、その至高性＝主権とは、結局のところ、自らを否定すること、自らに死を与えるということなのだ。共和国が人民のこのような至高性＝主権を必要としていたのなら、人民が旧体制から新体制に移行する威力を絶対的自由による否定に見出し、絶対的自由の名の下に叛乱を正当化しようとしていたのなら、死こそ——それが理念的な死であっても——共和国における市民の権利の本質だということを、ブランショとともに認める必要がある。「死ぬ権利」のうえに、市民のほかの権利は基礎づけられなければならない。死が共和国を構成するのである。絶対的自由か、それとも死か。そこにはもはや二者択一はない。絶対的自由は死にほかならないのである。これが恐怖政治の教訓である。

それでは、いかにしてこの危険を回避できるか。「死ぬ権利」を必然的に含み込むことのない叛乱を構想するには、自由について別様に思考する必要がある。

2 一切を言う自由

そこで、サドにおける自由を検討することにしよう。サドが求めた自由とは、いったい何であったのか。バリバールが指摘するように、サドにとっての自由とは、「一切を言う自由」だということをブランショは強調する。しかし、一切を言う自由とは、いったい何のことか。そのような自由でもって、自由を死へ結びつけてしまう、あの悪循環から逃れることができるのだろうか。ここで注目したいのは、一切を言う自由はサドを、死ではなく、監禁に追い込んだという点だ。バリバールが引用しているブランショのテクストをもう一度読んでみよう。

一八〇一年にサドが逮捕された際、それは、ある匿名の誹謗文書によってボナパルトに立ち向かったからだ、と人々は長いあいだ信じていた。ジルベール・レリはこのあまりにも寓意的な伝承の欠点を明らかにした。王政の専制下ではヴァンセンヌとバスチーユの囚人になり、〈自由〉の体制の監獄ではサン＝ラザールとピクピュスで拘留され、はじめこそ軍靴を履いていたがすぐに冠を戴いた独裁政治によっては、サント＝ペラジ、ビセートル、シャラントンへと連れていかれる。それは本当のことだが、次の点を明確に示しておくのが望ましく、注目すべきだと私は思う。すなわち、政敵というよりむしろ、『ジュスティーヌ』の作者であるという、ただそれだけで、第一執政の高潔なモラル、言い換えるならば、社会全体の高潔なモラルによって、終身収容に断罪されたということだ。なぜなら、まさにそこにこそサドの真実があるからだ。それは明快ではあり、明瞭に呈示され、端的に表現されているだけに、よりいっそう危険な真実だ。まさしく、『悪徳の栄え』の最後のページには、このうえなく読みとりやすいかたちで、こうある。「〈人間たちがどれほど震えようとも、哲学は一切を言わなければならない〉」。一切を言うこと。この一行だけで、彼が疑われ、その計画によって彼が断罪され、それを実現することによって彼が閉じ込められるには十分であったろう。ボナパルトだけにその責を負わせる理由はない。つねに私たちは、なんらかの第一執政の下で生きており、つねにサドは、一切を言うという同じ要請によって訴追される。一切を言わねばならない、自由とは一切を言う自由であり、あの無際限の運動、すなわち、理性の誘惑、その秘密の誓い、その狂気である無際限の運動なのだ。[*12]

誰がサドを訴追するのか。誰がこの人物を閉じ込めようとするのか。ブランショは、「ボナパルトだけにその責を負わせる理由はない」、「つねに私たちは、なんらかの第一執政の下で生きており」、と書いている。これは単に、あらゆる社会につねに潜在的にある「高潔なモラル」は、サドのような人物が書いた良俗に反する本を断罪する、という意味なのだろうか。もう一度注意して引用を読む必要がある。ここで問題となっているのは、『ジュスティーヌ』や『ジュリエット』で描写された猥褻な行為でも、『閨房哲学』に挿入された政治思想でもなく、サドがピック地区の市民として起草したテクストに表された無神論でもない。書物の内容ではなく、「一切を言うという同じ要請」だけで、監禁されるには十分だとブランショは言うのである。しかしなぜ、サドのように、一切を言う自由を要請する者たちは、つねに訴追されるのか。誰が彼らを監禁しようとするのか。どこで彼らは監禁されるのか。「私たち」がその下でつねに暮らしている「なんらかの第一執政」とは、いったい誰なのか。

リベラリズムが、言論の自由を民主主義の原則として要求するのを私たちはよく知っている。あのロベスピエールでさえ、出版の自由は完全かつ無際限であらねばならないと主張したことがある。[*13] この若き革命家は、革命が始まった頃には、思想を伝達する権利を護持しなければならないと考えていた。出版の自由によって市民たちは、正しく、理にかなった考えだけでなく、誤った考えや、ばかげた考えもたしかに表現することになろうが、時の流れとともに「共通の理性」が真正の考えを選び取ることになる、と当時のロベスピエールは堅く信じ、言論の自由を制限する法律に反対しようとしたのである。しかし、そのロベスピエールも、二年後には出版の完全かつ無際限の自由をもはや認めなくなり、誹謗文書を書いた者たちを共和国の敵として訴追するようになる。

「共通の理性」なるものが時の流れとともに成長するのを待つ余裕が彼にはもはやなく、逆に、恐怖政治の試練と、「最高存在の祭典」によって、市民たちを急いで陶冶しようとした。[*14] しかし翻って考えてみると、ロベスピエールは出版の自由を人民から永久に奪うつもりだったのだろうか。そうではなかろう。彼はすべての個人がこの自由を享受できるような共和国を創設したかったのではないか。ただし彼は、この自由を許可する機会があったならば、個人たちにあらかじめ「市民」になるように要求したはずだ。そして、「市民」として認められるには、あらゆる私的関心を否定し、共和国のために自己を犠牲にするように各個人に要求したはずだ。共和国は、個人が「市民」になるという条件のもとでのみ、出版の自由を個人に許可するのではなかろうか。そうであれば、さきほど絶対的自由の前で出くわしたジレンマに再び戻ることになる。すなわち、出版の自由が市民たちに許可されるのは、彼らが死を権利の本質として引き受ける時だけである。

ところでサドは、死ぬ権利を市民の権利の本質として引き受けることを望んだか。否、である。たしかに彼は、フランス人たちに、共和主義者になるべく、さらに「ひと踏んばり」するように求めたが、共和国では死刑を廃止する必要があると説いた。ブランショはサドの立場を擁護するために、サン＝ジュストを引用し、死刑を認めないという考え方が両者にあることを指摘しようとした。「ジャン＝ジャック・ルソーの権威がどんな畏敬の念を私に吹き込もうとも、死刑を正当化した点では、私は君を許さない、ああ、偉大なる男よ。というのも、人民が主権＝至高性を引き渡すことができないのなら、生に関する諸権利をどうやって引き渡すことができようか」[*15]。しかしこのように、ある時期のサン＝ジュストの考えを引き合いにだしても、共和国において死刑を簡単にお払い箱にすることができるのか。というのも、死刑は、市民がその主権＝至高性を構成するのに必要な、「死ぬ権利」と両輪をなすからだ。人民の主権がただひたすら、各構成員の全面的な譲渡によってのみ構成されうるのなら、そうした譲渡を受け容れない人物は共和国から追放されねばならないのではないか。そして、このような事前の契約を蔑《ないがし》ろにするかのように共和国のなかで振舞う者は、死刑に処されるべきではないのか。もし共和国のなかで、言論の自由を要求しながらも、「死ぬ権利」は蔑ろにする者がいるならば、彼らは死刑に処されるか、監獄に監禁されるか、そのどちらかであるべきだ。このような観点から見ると、サドの監禁は意味深い。彼が監禁されつづけたのは、一切を言うという要請によって、人民の主権の構成を揺るがしたからではなかろうか。彼は共和国の根本原理を侵犯したのである。何らかの第一執政の「高潔なモラル」だけが彼を閉じ込めようとするのではない。すべての「共和主義者」たちが、サドのような人物をつねに監禁、もしくは、追放しようと望むのである。そして「共和主義者」たちのほうはどうかというと、彼らは、「死ぬ権利」を自ら望んで引き受けることが義務となる「共和国」のなかに、つねに閉じこめられているのだ。

3　出版の自由は国家に抗ってしか要求できない

それではいかにしてサドの立場を擁護することができるか。ここで、マックス・シュティルナーの出版の自由についての考察を参考にしよう。シュティルナーは、出版の自由は国家のなかで請願されるべきではなく、国家に抗って要求されるべきものだ、と言う。「出版の自由は懇願の結果ではなく、反抗の業でなければならない」[*16]。なぜ出版の自由は国家に抗って要求しなければならないのか。それは、国家のなかで出版の自由を求めるためには、国家が個人に指定する身分をあらかじめ受け容れねばならないからだ。当の自由が個人に授与されるのは、もっぱら彼が国家を信じ、国家に参与するのを受け容れるという条件の下にである。しかし個人は国家が彼に指定する身分を受け容れることを望むだろうか。もしその身分が、亡霊にほかならないのならば。シュティルナーの国家批判に耳を傾けてみよう。

出版の自由はいまだに「人間の普遍的権利」の名の下に求められている。これに対して、次の反論がなされた。どんな人もそれをうまく使うことができない、というのも、個人はみな本当のところ人間ではないからだ。人間としての人間には、政府は決してそれを拒絶しなかった。ただ、人間というものは物を書かないのである。というのも、人間というものはひとつの亡霊なのだから。個々人だけに政府はこの自由をつねに与えず、ほかの者、たとえば自分の機関誌には与えてきた。〔……〕なかでもフランス政府は、出版の自由が人間の権利であることに異議を唱えない。ただし、個人に対して、彼が本当に人間であるという保証を求めるのである。というのも、個人にではなく、人間にこの自由を授与するのだから。／まさに、それが人間的なものではないという理由で、〈私〉から〈私〉に帰属するものが取りあげられた。[*17]

シュティルナーによれば、個人は出版の自由を「人間の普遍的権利」として要求してはならない。そんなことをすれば、国家に、自分が本当に〈人間〉であると請け合うことになり、自分が〈人間〉として行うことの責任、言い換えるなら、〈人間〉というこの亡霊だけが引き受けることができる責任を担わなければならなくなる。〈私〉に固有のものを守るためには、個人はそれゆえ出版の自由を「人間の普遍的な権利」、すなわち、政府が国家のなかで認める権利としてではなく、国家に抗う反抗として求めなければならない。出版の自由を要求するためには、個人はこのようにして国家の外に出て行かざるをえなくなり、そのようにして、国家に対して無責任になるように強いられる。出版の自由を要請することが、結果的に、国家に対する根本的な無責任に通じるという考え方は注目すべきだ。シュティルナーの考察によって、私たちは、出版の自由はもっぱら国家の外でしか可能ではないという結論に導かれる。個人が、出版の自由を自分の所有物として所有しようと望むのなら、〈人間〉としての〈人間〉という亡霊を祓いつつ自分固有のものを表現しようと望むのなら、国家の外にすすんで出て行かねばならないのだ。

しかしながら、シュティルナーの言う〈私〉、唯一者としての〈私〉もまた亡霊である、とマルクスとともに反論できるだろう（この反論を、ジャック・デリダは『マルクスの亡霊たち』のなかで取りあげた[*18]）。彼の言う、唯一者としての〈私〉、生き生きとした身体は、〈皇帝〉、〈国家〉、〈祖国〉、〈人間〉といった亡霊に取り憑かれている。

それは「自律化した理想的思想や実体が集まる共通の場、空間」にすぎない。*19 それは「亡霊たちの身体」にすぎないのだ。さらに言えば、この〈私〉それ自体が、自分自身の幻に取り憑かれていないか。〈私が‐私に〉という自己触発のなかには、亡霊じみたところは何もないのか。「〈私〉だけが生き生きとした身体を持つ」という、シュティルナーの命題は、寓話にすぎないのではないか。

ここでマルクスの反論を再び取りあげたのは、唯一者としての〈私〉という亡霊もまた祓うためではない。そうではなく、デリダとともに、民主主義のための、別の空間を考えてみたいのだ。シュティルナーは、唯一者としての〈私〉と、〈人間〉としての〈人間〉との隔たりを浮き彫りにしたのだが、この隔たりは探査のしがいがある。〈人間〉、〈市民〉、〈理念的自我〉などの亡霊に取り憑かれている唯一者としての〈私〉もまた亡霊である可能性はあろう。しかし、まさにこの亡霊的な〈私〉、ほかの亡霊どもとの隔たりがいくつも生じるこの空間にこそ、来るべき民主主義へ向けて、叛乱の可能性を探すことができないか。さきほど見たように、シュティルナーは、〈私〉に固有のものを守るためには、真に〈人間〉として存在する要請に応えてはいけない、と主張していた。この「無責任＝非応答」を、唯一者としての〈私〉の同一性を救い出すためにではなく、来るべき民主主義を構想することのできる場を見出すために正当化してみたい。

4　非応答の権利

この問題に取り組むために、一切を言う権利に関するデリダの考察を見てみよう。デリダは『パッション』の最後のくだりで、民主主義と文学の間に見られる緊密な絆をまず確認する。

文学とは近代の発明であり、さまざまな取り決めや、制度のなかに登録されているのだが、そんな取り決めや制度は、一点だけ指摘しておけば、一切を言う権利を原則として文学に保証する。文学はこのようにして自分の運命をある種の非検閲に、民主主義的自由（出版の自由、信条の自由等）の空間に結びつける。文学がなければ民主主義はなく、民主主義がなければ文学はない。[*20]

民主主義が文学と切り離すことのできない関係にあることを、皆がデリダとともに認めるだろう。というのも、社会が文学に与える、一切を言ってもよいという許可は、「あらゆる問いを提起し、あらゆる教条主義を疑い、あらゆる前提を分析する、限りのない権利[*21]」と対をなしているからだ。興味深いことに、デリダはこのように民主主義の原則を確認した後、一切を言う権利が、ある非応答の権利を含意している、と指摘する。

しかし、このように、一切を言ってもよいと許可されることによって、逆説的にも作者が、何人の前でも、自己の前でさえ、例えば、自分の作品のなかの人や登場人物が述べたり、行ったりすることに対して、したがって、彼が自分自身で書いたと見なされることに対して、責任がない作者として構成される。〔……〕この一切を言ってもよいという許可は（「主体」に外見的に過度の責任を負わせる民主主義と並んで進行するのだが）、応答すること＝責任を負うこと、応答する＝責任を負う能力や義務が問題になりえないようなところで、絶対的な非応答の権利を認める。この非応答は根底において、能力や義務の諸様態に異質であるがゆえに、それらよりも根源的であり、より秘密のものだ。そこには、民主主義の誇張的条件があり〔……〕。[*22]

文学作品の作者が、作品のなかで彼が語らせる人物とは異なるということは、あらゆる民主主義者が認めるだろうし、彼が書いたことについて、それが彼自身の思想でないならば、その責任を問わないだろう。しかし、文学作品ではない場合、「真面目な」政治論文の場合、民主主義は非応答の権利を認めるだろうか。文学的な空間の外に、作者が書いたことの責任を民主主義が作者に免除するような場が、いったいあるのだろうか。逆に民主主義は、あらゆる市民に、責任を過度に負うことを要求していないだろうか。上の引用に続けて、デリダは次のように言う。

> そこには、民主主義の誇張的条件があり、それは当の民主主義についての限定的な、歴史的に限定されている、ある概念に矛盾するように見える。その概念によれば、民主主義は、計算ができ、報告の義務があり、責任を帰すことができ、責任を取ることのできる主体という概念、法の前で応答すべき者、真実を言うべき者、「真実のすべてを、真実のみを」語ると宣誓して証言すべき者、秘密をあらわにすべき者としての主体の概念に結びつけられている。例外とされるのは、ただ法によって規定された、ある一定の決まった状況だけである（告解、医者や分析医や弁護士の職業上の秘密、概して国防上の秘密もしくは国家機密、製造上の秘密、等々）。この矛盾〔民主主義の誇張的な条件と民主主義の通常の主体概念の矛盾〕はまた、あらゆる来るべき民主主義にとっての責務（それは思考の責務であり、理論的‐実践的責務でもある）を指し示しているのである。*23

それでは、民主主義が現在にいたるまで掲げつづける主体の概念に対して、いかにして非応答の権利を擁護することができるだろうか。来るべき民主主義のためには、主体についての別の概念、もしくは、主体とは異なるものの概念を練り上げる必要があろう。そのためには、ある種の責任の概念と訣別する必要がある。

市民としての責任や義務は、共通の大義という理念を前提にしている。ある市民が、自分が為すことや言うことに責任があると感じるのは、自分の言動が、なんらかの共通の善を実現するのに貢献すると信じるからであり、自分自身の作業がすべての人々の共同作業のなかに組み込まれるべきだと考えるからだ。市民たちが自らすすんで市民的義務を負うには、なんらかの共通の大義が必要である。そして、民主主義がこれまで練り上げてきた主体（sujet）の概念には、共通の大義の名の下に設置される法の前で、市民たちが自己を服従させるということ（s'assujettir）が含まれる。市民になるという主体化が、自発的隷従の形をとる。ところで、国家が、市民たちの公民精神を当てにして、市民たちの自発的隷従を濫用する恐れはつねにある。法は一般意志の表れにほかならないと主張して、「法は、法である」という、法についての実証主義者的解釈を国家はいつでも繰り返すことができる。そうして、市民たちを、自分たちの自発的隷従が無条件の服従に通じる政治空間に閉じこめてしまう。この閉じた空間の外へ導いてくれる脱出口を、どうやったら見つけることができるか。非応答の権利こそ、脱出の手だてを与えてくれるはずだ。

非応答の権利は、文学作品の作者のためだけでなく、あらゆる個人のために——行動によるものであれ、言葉によるものであれ、国家の前で自分たちの作品を呈示しなければならない、あらゆる個人のために——、要求しなければならない。非応答の権利は個々人に、自分の作業や作品を、市民の責任において、共同の事業の一部として自らすすんで担うのを遅らせてくれる。国家が救国の名の下に推奨する「愛国者」、「共和主義者」、「市民」といった形象に同一化するのをためらう時間を、個々人に与えてくれる。このようにして、ある一定の間、個々人は国家の内にいながらも、国家の外へ自ら出て行くことができ、国家が市民たちの自発的隷従を無条件の服従に変換する回路を中断することができる。こう述べたからといって、市民的責任の一切をつねに拒絶せよと薦めているのではない。肝要なのは、個々人がいかなる共通の大義の下に市民的責任を負うべきなのかと自問できる合間を生みだし、とりわけ、掲げられた共通の大義が、個々人に、「死ぬ権利」を市民の権利の本質として自発的に求めさせ、なんらかの亡霊を受肉するのを喜んで受け入れさせる類のものでないかどうか、点検できるようにすることだ。共通の大義はつねに係争中であるべきなのに、国家は——「民主主義」を掲げる国家でさえ——それを急いで決めようとする。国家の判断を遅らせるためには、非応答の権利をひとつの抵抗の形式として手に入れておかねばならない。

非応答の権利によって、個人は国家が指定する亡霊どもから解放されると、何に同一化しなければならないかと自問するようになろう。個人がまさに自分自身だと信じる唯一者としての〈私〉が亡霊である可能性はある。しかし肝要なのは、もはや理想的な形象を見出すことではなく、ためらいながら探しつづけることだ。非応答の権利によって個人は、自分自身の同一性もまたつねに係争中のものとなる空間に入ることができる。かくして「私は誰か」、「私たちは何者か」、「誰が異邦の者か」と自問しながら、個人は、自己同一化を可能にする名称を持たない名のないものになって、「自分の」言葉が、「各人の、かつ、すべての人々の作品」を形成するどころか、誰のものでもない作品に留まるような隙間を穿ち続けることになろう。そこでは、一方では主体の非人称化が、他方では作品の非人称化が生じる。そうした「文学空間」をブランショは、ただ単に文学だけにかかわるのではなく、政治にもかかわる問題を提起するために探索していた。たしかに、このような空間は、非応答の権利を濫用する無責任な輩をうろつかせておく。しかし、来るべき民主主義のためには、このような「文学空間」を政治空間のなかで開き、市民としての責任を問いに付す非人称的主体が存在できる場を確保しなければならない。このような「文学的」政治空間においてこそ、私たちは国家の内にありながら国家に抗う、絶えざる叛乱を準備することができる。侵犯と抵抗の方法を練り上げ、それを実践する場はそこにある。

＊1――Étienne Balibar, « Blanchot l'insoumis. (à propos de l'écriture du *Manifeste des 121*) », *Citoyen Sujet et autres essais d'anthropologie philosophique*, PUF, 2011, p. 460.

＊2――« Déclaration sur le droit à l'insoumission dans la guerre d'Algérie », Maurice Blanchot, *Écrits politiques*, Lignes-Édition, Léo Scheer, 2003, pp. 26-31 ／『ブランショ政治論集 1958-1993』安原伸一朗ほか訳、月曜社、二〇〇五年、三四―四一頁。

＊3――Cf. Lignes, no. 33, mars 1998 : « Avec Dionys Mascolo du Manifeste des 121 à Mai 68 », p. 84 ; Christophe Bident, *Maurice Blanchot: partenaire invisible*, Éditions Champ Vallon, 1998, pp. 391-402 ／クリストフ・ビダン『モーリス・ブランショ――不可視のパートナー』上田和彦ほか訳、水声社、二〇一四年、三二〇―三二九頁。

＊4――Maurice Blanchot, « La littérature et le droit à la mort », *La part du feu*, Gallimard, 1949, pp. 291-331 ／モーリス・ブランショ「文学と死への権利」『カフカからカフカへ』山邑久仁子訳、書肆心水、二〇一三年、九―六五頁。

« L'insurrection, la folie d'écrire », *L'Entretien infini*, Gallimard, 1969, pp. 323-342／モーリス・ブランショ「蜂起、書くことの狂気」大森晋輔訳、『終わりなき対話Ⅱ　限界‐経験』湯浅博雄ほか訳、筑摩書房、二〇一七年、二六四―二八七頁。

＊5——Balibar, *Citoyen Sujet et autres essais d'anthropologie philosophique*, *op. cit*., p. 452.

＊6——*Ibid.*

＊7——*Ibid*., p. 460.

＊8——*Ibid.*

＊9——*Ibid*., p. 461.

＊10——Maurice Blanchot, « La littérature et le droit à la mort », *La part du feu*, *op. cit*., p. 309／『カフカからカフカへ』前掲書、三二一―三二二頁。

＊11——*Ibid*., pp. 309-310／三四頁。

＊12——Maurice Blanchot, « L'insurrection, la folie d'écrire », *L'Entretien infini*, *op. cit*., p. 342／『終わりなき対話Ⅱ　限界‐経験』前掲書、二八六頁。サドの引用は以下を見よ。Sade, *Histore de Juliette, Œuvres lll*, Gallimard, pléiade, 1998, p. 1261.

＊13——Cf. «Discours sur la liberté de la presse», prononcé à la société des Amis de la Constitution le 11 mai 1791, *Œuvres de Maximilien Robespierre*, Tome VII, Les Éditions du Miraval, 2007, p. 323.

＊14——恐怖政治と最高存在の祭典については、次の拙論を参照されたい。「恐怖政治と最高〈存在〉の祭典——政治的なものの宗教と芸術」『啓蒙の運命』富永茂樹編、名古屋大学出版会、二〇一一年、一六六―一九七頁、「「恐怖政治」と最高存在の祭典——ロベスピエールの徳論」『外国語・外国文化研究（関西学院大学法学部外国語研究室紀要）』XVII、二〇一六年、一一九―一五七頁。

＊15——Saint-Just, « L'esprit de la Révolution », *Œuvres complètes*, Gallimard, Folio, p. 436, cité partiellement dans « L'insurrection, la folie d'écrire », *L'Entretien infini*, *op. cit*., p. 335／『終わりなき対話Ⅱ　限界‐経験』前掲書、二七九頁。

＊16——Max Stirner, *Der Einzige und sein Eigentum*, hrsg. von Ahlrich Meyer, Reclam ; Stuttgart, 1972 (Universal-

Bibliothek 3057), S. 315 ／マックス・シュティルナー『唯一者とその所有』上・下、片岡啓治訳、現代思潮社、一九七七年、下巻一九四頁。
＊17——*Ibid.*, S. 318-319 ／一九九—二〇〇頁。
＊18——Jacques Derrida, *Spectres de Marx*, Galilée, 1993, pp. 201-279 ／ジャック・デリダ『マルクスの亡霊たち』増田一夫訳、藤原書店、二〇〇七年、二六三—三六〇頁。
＊19——*Ibid.*, p. 206 ／二七〇頁。
＊20——Jacques Derrida, *Passions*, Galilée, 1993, p. 65 ／ジャック・デリダ『パッション』湯浅博雄訳、未来社、二〇〇一年、六四頁。
＊21——*Ibid.* ／六五頁。
＊22——*Ibid.*, p. 66 ／六五—六六頁。
＊23——*Ibid.*, p. 67 ／六六頁。

第Ⅱ部① 国際ワークショップ

〈権力-知〉か〈国家装置〉か

――〈68年5月〉後のフーコーとアルチュセール

(二〇一六年三月一九日)

8 「権力‐知」か「国家装置」か

――〈68年5月〉後のフーコーとアルチュセール

市田良彦

1 はじめに

お集まりいただきありがとうございます。本日のワークショップは京大人文研アカデミー主催の公開イベントであると同時に、五年にわたる人文研での共同研究「現代思想と政治」を締めくくる文字どおりの「ワーク」つまり、研究者にとっては研究の場です。最初に私のほうから、企画の趣旨を説明させていただきます。共同研究のとりあえずの成果については、会場入り口でご覧いただいた論文集、『現代思想と政治』としてまとめることができました。私たちはこの五年間、いわゆる「フランス現代思想」を「政治」――現象でも運動でもあります――とのかかわりという視点から包括的に問題にしようとしてきました。そのため〈政治哲学〉、〈マルクス主義〉、〈精神分析〉という三つの軸を設定し、日本をはじめとするフランス以外の国々における思想動向も視野に収めながら、最終的には、いったい「政治」とはなんであるのか、ありうるのかを、「現代思想」という鏡に照らして考えようとしてきました。それがどこまで成功し、なにか新しい問題を発見、提起することができたかは、明日の公開合評会で集中的に議論されることになります。[*1] 私たちの自画自賛に終わらないよう、厳しい目で判断してくださるに違いない三人のゲストをお招きしています。お読みになっていない方も、ぜひご参集くださいませ。そこでの討論が論集への興味を喚起するものとなればさいわいです。

さて、今日のワークショップです。成果をまとめる段階になってつくづく思いました。私たちにはやり残したことがたくさんある。だから、仕事が終わっていないと言いたい気持ちを込めて、「ワークショップ」という位置づけです。ようやく見えてきた問題も多い。どうやって次につなぐか。さまざまなやり方、テーマが考えられるでしょう。本日のワークショップはその一つの可能なかたちにすぎません。しかし、「やり残した」ことを凝縮したかたちで提示しているつもりです。まず、論集を開いてもらうとすぐに分かりますが、私たちは、「現代思想と政治」と言えばまず思い浮かぶであろう、二つのビッグネーム——フーコーとアルチュセール——を、小さくしか扱えませんでした。ほかにも、デリダについてはどの論文も主題的に取り上げていません。ビッグネームについては研究の蓄積が膨大であり、そこに深入りしては「現代思想」全体を「政治」という特殊なフレームで眺める作業がはじめられないことになりかねない。また、このフレームで見るときには、他の人物やテーマからアプローチしたほうが「現代思想」の特質が際立つ、という事情も今にして思えばありました。だから結果的に生じてしまった「欠落」を、最後に少しだけ埋める努力をしてみたい。「欠落」はあくまで括弧付きです。多くの論文のなかや背後に、フーコーもアルチュセールも大きな影を落としています。五年間の蓄積を踏まえてそこに正面から戻るとどうなるか、それがこの二人を主題的に取り上げる第一の理由です。第二の理由は〈68年5月〉です。問題を「現代思想と政治」と立てたとき、この事件というか出来事を視界のそとにおくことはできません。多くの「現代思想」が〈68年5月〉に対する反応の一面をもっていることを、私たちは論集をまとめる以前から、複数のシンポジウムの場を通じても強調し、その意味を考えてきました。ではフーコーとアルチュセールの〈ポスト68年〉はどうだったのか。それは必ずしも、彼らの直接的な〈68年〉論を探ることではありません。出来事に対する彼らの評価は今日では相当程度知られています。ゆえにむしろ、それを前提に、彼らの〈ポスト68年〉の理論、とりわけ両者の理論的分岐を再度俎上にのせてみたいと考えました。そして第三の決定的理由があります。私たちが共同研究を続けているあいだに、フーコーの二冊の講義録が読めるようになりました。二〇一三年に一九七二—七三年度の講義『処罰社会』が出版され、二〇一五年にはその前年の一九七一—七二年度講義『刑罰理論と刑罰制度』が出版されました。[*2] そこには、フーコーが当時のいわゆる「アルチュセール主義」と対決しながら、私たちがよく知っている彼の権力理論を練り上げている様子がはっきり見て取れる。私たちは『監視と処罰』〔邦題『監獄の誕生』〕のフーコーをここまで「反アルチュセール的」と考えたことがあったろうか、と思わせるものが二冊の講義録にはあります。アルチュセールについても、多くの死後出版を通じて、八〇年代のいわゆる「偶然性唯物論」と、六八年前後のアルチュセール理論との関係が問われはじめています。七〇年代初頭に立ち帰る絶好のタイミングではないだろうか、と思えたわけです。彼らの分岐を、どこまでほんとうに分岐であったろうかという点にまで踏み込んで、現代であるからこそ可能な視点で見直すことができるのではないか。そして、距離を置いて見直す過去は、そのまま現在を捉え直す知的プリズムとなってくれないか。そんな期待を抱いています。

ここにおられるバーナード・ハーコート氏は、その二つの講義録に編者として名前を連ねておられます。「講義の位置づけ」という、講義録各巻に付される解題を執筆し、まさにフーコー／アルチュセール関係を論じておられます。またノックス・ピーデン氏は、大きな括りでは当時のアルチュセール派に分類されると言っていい雑誌、『分析手帖』の英語版アンソロジー[*3]を近年、仲間とともに刊行されています。お二人とも、共同研究のメンバーでこそないけれども、私たちと関心や問題意識を深く共有されている研究者です。「現代思想」という名称は日本に特有のものですが、私たちの研究が特殊日本的なものではない、ということをいわば証言してくださっている方たちです。そのお二人に、研究会では「政治哲学」部門の班長である小泉義之さん、「マルクス主義」部門の班長である長原豊さん、そして代表である私の三人からボールを投げかけて、最後の研究会と位置づけうる議論をする——それが本日のワークショップです。小泉さんと長原さんについては、ご紹介するまでもないでしょう。私としては、お二人と五年間膝を突き合わせて討論できたことは、名誉であるばかりか、まさに身になる経験、新しい省察をはじめるヒントをたくさんもらえる経験でした。お二人にはこういう公の席であらためて謝意を表させていただきたく存じます。最初のボールは私から投げ入れさせてもらいます。エティエンヌ・バリバール氏とブリュノ・ボステイルス氏を招いた昨年のシンポジウムでもそうでしたが、ゲストのお二人の手にはすでに最初のボールは渡っています。彼らには、これから私が話す内容をあらかじめお知らせして、それに対する応答として、本日の発表を用意していただきました。そこで、お二方からの応答をひとまずお聞きするまでを、ワークショップの第一部とさせていただきます。そのあと、小泉さん、長原さんから、共同研究の蓄積を背景とするあらたな介入を行っていただき、研究会メンバー、会場におられる方も交えて、全員で討論させてもらいたいと思います。

2 フーコーがアルチュセールに対して取る距離

では私の発表をはじめます。テーマの中心部に一挙に入っていくために、ドゥルーズの言葉を取り上げます。フーコーにとり、世界は様々な「装置 dispositifs」から成り立っている。[*4] そして、それぞれの「装置」は、「権力」、「知」、「主体／主体性」という三つの糸の「絡まり écheveau」をなしている。フーコーの死から三年が経ち、ドゥルーズもすでに著書『フーコー』[*5]を世に送り出したあとの一九八八年という時点での要約的なフーコー像です。私たちには周知のものとなっている要約だと言っていいでしょう。七〇年代初頭のフーコー講義録が見せてくれるのは、この「装置 dispositif」という概念、そしてそれを結晶させた問題意識が、アルチュセールの「国家装置 appareils d'État」というこれもよく知られた概念から距離を取ろうとするなかで形成された、という事実です。「dispositif」概念が反アルチュセール的であると同時にフーコーの考え方全般を特徴づけるとすれば、この距離はミシェル・フーコーという哲学者の全体像を拘束するはずです。二人の関係は、果たして実際にそうなっているでしょうか。そううまく対比されるものでしょうか。さらに、今日なお意味をもちうる距離なのか。これが私の提出したい問いです。

まずその距離を確かめておきましょう。「装置 dispositif」概念がはじめて登場するのは一九七三―七四年度講義『精神医学の権力』[*6]です。フーコーはそこではじめて「権力装置 dispositif de pouvoir」という言い方をしている。それが七五年の『監視と処罰』のインパクトにより、いわゆるフーコー権力論を代表する概念になる。そこから逆に遡っていくと、概念化される前段階の表現として、「装置」とほぼ同じ含意をもつ「権力‐知」という言い方が見いだせます。二つの語をハイフンで結んで一語化している。この表現も、「装置」の登場以降よく知られるようになり、読者のあいだでは次第にジャーゴン化していきます。ハイフンで繋ぐことに込めた意図を、『処罰社会』のフーコーはこう説明しています。「知と権力が実際にはいかに互いに結びついているかを示さなければならない」[*7]。『刑罰理論と刑罰制度』とこの『処罰社会』が私たちにはっきり教えてくれるのは、フーコーは「イデオロギー」と言いたくないから「知」と言い、「暴力／抑圧」と言いたくないから「権力」と言った、という点です。

周知のように「イデオロギー」と「暴力／抑圧」はアルチュセールの一九六九年の論文、「イデオロギーと国家のイデオロギー装置」において、「国家装置 appareils d'État」のけっして混同されえない二大機能区分をそれぞれ特徴づけています。「国家のイデオロギー装置 AIE」は、諸個人を生産関係の担い手としての主体に作り上げ、「国家の抑圧装置 ARE」は、そんな主体になってくれない諸個人を社会から暴力的に排除する。両方合わせて、生産関係が日々再生産されていくことを保証する。これがアルチュセール「国家装置論」の要点です。そのさい、タイトルからもうかがえるように、論文の眼目はイデオロギーのほうにありました。いかにしてAIEは個人を主体にするのか。「呼びかける」ことによってです。それも「おい、そこのきみ」と個人に向かって呼びかけるだけでいい。呼びかけられた個人が、呼びかけられたのはほかでもない「私」だと思って「振り向いた」瞬間、彼はもう主体になっている。あまりに単純なメカニズムであり、フーコーからのみならず多くの批判を招くことになりましたが、日常生活のありふれた動作のなかに、「生産関係」全体を維持する鍵が潜んでいると主張したことで、論文は大きな影響力をもちました。ブルジョワジーはなにもデモを鎮圧する警察権力だけを用いて資本主義を維持しているのではない。学校や家庭といった、一見「政治権力」による支配とは関係なさそうな場を通じても、自らの権力を浸透させ、資本主義を維持している。だから六八年は敗北したのだ。だから先進資本主義国版「文化大革命」が必要なのだ。そんな含意をもった論文として、アルチュセールのイデオロギー論は受け取られ、六八年後に大きな影響力をもちました。

フーコーはこの「国家装置」論との差異を強調するために、語句を言い換え、なおかつハイフンで繋いでいます。概《おおむ》ねこう主張しています。「権力‐知」は、ただ呼びかけるだけで個人を主体に変えるイデオロギー装置を生みだしたりしないし、社会から悪しき主体を黙って暴力的に除去するよう働く抑圧装置を作ったりもしない。「権力‐知」はたしかに「監獄」に結晶するけれども、そこは「人文諸科学」と名づけられる「知」と、人間を「労働者」に変える「規律」実践のモデルを同時に形成する場所であった。さらに、と彼は続けます。「監獄」は、当時存在していた「知」である一八世紀の刑罰理論からはけっして出てこない発想であり、当時の「権力」が行使していた刑罰実践――「追放」と「死」――からも、それは遠かった。彼によれば、「監獄」はむしろ突然出現して「権力‐知」の「身体」となったのであり、この「身体」があったからこそ「権力」と「知」は結びつくことができた、ということになります。この最後の点が重要だと思います。「権力」と「知」はフーコーにおいて、歴史的に結びつけられた。たしかにアルチュセール的な「装置」論とは対照的です。というのも、アルチュセールにおいては、国家の「抑圧装置」と「イデオロギー装置」は、およそ国家が存続するかぎり、再生産の保証という同じ機能を果たしつづけるからです。彼の「国家装置」は歴史的な概念ではない。しかしフーコーの「権力」と「知」があくまで歴史的に一体化したのだとすれば、おかしなことにもなります。歴史的に切り離されることがありえる、というか「監獄」が登場するまで切り離されていた、のですから。だとすれば、国家に暴力とイデオロギーを分節／包括させているアルチュセールのほうが、「権力」と「知」を深く結びつけていると言えるかもしれません。

当時未刊行であったアルチュセールの多くのテキストが読めるようになった今日では、彼が、寄せられる批判

——「呼びかけ」に「振り向く」だけで「主体」ができるのか、それでおしまいなのか、という批判です——に対し、当時すでにこう反論することができたのではないか、と考えることができます。「私は、イデオロギーが個人に呼びかけて、主体だけにする、などと言っただろうか?」なるほど、個人が呼びかけに応答するやいなや、「自我」が生まれるとされているのは間違いありません。呼びかけに応答することで、「自我」は、呼びかけられるまえから「私」であったところのものとして自らを定義する。しかし、六九年の有名なテキストを書く以前の一九六六年にすでに、アルチュセールはこんなことを言っています。[*8] 主体としての個人の応答は、「自我」の「となり」に「分裂 Spaltung」を開く、つまり「無意識」の裂開をもたらす。イデオロギー的な主体と同時に、そこにつきまとい、それを脅かす傷口のようなものが、イデオロギー的主体と同様の「永遠」という時間性をもって成立する、と考えています。そしてきわめて興味深いことに、彼が「深淵 abîme」とも呼ぶこの場所は、彼にとっては『狂気の歴史』のフーコーが「狂気」をそこに置いた場所です。すでに一九六二年の段階で、そう明確に考えています。[*9] フロイトと同時にフーコーを読むことで、アルチュセールは「無意識」を歴史化している。正確に言えば、歴史なるものが人間にとって存在可能となる「起源」の位置に「無意識」と「狂気」を置いている。「抑圧」によるのであれ、国家装置の「暴力」と「イデオロギー」によるのであれ、さらに「権力 - 知」の作用によるのであれ、「深淵」を忘れる、見ないようにすることで、「理性」や「主体」は、もっと言えばあらゆる「生産関係」は、自らを維持している。しかし、それはたえず歴史の表面に回帰してきて「理性」や「主体」を脅かす。「支配関係」の安定を覆す。そんな力をもったものが、アルチュセールにとっては「深淵」としての「無意識」です。そして表面と「深淵」のあいだの往復が「歴史」なるものの実体です。だからアルチュセールはやがて、「歴史の最終審級においてはエスが考える」という言い方まですることになる。[*10]「歴史の最終審級は階級闘争である」という毛沢東的マルクス - レーニン主義のスローガンをもじった言い方です。「エス」と「階級闘争」は彼のなかで理論的に同じステータスをもっているのです。一九七〇年に書かれた六九年の論文にかんする補遺でも、彼は、「階級闘争」の優位を考慮に入れない場合、自分の「装置」論は社会学的機能主義のようなものでしかない、というようなことを言っています。私の目には、二人の哲学者のコントラストそのものが、背景にある同じ構図を浮かび上がらせるように見えます。少なくとも、二人の差異はそこに遡って考えるべきであるように。

3　フーコーとアルチュセールにおける権力と知の根源的統一——オイディプスとマキァヴェッリ

「権力‐知」にかんしては、同様のコントラストがもう一つ別に見いだせます。このカップリングがフーコーの筆のもとに最初に登場するのは、実はアルチュセール主義への批判という文脈ではありません。「権力‐知」は一九七一年の講演で、オイディプス王を特徴づける名辞としてはじめて登場する。フーコーはそこで、「知の人である王 roi savant」自身を指して「この権力‐知」（強調は引用者）と呼んでいます。[*11] スフィンクスがかけるなぞなぞを解いてテーバイの町を救ったことで王になったオイディプスが、「権力‐知」の最初の形象です。その彼が例の悲劇により権力の座を追われる。正確には、自らがはじめた捜査と裁判の結果、その座を去らざるをえなくなる。ソフォクレスの戯曲はフーコーにとり、古代ギリシャの国家が「権力と知の統一」としての僭主を追放する歴史過程と法的手続きをドラマ化したものにほかなりません。ポリスにおいて、権力と知は互いに結びついているどころか、互いに分離されました。分離されることがポリス的統治の成立を画しました。それが近代の「監獄」において再度「統一」されるのです。「監獄」という「権力‐知の身体」がテーバイの王の「身体」に取って代わるようにして。近世絶対王政における王の「身体」はどうだったのでしょうか。とにかく、アルチュセールのイデオロギー論ないし国家論によってではなくギリシャ人によって解消された「統一」が、近代的統治のはじまりとともに回復される。その間、つまり中世期と近世を通じて、「権力」と「知」はフーコーにとっても分離されていたことになるように思えます。はたして、この分離もまた「権力‐知」ないし「装置 dispositif」の働きによったのでしょうか。それはさておき、フーコーから両者を分離する理論を批判されたかに見えるアルチュセールは、逆に、両者の「統一」を渇望するような一面を覗かせています。彼のマキァヴェッリ論です。彼にとってのマキァヴェッリ的「君主」はまるでフーコー的オイディプスの再来であるかのように、獅子かつ狐、つまり「権力」かつ「知」でなくてはならない、とされている。[12] 両者の「統一」がなければ、近代国民国家の理念は生まれなかったろう、と評されています。アルチュセールにとって、マキァヴェッリの「君主」は、フーコーのオイディプスがポリスにおいて「権力」と「知」の二重の「過剰さ」、両者を併せもつ点に存する過剰性により特徴づけられていたのと同じように、正当な「君主権」と正義を語る「古典政治理論」の両方に対して「絶対的孤独」の位置を占めなければならない。アルチュセールとフーコーのいずれにとっても「権力と知の統一」は「過剰なもの」と位置づけられます。フーコーも『安全・領土・人口』において、マキァヴェッリの君主が領土と臣民に対し、「特異性、外在性、超越性」という関係をもつ点に注目しています。[13]

しかしそこでは、近代的統治はマキァヴェッリを退ける反マキァヴェリズムによってはじまる、ともされています。つまり、近代はある意味でポリスの統治を反復して、「権力‐知」の統一性が共同体に対して外在的な「身体」をもつことを否定した。それに対し、アルチュセールのほうは、国家にある種の外在性、過剰性をもたせつづけます。ただし「共同体」に対するそれではなく、「階級闘争」に対する外在性であり、過剰性です。彼は一九七八年になってもなお、国家にかんするマルクス主義の教条的テーゼを擁護しつづけています。国家はあくまで「土台」から分離された「道具」とみなされねばならないと主張するのです。七八年の未刊のテキスト「自らの限界にあるマルクス」[14]は明らかに、フーコー的権力論に対するアルチュセールの側からの応酬という面をもっています。特に、「法」の位置づけをめぐってです。たとえば『刑罰理論と刑罰制度』で、フーコーは、「法」が「生産様式」という「深部」に属すと語っている。[15] この点がフーコー権力論とマルクス主義を分かつもっとも分かりやすい指標だと言っていいでしょう。すなわち「土台／上部構造」理論を認めるかどうか。その論文でアルチュセールは、この区別を抹消しては、「権力」がどうやって生産されたのか分からない、と述べます。そこでの彼は、国家を「権力を生産する機械」と定義する。階級闘争における力の差異、つまり弱者の力を上回る強者の力をニュートラルな力としての「権力」に変換することが、強者の「道具」としての国家の役割である、と。「法」の権力を「土台」に埋め込んで「力関係一元論」にしてしまうニーチェ主義、「力への意志」の哲学は形而上学だ、とはっきり記しています。[*16]フーコーの名前こそ挙げていませんが、誰を標的にしているかは明らかです。

図式的に整理しますと、フーコーのほうでは、権力と知の僭主的でマキァヴェッリ的なタイプの統一性を破壊するために、監獄タイプつまり「装置 dispositif」の統一性が導入される、というストーリーになっている。それに対しアルチュセールのほうでは、マキァヴェッリ・タイプの統一性を本性としてもつ国家が、その本性を偽装するために、暴力とイデオロギーを「上」から分け、両者の管轄権を自分以外にはもたせず、「下」では別々に働くように見せておく、という構図になっている。同じタイプの統一性を、社会に内在的なやり方で破壊／分離するか（フーコー）、それとも外在的なやり方で隠蔽するか（アルチュセール）。これがどこまで大きな差異であるかよりも、私としては、同じタイプの統一性が理論的に標的として見定められている点のほうに注目したいと思います。フーコーには、オイディプス的僭主の後継者とでも呼べる、権力と知の無媒介な一致を我が身に体現する者たちの系譜があります。[*17]まずソフィスト。自らの知を権力者に売って生計を立てる彼らがそんな存在であることは分かりやすいでしょう。それからマキァヴェッリについてはすでに見ました。さらに、フーコーにとっては最初の理論的対象であったと言ってもいい「狂人」も、この系譜に入れられています。フーコーによる「狂気」の端的な定義は「理性」と「非理性」を一致させることであり、「理性」すなわち「知」から見れば「非理性」すなわち「情念」はむき出しの「暴力」と同じです。彼にとっては文学史における特別な存在であるルーセル、ブリッセ、ウォルフソンといった「狂った」作家たちのことを、フーコーは「現代のソフィストたち」と呼んでいます。[*18]また自分自身のことも、「私はラディカルにソフィストの側に立つ」と言っています。[*19]アルチュセールは、そんな系譜に属す者だけが国家を作ることができるし、国家とは「狂人」のようなものだ、と言ったに等しいのだと思います。国家が「暴力」と「イデオロギー」を分けるのは、分けることができるのは、自分が両方を独占しているからだ、と。要するに、フーコーは過剰なものである「統一性」を潰すところに「装置 dispositif」の働きを見ており、過剰なものはそれ自体としては歴史の地下に潜る、という歴史観をもっているように見えます。彼が「狂気」に与えた「作品の不在」というもう一つの定義が、それをよく示しているでしょう。それに対しアルチュセールは、まさに過剰な力が歴史を動かす、と期待している。さらに、それ自体が過剰なものとして国家は存続している、と見ている。最終的に国家は余分なものとして廃棄されうる、と考えるのがマルクス主義ですから、当然かもしれません。

4 フーコーとアルチュセールの絡まり

しかし、フーコーにおける「dispositif」と「appareil」の関係をもう少し精密に調べてみると、興味深いことが分かります。「dispositif」の概念が最初に導入される『精神医学の権力』と、その延長線上でフーコーがかつてのテーマ、「狂気」に立ち戻ることになる『異常者たち』において、「規律装置 dispositif de discipline / dispositif disciplinaire」や「規律権力 pouvoir disciplinaire」は、閉じ込めて治療する「装置 appareil」としての病院から区別されて、分析の俎上にのせられています。[*20] そのかぎりでは、「dispositif」と「appareil」の区別は決定的です。しかし、どういうふうにその区別を付けているかというと、「appareil」としての病院は物的な「劇場」をなし、「dispositif」とはそこでの「演出」である、とされている。[*21] ドラマに登場するのは「狂人 aliénés」と「狂気の専門家 aliénistes」としての医者です。そしてドラマは、「狂人」による「私は狂人である」という自白をめぐって展開されます。医者は自白させようとし、「狂人」はそれに抵抗する。刑事ドラマにおける取調室の攻防と同じですね。自白が得られ、「狂人」が自らの「狂気」を受け入れれば、患者としての「狂人」は自らに対する医者の「支配と勝利の関係」もまた受け入れて、「治る」[*22]。これがドラマの大団円です。こういうドラマトゥルギーこそ、フーコーは「appareil」から区別された「dispositif」だとみなすのです。だとすればしかし、このドラマは構造的に見て、アルチュセールが六九年の論文で「イデオロギー」の根幹に見いだした「呼びかけ／振り向き」と同じではないでしょうか。ドラマの設計というか「演出」として、同じではないか。もちろん、アルチュセールは「呼びかける」だけで自動的に「振り向き」が行われるかのように記しており、フーコーがそこに暴力的強制を含む「自白」を介在させている点にはアルチュセールに対する批判が込められている、と言えるでしょう。主体はそんな簡単に「振り向く」わけがないだろう、という批判です。しかしフーコーは、というか当時の医者は、「振り向けば」患者は「治る」としている。これは同じ主体観——振り向く「私」が主体である——の共有だと言っていい。またすでに見たように、アルチュセールにおける「呼びかけ」は実のところ、「振り向かない私」としての「無意識」を同時に作っており、フーコーの医者による「呼びかけ」はその「振り向かない私」としての「狂気」に向けられている。これも、構造的には同じでしょう。

きわめて興味深いことに、「dispositif」の突出したモデルとなったパノプティコンにはじめて言及した『精神医学の権力』では、このベンサム的「監獄」は「知と権力の appareil」と呼ばれています。[*23] そのなかに入るだけで個人が主体になるパノプティコンは、「跪いて祈る」だけで「信仰」を生む教会、アルチュセール的イデオロギー装置のモデルとなった教会と、いかにどの程度違うのでしょうか。さらに『異常者たち』のフーコーは「演出」を「*appareils* disciplinaires」（強調は引用者）の「設計図」に発見しています。[*24] とはいえ、二人の近さを考えるうえで私の目にもっとも重要と映るのは、「演出」とはなにか、なにに存してなぜ有効なのか、という点です。無理矢理の自白や装置への収容では、あるいは「劇場」をある「設計思想」にもとづき建設しただけでは、まだ「演出」と呼べないのではないでしょうか。二人とも、そんなに楽観的だったのでしょうか。主体を作るという大団円にもっていくにはなにかが決定的に足りないのではないか。その点については、フーコーのほうがはっきり述べています。彼は病院のなかで、医者と患者はお互いに「罠」をかけあっている、とみなします。「私は狂っている」という患者の自白を「治癒」の指標とするかぎり、医者は患者の言説に依存しています。もちろん患者は「あなたは狂っている」という医者からの「呼びかけ」に応答している。応答することで医者という他者に依存しています。しかし事態をミクロに眺めてみると、二人とも「私／あなたは狂っている」と「私／あなたは狂っていない」という二つの相反する言説の無媒介な一致を、相手に向かって投げかけ、相手がどう答えようと、その答えが自分の言説のなかに包摂されるようにしているのです。いったい、「私は狂っている」と語る人は「狂って」いるのかいないのか。クレタ人は嘘つきだと語るクレタ人の場合と同じように、どちらとも言えるでしょう。まさにその点を、フーコーはピエール・リヴィエールの手記に発見しました。かくも理性的で美しい文章を書ける人は「狂って」いるのかいないのか。あれが書けたのだから「狂っていない」と裁判官はみなし、書けるからこそ「狂っている」と当時の最先端の医者たちは判断しました。「ピエール・リヴィエールは、彼を捉まえるために人が使おうとしたあらゆる装置 appareils をショートさせ、罠にはめてしまったと言えるでしょう」[*25]。医者と患者の言説のあいだで生起する、こうした二重の包摂こそ、「演出」の実体です。そのイニシアチブはどちらの側にもあります。恋する者たちが互いに向ける誘惑の手法だとも言えるでしょう。同じ事態を、アルチュセールはイデオロギーと科学の関係に見いだしています。「イデオロギーのそとで起きるように見えることは、現実にはイデオロギーのなかで起きている。イデオロギーはけっして「私はイデオロギー的です」とは言わない。「私はイデオロギーのなかにいます」と言いうるためには、イデオロギーのそとに出ていなくてはならない。すなわち科学的認識のなかにいなければならない」[*26]。科学的認識とイデオロギーをそれぞれ医者の言説、患者の言説と読み替えれば、フーコーが彼の言う「権力のミクロ物理学」により取り出した構造と同じでしょう。私が用いた「二重の包摂」という言い方を、私はアルチュセールの一九六七年のあるノートから取り出しました。つまり私の目に映るフーコーは、それを病院という「appareil」のなかで生起しているドラマの分析に使っているように見えます。逆に言えば、「dispositif」を「演出」と捉えれば、フーコーはアルチュセールの「appareil」論をむしろ解説してくれているように思えるわけです。実際、フーコーもまた医者と患者の関係について「相互的包摂」、「鏡の罠からなる装置」という言い方をしています[*27]。

二人のあとの時代を生きるわれわれが考えるべきは、この「演出」の現在ではないでしょうか。というのも、現代では明らかに、監獄も病院も、イデオロギー装置も権力装置も、かつてほどの「主体」構成機能をもっていない、果たしていないように思えるからです。「主体」はもう要らないということなのか。あるいはその構成機能は彼らが標的としたのとは別のところへ移ってしまったのか。こうした点が、彼らに立ち戻ってわれわれの現在を考えることとの意味であろうと思います。われわれは今日、産業資本のもとで働くまっとうな労働者であることを、かつてのように求められていません。アルチュセールがＡＩＥ論で説明しようとしたのは、生産様式の担い手としての主体の構成であり、その生産様式は実質的に産業資本と工場労働者の関係でした。フーコーが『刑罰理論と刑罰制度』、『処罰社会』という二つの講義で示そうとしたのも、元農民にして都市周辺にたむろする流浪民であった初期労働者が、いかに規律をはずれた存在であったか、彼らを労働者にするために資本主義がいかに苦労したか、ということとです。ところが今日の「先進資本主義」国では、産業ブルジョワジーになったところで中国や東南アジアの資本に負けてしまう。それと相即的に、規律訓練された労働者になることは、日本でもヨーロッパでもアメリカでも、むしろチャンスや特権です。それを得るため、新自由主義というイデオロギーは人々にイノベーターとしての「人的資本」になれ、と説いている。能力である「人的資本」は、階級関係／生産関係におけるエージェンシー／役割によっては定義されませんから、「主体」とは言いがたいところがあります。それに、「人的資本」として成功することができるのは、社会のなかのほんの一部、一パーセント程度にすぎない、と「オキュパイ・ウォールストリート」の闘いがまざまざと見せつけた。一パーセントしかいない主体に社会の主体としての意味はほとんどないでしょう。しかし九九パーセントのほうも、主体なのでしょうか。彼らは数字としてしか名乗らない。「われわれ九九パーセント」という主体性は、生産関係のなかに占める位置とはなんの関係もない。

けれども、われわれは肌で感じていないでしょうか。主体になれないからこそ、「なれ」という圧力が強まっていることを。企業には「ガバナンス」と「コンプライアンス」、労働者にはけっして「ハラスメント」をしない「倫理」、人々にはＰＣ（ポリティカル・コレクトネス）。日本では昨今、「不倫」しただけで社会から追放されるべきであるかのような風潮さえあります。われわれはすべて「まともな主体になれ」と日々脅迫されている。正しい生き方を説くイデオロギーがここまで大手を振った時代はかつてなかったかもしれません。「人的資本」は同時に「知識資本」でもありますから、「知」がここまで「権力」としておおっぴらに称揚される時代もなかったかもしれません。しかし、私が示唆／強調してきたのは、アルチュセールやフーコーにおいてすでに、「主体になれ」という命令は同時に「主体になるな」というメッセージを含んでいた、という点です。フーコーが「dispositif」の中心に見いだした「私は狂人である」という自白の言説は、まずは「私は主体ではありません」と語っている。アルチュセールは一見して「主体」のことばかり語ったように見えますが、彼が生涯の終わりに自伝のかたちでわれわれに残した著作は、結局「主体」になれなかった「私」を語っている。なにしろそこでの「私」は、フーコー的に言えば、殺人事件を起こす前からずっと「狂人」だったわけですから。その自伝、『未来は長く続く』は、ピエール・リヴィエールの手記を引き継ぐものだとアルチュセール自身が明言しています。*[28] 自伝の言葉を引いて言えば、ＡＩＥは「主体」と同時に、主体の傍らに、社会的な「行方不明者」を作り出すのです。*[29] 彼の自伝はまるでフーコーの『精神医学の権力』と『異常者たち』への注釈のように読むことができます。「主体になれ」と強調する一方で、ほとんどの人間にはなれるわけもない、価値ある「人的資本」になれと薦める今日のイデオロギーは、「主体になるな」とも言っているのではないでしょうか。実際、社会的勝者になれば道徳的に正しい人間である必要なんかない、と誰でも知っている。もちろん、だから有名人のスキャンダルは袋だたきにされるわけですが、それは、金持ちでありさえすれば、たいていのスキャンダルは個人にとって最終的にどうということはない、という現実の裏返しでしょう。一パーセントに仲間入りして好きなことをしよう、「主体」である呪縛から解放されよう、これが現代のリベラリズムではないのか。七〇年代との違いとしては、アルチュセールやフーコーの目には異例の少数者についてだけ問題にされるように見えた特殊な主体性、つまり「主体ではない」という人間のあり方が、監獄や病院から、あらゆる「閉じ込め」の「appareil」からそとに溢れ出て、むしろ主流になっているところに認められるように思います。そして、そこから振り返ったときには、彼らも実は異例の少数者の話をしていたのではない、と私には思えるわけです。ゆえに今日なお、彼らの著作を古びたものにしない努力が、われわれには必要なのではないでしょうか。

*1――合評会の記録は電子書籍として刊行されている。『徹底討論 市田良彦・王寺賢太編『現代思想と政治』@京大人文研』読書人、二〇一六年。

*2――Michel Foucault, *Théories et institutions pénales : Cours au Collège de France 1971-1972*, Seuil / Gallimard, 2015, et *La société punitive : Cours au Collège de France 1972-1973*, Seuil / Gallimard, 2013.

*3――Peter Hallward and Knox Peden eds., *Concept and Form*, 2 vols., Verso, 2012. なお『分析手帖 *Cahiers pour l'Analyse*』のフランス語原本の全巻が、ホルワードの勤務するキングストン・カレッジのウェブサイトに掲載されている。http://cahiers.kingston.ac.uk

*4――ジル・ドゥルーズ「装置とは何か」財津理訳、『狂人の二つの体制 一九八三―一九九五』河出書房新社、二〇〇四年。

*5――ジル・ドゥルーズ『フーコー』宇野邦一訳、河出文庫、二〇〇七年。

*6――ミシェル・フーコー『精神医学の権力――コレージュ・ド・フランス講義一九七三―一九七四年度』慎改康之訳、筑摩書房、二〇〇六年、一七頁。

*7――Michel Foucault, *La Société punitive*, p. 237 (Leçon du 28 mars 1973).

*8――ルイ・アルチュセール「言説理論に関する三つのノート」『フロイトとラカン――精神分析論集』石田靖夫ほか訳、人文書院、二〇〇一年。Spaltungについては「第三ノート」を参照のこと。

*9――一九六二年に高等師範学校で行われた構造主義をめぐるセミナー（未刊行）において。アルチュセールはそこで二度にわたりフーコーの『狂気の歴史』を取り上げて語っている。その詳細については次を参照。Yoshihiko Ichida, « Histoire et politique : conjonction et partage originaire chez Althusser (1962-1967) », in *Cahiers du GRM*, n° 7, 2015 (https://grm.revues.org/607).

＊10――Louis Althusser, « Cours sur le mode d'exposition de Marx » (1978), inédit, archives de l'IMEC.

＊11――ミシェル・フーコー「オイディプスの知」『〈知への意志〉講義――コレージュ・ド・フランス講義一九七〇―一九七一年度』所収、慎改康之・藤山真訳、筑摩書房、三二五頁、同三四一頁。なお邦訳における表現は若干異なっている。

＊12――ルイ・アルチュセール「マキァヴェッリと私たち」第四章「新しい君主の政治実践」『哲学・政治著作集』Ⅰ・Ⅱ、市田良彦ほか訳、藤原書店、一九九九年、Ⅱ巻所収。

＊13――ミシェル・フーコー『安全・領土・人口――コレージュ・ド・フランス講義一九七七―一九七八年度』高桑和巳訳、筑摩書房、二〇〇七年、一一三頁。

＊14――ルイ・アルチュセール「自らの限界にあるマルクス」『哲学・政治著作集』Ⅰ。

＊15――Michel Foucault, *Théories et institutions pénales*, *op. cit.* p. 172, p. 270.

＊16――ルイ・アルチュセール「自らの限界にあるマルクス」第一三章「なぜ国家は「特別な」機械なのか」を参照。

＊17――たとえばミシェル・フーコー「真理と裁判形態」(一九七三年)西谷修訳、『ミシェル・フーコー思考集成Ⅴ』筑摩書房、二〇〇〇年、一二九―一三〇頁を参照。そこでは、プラトンとソフォクレスが根本的に標的にしていたのは、「ソフィストを末裔とする〔……〕僭主」であり、その背後には「有名なアッシリアの王」がいると述べている。

＊18――ミシェル・フーコー『〈知への意志〉講義』八三頁。

＊19――同「真理と裁判形態」一九九頁。

＊20――『精神医学の権力』「一一月七日の講義」と「一一月二八日の講義」は「国家装置 appareils d'État」概念に代えて「規律装置 dispositifs disciplinaires」概念を置くという視点を強調している。また『異常者たち――コレージュ・ド・フランス講義一九七四―一九七五年度』慎改康之訳、筑摩書房、二〇〇二年、「二月二六日の講義」は「appareil」としての病院と、そこでの「discipline」のあり方、作用の仕方をはっきり区別している。

＊21――「演出 mise en scène」によって医者の「権力」を特徴づける分析は、『精神医学の権力』一八頁、二二六頁、三九四頁、『異常者たち』二四〇頁などにあり、後者二三二―二三三頁では病院を「劇場 théâtre」と呼んでいる。ただし邦訳書は「mise en scène」を「舞台」、「舞台装置」、「演出」などと訳し分け、「appareil」を「機構」と

訳している。

＊22――『精神医学の権力』二九四頁。そこでは医学における古代以来の crise 概念（分利、危機、発作などの意）が分析されている。

＊23――『精神医学の権力』九六頁。ここでも appareil は「機構」と訳されている。

＊24――『異常者たち』二四八頁。

＊25――ミシェル・フーコー「ピエール・リヴィエールの帰還」鈴木雅雄訳、『ミシェル・フーコー思考集成Ⅵ』筑摩書房、二〇〇〇年、一五五頁。

＊26――ルイ・アルチュセール「イデオロギーと国家のイデオロギー諸装置」『再生産について』下巻、西川長夫ほか訳、平凡社ライブラリー、二〇一〇年、二三四頁。

＊27――『精神医学の権力』三八六頁。ただし邦訳書は「相互的包囲」、「対称的な罠の配備」と訳している。

＊28――ルイ・アルチュセール『未来は長く続く』宮林寛訳、河出書房新社、二〇〇二年、二八頁。

＊29――「行方不明者」は同書を貫くキーワードである。この点については、市田良彦「夢を読む」、ルイ・アルチュセール『終わりなき不安夢――夢話一九四一―一九六七』（市田良彦訳、書肆心水、二〇一六年）所収を参照。

9　68年5月の翌朝は、抑圧の二日酔い
——アルチュセールとフーコーを過ぎゆく批判のステージ

バーナード・E・ハーコート
（箱田徹訳）

六八年五月のパリでの学生・労働者の蜂起をうけ、多くの批判的思想家が自身の権力分析を練り直した。いかなる社会的・政治的な勢力が革命的契機を実質的に鎮圧し、ラディカルなポテンシャルを一掃したかを説明するためだった。なかにはフーコーとアルチュセールのように、互いの思想の展開が平行した軌跡をたどるケースもある。二人は当初、抑圧（repression）概念を軸に分析を組み立てていたのだが、すぐに、社会的な過程・実践・制度の再生産の源泉を掘り起こすため、抑圧型権力の生産的次元に分析の方向を転じたのである。

本稿の論点は、二人に共有されたこの歴史的軌跡——あるいは経路依存性——が、数十年とは言わずとも、長年にわたって、権力の批判的理論化の基本的色調となってきたということにある。私がポスト六八年の「抑圧の二日酔い」と呼ぶものは、批判的分析の多くに影を落としてきた。たとえばフーコーの『知への意志』における抑圧仮説批判にみられるように、抑圧モデルははっきりと退けられはしたものの、ここでいう「抑圧の二日酔い」は、一九七〇年代に現れた批判のスタイルにもきわめて強い影響を及ぼしつづけたのだ。

たしかに、抑圧という通奏低音の反復に積極的に抵抗した批判的思想家もいた。とりわけドゥルーズとガタリである。彼らは部分的にではあれヴィルヘルム・ライヒに依拠したが、他にはマルクーゼの初期著作に依拠した人々もいて、原初的条件としての抑圧の彼方に進み、「大いなる拒絶」への退行という誘惑に抗った。しかしこうした先見の明をもつ介入は、しばしば別の場所で抑圧の二日酔いを強めるという逆説的効果をもたらした。た

とえばフーコーは、ドゥルーズ＝ガタリの『アンチ・オイディプス』（一九七一年）を高く評価しつつ、自分自身はその反対側に重点を置くかのように、『処罰社会』（一九七二―七三年講義）と『監獄の誕生』（一九七五年）で自身の権力論を展開する。そこでは監獄に焦点が当たり、社会を貫く権力関係の隠喩とされたのだった。

フーコーが最終的に抑圧の二日酔いを克服したとすれば、それは一九八〇年頃、『生政治の誕生』（一九七八―七九年講義）で新自由主義型統治性を検討したあと、主体性の主題に戻ったときのことである。生の技法、自己の技術、自己への配慮をめぐるフーコーの議論は、従来なら抑圧の部類に入れられたはずの要素――たとえば「主体化 subjectivation」の概念は、以前の「従属化 assujettissement」の概念と密接に関連する――を、「自己」の形成というより深い主体的過程に統合する試みとして解釈できる。フーコーが一九八一年のルーヴァン講義『悪をなし真実を言う』で告白と真理陳述を主題としたのも、主体としての私たちが自己を配慮するまさにそのときに、どのように自己を社会秩序に結びつけるのかをはっきりと理解しようとする野心の現れだった。

他の批判的思想家たちも、生産諸力がいかに社会をかたちづくっているかを明らかにするために、より深く主体性に関わる主題に目を向けた。リュック・ボルタンスキーとエヴ・シャペロの『資本主義の新たな精神』（一九九九年）は、この傾向の近年における豊かな一例だ。二人は一九七〇年代中盤以降、経営学が抑圧性と階層性の強いフォード主義モデルを放棄し、より企業家的で雇用者のイニシアティヴを尊重する、クリエイティヴで自律的なモデルを採用していく様子を描いている。このモデルにしたがえば、労働者は職場においてアーティスティックな自己ないし主体性を見出す。この新たなマネジメントの技術は、資本主義の新たな精神を作り直すために、六八年五月の異議申し立ての核心にあったアーティスティックな疎外論を利用するとともに、新自由主義的合理性によって社会批判を無効化する。こうして六八年五月の革命的ポテンシャルは捕獲され、資本蓄積にあらためて方向づけられたのである。

とはいえ、私たちを抑圧の二日酔いから最終的に解き放ってくれたのは、批判理論やその展開よりも、新たなデジタル技術やＩｏＴ（インターネット・オブ・シングス）だった。「お気に入り」「フォロー」「シェア」「リツイート」「LinkedIn への招待」などを土台に繁栄するデジタル経済、別の言い方をすれば、人々の嬉々としたクリックやダウンロードの数を元手に機能する政治経済の爆発は、実質的にそれ自体で、ほとんど独力でギアを直進に入れ、抑圧の二日酔いを私たちにとって過去のものとしてしまっている。

ジョージ・オーウェルが描いたような憎悪《ヘイト》と抑圧は放逐され、欲望と情熱にとってかわられた。私が近著『露出――デジタル時代の欲望と不服従』[*1]で突っ込んで議論したように、これこそが私たちを抑圧型権力モデルの先に導いているのである。だとすれば、私たちが抑圧の二日酔いから抜け出しつつあるのは、イノベーションとそれを取り巻く知のシステム、それにデジタル時代における権力循環の帰結にすぎないということにもなるだろう。

批判的思想家の一部はこれに反対し、あるいは嘆くだろうが、現実の理解には有益だと主張する向きもあるだろう。私自身は用心しつつ後者の意見に傾いている。用心しつつというのは、以下で示唆するように、欲望と享楽に結びついたデジタル時代の新たな権力概念の出現には、抑圧という見地を明確にする権力モデルと権力の生産性をより強調する理論、この両者の強固な結びつきが求められるからだ。

この小論では、すでに述べたように批判的理論の歴史の三つの契機に焦点を当てる。第一に、フーコーとアルチュセールにおける抑圧の二日酔いについて。第二に、フーコーが主体性への回帰によってこの二日酔いを克服したことについて。第三に、抑圧ではなく欲望のレンズを通して分析されるデジタル時代の現状について。そして最後に、私たちの批判的プロジェクトは、これら三つの批判のステージを結合することで大きな推進力を得るはずだという見通しを示すことにしよう。

1 抑圧の二日酔い――フーコーとアルチュセールの場合

私たちの出発点となる「抑圧の二日酔い」仮説は三つのステップを通じて展開する。最初にポスト六八年の権力を理解する手段として抑圧が注目され、続いて権力の生産的次元を検討するために抑圧からの離反が生じるものの、最終的に抑圧の二日酔いはとどまりつづける、という流れだ。

a　最初の二つの契機――抑圧の彼方に

フーコーのコレージュ・ド・フランス講義と著作群は明確に最初の二つの契機を経過している。フーコーがポスト六八年の政治権力と最初にきわめて直接的なかたちで対峙したのは、一六三九年に北フランスのバス・ノルマンディー地方で起こった「裸足の乱」の弾圧の分析を通じてだった。一九七一―七二年講義『刑罰理論と刑罰制度』の前半七回分がこれにあてられている。

もちろんフーコーはこの講義以前から、脅威とみなされた形象を排除し周縁化するさまざまなやり方をたびたび論じてきた。理性と狂気との認識論的区別や、真と偽を区別するさまざまな技術を通じてなどである。一九六一年の『狂気の歴史』から講義初年度にあたる一九七〇―七一年『〈知への意志〉講義』に至るあいだも、社会が狂人を監獄に閉じ込め、医学の対象とすることによって、そしてまたある言説を解読不能とし、ある言説を合理的とすることによって、住民集団を実効的に解析する際のさまざまなやり方は、一貫してフーコーの分析対象でありつづけた。コレージュ・ド・フランス教授就任講演『言説の領界』が提示したのはまさにそのようなプロジェクトであり、「真と偽の対立」が法的禁止や理性の要求と同様、強力な排除のシステムとして機能するメカニズムを探究することを謳っていた。*2

しかしフーコーの研究プロジェクトには、一九七一年一一月二四日に明確な切断が生じる。この日、フーコーは『刑罰理論と刑罰制度』講義を前置きなしでいきなり始めた。「前置きなし」とフーコーは講義ノートに書き留めている。「この講義の存在理由――目を開きさえすればよい」。*3 コレージュ・ド・フランスの外では共和国保安機動隊と国家警察が街頭に展開していた。議会外左翼政党は軒並み非合法化され、数百人もの活動家、とりわけ毛沢東主義を掲げる「プロレタリア左派」の青年活動家たちが逮捕、投獄されていた。話に「前置き」など必要なかったのだ。フーコーが自分と聴衆とを取り巻くフランス国家の抑圧について話をしていることは、誰の目にも明らかだったからである。こうしてフーコーは、「裸足の乱」に対する弾圧を講義七回分を費やして集中的に論じることになる。それはフランスにおける司法と警察の抑圧装置の誕生を辿る歴史分析だった。

フランソワ・エヴァルドが Foucault 2/13[*4] で示唆したように、一九七二年のフーコーは、抑圧型権力関係モデルを詳細に論じていた[*5]。このモデルにしたがえば、革命家や扇動家の一部が――全員ではない――抑圧の対象となる。抑圧は一枚岩ではなく、反乱分子の一部は対象から除かれる。抑圧は王の代理人たちを通じて機能するが、この王は軍事と行政とを統合的に運用することで、裁判の実施と軍事力の行使が果たす役割を融合させる前例のない存在だった。抑圧は一部のアクターを敵として主体形成させ、犯罪について最終的判断を行い、処罰の神秘に依拠するという戦術を用い、他方で政治のドラマ化、儀礼や儀式の使用という戦略も用いる。そこからは独特の結果が生じる。秩序が生産され、平和が再構築されるばかりか、新たな権力形態、すなわち行政国家、ポリス国家が生み出されるのだ。

このようにフーコーが権力の抑圧モデルに入れ込んだのは、一面において、監獄情報グループ（GIP）への政治的関与の自然な帰結だった。この激烈な経験を通じて、フーコーは闘争の深刻さを鋭く自覚するようになった。時を同じくして、フーコーが社会秩序を理解する基盤として「内戦」概念に目を向けたのも、この一時期の産物だったと考えてよい。実際、抑圧モデルがもっとも幅を利かせたのは、一九七二年から七三年、フランスで刑務所暴動が最高潮に達する最中とその後のことだった。七一年一二月にはトゥルのネイ刑務所で、七二年一月一五日にはナンシーのシャルル三世刑務所をはじめ、ニーム、アミアン、ロス、フルリー＝メロジスなどの刑務所で反乱が起きた[*6]。トゥルの反乱後の七二年一月五日、GIPとトゥル真相究明委員会との共同記者会見で、フーコーはこう明言している。「トゥルで起きたことは新たなプロセスの始まりであり、監獄制度総体を相手に、その制度の第一の犠牲者である社会階層が行う政治闘争の第一段階なのだ」[*7]。内戦概念はフーコーによる抑圧の分析と同時に前景化したのである。

けれども周知のように、その後フーコーは急速に権力の抑圧モデルから遠ざかり、反対に権力関係の生産的次元に目を向けるようになる。この点については、私自身『処罰社会』（一九七二―七三年講義）の「講義の位置づけ」で詳細に論じた。[*8] 早くもアッティカ刑務所訪問後の一九七二年四月以降、『処罰社会』の全体を通じて、フーコーは権力の抑圧モデルの彼方へと向かっている。それはむろんのこと、刑罰の抑圧的性格ではなく、生産的性格に注目することを明言する『監獄の誕生』（一九七五年）の有名な一節に到達する。

処罰メカニズムの研究にあたっては、その「抑圧的」効果だけ、「刑罰」の側面にだけに注目するのではなく、そのメカニズムをそれが引き起こしうる一連の積極的効果総体に位置づけること、たとえそれが一見周縁的であっても、である。したがって、処罰を複合的な一つの社会的機能とみなすこと。[*9]

アルチュセールも似た歩みを辿ることになる。彼もまたほぼ同時期に、国家の抑圧装置についての分析を「国家のイデオロギー装置」についての探究によって補完しているからだ。後者は主として抑圧・強制・処罰によってではなく、説得やイデオロギーなどによって機能するものとされる。

むろん、アルチュセールの出発点は抑圧概念にあった。論文「イデオロギーと国家のイデオロギー装置（探究のためのノート）」（一九七〇年）にはこう書かれている。「この点、マルクス主義の伝統は厳密である。『共産党宣言』と『ルイ・ボナパルトのブリュメール一八日』（そしてその後に書かれた古典的テキスト、とりわけパリ・コミューンにかんするマルクスの著作とレーニンの『国家と革命』）で、国家は明確に抑圧装置として捉えられている」[*10]。アルチュセールはさらにこう言っている。「国家とは、支配階級が［……］労働者階級への支配を確保するための抑圧「機械」の一つである」[*11]。この国家は警察、刑務所、軍隊、法から構成されており、その基本的機能は「「支配階級の利害」にかなう抑圧的な執行と介入の力」にあるとされる。[*12]

これと対照をなすように、アルチュセールが「国家のイデオロギー装置」と名づけて検討する一連の制度が存在する。いずれも主として抑圧以外の手段で機能するもので、そのなかには教会などのさまざまな宗教的制度、学校や大学、家族、諸政党、メディア、報道機関、ラジオとテレビ、さらに芸術や文学、娯楽、スポーツなどの文化的制度が含まれる。[*13] こうした制度、とりわけ教育制度は、抑圧とは異なるモデル、アルチュセールが「イデオロギー的」と呼ぶモデルにしたがって機能するのである。

b　フーコーとアルチュセールにつきまとう抑圧概念

フーコーとアルチュセールはともにこうした重要な転換を――ポスト六八年期のほぼ同時期に――迎えたにもかかわらず、いずれも抑圧の二日酔いから完全に醒めてはいなかった。フーコーとアルチュセールにとって、生産的で非抑圧的な（あるいは一義的には抑圧的ではない）権力モデルはまだ、要求する他者（多くの場合、警官や看守）との社会関係の内面化に結びついていたからだ。別の言い方をすれば、抑圧的な社会的結合が依然として二人のテキストを占領していたのである。

アルチュセールの場合、イデオロギーによる呼びかけの理論は主体を誰何する警官の例に基づいている。アルチュセールが提示する二つの典型例は――そのうち最初のものは呼びかけの概念を理解するために誰もが用いるものだ――、主体を誰何する警官と、ドアの反対側から「そこにいるのは誰だ」と問う人物だった。アルチュセールはわずか二つの「きわめて「具体的な」例」を出しただけであるにもかかわらず、それはいずれも批判理論のライトモチーフとなった。アルチュセールの理論的介入の核心は、本人の言葉にしたがえば、「きわめて日常的な警官（ないし他の人物）による呼びかけを通じてイメージできるだろう。「おい、そこのお前！」というものである」。[*14]

「特定の儀礼が司る日常実践としての呼びかけは、警官による呼びかけの実践という劇的なかたちをとる。「おい、そこのお前！」」。[*15] この警官は街頭にいるのでなければ「読者の頭の中にいる警官」である。[*16] ここで参照されているのは、〔六八年五月当時よく知られた〕週刊紙『アクシオン』の巻頭画「頭の中にいる警官を追い払え！」だが、アルチュセールは(死後出版された)『再生産について』の一章「イデオロギーについて」で、批判のためとはいえ、ふたたび議論の中心にこの例を置いている。

抑圧的なものに背を向けたフーコーも、最終的には処罰としての拘禁の核心に、すなわちパノプティコン型の独房へと立ち戻る。批判的方法は主権概念への昔ながらの強迫観念と決別せねばならないと繰り返し強調したにもかかわらず、である。方法論的には、フーコー自身のアプローチは「国家の問題、国家装置の問題を脇に置くことを含意する」はずだった。[*17] 実際、『精神医学の権力』(一九七三―七四年講義)の草稿にはこう書かれていた。「国家装置概念を用いることはできない。あまりに漠として抽象的で、個人の身体や振舞い・行為・時間に行使される、直接的で微細な毛細管状の権力を描くことができないからだ。国家装置概念ではこうした権力のミクロ物理学を考慮することができない」。[*18] しかし、毛細管状に広がる権力関係を注視するよう促すにもかかわらず、権力の生産性を問題にする段階に至っても、フーコー自身が中心的に用いる比喩は監獄の建築構造なのである。

むろん、これはきわめて強力なイメージかつ比喩であった。とりわけギー・ドゥボールが『スペクタクルの社会』で非常に説得的に描いたスペクタクルの比喩を反転させた点において。[*19] フーコーのニコラウス・ユリウス〔一九世紀のドイツの医師、監獄改良運動家〕やベンサムの読解、あるいはスペクタクルの論理からパノプティコンの論理への反転は力業だった。その見事な身振りは、『処罰社会』(一九七二―七三年講義)の次の一節にはっきりと見てとれる。

これこそまさに近代社会で起きていることです。スペクタクルから監視への反転。ユリウスは言います。私たちは建物、都市開発だけでなく、精神一般のあり方全体を転倒させる過程のなかにあり、人は少数の人々に、究極的には全員の監視役となる唯一人の人間に、見世物として供されることになる、と。見世物は監視に変わりました。市民が見世物小屋の周りに作った囲いは、すべてひっくり返されたのです。まったく異なる構造があるのです。平らな空間に一人一人が隣り合うようにして配置され、一種の普遍的な眼となるような人物によって上から監視されるのです。[*20]

こうしてパノプティコン型監獄の中央監視塔にいる看守の普遍的な監視の眼が、近代社会の権力循環についてのフーコーの比喩となった。フーコーはその二年後、『監獄の誕生』でこう修辞的に問いかけている。「独房型監獄が、固有の歴史を刻み、強制労働を課し、監視と評価の審級を有し、ならびに裁判官の役割を引き継ぎかつ強化する正常性の専門家をそなえることで、近代的な刑罰の道具となったことに驚くべきではないだろうか？　監獄が工場や学校、兵舎、病院に似ていること、これらがすべて監獄に似ているのは驚くべきことではないだろうか？[*21]」。

だからフーコーとアルチュセールにはともに、以上見てきたような抑圧の二日酔いが存在している。それこそがこの両者がドゥルーズ＝ガタリの著作と緊張した関係をもつ一つの要因でもあるのだが、ここではその逸話は省略して先に進むことにしたい。

2　フーコーにおける主体性への回帰――克服の可能性

それから数年後、フーコーはふたたび思想上の重要な変化を経験する。「統治技法」の詳細な検討から「生の技法」の分析への移行である。この移行は本格的には一九八〇年に始まるが、その軌跡にはいささか迂回的なところがある。思いきって図式化してみよう。

コレージュ・ド・フランス講義『処罰社会』（一九七二―七三年）と『精神医学の権力』（七三―七四年）、ならびに著書『監獄の誕生』（七五年）で一九世紀における規律権力の出現を検討したあと、フーコーは権力と統治性の今日的なあり方、すなわち生権力、および人口（住民、個体群）の新自由主義的なマネジメントに注意を向ける。

『知への意志』（七六年）と『社会は防衛しなければならない』（七五―七六年講義）でのことだ。生権力の今日的形態を理解しようとするかのように、フーコーは『安全・領土・人口』（七七―七八年講義）でも、司牧権力から国家理性、官房学（ポリス学）、そして自由主義と新自由主義に至る、新自由主義的な合理性の形態の系譜をたどっている。『生政治の誕生』（七八―七九年）でフーコーがいうように、新自由主義的な合理性を理解することは、人口と生権力という概念の分析に不可欠な基本要素なのだ。[*22]

フーコーは当初、一九八〇年に生権力の分析を行ってから、この研究プロジェクトに直接戻る予定だった。これが当初の計画だったことは『生者たちの統治』（七九―八〇年講義）という講義題目にはっきり表れている（執筆時期は七九年春）。フーコーは前年度の講義を終えたところから再開し、生政治に話を戻すつもりだった。別の言い方をすれば、『生政治の誕生』（七八―七九年講義）で目論みつつ果たせなかった研究を再開するつもりだったのだ。その一年前の七九年一月一〇日にフーコーは、この年の講義は「人口」の統治という核心的問題に焦点を当てるつもりだったのだが、その前にまず新自由主義を理解する必要があったと述べている。

今年は生政治についての講義を行おうと考えていました〔……〕。しかし生政治の分析は、すでにお話しした統治理性の一般体制を理解してからでなければ始められないように思えるのです〔……〕。したがって私が思うに、国家理性に対置される自由主義という体制で何が問題となっているのかを理解してこそ〔……〕、また自由主義という統治理性体制がどういうものであったのかを知ってこそ、生政治のなんたるかを理解することができるのではないでしょうか。[*23]

したがって、一九七九年春に翌年度の講義題目とされた「生者たちの統治」には、生者たちの統治という主題を正面から扱うことで生政治論を続けようとする意図が表れていることは明白であると思われるのである。[*24]

しかしフーコーは実際には歴史を遡り、一九七八年二月に始まった統治技法の系譜学の作業を再開する。私はこれを別の機会に「二重の動き」と呼んだことがある。[*25] フーコーはかなり昔のテキストに立ち返り、ソフォクレス、ストア派、初期キリスト教司牧論をとりあげて、現代の新自由主義型合理性の系譜学を再検討することを目指したのだ。こうして真理体制と密接に絡み合う、真理陳述と真理表明の諸形態を掘り下げる作業が行われることになる。

ソフォクレスの悲劇『オイディプス王』への回帰は重要である。一九七〇—七一年講義における「知への意志」の主題に回帰するからだけではなく、これこそフーコーがある意味で七八年に置き去りにしてしまったものだったからだ。七八年二月八日の『安全・領土・人口』所収の講義で統治技法の系譜学を論じはじめたとき、フーコーは古代ギリシアのさまざまな統治形態を検討し、「舵、舵取り、操舵手、船頭の比喩[*26]」について検討しつつ、とりわけ『オイディプス王』に注意を払っていた。その際『オイディプス王』を論じた直後に、フーコーはこう言っていた。「人が人を統治できる、人が人を実際に統治するという考え方はギリシア人のものではないと思います。もし私に時間と余力があれば、今年度の終わりか、または来年度にこの問題をふたたびとりあげたいと思います[*27]」。

そして『生者たちの統治』(一九七九—八〇年講義)は、この問題をとりあげるものだった。この講義は先年の問いへの回帰であり、再検討の試みである。古代ギリシアにかんする自らの論述を疑いに付しているのは明らかだ。すべてを再検討するフーコー流のやり方である。『生者たちの統治』の最初の四回の講義では、『オイディプス王』が人間による真理表明という角度から再解釈され、キリスト教以前のオリエント世界の検討を再開するにあたっての修正の役割を果たしている。

これは系譜学の性格を若干変更し、新たな道を開き、研究プロジェクトを「真理による人の統治の概念[*28]」へと方向づける結果になった。〈知 - 権力〉から真理による統治、あるいは「真理体制」という概念への移行を生んだのである。またこれによって研究は、真理や法的手続き、歴史的語りの尺度としての「市場」から、「自己」――「真理表明の儀式[*29]」で告白された「私」――を中心に据えるものへと移行する。周知のように、この「自己」

を通じて、フーコーは自己の表白と点検、他者の導き、真理陳述の諸形態、さらにはパレーシアに至るのだ。

その翌年度の『主体性と真理』（八〇―八一年講義）は、前年度に始まった研究の方向性を明確に引き継ぎ、とくに古代ギリシア・ローマのセクシュアリティ、正確にはアフロディシアの領域に注目する（フーコーが説明するとおり「セクシュアリティ」という語は近代のもので、ここで用いるのは時代錯誤である）。この講義で中心となる問いは「自分自身が対象であり、行為をなす領域であり、行為によって用いられる道具であり、行為をなす主体である行為を通して、いかにして「自己を統治するか」」である。[*30] この問いに取り組むにあたって、フーコーは古代ギリシア・ローマと古代後期の文献をとりあげる。プラトン『アルキビアデス』からアリストテレス『ニコマコス倫理学』、ヒポクラテスとクセノポン、キケロ『最高善と最大悪について』、プルタルコス、大プリニウス、ヒエロクレス、アルテミドロス『夢解釈』、『フィシオログス』〔紀元後二〇〇年頃成立の初期キリスト教の教本・寓話集〕が議論され、婚姻や夫婦生活、夫婦間の性交渉のほか、性的挿入や少年愛、一夫一婦制、近親相姦などの問題についての詳細な分析を通して古代人の生活様式が検討されるのである。

だが、この研究が展開するにつれて次第に明らかになることがある。フーコーは前年度に始めた研究を推し進めはするものの、私たちは彼に思想上の重要な移動が生じているのを目にするのだ。一九七七年に始まり八〇年まで続いた「統治技法」に対するそれまでの関心に比して、「生の技法」に対する関心の高まりがある。別言すれば、こうした技術（テクネ）の対象はより内面的になる。狂気や臨床医学、監獄についての以前の著作の大半や、またある部分では『知への意志』が検討していたのは、他者による振舞いの導きだった。しかしフーコーが主体性への関心を強めることで、自己による振舞いの導きへのかすかな移動が生じはじめる。講義を読むと伝わってくるように、講義内容は次第に生の技法に、内面的性格の強い生の様式にかかわるようになる。フーコーの表現を使えば、「自己の導きの方法、生の様式、存在のあり方」、「生の技法、自己の導きの技術」、「導きのモデル」、「生き方の指示」にかかわるようになる。[*31] 議論の領野が生の様式へといくぶん転換されるのである。

狂気や臨床医学、あるいは監獄にかんして、フーコーはこう言っている。「自己にかんする真理言説の核は、他者によって外部から保持されています。精神科医、医師、ソーシャルワーカー、保険屋、看守といった人々です。これに対して、アフロディシアの領域では、自己の真理言説はまったく異なるかたちで制度化されています。自己省察する自己によってです」。フーコーは続ける。「つまり、それは観察や検査、客観法則に基づいてではなく、告白実践を軸に構成されているのです[*32]」。それはとても内面的な、あるいは内面化された省察に、すなわち私たちが自分自身について述べることがらに基づいている。私たちが狂っていると告げる医師や、私たちが危険であると告げる精神科医ではなく、私たち自身が自分自身の欲望を、私たちが何を欲望しているのかを語るのである。

ここには微細な移動が見てとれる。言うまでもなく、フーコーがアルテミドロス『夢解釈』を詳細に論じるのは、この『夢解釈』が幸運をもたらす性行為をどのように内面化すべきかを他者に示すものでもあったからだ——たしかにこれもまた他者による統治である。しかし焦点は特定の行為＝振舞い（フーコーが言う「振舞いの技法」は近代とかかわる）よりも、存在のありよう、「私たちのあり方」あるいは「存在の質、経験の様態」に移動している。[*33]他者が重要な役割を果たさないというわけではない。良心の指導者、霊的（宗教的）指導者は中心的存在である。それでもフーコーはこう論じている。

あらゆる生の技法は、人が学ぶだけでなく、私たちが自らの語彙を用いて語ることで、私たちが内面化を行うことを含意しています。ともかく私たちは自分自身で考え、反省し、思索にふけらなければならないのです。[*34]

「統治技術」から「生の技法」へのこの微細な移動は、フーコーの研究プロジェクトを「生政治《ビオ・ポリティーク》」のいう「ビオス（生）」との関係で再構成する助けにもなる。フーコーはこの「ビオス」の概念を、現代の主体性概念にもっとも近い古代ギリシアの概念であると示唆しながら、八一年三月二五日の講義でふたたびとりあげる。[*35]

ここでも中心に置かれるのはビオスである。これは古代ギリシアで、生の技法、自己の導きの方法論に結びつく語であった。けれどもそれは、従来の「人口」への関心から自己の技術への新たな着目への移動に伴って、いささか異なる意義をもたされている。『主体性と真理』講義の草稿では、政治的振舞いの正常化との関連で語られた「生政治 biopolitics」から、「自らの生の個的な制作」や「個人の生の美的・倫理的導き」に関連する「生の創作学 biopoetics」へのきわめて興味深い変遷が示されている。講義では、フーコーは最終的に「生の技法 biotechniques」という表現さえ用いている。[*36]

生政治から生の創作学、生の技法あるいは自己の技術へ――これこそフーコーが最晩年の講義で辿った道であり、そこではギリシア人とローマ人が「テクナイ・ペリ・ビオン（生の技法）」と呼んだ実践が検討されたのだった。[*37]

3　デジタル時代の権力と欲望

私がここで言いたいのは、この「生の技法」という概念が、現代のデジタル時代を理解するにあたってきわめて有効であるということだ。今日、抑圧が少なくなっているわけではない。ドローン攻撃やグアンタナモでの拷問による自白、世界各地の米軍秘密軍事施設、警官による射殺、インナーシティでの暴力、国家安全保障局（NSA）による監視など、私たちはきわめて抑圧的な世界に生きている。しかし統治性のあり方は、今日では住民の大部分に対して、私たちが共有する生活様式からなるきわめて巧妙なメカニズムを通して作用している。

今日、私たちは大きな声で警官から呼びとめられたり、パノプティコン型の独房に拘禁されたりするよりも、世界中にあるプラズマやデジタルのスクリーンに嬉々として自らを投影している。私が近著『露出』で論じたように、私たちは今までとは異なる時代を生きている。権力循環のあり方が変化しているからだ。今日では新たなデジタル・ライフスタイルが、高度資本主義の自由民主主義諸国を席巻している。そしてこのデジタル化したコスモポリタン状況は、電子通信によってほぼ完全に捕捉されている。テキストメッセージと電子メール、デジタル写真とスキャンされた画像、PDF、Skype、Facebook、Twitter からなる、多種多様でソーシャルな、職業的でもあれば私的でも政治的でもあるような回路が存在している。Google 検索と Bings、pings、Snapchat、電子メディアの購読、Flickr、Vimeo、Vine、Instagram、YouTube、ウェブカムなどからなる世界である。それとともに、それに埋め込まれて、広範なデータマイニング、デジタル・プロファイリング、顔認証、amazon のおすすめ、eBay のオファー、Google のアルゴリズム、ＮＳＡによる監視を可能にするヴァーチャルな透明性をもたらす一連の技術も存在している。私たちが自分自身を、私たちの日々の行動を、もっとも親密な欲望にいたるまで、もれなく市場と国家の技術力に露出する、まったく新たな世界である。私たちの多くはためらいがちにではあれ、抑えがたい欲に駆られて、そのなかに引きずり込まれている。そのデジタル空間のなかで、私たちは最新型のスマートフォンを買い、ついついアプリをダウンロードし、興味を惹いた画像をクリックし、自分の好奇心や中毒、フェティッシュや野心に身を委ねている。そこでは、自分が欲していることさえ知らなかったモノさえおすすめされ、実はこんなモノが欲しかったんだと納得させられるのだ。

　オーウェルの『１９８４年』では、抑圧の基本戦略は欲望を撲滅することだった。そこで「未成年反セックス連盟」は完全な独身制を訴え、オルガスムの廃絶を目指しており、その中心的戦術は「オセアニア国」〔小説中に登場する三大国の一つ〕の男女の情念を無化することだった。キャベツ煮込みや古びた絨毯の臭い、質の悪い石鹸や切れ味の悪いカミソリで男女を包囲し、従属させようというわけだ。その目標は享楽を「憎悪《ヘイト》」で置き換えることにあった。こうして「ヘイト・セッション」、「ヘイト・ソング」、「ヘイト・ウィーク」が登場する。

　今日ではそれとは対照的に、あらゆるものが「いいね」、「共有」、「お気に入り」、「友だちになる」「フォローする」によって機能する。巨大スクリーンが頭上に無理矢理据えつけられているわけではない。それどころか、私たちはスマートＴＶを上機嫌で壁に掛け、あらゆる好みや話した言葉までも記録させる。『１９８４年』に出てくる地味な制服や不気味な灰色の壁は、発色の良いピンク、黄色、青、緑のiPhone 5Cにとってかわられた。「どこまでも色とりどりColorful through and through」という製品のキャッチコピーはそう約束する。そしてまさにこの色とりどりの対象への欲望こそが――メールを送ったときの心地よい音や、ついクリックしまうiPhoneカメラの「シャッター」や、シェアによって増えていく「いいね」やクリック、ツイートこそが――、私たちを監視技術に身を委ねるように誘っているのである。

このように、今日の私たちは強いられ、監視され、安全を保障されているというよりも、自覚的に自らをたえず露出し、さらけだしている。多くの者がありったけの愛情や欲や情熱や政治性さえ嬉々として注ぎ込みながら、またある者は不安げで、両義的で、おそらくはいやいやながらにもかかわらず、――しかしいずれにせよ自覚的に自分自身を露出する。権力関係は反転している。デジタルな主体としての私たち、「デジタル人格」[*38]、「デジタル自己」[*39]、「データ上の分身」[*40]、ホモ・デジタリスとしての私たちは、気狂いじみた暴露の熱狂に身を委ねている。私たちの多くが、豊かなデジタル生活のいたるところで、遊びや愛、欲、消費、社会や政治にかんする自分のとりわけ親密な細部を露出することを通じて――自分の好みを示すことで、あるいは自分の職場で、あるいはまた政治的信条のために――、自分自身になっている。ソーシャル・メディアの魅惑的な世界に加わっていない人々でさえ、自分の親密な生活や政治的見解をテキストメッセージや電子メール、Skypeを介して共有し、自分自身をたえず自覚的に露出している。あらゆるものがデジタル化された今では、スキャンも共有も転送も複製も難なくできるのであり、どれほど私的な考えや欲望であっても、世界中のいたるところから、愛する人や子どもたち、親兄弟姉妹やパートナー、同志、同僚、敵にまでも簡単に送信できる。私たちは愛のメッセージや政治的コメントを書き、プライヴェートな写真や内輪のジョークを共有し、ヴァーチャルな見世物のように自分自身をスクリーンに投影している。大抵の場合、それがただ人の目に留まり、「いいね」され、なにかとつながっているように感じたいとか、あるいは高度資本主義の自由民主主義国ではこれが唯一のコミュニケーションの方法であるとかいった理由だけのために。私たちの大半にとって、デジタルな実存が私たちの生そのものになってしまった。

それは実質的に自分たちの日常的なルーティンの拍動であり、血流であり、日々の移ろいである。充実して生きていることを感じるためだけではなく、職場と家庭でやっていくためにもつながっている必要があるのだ。人間的な、あまりに人間的な状況である。

私たちが暮らす社会は、もはやパノプティコン型社会であるばかりではなく、露出型社会なのだ。そこから現れた新たな処罰体制について、私たちは自らがそこで果たしている役割を十分に自覚したうえで、研究する必要があるだろう。私の考えでは、これこそ私たちが現在置かれている状況である。すなわち、私たちは抑圧の襞《ひだ》のなかだけではなく——抑圧はむろんいくらでも存在している——、露出という行為のなかに身を置いている。私たちはこの新たな空間のなかで、フーコーが晩年の講義でそうしたように、自身の告白と真理陳述に格別の注意を払うことを求められている。

ピーター・ブルックスは告白形式にかんする研究書『悩ましき告白』でこの点を論じた。彼はアウグスティヌスの『告白』にもルソーの『告白』にも立ち返るが、ルソーの場合には告白が露出という側面をもつことをいちはやく強調している。盗まれたリボンについてのルソーの証言に立ち返りつつ、ブルックスは「告白という発話は、単なる真実の暴露以上のことを成し遂げる」と指摘する。[*41] 露出という主題が、罪と赦しの主題とともに、ルソーの語りを全面的に覆っているのである。ブルックスが依拠する盗まれたリボンについての古典的考察のなかで、ポール・ド・マンはこう書いていた。「ルソーがほんとうに欲しかったのは、リボンでも（潜在的な恋愛対象たる）マリオンでもなく、自分自身が実際に手に入れた公然たる露出の一光景である［……］。露出すべきことが多ければ多いほど恥ずべきことも多くなり、露出に対する抵抗が強ければ強いほどその光景から得られる満足は大きくなる。とりわけ、後年の語りのなかで遅ればせになされる暴露の不可能性の暴露は、その分いっそう大きな満足や雄弁さを与えるのである」。[*42] ブルックスの分析はこれを踏まえ、告白行為の組成を示す。「言い換えれば、露出と恥と罪のこの原初的光景は告白をなすという試みにとって絶対的に必要なものであり、もしそのような光景がなかったとしても、『告白』の執筆に動機を与え、執筆を行うためには似たようなものをでっちあげねばならなかっただろう[43]」。

4　抑圧の二日酔いを超えて

この点を探るために、最近インターネット上で生じた二つの現象を検討して、クリックとダウンロード、注意と気散じ、欲望と享楽を通じて権力が今日どのように流通しているのかに注視してみるのも興味深いことだろう。

a 「ダニエル、カッケー！」

最初にとりあげるのは、二〇一六年二月にアメリカで爆発的に広まった最新のインターネット上の現象である。iPhone 上の Snapchat で撮影された短い動画で、ダニエル・ララ（一四歳）という男の子が連日映され、あれこれと流行の靴を見せびらかす。その映像に被せて、連日その都度「ダニエル、カッケー！ Damn, Daniel!」というコメントが入る。そしてダニエルがいつもの靴――白のVANSのスニーカー――を履いている段になると、「ダニエル、カッケー！ またあの白のVANSでおでました！」というコメントが挿入されるのだ。

三〇秒足らずのこの短い動画は、二〇一六年二月一五日に公開されると、数日であっというまに拡散した。二人の少年、ダニエルとジョシュア・ホルツ（一五歳）が、二〇一六年二月二四日にテレビのトークショー番組「エレン・デジェネレス・ショー」に出演したときには[44]、視聴回数は四五〇〇万回に上っていた。男の子たちは、「ダニエル、カッケー！」というミームが覚えやすかったからなのだろう、一夜にしてセレブになったのだ[45]。

数日後には、このミームを使って歌やリミックスが作られた。Little Feat. Teej & LeBlanc は[46]、このミームを使ったトラックを作り[47]、人種と白人の特権を問題化してみせた。Suhmeduh もリミックスを行っている[48]。ジャスティン・ビーバーやカニエ・ウェスト、キム・カーダシアンといったセレブたちも白いVANSを見せびらかし、このミームを繰り返した。[49] 二〇一六年二月二五日にはニューヨークタイムズ紙（そう、タイムズまで！）が、この動画を「インターネット上の最新のセンセーション」と呼び、「ダニエルはショッピングモールや水泳大会に行くと、きまってファンから写真を求められ、結婚の申し出を受けるという」と報じている。[50]

動画公開後わずか一二日後の二〇一六年二月二七日の時点で、このミームへのリアクションをすべて追いかけるのはすでに困難なことになっている。肯定的なもの（エレン・デジェネレスは一生分のVANSをダニエルに贈った）もあれば、否定的なもの（たとえばジョシュア・ホルツの自宅にはいたずら電話のせいでSWATが急行した）[51]もある。単なる「面白おかしいナンセンス」と退けるのは簡単だろう。実際、ニューヨークタイムズ紙はこのインターネット上の現象を報じた記事の冒頭で、「面白おかしいナンセンスの驚異の掃き溜め、インターネットから生まれたミーム」と書いている。だが「ダニエル、カッケー！」というミームからは、実際多くのことが見てとれる。たとえば、そこではダニエルが連日おしゃれな靴を履き替えていることに焦点が当てられており、新自由主義的な消費主義の臭気に充ち満ちている。ダニエルはほぼ日替わりで新しい靴を見せびらかし、白いVANSがそのクライマックスとなる。靴メーカーのVANSがこの現象に便乗したかどうかはタイムズ紙からは不明だが、商業的な恩恵に与《あずか》ったことはたしかだろう。これほど効果的なCMなど作れなかったのだから。だとすると、この現象全体の中心には、人気という見かけのもとで、消費と白いVANSによる金儲けが隠れている。

このミームには明白な人種的次元もある。これはカリフォルニア州リヴァーサイドの白人ばかりが通う高校の男子生徒が撮影したもので、特権的な白人の「らしさ」に溢れている――明るい太陽の下、いかにも金持ちでおしゃれな金髪の白人の少年たち。Little Feat. Teej & LeBlanc が明確にしたのは、[52] こうした人種的次元だった。彼らは黒人の少年が同じことをやって咎められずにすんだかと仄めかしながら、人種的で性的な含意を込めてラップする。「また白いVANSでおでましだ。今度は黒いVANSでおでましだ［……］。黒い布地に黒のステッチと白のスリット［……］。白いビッチとランチ、白いビッチと放課後、白いビッチと白いライン〔＝コカイン〕をキメる」。Little Feat. Teej & LeBlanc にいわせれば、白いVANSは白人特権の象徴だ。「VANSを履いてヤツらはまるでミスター・クリーン」[☆1]。

注目すべきは、こうした新自由主義的・政治的・人種的・消費主義的諸次元がまるごと、中毒的なネットサーフィンにクリック、そしてダウンロードというプロセスを通じて展開していることだ。公開から七日後の二〇一六年二月二二日、「ダニエル、カッケー!」のミームは、Twitterでは二六万リツイートと三三万の「お気に入り」に達している。YouTubeにアップロードされた公式動画は二〇一六年二月二七日にはおよそ一五〇〇万ビュー、「お気に入り」は一万三六一七件にのぼった。

つまり、この経験の全体が何十万もの「お気に入り」と何万もの「共有」「フォロー」「クリック」によって進行しているのだ。それは一つのライフスタイル、生のスタイルとして展開されている。プール、白いVANS、水泳チーム、女の子。ではそこに描かれていないのは何だろうか？ 件の白いVANSが生産され、リヴァーサイド高校のプールサイドにまで届く過程であり、黒人のティーンエイジャーたちが自分たちの学校でそれとは異なる扱いを受けている事実である。こうした政治のすべてが、ミームの快楽の背後で見落とされているのだ。

b　ドナルド・トランプ

アメリカ大統領選挙候補者〔当時〕ドナルド・トランプの選挙運動や支持者をくさすつもりはないが、現在進行中のトランプ現象は、大部分がヴァーチャルリアリティとソーシャルメディアの産物であると言ってかまわないだろう。トランプが巧みに注目を集めたのは、彼がリアリティショーのマスターで、ソーシャルメディアの優れた使い手であるからにほかならない。

トランプがこれほどまでに広範なオーディエンスを獲得したのは、Twitterとリアリティショーを通じてのことだった。CNNはこの点を「トランプ——ソーシャルメディア大統領？」と題する番組の簡潔な紹介文でよく捉えている。

フランクリン・ローズヴェルトは最初の「ラジオ」大統領であり、ケネディは最初の「テレビ」大統領として登場した。バラク・オバマが擡頭したのは最初の「インターネット」大統領としてだった。次は誰か？ ドナルド・トランプの登場にそなえよう。彼こそは最初の「ソーシャルメディア」兼「リアリティショー」大統領になるかもしれない。[*53]

トランプの選挙運動のユニークさはここにあり、私の考えでは、彼の成功は直接的にはリアリティショーを自在に支配する能力、「アプレンティス」や「セレブレティ・アプレンティス」といったリアリティショーや娯楽番組に君臨するパフォーマンスと直結している。トランプはソーシャルメディア現象であり、だからこそ共和党の討論会に出席しなかったときも、その晩にはインターネット検索とソーシャルメディアの投稿で他の候補者を圧倒することができたのだ。[*54]

こうした新たなメディアがとる形態は肯定的なものとばかりはかぎらない。その多くはさまざまな憎悪に基づいている。ムスリムの入国を一切認めないというトランプの発言や、米国に住むメキシコ移民への差別的発言——彼らは全員レイプ犯で殺人犯であるとかいう——は、人種的偏見や宗教的バイアス、エスニックな憎悪につけ込むものだ。ここでは、オーウェル的な憎悪を強調しておかねばならない。

インターネット上で注目を集めるものの多くは、ゴシップ・ブログ（Gawker）的なもの、つまりフリークショーや過激な立場への関心に基づいている。最近〔二〇一六年二月〕トランプはムッソリーニの引用をうっかりリツイートして話題になった。これはGawkerの側がトランプを嵌《は》めようと設けた罠だった。しかしトランプはそれでも動じなかった。ニュース番組に中継で出演した際、ムッソリーニと結びつけられたいのかと問われて、こう答えたのだ。「いいや、私は人々の関心を惹く引用と結びつけられたいんだ」。[*55] トランプはさらに、自分はソーシャルメディアのアカウントで「人々の関心を惹くことをしている」のであり、それで合わせて「一四〇〇万」ものフォロワーを集めているのだと畳みかけたという。「あなたもそれで注目したんだろう」。

「あなたもそれで注目した」——これがソーシャルメディアによる政治キャンペーンの新たなやり口であり、それによって市民が政治を消費するやり方が形作られつつある。CNNのヴァン・ジョーンズはこの現象を端的にこう言っている。「私のような専門家はトランプ現象で呆気《あっけ》にとられました。億万長者はエンターテインメントの世界を去り、壁を乗り越えて〈政治〉という真面目な領域にいる私たちの一員になると思っていたからです。しかし実際には正反対のことが起こったのです。「エンターテイナー・トランプ」はびくともせず、反対に既成の政治勢力を壁から引きずり下ろして、自分のシマに叩き込んだのです。いまや政治家階級はリアリティショーとソーシャルメディアの世界のなかで途方に暮れています」[*56]。

今日の権力循環のありようを分析するならば、現代の主体がどのように情報とデータのなかに引き込まれているかを理解せずにすませることはできない。それらの総体が主体性の最深部で現代の主体を形作っている。白いVANSの消費主義であれ、目立ちたがり屋ドナルド・トランプの厚かましさであれ、インターネット上での情報拡散の新たなかたちは、抑圧以外の、もはや抑圧の二日酔いですらない領域で機能している。

インターネット上のミーム現象がすべて消費主義的で、政治的には無内容で、公共の関心に値しないというつもりはない。たとえば、多くの人がマーク・ザッカーバーグの「ライフスタイル・グル」〔ニューヨークタイムズ紙〕としての能力に影響されており、こうした人々にとっては彼のライフスタイル上の選択の多くは利他主義的な次元をもつものに映っている[*57]。とりわけザッカーバーグの新年の誓いは多くのFacebookユーザーにも聞き届けられているらしい。とはいえ、その決意が利他的だったり開明的だったりするのは時折のことにすぎない。たとえば二〇一一年、ザッカーバーグは自分が屠殺した動物の肉だけを食べると宣言したし、二〇一四年には毎日感謝の手紙を書くことにしたと言った。二〇一五年には、ブッククラブを作って二週間に一作は新刊を読むと約束している[*58]。自称「ブログラマー blogrammer」たちはザッカーバーグに追随して彼の誓いに倣う。それがおしゃれな靴を履いたり、ヴァレー・ティーンエイジャー〔流行の先端を行く富裕層の若者〕よろしくカッコつけて見せたりするより無害なことはたしかだろう。

いずれにせよ、こうしたデジタルな影響の主体的次元を重視することが、私たちが自分自身の現状を理解する際に鍵となるはずである。まさにこの点で、フーコーの晩年の講義はきわめて啓発的なのだ。ダニエル・ロレンツィーニが Foucault 13/13 で示唆するように、一連の講義は私たちが次のような現実的問題を見定め、取り組む際の助けとなる。

〔露出社会の〕統治メカニズムに、自覚的・無自覚的、自発的・非自発的を問わず、今日積極的に参加する（だが、そこから身を離すことがはたしてできるだろうか）諸個人からなる大衆の主体性の構造化〔……〕。もしGoogle、Facebook、Twitter 等々の個人——消費者——利用者の主体性が、今日、他者の視線に自己を露出する欲望を軸に実効的に構成されているのだとするなら、たとえ私たちのほとんどがこうした「自発的」な（しかしどれほど「唆《そその》され」ていることか）自己の露出が、自己を導き、自己を統治するために用いる主要な手段の一つであることを十分承知しているとしても、一九七〇～八〇年代のフーコーの著作、とりわけこの『生者たちの統治』講義は、私たちにとって根本的な役割をいまだに演じうるだろう〔……〕。

私の確信にしたがえば、フーコーが部分的にではあれ辿ってみせたこの〔欲望する人間の〕系譜学は、なにゆえに、いかに、私たちが今日なお欲望の主体として統治されているか（構成され、臣従化／主体化されているか）を理解しようと試みる際に欠かせない。言い換えれば、自己を露出し、自分が考えていること、行っていることをたえず告白しようとする「欲望」は——われわれのデジタル時代における人間存在の統治にとって本質的な手段である——、フーコーによる欲望する人間の系譜学をとりあげ直し、拡張し、必要があれば訂正しつつ、問い直されて然るべきだろう（それだけで十分だとは言わないにせよ）。つまり、われわれにとってはおそらく少々奇妙に映るが、歴史の深部において働き続けているあの観念、すなわち、自己自身の告白が救済・治癒・幸福等々にわれわれを導くというあの観念は、（いまだに）「われわれ」が統治される際の要の一つであり、根本的なやり方の一つなのである。[*59]

結論

現在のデジタルな新自由主義体制が機能するためには、むろん抑圧が必要である。この点に疑問の余地はない。政治経済システムが機能するには、ニューヨーク市警がオキュパイ・ウォールストリート運動の最中にズコッティ・パークから人々を排除することが必要であり、パノプティコン型の独房をもつステートビル刑務所〔ベンサムのアイデアに基づいて建設されたイリノイ州の刑務所〕がマイノリティを大量に収監することが必要である。したがって私の議論が、デジタル時代の権力が明示的な抑圧を通して機能することを否定するものとして理解されるべきではない。その抑圧の例として、私は拙著『露出』において、NSAの監視プログラムPRISMやイギリス諜報機関のOptic Nerveプログラムのことを詳しく論じている。この問題についてはまた、メタデータがドローン攻撃に用いられていることも挙げられるだろう。NSA長官とCIA長官を歴任したマイケル・ヘイドン将軍はこう強調している。「私たちはメタデータに基づいて人々を殺す[*60]」。

とはいえ、今日における権力循環のありかたを理解する際に、私たちの批判的方法は、抑圧型権力と（抑圧の二日酔いを伴う）生産型権力をめぐる研究を、デジタルな欲望と現代の新たな生の様式についてのより詳細な検討によって補完せずにおくことはできないだろう。デジタル時代はますます、私たちの内的な主体性を集中させたり弛緩させたりすることによって機能しているからだ。

私たちはますます強化される告白型のデジタル世界に住んでいる——自撮りや、数値化された自己や、Facebookでの知名度や、リアリティショー化された生活とともに。私たちがデジタルに行う自己暴露の営みからは、注目を集め、人気者になりたいという欲望が垣間見える。その切迫自体は新しいものではないにせよ、メディアがもたらした変化は、以前には想像もつかなかったような潜在的オーディエンスを生み出している。こうしたデジタル時代の「告白」的次元において、告白は第一によりパブリックで、より自己暴露的になる。それはもはやストア派が毎晩行う良心の点検のように純粋に内面的なものでもなければ、恋人や司祭にだけ向けられたものでもない。現代の告白は他者の眼にとまり、他者に注視され、聞き取られるために行われるのだ。第二に、永続性という要素もある。告白はどこかにキャッシュされ、永遠に保存される。私たちがそれを削除し消去したところで、誰かがハードディスクやクラウドサービスのどこかでそれを見つけることになるかもしれない。告白は一過的で、現象としての現前によって規定されるものではなくなっている。告白は、かつて贖罪の永続的な刻印が決して消えないようにと、身体に入れ墨が施されたのとまったく同じように、デジタルデータのなかに刻み込まれるのだ。第三に、告白は対面型の告白よりも手軽で、融通の利くものになっている。赤面する恐れも、身振りも、視覚的な変化を汲み取る必要もない。そこでは真正性と虚構への関係はより緩く、より柔軟なのだ。デジタル時代において、私たちは告白を強制されないし、定期的に告白することを義務づけられない。規則も水責めもない。私たちはより企業家的に、知名度と新たな媒体――Instagram、Twitter、YouTube、Vimeo、Snapchat、Facebook、Vine 等々――によって可能とされ、尊いものとされた告白に飛びつくのである。

この意味で、私たちにはフーコーが着手したプロジェクトを完遂し、主体性研究をそれ以前の抑圧と生産的権力をめぐる分析と統合することが求められている。今日必要なのは、デジタルな欲望と戯れの分析を、以前に行われた抑圧と権力の再生産にかんする分析と結合することなのである。

フーコーの研究プロジェクトの文脈で言えば、主体性にかんする研究をそれ以前の問題設定を排除するものとして理解するのは、明らかに不毛である。前者はそれまでの議論を補い、新たな次元を付加するものであって、以前の問題設定からの切断を示すのではない。周知のとおり、フーコーは一九八三―八四年講義『真理の勇気』で、主体性についての議論を脇によけて〈権力 - 知〉にかんする自分の著作を読むことは不毛であると明言している。「この種の研究を、知を権力に還元する試みとして描くこと、知を主体に場所を与えない構造のなかの権力の仮面とすることは、単なる戯画化にすぎません」[*61]。同様に、フーコーの主体性研究を、政治と権力の研究に統合せずに読むこともまた不毛だろう。たとえばセクシュアリティ研究においては、『性の歴史』の第二巻（『快楽の活用』）と第三巻（『自己への配慮』）を、第一巻（『知への意志』）にまで遡って読む必要がある。そうすることによってはじめて、フーコーの研究プロジェクトの全体像が理解されるだろう。

このプロジェクトは、たしかにフーコーの早すぎる死によって中断された。しかしこのプロジェクトを引き継ぐことこそが、私たちにとって、少なくとも私自身にとっては、もっとも挑戦的な仕事であるように思われる——今日フーコーを読むにあたっても、またいっそう重要なことに、私自身の研究においても。結局のところ、今日絶対的に欠かせないのは、権力の抑圧モデルと再生産の生産的理論に依拠する分析を、私たちに六八年五月の抑圧の二日酔いを克服することを許す、新たな権力理論に統合することであるからだ。

訳者注　本訳稿では、原文では本文中に繰り込まれている書籍やウェブサイトの参照情報を、一括して左に注として掲げた。

*1——Bernard Harcourt, *Exposed: Desire and Disobedience in the Digital Age*, Cambridge (MA), Harvard University Press, 2015.

*2——Michel Foucault, "The Discourse on Language," in *The Archaeology of Knowledge*, trans. A M. Sheridan Smith (New York: Pantheon Books, 1972), p. 217〔ミシェル・フーコー『言説の領界』慎改康之訳、河出文庫、二〇一四年、一八頁〕。

*3——Michel Foucault, *Théories et institutions pénales: Cours au Collège de France (1971–1972)*, Paris, EHESS/Gallimard/Seuil, 2015, p. 3; BnF folio 1.

*4——http://blogs.law.columbia.edu/foucault1313/2-13/〔「Foucault 13/13」はフーコーのコレージュ・ド・フランス講

義録完結を記念してコロンビア大学で行われた全一三回の連続講演と連動するブログである——訳者注〕。

＊5——Bernard Harcourt, "The Stakes of the Balibar-Ewald Debate", http://blogs.law.columbia.edu/foucault1313/2015/10/03/the-stakes-of-the-balibar-ewald-debate/

＊6——*La Révolte de la prison de Nancy. 15 janvier 1972. Documents et propos de Michel Foucault, Jean-Paul Sartre et de militants du Groupe d'information sur les prisons*, Paris, Le Point du jour, 2013を参照。フーコーは政治囚と一般囚を区別せず全面的に支援した。「内戦」概念を組み立てつつあったフーコーにとって、この区別そのもの——政治囚と一般囚——にもはや意味などなかった。これは当時のフーコーの政治的介入に見られる理論的にも実践的にも重要な一面である。Michel Foucault, "Sur la justice populaire. Débat avec les maos" (interview with Gilles et Victor, 5 February 1972, in *Les Temps modernes*, no. 310 bis, pp. 355-366 ; *Dits et écrits*, II, no. 108, pp. 340-369, Paris, Gallimard "Quarto", 2001, 2 vol., vol. I, pp. 1208-1237; English translation by John Mepham, "On Popular Justice: A Discussion with Maoists," in Michel Foucault, *Power/Knowledge: Selected Interviews and Other Writings 1972-1977*, ed., Colin Gordon, Brighton, The Harvester Press, 1980〔ミシェル・フーコー「人民裁判について——マオイスト（毛沢東主義者）たちとの討論」菅野賢治訳、『ミシェル・フーコー思考集成Ⅳ 規範・社会——1971-1973』筑摩書房、一九九九年、三〇四—三四二頁〕を参照のこと。

＊7——*La Révolte de la prison de Nancy*, p. 19（手稿の複製）。

＊8——Michel Foucault, *The Punitive Society: Lectures at the Collège de France, 1972-1973*, trans. Graham Burchell, Basingstoke, Palgrave Macmillan, 2015, pp. 267-269, 279-281〔ミシェル・フーコー『処罰社会——コレージュ・ド・フランス講義一九七二—一九七三年度』八幡恵一訳、筑摩書房、二〇一七年、三五六—三五七頁および三六八—三七〇頁〕を参照のこと。

＊9——Michel Foucault, *Discipline and Punish: The Birth of the Prison*, trans. Alan Sheridan, New York: Vintage Books, 1995, p. 23〔ミシェル・フーコー『監獄の誕生——監視と処罰』田村俶訳、新潮社、一九七七年、二七頁〕。

＊10——Louis Althusser, "Ideology and Ideological State Apparatuses," in *On Ideology*, trans.Ben Brewster, London, Verso, 2007, p. 11〔ルイ・アルチュセール「イデオロギーと国家のイデオロギー諸装置」『再生産について』上・下、西川長夫・伊吹浩一・大中一彌・今野晃・山家歩訳、平凡社ライブラリー、二〇一〇年、下巻一八〇頁〕。

＊11——*Ibid.*

＊12——*Ibid.*

＊13——*Ibid.*, p. 17〔同一八八—一九〇頁〕。

＊14——*Ibid.*, p. 48〔同二三二頁〕；また Althusser, "On Ideology," in *On the Reproduction of Capitalism: Ideology and Ideological State Apparatuses* (London: Verso, 2014), pp. 190-91.〔ルイ・アルチュセール「イデオロギーについて」『再生産について』下巻九七—九八頁〕も参照。

＊15——Althusser, "On Ideology," p. 190 n. 24〔同二八〇頁注一一六〕。

＊16——*Ibid.*, p. 178〔同六四—六五頁〕。

＊17——Michel Foucault, *Psychiatric Power: Lectures at the Collège de France, 1973-1974*, trans. Graham Burchell, Basingstoke, Palgrave Macmillan, 2008, p. 16〔ミシェル・フーコー『精神医学の権力——コレージュ・ド・フランス講義一九七三—一九七四年度』慎改康之訳、筑摩書房、二〇〇六年、二一頁。なお邦訳は State apparatus（フランス語原文 appareil d'État）を「国家機構」としている——訳者注〕。

＊18——*Ibid.*

＊19——フーコーがギー・ドゥボールを念頭に置いていたのは間違いない。Foucault, *The Punitive Society*, p. 38 n. 4〔フーコー『処罰社会』五四—五五頁〕；Bernard Harcourt, *Exposed: Desire and Disobedience in the Digital Age*, pp. 88-89.

＊20——Foucault, *The Punitive Society*, p. 23〔フーコー『処罰社会』三三頁〕。

＊21——Foucault, *Discipline and Punish*, pp. 227-228〔フーコー『監獄の誕生』二二七頁〕。

＊22——Michel Foucault, *The Birth of Biopolitics: Lectures at the Collège de France, 1978-1979*, trans. Graham Burchell, Basingstoke: Palgrave Macmillan, 2008, p. 22〔ミシェル・フーコー『生政治の誕生——コレージュ・ド・フランス講義一九七八—一九七九年度』慎改康之訳、筑摩書房、二〇〇八年、二八頁〕。

＊23——*Ibid.*, pp. 21-22〔同上〕。

＊24——Michel Senellart, "Course Context," in Michel Foucault, *On the Government of the Living: Lectures at the Collège de France, 1979-1980*, trans. Graham Burchell, Basingstoke: Palgrave Macmillan, 2014, p. 327〔ミシェル・スネラ

ール「講義の位置づけ」、ミシェル・フーコー『生者たちの統治――コレージュ・ド・フランス講義一九七九―一九八〇年度』廣瀬浩司訳、筑摩書房、二〇一五年、三七六頁〕。

＊25――http://blogs.law.columbia.edu/foucault1313/2016/02/07/introducing-on-the-government-of-the-living/

＊26――Michel Foucault, *Security, Territory, Population: Lectures at the Collège de France, 1977–1978*, trans. Graham Burchell, Basingstoke, Palgrave Macmillan, 2007, p. 122〔ミシェル・フーコー『安全・領土・人口――コレージュ・ド・フランス講義一九七七―一九七八年度』高桑和巳訳、筑摩書房、二〇〇七年、一五二頁〕。

＊27――*Ibid*., p. 123〔同上〕。一九七八年のこの時点でフーコーはキリスト教以前の古代オリエント世界と霊的導き、司牧に関心を向けていた。

＊28――Foucault, *On the Government of the Living*, p. 11〔フーコー『生者たちの統治』一三頁〕。

＊29――*Ibid*, p. 6〔同、八頁〕。

＊30――Michel Foucault, *Subjectivité et vérité: Cours au Collège de France (1980–1981)*, Paris, EHESS/Gallimard/Seuil, 2014, p. 299.

＊31――*Ibid*., p. 29.

＊32――*Ibid*., pp. 16–17.

＊33――*Ibid*., p. 33.

＊34――*Ibid*., p. 34.

＊35――*Ibid*., p. 255.

＊36――*Ibid*., p. 37 n. a.

＊37――*Ibid*., p. 37.

＊38――Daniel J. Solove, *The Digital Person: Technology and Privacy in the Information Age*, New York, New York University Press, 2004.

＊39――Shanyang Zhao, "The Digital Self: Through the Looking Glass of Telecopresent Others," *Symbolic Interaction*, vol. 28, issue 3 (2005), pp. 387–405.

＊40――Kevin D. Haggerty and Richard V. Ericson, "The Surveillant Assemblage," *British Journal of Sociology*, vol. 51(4)

(2000), pp. 605–622, p. 611 参照。

*41——Peter Brooks, *Troubling Confessions: Speaking Guilt in Law and Literature*, Chicago, University of Chicago Press, 2000, p. 20.

*42——ポール・ド・マンの〔『読むことのアレゴリー』での〕議論。ブルックス前掲箇所の引用による。

*43——*Ibid*., p. 21.

*44——http://hollywoodlife.com/2016/02/23/damn-daniel-ellen-degeneres-interview-viral-video/

*45——https://youtu.be/tvk89PQHDIM

*46——https://www.youtube.com/watch?v=CjlUVvGGE5A

*47——http://hollywoodlife.com/2016/02/21/damn-daniel-song-rap-viral-video-listen/

*48——https://www.youtube.com/watch?v=gP2ejq9Qp6o#t=43

*49——http://hollywoodlife.com/2016/02/26/celebrities-wearing-white-vans-damn-daniel-shoes-pics/

*50——http://www.nytimes.com/2016/02/26/style/damn-daniel-video-vans.html

*51——http://hollywoodlife.com/2016/02/26/damn-daniel-swatting-viral-video-teen-afraid/

*52——https://www.youtube.com/watch?v=nVRbSbzQ73s

☆1——P&G社の家庭用クリーナーのブランド。マスコットキャラクターは白のTシャツ、ロングパンツ、スニーカー姿のマッチョな中年の男性。

*53——Van Jones, "Trump: The Social Media president?", *CNN*, Oct. 26, 2015: http://www.cnn.com/2015/10/26/opinions/jones-trump-social-media/

*54——http://www.politico.com/blogs/live-from-des-moines/2016/01/donald-trump-social-search-engine-218391#ixzz41Zf7yD2d

*55——"Donald Trump's Social Media Strategy? 'Be Associated with Interesting Quotes.'" *The Week*, February 28, 2016, at: http://theweek.com/speedreads/609090/donald-trumps-social-media-strategy-associated-interesting-quotes

*56——Jones, "Trump: The Social Media President?".

*57——http://www.nytimes.com/2016/02/28/fashion/mens-style/mark-zuckerberg-lifestyle-guru.html

*58——Matt Haber, “For These Guys, Mark Zuckerberg Is a Lifestyle Guru,” *New York Times*, February 27, 2016: http://www.nytimes.com/2016/02/28/fashion/mens-style/mark-zuckerberg-lifestyle-guru.html

*59——http://blogs.law.columbia.edu/foucault1313/2016/02/13/post-epilogue-the-modern-subject-of-desire-in-french/

*60——以下からの引用。David Cole, “Can the NSA Be Controlled?” *The New York Review of Books*, June 19, 2014, p. 16: http://www.nybooks.com/articles/archives/2014/jun/19/can-nsa-be-controlled. コールの記事はNSA幹部の言葉をとおして次のことを思い起こさせてくれる。「メタデータを見れば、ある人の人生のすべてが絶対にわかる。十分なメタデータがあれば、それ以外のデータの中身などまったく不要なのだ」。

*61——Michel Foucault, *The Courage of Truth: Lectures at the Collège de France, 1983-1984*, trans. Graham Burchell, Basingstoke, Palgrave Macmillan, 2011, p. 8〔ミシェル・フーコー『真理の勇気——コレージュ・ド・フランス講義一九八三—一九八四年度』慎改康之訳、筑摩書房、二〇一二年、一三頁〕。

10 真理と帰結
——フーコーとアルチュセールにおける政治的判断と歴史的知

ノックス・ピーデン
（布施哲訳）

「イデオロギーのなかにいるという非難は、他人に対してのみ有効であって、自分に対してはけっしてなされない（真にスピノザ主義者かマルクス主義者でないかぎり——この点にかんしては両者とも厳密に同じ立場にある）ということはよく知られている」。[*1]

一九七〇年、ルイ・アルチュセール

ミシェル・フーコーによるスピノザへの言及はわずかばかりしかなく、それも一貫性に欠けるものである。噂によれば、彼は死の床でスピノザの『エチカ』を持ってきてほしいと頼んだという。その十数年前の一九七一年、彼はノーム・チョムスキーとのやりとりのさなかで、プロレタリアートが権力を奪取するのは彼らにはそれができ、かつそれを欲するがゆえにであって、彼らの活動が正義にかなっている（just）からではない、という自身の主張を権威づけるべく、スピノザに目を向けた。自由主義的な意味において、権利／正しさ（right）として認識されるあらゆるものよりも権力のほうに優位性が付与されるというのは、一九七〇年代初期以来、フーコーの仕事の変わらぬ特徴である。実際、スピノザ政治思想のもっとも挑発的な要素は、権力と権利／正しさとが『神学政治論』のなかで同一の外延を有するものとされていることにあった。フーコーとスピノザのこうした親和性は示唆的であり、そのことは一九七〇年から七一年の『知への意志』講義におけるスピノザの役割をいっそう驚くべきものにしている。

フーコーはこの講義で、知と真理との関係性を解き明かすための方法として、系譜学の概念を本格的に展開しはじめている。こうした取り組みの先導者がニーチェである。

しかし、スピノザは論敵である。というのも、『知性改善論』から『エチカ』の最後の命題に至るまで、真理と認識することとの帰属関係を、真なる観念というかたちで名指し、基礎づけ、継続させているのが、スピノザであるからだ。スピノザはニーチェにとって、典型的な哲学者である。なぜなら、真理と認識とをもっとも厳密なやり方で結びつけているのが、スピノザであるからだ。カントの罠を逃れるためには、スピノザを抹殺しなければならない。批判を逃れ、「ケーニヒスベルクの老中国人」を逃れるのは、真理と認識との帰属関係を解体したときでしかないだろう。そうした帰属関係に対し、自らの名を与える権利を持つのがスピノザである。なぜ［なら］、その帰属関係を端から端まで——最初の公準から最終的な帰結に至るまで——考え抜いたのが、まさにスピノザであるからだ。（LWK 27／三八）

スピノザにとっては真理が基礎をなすものであり、ひとつの原初的概念であることを、フーコーは正しく理解している。「真なるものは自らと偽を指し示す」。真理が最優位にあるならば、他のすべては実質的に真理によって引き起こされることになる。「真理はこのように、認識と、認識への欲望とを、ともに基礎づけるものとして名指されている。他のすべての要素は、真理から出発することによって展開され、秩序立てられるのである」（LWK 24-25／三七）。フーコーは、スピノザの仕事がアリストテレスの転覆を成し遂げていると指摘する。しかし、われわれはまた、彼自身の試みがスピノザ主義の転覆を図るものであることをも見てとることができる。フーコーにとって、真理は基礎をなすものなどではまったくない。それはそれ自体として派生的であって、権力の帰結なのである。とりわけ、それはひとつの効果であり、原因などではあり得ない。

しばしばスピノザは「真なる観念」について、また、まれに真理そのものについて語る。意味論的なことは措くとして、しかし、スピノザがフーコーの歴史図式の中核をなす古典時代の範例となっているのは明らかだ。たしかに、『言葉と物』ではスピノザに関する論評は事実上まったくない。しかし、フーコーにとって『知への意志』講義での注釈群は、彼の考古学が人文諸科学を描写するその意味において、スピノザの思想が表象的なものであることを示している。ひとつの「真なる観念」は、それが対象の観念であるというときの、その対象に対応するという限りにおいて表象的なのである。すなわち、それは「観念」とその対象(「観念されたもの *ideatum*」)とのあいだの「適合 *convenientia*」の問題なのだ。対照的に、「適切な観念」というのは、その内的構造によってそのようなものとして決定される観念である。この意味で、真なる諸観念は通常われわれが真理の対応説として認識しているものと関わっており、かたや適切な諸観念は真理の整合説にその類似物を見出すことができる。しかし、重要なのは、両観念がそれぞれ他の一方の観念に根拠づけられており、ある意味、真理と適切さが互いにとって構成的であるということだ。フーコーはこうした相互的構成形態に注意深かった。フーコーの仕事の際立った特徴のひとつは、スピノザを哲学史における特異な存在としてではなく、範例的もしくは象徴的な存在として扱ったということである。カント——「ケーニヒスベルクの中国人」——がスピノザから連なるプロジェクトをめぐって、そこから逸脱してゆくのではなく、むしろそれに専心する理由はここにある。『言葉と物』で長々と論じられた「経験的＝超越論的二重体」としての《人間》のイメージというのは、スピノザ主義的《神》あるいは《実体》のイメージにおける二重性、すなわち、基礎づけ審級であると同時に発見対象でもある——知ることを許可するものであると同時にわれわれが知ることになるであろうものという——真理の奇妙な二重性のいまひとつの変種なのだ。

実際、一九七〇年代の講義においてスピノザの思想に記された真理と知との円環は、(『言葉と物』で分析された)『ラス・メニーナス』に描かれているものとさして変わるところがない。それは、自らの外部を決めつけると同時に外部を否認するような、意味生成の過程なのだ。『言葉と物』では、表象的なものの位置はアンビバレントなものである。フーコーがいかなる理論形態に嘆息したり拍手を送ったりするかを見きわめるのはつねに容易《たやす》いわけではなく、また、古典時代におけるなにがしかの特徴をフーコーが渇望しているような印象もある。しかし、『監視と処罰』〔邦題『監獄の誕生』〕で頂点に達する一九七〇年代初期の仕事では、思考に関する表象図式が重視されていないことは明らかであるように思われる。それらの図式は明らかに近代後期ならびに現代の権力に関する考察には不向きなのだ。このことは、フーコーの歴史図式にあって規範的内実となっている――すなわち、権力に関する適切な考察というものは、それが考察されるその時代に権力がとる形態と相似的でなければならない、ということである。こうして、絶対主義権力が概《おお》ね権威の壮大な諸表象を気にかけていた時代のものとして、ホッブズやスピノザが生み出した表象図式は歴史的に理解可能になる。それは彼らが間違っていたということではない。そうではなく、歴史的に分岐し可変的であるものとして、権力の本性はそれ自体が変化してしまっているのであり、したがって、それら諸理論はいまとなっては正しくはないかもしれない、ということだ。

表象の忌避は、一九七二―七三年の講義、『処罰社会』を読み解くための導きの糸になっている。「法、規則、表象の問題ではないのであって、法よりも権力の、表象よりもむしろ知の問題であるだろう」(SP 6) とする方法を発展させつつ、フーコーは、初期の著作群で見出された排除と侵犯に焦点を絞ることを拒んでいる。いまや彼の焦点は戦術へと絞られるだろう。権力をひと揃えの物質的配置、戦術と見なすことで、フーコーは出来事群や諸形態を、それらに先立ってあらかじめ実在する権力の表象もしくは顕現として扱うような状況を避けている。「言い換えれば、私は戦術を、イデオロギーを暴露するものとしてではなく権力関係を分析するものとして提示したいのだ」(SP 12)。〈国家装置〉を権力の局在化として扱う分析の問題は、局在化それ自体にではなく、分析方法が表象的なことにある。権力は装置に具現化しており、そこでの使命は、表象の裏側にまわって、権力関係、つまり装置に役割と内実を与えるイデオロギーを理解する、などという解釈学的な分析がそれである。

「表象」概念はこのように「表現」へと結びつけられており、それは同時期のフーコーの著作群でも否定されている。一九七三年のリオでの講義、『真理と裁判形態』の結論部あたりで、彼は以下のように指摘する。

われわれはまた［……］人間に関する諸科学を、生産関係の人間科学における単なる反映とか表現であるイデオロギーのレベルに位置づけることはできないということもわかります。もし私の言ったことがほんとうなら、これらの知も権力の諸形態も、生産関係の上部でその関係を表現したり、それを続行させたりするようなものではないでしょう。これらの知と権力は、人間の生活ばかりでなく生産関係の中に、もっとずっと深く根を降ろしているのです。[*2]

表象はそれが表象するものの真理を表現しているというのであれば、それこそがまさにフーコーが問いの俎上にのせようとする機制にほかならない。同じく諸装置は、それらに先立つ権力関係の物質的な代理ではない。彼は後の『精神医学の権力』講義で、権力のミクロ物理学を度外視したあまりに大雑把なものであるという理由から、「国家装置」概念をいっそう強く拒否している。それは不適切である以上に悪質であり、われわれを誤った道へと積極的に導いてしまうのである。「言説的実践と、たとえば経済構造や生産関係などとの関係を探し求めようとする場合には、表象や主体などのようなものを経由せざるをえず、したがって、既成の心理学や哲学に訴えざるをえません」（PP 13／一七）。

知の形態と権力の形態との構造的類似性は、ここではフーコーの思考にとって決定的に重要である。どちらの場合にも、形態は、フーコーが理解するスピノザの「真なる観念」という概念と同型をなしている。真なる観念は真理を表象するというが、それは真理を紛うことなきものとして、つまり、表象に一定の真正さを付与するものとして受け入れるか、あるいはさもなければ、表象機制がうまく働いているか、いかに働いているかを理解する取り組みへと向かわせるかの、いずれかを意味している。いったい、どうして真理が真なる観念において表現されるなどということになるのか。いったい、どうして権力が国家装置において表現されるなどということになるのか——この問いは、カント的、ポスト・カント的な意味で、批評のあらゆる試み全体にとって中心的なものである。このことは、カントを避けるためにまずはスピノザ抜きですませなければならない、という『知への意志』でのフーコーの主張の要諦となっている。「スピノザは、カントの条件である。スピノザから解放されずに、カントから逃れることはできないのだ。批判を出発点としてスピノザから逃れうると信じていた懐疑主義者たち、新カント主義者たち、そしてカント自身は、なんと素朴であることか。スピノザに訴えることによって哲学的言説の観念論から逃れられると信じている人々は、なんと素朴であることか」（LWK 2／三八）。

＊　＊

この最後の素朴さはアルチュセール主義者たちのものである。この講義での身振りが誰を標的にしているかについていささかの疑念が生じるとしても、次年度以降、抑圧的もしくはイデオロギー的具現化に関する「〈国家装置〉」概念の貧困さについてフーコーが繰り返し言及していることに鑑《かんが》みれば、そうした疑念は払拭される。実際、全体を読むかぎり、一九七〇年代初期のフーコーの講義は、マルクス主義的な権威や知の最新の具現（avatar）としてのアルチュセール的取り組みに対して、ある種の強迫観念のようなものを露呈させている。たしかに初期の講義では、フーコーはいくつかのマルクス的言語を用いており、〈国家装置〉にある種の機能面での現実味を与えている。しかし『精神医学の権力』の時期になると、個々の装置に関する概念は、そこかしこに分散して登場する夥しい数の技術と実践とによって、ほとんど抹消されてしまっている。*Apparails*（装置）の出番はますます減り、*dispositifs*（装置／機器）に取って代わられる。

本稿は、アルチュセールのイデオロギーならびに「国家のイデオロギー装置」概念と、フーコーの「知‐権力」概念との関係性を、一九七〇年代初期の出版物に照らして考察する共同作業の一部をなすものである。そこでの戦略は次のようなものだ。第一に、イデオロギーについてのアルチュセールの仕事に対するフーコーの異議申し立ては、表象の機制ならびにそれが前提とする真理概念に強く結びついていると認識することが重要であるとする。今回の発表にあたって、私が「権力‐装置」関係と「真理‐知」関係とのあいだの構造的類似性を画定させることに分量を割こうと努めたのは、こうした理由からである。そこでは、それぞれの事例において後者〔「真理 - 知」関係〕は前者〔「権力 - 装置」関係〕を表現するものとされる。しかし第二の論点、おそらく議論の余地があろう主たる論点は、このような枠組みをフーコーが拒否するのは単に理論的な修正にとどまるものではないということ、これなのだ。歴史分析はそれ自体としては政治的判断形態ではないだろうが、そうした歴史分析の様式を発展させようと試みることこそが、重要な移行なのである。

ひとことでいえば、多くの関係的かつ構造的な構成要素を保持しつつも、フーコーは「生産様式」概念に関して、アルチュセールの提案に立脚した歴史の見立てを脱政治化させようとしている。いうまでもなく、論難する相手の見立てを脱政治化しようという意図的な取り組みは政治的身振りにほかならない。フーコーの企てにおいてはっきりしているのは——そしてこの企てを脱政治化の企てと呼ぶことで私がいわんとしているのは——、客観的ではないにせよ、少なくとも中立的なひとつの歴史解釈を彼が欲しているということである。そうした歴史解釈は中立的であるがゆえに、真理と誤謬の問いが不可避となるような競合可能な判断にかかわるものとしてではなく、むしろ恒常的に流動する分布網状組織のなかでさまざまな位置を占有、占拠することにかかわるものとして政治を再考させるのである。理論上、われわれはいまだに王の首を切り落としていない、というフーコーの悪名高い指摘が意味するのはこのことなのだ。マルクス主義者たちの特異性というのは、彼らが王を彼ら自身の歴史認識論に置き換えてしまったことにある。一九七〇年代初期にわたってフーコーがおこなった介入の政治的性質に留意するならば、当時の彼がアルチュセールと無言の対話をおこなっていたことにまつわる謎のひとつが際立ってくる。幾人かの注釈者たち——もっとも語気が強いのはエティエンヌ・バリバールだ——が指摘してきたように、これらの講義でフーコーが標的にするマルクス主義的解釈は、アルチュセールその人の仕事で批判の対象とされた俗流の枠組みにきわめて近いように思われる。*3 たしかに、有名な「イデオロギーと国家のイデオロギー装置」論文（以後、「ＩＳＡ論文」と略記）を導き出し、後年フランス語で『再生産について』という題名で出版された草稿の全体にフーコーが接することはなかった。しかし、一九七〇年の *La Pensée* に掲載されたＩＳＡ

論文と比較してみれば、フーコーがアルチュセールの立ち位置を不可解かつ高飛車なやりかたで扱っていたのを見るには十分である。

そうした扱いは、関係的、物質的分析に関する細かな論点がほとんど問題にされていないことを考慮するなら、それほど不可解というわけでもない。重要なのは政治であり、過去についてのアルチュセール的分析が現代において正当づける政治的構えなのである。搾取は、不平等を生み出す経済的諸関係が最優先事項でありつづけることを保証するが、それは同時に、経済的領野を変える活動を起こすことが求められる政治的領野——現在も過去もそれは国家によって占有されている——をも措定する。当時のアルチュセールの目標は、この搾取に対する唯物論的な説明を展開することであった。一方、フーコーは国家に局在化される権力というこうしたヴィジョン、それ自体として生産様式の謎を解く暗号であるような、経済の真理や現実を集中的に扱いつつ政治的に表象するヴィジョンを拒否する。アルチュセール的な見方でフーコーをいらだたせるのは、政治的アクターの一部が〈国家装置〉を占有して、より正義にかなった目的のためにそれを改造することができるという考えなのだ。そうした集団は、自身が「真理」を所有していると考え、その「真理」は「正義にかなった」ものへの方途として役立つとみなす。

フーコーは、そのようななりゆきが近代を通じて権力を維持してきた人文諸科学の権威主義に一致すると考えている。ここではふたたび、チョムスキーとの討論——一九七一年から七二年にかけての『刑罰理論と刑罰制度』講義の最中におこなわれたものだ——で述べられたフーコーの所見を引くのが適当だろう。フーコーはそこで、正義がその形態を正義が要求される当の情況から借用してくるといったヴィジョンを批判している。たとえば、ボルシェヴィキが言明する共産主義的ユートピアが、実際にはブルジョワ的ユートピア（妥当な就労日、自由時間、安全で満足のゆく家族単位……）であると彼は示唆するのだ。そこで含意されているのは、ソヴィエト型共産主義が自由主義型の支配に対する代替物などではなく、その悪化形態であるということだ。その政治的ねらいが同じ地平に閉じ込められているかぎりにおいて、同様のことはアルチュセール主義の拒否にもあてはまる。マルクス主義をスターリン主義とその遺物から救済することがアルチュセールによる取り組みの主要目的であったことを評価しそこねているという点で、アルチュセール主義に対して下したフーコーの判定は不当なものである、と考えることもできよう。しかし今回、そうしたことは私のねらいとするものではない。むしろ私は、アルチュセールとフーコーの政治的差異を際立たせるために、両者の理論的関係に関する二つの側面に焦点を絞ることにしたい。

最初の事例として、まずISA論文やそれに関連した著作群で機能している権力概念が、権力をめぐる事実に訴える政治のヴィジョンにとって本質的に重要であることを論じたい。このヴィジョンは、ある者が生産諸関係について、そしてその生産諸関係が所与の政治単位で担う機能的役割について判断を下す際、当の判断が正しかったり間違っていたりする可能性をもたらす。ようするに、ひとは搾取について真なる観念を持つことができる、ということだ。このように記述してみると、この立ち位置がまさにフーコーやフーコー主義者たちをいらだたせる当のものであることがわかる。ただし、私のねらいは、権力についてフーコーの提示する対照的なヴィジョンが、政治的判断を台無しにするものであるのを示すことにある。アルチュセールに異議を唱えるのはかまわない。それは各人がそれぞれの責任でやればよいことだ。フーコーが提示する記述的分析は、部分的には、政治的判断という発想や、さらには政治的不同意という発想を、ともに歴史解釈には適用できないものとすべく企図されているのである。

二番目の論点は、マルクス主義における生産手段と生産関係との根本的関係性についてのものである。フーコーがマルクス主義の文法をほのめかす際には、もっぱら後者、すなわち生産関係に焦点が絞られている。生産手段やその所有者、あるいは自然界——生産過程で操作され搾取されうるものにある種の限界を課す——などに言及することはまったくない。これに反して、生産手段と生産関係との区別ならびに関係性は、単にアルチュセールによるスターリン主義の修正にあって中心的であるばかりではない。それはISA論文で展開されるイデオロギー概念にとって最重要だったのである。私はアルチュセールの着想に照らしつつ、生産手段に対するフーコーの概念的無関心が、結果的に生産手段と生産関係とを区別しそこねる事態に行き着くことを示したいと思う。生産手段と生産関係のあらゆる区別の抹消が新自由主義的企ての中核をなすのは偶然ではなく、この抹消は「人的資本」概念においてもっとも殺伐とした形態をとる。私は結論として、フーコーの企てに関して近年なによりも物議を醸している側面に、アルチュセール的プリズムが新たな光を当ててくれるのを示唆することになるだろう。すなわち、フーコーと新自由主義との関係にかかわる側面である。

1　労働と労働力、国家と国家権力

自由主義とマルクス主義の権力（ホッブズ的なものとアルチュセール的なもの）の見方はあまりに一枚岩的であり、保持・移転・喪失される実体のように権力を扱っているとフーコーは批判する。論敵たちが権力をある種の本質のようにとらえるのに対し、フーコーは権力をなによりひとつの関係と見なす、というわけである。本質主義的権力観――ただひとつの種類の権力があり、それが無数の形態へと顕現するという権力観――に向けられるフーコーの批判には一定の魅力がある。しかし、形而上学的というより論理的な意味に焦点を絞っても、彼自身の構想がどれほどより本質主義的でないかを判定するのは容易ではない。権力現象には、権力の概念が無数の事例／審級に適用可能となるような、なんらかの統一的な特性があるはずだろう。たとえそのような特性が実体的ではなく機能的なものであったとしても、である。

一九七三年三月二八日の講義で、アルチュセールの名こそ出さないものの、フーコーは四つの理論的図式に沿って自身の試みとアルチュセールの試みのあいだにはっきりと境界線を引いている。そこで彼は、権力をひとが所有する何物かであると見なすことに異議を申し立てることから講義を始めている。「権力を持つひとつの階級がある。ブルジョワジーだ。たしかに、「その階級が権力を持っている」といった常套句には政治的価値があるが、歴史の分析には役に立たない」（SP 228）。一見したところ何気ないこの留保には、実際には多くの含みが込められている。というのも、それは歴史分析と政治的判断とのあいだに、ある戦略的な区別が維持され得ることを示唆しているからだ。アルチュセールの展望が党派的で偏狭なものであるとすれば、フーコーの展望は、純粋に記述的で、より包括的たらんとするのである。フーコーの推測は、次年度の講義でより決定的なものになる。「権力とはけっして、誰かが保持しているものでも、誰かから発するものでもない［からです］。権力は、誰かに帰属するものではないし、また、一つのグループに属するものでもありません。権力があるのは分散、中継、相互的支持、潜在力の差異、ずれなどがある限りにおいてのことです。権力が機能し始めることが可能となるのは、そうした差異のシステムにおいてなのであり、これを分析しなければならないのです」（PP 4／七）。ジル・ドゥルーズはフーコーの取り組みから政治的意味を引き出してみせた際に、こうしたフーコーの確言を非常に意義深いものとして評価した。「他人を代弁するのではなく自分のために語るということは、いったいどんな意味をもつのでしょうか？［……］心身両面の非人称的な諸力を名ざし、それに挑み、それと戦うということなのです。なんらかの目標を達成しようとこころみても、目的を自覚するには戦いのなかに身を置くしかない。だから、ほかにどうしようもないのです。その意味では、存在自体が政治の色合いをおびてくるわけです[*4]」。

「在ることそれ自体が政治的である」。もしも権力が局在的でありながらけっして孤立していないのであれば、もしもそれがけっして一個のモノなどでないのであれば、権力は紛うことなき存在論的次元の現象である。局在的なものという発想とのかかわりをめぐって、フーコーには曖昧さがある。権力は規範を押しつけ、そうすることで均質性を強要する。しかし、それはまた個体化（individuates）させもする[*5]。それはどこにでもあるが、にもかかわらず局在的でしかない。フーコーは、それがあまりに表現の論理に囚われすぎているとして、全体化する展望を断固拒否する。分散し、統一されていない無数のものに視線を注ぐのは、対抗的な視座を明示するためなのだ[*6]。アルチュセールが同様の理由からヘーゲル的全体性を拒否したのはよく知られているだろう。では、彼らの相異なる権力概念で真に問われているのは本当のところ何なのか。

ISA論文では、〈国家〉（もしくは〈国家装置〉）と〈国家権力〉の区別が決定的な重要性を帯びているが、この時期のフーコーの仕事はこの区別を完全に無視している。フーコーはアルチュセール論文における権力概念を、基本的に実体主義なものとみなしているのである。しかし、すでにアルチュセールにとって、権力が本質的に関係的なものであり、しかも、ある特定の種類の関係として考えられているのは明らかなように思われる。アルチュセールにとって、権力とはある目的をもつひとつの関係であり、志向的活動として現働化する。このISA論文における〈国家権力〉概念を、『資本論を読む』で明確化され、擁護されている労働力概念とのアナロジーによって理解することができるだろう。[*7]

たしかに、用語は異なっている。*Arbeitskraft*（労働力）はフランス語の *force de travail* になっており、かたや、ISA論文においてアルチュセールの関心事となる権力は *pouvoir* と訳されている。しかし、*Kraft*（力）と *Vermögen*（能力、力 *force*）と権力（*pouvoir*）とのあいだの曖昧さは、諸能力についての曖昧さにも当てはまることだが、『第三批判』で頂点に達するカントのプロジェクトを通して続いている。いずれの場合でも、問題となるのは許容力 - 能力（capacity）と手腕 - 能力（capability）であって、ときに潜在能力（potentiality）として認識されるものでもある。最も抽象的にいえば、物が何であるのかということと、物が何を為すのか、あるいは何を為し得るのか、ということとを区別する分析的な必要があるということだ。国家と労働は関係的に構成し合う統一体であり、それらはマルクスが『経済学批判要綱（グルントリッセ）』で提示した分析の類を経てわれわれが知るようになるものである。この意味で、物としてのそれらは抽象物なのである。国家権力と〈労働力〉はそうした統一体が所有している許容力 - 能力であり、まったく抽象的ではない。『資本論を読む』でアルチュセールはこの手がかりを、古典的政治経済学が労働と労働力とを区別しそこねていることに対するマルクスの批判から得ている。そのマルクスの批判は、古典的政治経済学が、原材料としての労働と、労働を特定の種類の労務へと誘導する志向的関係としての労働力とを区別しそこねていることに向けられていたのである。労働力は抽象的なものにおいて存在するのではない。ある目的をそなえ、現働化された諸関係においてのみ存在するのである。それは、そのつど与えられた状況でなされていることそのものよりも、そこでなされ得ることにこそかかわる。それは単なる「出来事」とは対立する「活動」についてのあらゆる記述にとって本質的に重要な概念であって、だからこそ生産諸関係を理解可能なものにするのである。[*8]

アルチュセールがＩＳＡ論文で国家と国家権力とに設けた区別にも、同様の関係が活きている。国家と国家装置は、抑圧的・イデオロギー的のいずれの現れにおいても、物質的形態をとる。それは凶暴な物理的強制力にとっても、あるいは社会的で言説的と呼ばれる実践にとっても、ある種の原材料である。しかし、その権力の源泉は何であり、それらはいかに作用するのか。それらに *pouvoir* を付与するものは何なのか。「国家（および国家装置における国家の存在）は国家権力との関連において意味をもちうるという、重要な一点を明確にしておきたい。政治的階級闘争はすべて国家をめぐって展開する」（R 241／三三三）。アルチュセールがこう主張するのは、国家と国家権力とのこうした重要な区別を曖昧にしてしまう理論、彼が「国家の記述的理論」と呼ぶものへの批判をおこなった後であった。われわれはこの批判を、アルチュセールがフーコーの立ち位置を事前に（*avant la lettre*）批判したものとして読むことができるだろう。とりわけ、フーコーがしばしば「純粋に記述的」であることを誇るがゆえにである。アルチュセールは『マルクスのために』や『資本論を読む』で、まさにそのような記述的理論を経験主義の名のもとに批判していた。そのアルチュセールの取り組みにおいて核となるのは、抽象的にいえば、事物と、事物そのものに内在する関係の根本的区別を可視化することであった。資本主義は労働のみを扱おうとする。すなわち、資本主義は労働と剰余価値の搾取を可能にする労働力との区別を見ないのだ。そうした区別の不在が生じるのは、あらゆるものを然るべき位置に据えつつ、そうした諸関係の動力装置が政治的諍《いさか》いもなく平穏かつ自然に機能しているかのように吹き込むイデオロギーによってなのである。イデオロギーは自然化する。それは、諸々の状況が政治的な帰結であることを見えにくくする。イデオロギーについてのこうしたアルチュセールのヴィジョンは、「権力‐知」を本質的に抑圧的で根絶不可能なものとするフーコーのヴィジョンとそれほど異なっているわけではない。しかしアルチュセールは、国家のイデオロギー装置がいかにして生じるか、そしてそれらがいかにして変わり得るかを明確に述べるのだ。アルチュセールによると、近代資本主義において支配的なＩＳＡは（中世の教会とはまったく異なり）教育装置である。しかし、それはある固定した物質から発生した単なる付帯現象ではなく、むしろ「激しい政治的イデオロギー的階級闘争の結果として、成熟した資本主義的構成体において支配的な地位を占めるに至った〈国家のイデオロギー装置〉」（R 249／三四四）なのである。

階級闘争の中心的重要性にこだわることで、アルチュセールは、搾取の諸関係を、政治的決定や政治的活動に照らして説明されるべき諸々の事実に転換する。一方、権力を物質的形態そのものに完全に内在的なものとすることで、フーコーは、国家と国家権力のあいだの――あるいは労働と労働力とのあいだの――不一致を抹消してしまう。しかし、この不一致こそが、われわれが権力をひとつの意図的関係として見ることを可能にしてくれるものなのだ。フーコーが「内戦」概念を強調するのは、こうした〔アルチュセール的な〕枠組みを回避しようとするためである。紛争は不一致の表現ではない。紛争は単に不一致そのものである。アルチュセール的なオルタナティヴに対するフーコーの批判が、諸関係の背後に何が「現実に actually」あるかについての知識をけっして誰も持ち得ないのではないか、という疑念によって駆り立てられているのは事実だろう。しかし、アルチュセールにとって、そうした諸関係は自然なものでも存在論的なものでもなく、ただただ政治的なものである以上、フーコーの批判は見当違いである。アルチュセールの「科学」は（フランス内外の多くのマルクス主義者たちを苛立たせるが）、何をなすべきかについて語らない。それはむしろ、完全に自然化された経験的見解で説明され得る諸状況と、政治的紛争への、したがってまたイデオロギーへの訴えかけを要求する諸状況とを区別し、理解可能なものとするための手段なのである。搾取の諸関係とは、まさにこうした種類の状況なのだ。しかし、フーコーが搾取する者と搾取される者を単なる存在論的現象としての権力における二極とみなすとき、彼はわれわれから不正義に対する異議申し立ての手段を奪うというよりも、事実として、つまり意図的かつ合目的なひとつの事実として、権力関係がどこに向かっているかを見定める手段をこそ奪ってしまうのだ。この点がアルチュセールをチョムスキーから区別するものだと考えてみることもできるだろう。よきカント主義者であるチョムスキーは、普遍的正義への脱存在論的な訴えかけに立脚する。それに対してアルチュセールは、搾取を目にしたわれわれがそれをいかに認知するかを認識論的《エピステモロジー》に理解することにいっそう根強い関心を寄せつづける。正義は政治的な「戦場」〔カント〕で決定されるのである。（チョムスキーとの論争のときほどフーコーがアルチュセール的に見えたことはない。だからこそ、そこでスピノザが好意的に取り上げられることにもなったのだろう。これら二つの指摘と、数カ月前のコレージュ・ド・フランスでの講義でスピノザに向けられた激しい非難との対比は、ある純粋な謎解きに役立つ。それはおそらく、フーコーの思想と発言がいかに文脈依存的なものであるかに関するさらにいまひとつの表徴なのだ。）

ひとが（「生存のための現実的諸条件」である）生産諸関係に対してもつ一群の「想像的」諸関係として、イデオロギーを政治理解の中心に据えることで、アルチュセールは彼自身の仕事のイデオロギー的性格を際立たせるとともに、それを受け入れる。彼が次のように述べる際に問題になっているのはまさにこのイデオロギー的性格である。「イデオロギーのなかにいるという非難は、他人に対してのみ有効であって、自分に対してはけっしてなされない（真にスピノザ主義者かマルクス主義者でないかぎり――この点にかんしては両者とも厳密に同じ立場にある）ということはよく知られている」（R 265／三六七）。ある意味、フーコーはアルチュセールがイデオロギーに囚われていると考えている――いわば、イデオロギーというイデオロギーに、である。しかしアルチュセールにとって、イデオロギーは政治的判断において本質的なものなのだ。イデオロギー概念は、自然現象と政治的現象とを区別し得るためには不可欠な重要性をもつのである。この区別は、「生産手段」と「生産関係」のあいだでも活きている。そしてこの両者が構成要素となるのが、アルチュセールの取り組みの核となる政治的概念、すなわち「生産様式」である。

2 生産手段対生産諸関係

アルチュセールの仕事に通底するスターリン主義批判では、生産手段が疎外の克服やユートピアの設立を成し遂げる鍵として強調されるあまり、ソヴィエトの惨事が生まれたのだとされている。このスターリン主義的展望においては、労働が自然の物質を変容させるのと同じく、ある種の自然形態とみなされた労働から最大限の労働力を抽出すべく政治が方向づけられるのである。この布置においては、古典的な政治経済学と同様、労働と労働力との区別は放棄され、搾取は別のイデオロギー的諸形態のもとで維持される。近年『資本主義の再生産について *On the Reproduction of Capitalism*』という題名で英訳された、中断された草稿で、アルチュセールが重要な課題としたのは、再生産があらゆる審級でいかに機能するかを――すなわち、一方で、いかにして生産手段と生産諸力が再生産されるか、他方で、生産諸関係がいかにして生産されるか――考察することであった。『資本論を読む』では、生産諸力にはある種の架橋的な位置づけがなされていた。それらは単なる手段以上のなにものかであって、それゆえ生産諸関係の部分であった。しかし、強い意味での諸力として、生産諸力は唯物論的分析のための修正が可能でもあった。[*9] 英語版『資本論を読む』初版には、アルチュセールによる承認のもとで準備された用語解説集が掲載されている。そこで「生産様式」は、二つの複雑な統一体間の関係を含んだ内容物についての概念として定義されている。その二つの統一体とは生産諸力と生産諸関係のことであるが、次に両者はそれぞれ、三つの構成単位の関係、すなわち労働、生産手段、そして非‐労働の三者間の関係を共有し包含するものとされている。[*10] それらの相互連結に関するより微細な論点は、評釈編である『資本論を読む』がその熱狂的な愛読者たちにとってなにゆえ評釈編としてかくも魅力的な対象であるのかを部分的に説明しているのである。しかし、アルチュセールや他の者たちの取り組みが目標とするものが何であるかは十分に明らかだ。それは、自然か生産手段かのいずれかのみ――両者とも純粋に物質的な要素として推定されている――が、生産様式の構造と階級闘争の政治を余すところなく説明する、ということの意味を疑うことなのである。そこで異説が表明されるのだ。すなわち、純粋に唯物論的な分析は、物質のみに一意的に焦点を絞ると分析を誤る、ということだ。経済的下部構造が政治的上部構造から切り離すことができないのであれば、文字どおりの物質的下部構造のみに焦点を絞るのは不適当である。目的とされるのは上部構造にとっての下部・土台を放置してしまうことではなく、上部下部の関係とそれらが形作る複雑な統一体についての洞察を深めることなのである。

『資本主義の再生産について』を著すにあたってアルチュセールはより明晰たらんと努めているが、知ってのとおり、彼自身はその結果に不満足であった。この巻で、生産諸力はなおも架橋的な機能を担っているが、しかしそれらは事実上、生産手段と労働力との連結的結果として定義されている。そこでは、それら生産諸力は生産諸関係、つまりわれわれがイデオロギーを最重要課題と見なす場所であるところの生産諸関係と、分析的に対比されているのである。イデオロギーに関するテーゼは生産諸関係がいかにして再生産されるか、言いかえれば、生産諸関係を変革し得る場としての国家から、いかに労働が恒常的に引き離されているかを説明するものとして構想されている。アルチュセールによれば、一九六八年五月の出来事は、政治的論争の焦点をまたしても個人的な表現や疎外の克服といった問題に向け直してしまったように思われるかぎりで、けっして肯定的なものではなかった。ようするに、六八年五月は諸関係ではなく手段に——つまりある意味において、自然な構成単位であるところの個々に分離した諸主体として認識される諸個人に——関心を集中させてしまったのだ。

事態の推移のなかで、アルチュセールは政治闘争が経済的基盤から遊離してゆくのを見てとった。アルチュセールの異議は、政治的領野の実践的優位性を強調しながら（マルクス主義にあってはかねてから異端視されてきた身振りである）、なお経済的不平等の物質的ないし基盤的な優位を強調しつづけることにあったのである。言い換えれば、「逆説は、労働者階級が資本主義的搾取の階級的諸関係を破壊するためには、ブルジョワ国家の権力の奪取、国家装置の破壊、等々を行わねばならないことにある。なぜなら、国家が資本主義的生産諸関係の再生産の鍵であるからだ」。アルチュセールはこの点を次のように詳述している。

経済的階級闘争は、それだけでは社会主義革命のための決定的な闘い、つまり国家権力奪取のための闘いを決することはできないが、副次的な闘争でも従属的な闘争でもない。経済的階級闘争は、政治闘争それ自体の物質的土台である。仮借のない、日常的でたえまのない経済闘争なしでは、政治的階級闘争は不可能であるか、むなしいものとなる。経済的階級闘争のなかに、そしてそのなかにのみ、深く根ざしている場合にしか、現実的で勝利をもたらしうる政治的階級闘争は存在しない。なぜなら、経済的階級闘争は、少々比喩的な表現をあえて使えば、政治的闘争自体を最終審級において決定する下部構造であるのに対し、政治的闘争は、——その役割上——人民大衆の断固たる闘いを指導することができる唯一のものだからである。それゆえ、政治的階級闘争の優位がある。だが、もし政治的闘争の土台、つまり経済的階級闘争が、日常的に、倦むことなく、徹底的に、そして正しい方針にしたがって進められるのでなければ、この優位はむなしい言葉にとどまる。

(R 129-30/一八八—一八九)

アルチュセールが懸念するのは、経済的搾取に照準を合わせない政治闘争は実践において自らを方向づける手段を持ち合わせない、ということである。彼にとってマルクス主義はイデオロギー的な拠り所 (anchor) であるが、そのイデオロギー性は明示されているのだ。そしてこのイデオロギーの核は、労働手段と労働諸関係との区別を維持すること、そして、いくつかの制限とともに操作可能な自然的形態と、制限のない政治闘争において持続されたり異議申し立てがなされたりすべき諸関係との区別を理解可能にしてくれる、マルクス主義の文法を語りつづけることにある。

二〇一二年、バーナード・ハーコートが司会したフランソワ・エヴァルドとゲーリー・ベッカーとの対談に適用してみると、この区別はあらためて緊急性を帯びてくる。対談のきっかけとなったのは、ベッカーの仕事、とくに「人的資本」概念にまつわる知の諸形態をめぐってフーコーが『生政治の誕生』で行った曖昧な論評であった。ベッカーによると、資本はフーコーの権力と大差ない役割を演じているように見えるという。資本はある活動領域を統合するものであるが、それは無数の形態をとり得る。「そう、人的資本は資本である」「しかし、それは非常に異なった資本形態なのです」――ベッカーはそう言っている。[*11] 人的資本に特徴的なのは、その限定的な流動性であり、それが必要とする諸々の投資の種類、等々であるというのである。中世の農奴や奴隷の時代以来、一定の規範が変化を遂げた。「近代社会では、私が自分の人的資本に投資する際に、融資をうけるための担保に自分の〔人的〕資本を使うことはできません」。人的資本が機械のようであると示唆するフーコーをベッカーは称賛するが、再度、彼は人的資本と他の諸形態との微妙な差異にこだわりをみせている。実際のところ、その概念には何ひとつとして微妙なものなどありはしないのだ。「人的」という修飾語句に込められた区別が何であろうとも、人的資本について語ることは、人間労働と労働力とを生産手段として一緒くたに語るということだ。それは、政治的決定の場としての生産諸関係に一切の役割を認めない理論的分析を発展させ、世界を最大限に効率的な諸目的に則って組織化される手段の一式とみなそうとすることにほかならない。実際、この意見交換で、効率性というのはベッカーの指摘にあって規範的なキー・タームになっている。[*12]

権力や「権力‐知 *pouvoir-savoir*」に関するフーコーの見立てに内包される存在論的平板化（flattening）と、彼が後年になって新自由主義や「人的資源」概念と睦み合ったこと（dalliance）とのあいだには、ある理論的近似性がたしかに作用しているように思われる。形式的な近似性以上に、こうした理論展開は、権力をつねにそのつどとられる諸形態において考えようとするフーコーの歴史主義とも矛盾しない。フーコーにとって、一九七〇年代にはまだ緒についたばかりの新自由主義の跋扈《ばっこ》について考えることは、権力の〔新たな〕諸形態について考えることを意味していた。しかし、その思考は、このような趨勢に抗う、一連の政治的諸判断や活動への道筋を形成する可能性を抹消してしまう危険をはらんでいるのだ。新自由主義は数多の匿名の出来事や諸々の拡散の結果ではなく、概ねなにがしかの国際的な土俵で立ち回る国家のアクターたちが下した、政治的諸決断の結果である。

しかし、それら歴史的展開を政治的出来事群として再記述し得るということは、当該の諸活動に関する真理主張（truth claims）をなし得ること、さらにそれを疑い得ることを意味している。ミッチェル・ディーンとカスパー・ヴィラッドセンが次のように述べる際、言わんとしているのはまさにこのことなのだ。「おそらく、現代の統治性にかんするポスト・フーコー的研究、より広範にはポスト構造主義者たちの動向において挑発的なのは、彼らが脱構築的分析をそれとは正反対の知の諸形態に結びつける点にあるだろう。すなわち、不平等の型式を俯瞰的に位置づけ、不安定性の諸効果を実証することによって、社会の真理を語ると称する知の形態である」[*13]。これは根本的にフーコー的エトスに反するものだ。『精神医学の権力』序文で、アーノルド・デヴィッドソンは、ミクロ物理学的水準で生じる不平、立ち居振舞いに関する諸問題のただなかにある局在的な権力諸関係において生じる不平について語る。「この不満、この戦いの大混乱こそ、フーコーの視座が可視化させる闘争である。すなわち、純粋に認識論的な分析にあっては消去され、司法上の否定的な語彙でもって築かれた権力論が看過してしまう闘争である」（PP xvii. ピーデンによる強調）。認識論の出る幕はない。それは政治的異議申し立てにあって倫理的な核心をなす不平不満、『監獄の誕生』の最後部で印象的に展開されている、いっそう根本的な不平不満のざわめきを曖昧にする。しかし、生産諸関係について何ごとかを知っていると主張することなしに、その諸関係を変えようと企図する実行可能な政治的戦略の発展はあり得ない。アルチュセールが「真なる観念」というスピノザ的概念に傾倒したのは、生産諸関係について、また、それら諸関係の潜在的変容の場について、何ごとかを知っていると主張しようと試みる彼の取り組みにとっては、本質的に重要なことだったのだ。翻って、フーコーは「真なる観念」や流行遅れの表象図式に対する「出来合いの」依拠を退けるが、その批判はスピノザやアルチュセールの哲学にはほとんどかかわらない[*14]。それはむしろ、諸事実をめぐる争いに根差すような政治的異議申し立ての把握そのものを非正当化する手段だったのである。

つまるところ、過去に関してより良い、より適切な考え方を提供する理論的枠組みが、アルチュセールのものであるかフーコーのものであるかを判断する客観的基準などない。しかし、たしかに明らかなのは、政治的な意味においてであれ何であれ、フーコーが生産諸関係にいかなる意味でも一義性を認めないのは、経験的反証にかかわるものでも理論的非一貫性の証左でもないということであるように思われる。彼の否認はむしろ本質的諸要素において政治的なのであり、だとすれば、一九七〇年代――フーコー的権力概念がでっちあげられた年代である――のフーコーの諸著作と講義に対するいかなる批判的企ても、不可避的に同様の政治的性質を帯びるであろうことを意味しているのである。

*1――Louis Althusser, *On the Reproduction of Capitalism*, London: Verso, 2014, p. 265〔ルイ・アルチュセール『再生産について――イデオロギーと国家のイデオロギー諸装置』西川長夫・伊吹浩一・大中一彌・今野晃・山家歩訳、平凡社、二〇〇五年、三六八頁〕。以後、本文中では"R"と略記。アルチュセールの「イデオロギーと国家のイデオロギー諸装置――探究のためのノート」はこの版の pp. 232-237〔邦訳版三二〇―三七八頁〕からの引用。他のテクストは次の要領で引用する。Michel Foucault, *Lectures on the Will to Know: Lectures at the Collège de France, 1970-1971*, ed. Daniel Defert et al., New York: Picador, 2014〔ミシェル・フーコー『〈知への意志〉講義――コレージュ・ド・フランス講義一九七〇―一九七一年度』慎改康之・藤山真訳、筑摩書房、二〇一四年〕＝LWK；*La Société punitive: Cours au Collège de France, 1972-1973*, eds., François Ewald, Alessandro Fontana, et Bernard Harcourt, Paris, Gallimard, 2013〔『ミシェル・フーコー思考集成Ⅳ』石田英敬・石田久仁子ほか訳、筑摩書房、一九九九年〕＝SP；*Psychiatric Power: Lectures at the Collège de France, 1973-1974*, ed., Jacques Lagrange et al., New York: Picador, 2006〔ミシェル・フーコー『精神医学の権力――コレージュ・ド・フランス講義一九七三―一九七四年度』慎改康之訳、筑摩書房、二〇〇六年〕＝PP〔本稿の引用文訳出にあたって、邦訳があるものは邦訳版から引用した――訳者〕。

*2――Michel Foucault, "Truth and Juridical Forms," in Idem. *Power*, eds., James D. Faubion and Paul Rabinow, New York: The New Press, 2000, p. 87〔「真理と裁判形態」『ミシェル・フーコー思考集成Ⅴ』所収、一八八頁〕。

*3――See "Lettre d'Étienne Balibar à l'editeur du cours" in Michel Foucault, *Théories et institutions pénales, Cours au Collège de France, 1971-1972*, eds. François Ewald, Alessandro Fontana, et Bernard E. Harcourt (Paris: Seuil,

2015), pp. 285-289.

＊4——Gilles Deleuze, *Pourparlers, 1972-1990*, Paris: Minuit, 1990/2003, p. 121〔ジル・ドゥルーズ『記号と事件——1972—1990年の対話』宮林寛訳、河出書房新社、一九九二年、一四七頁〕。

＊5——See, e.g., Michel Foucault, *Discipline and Punish: The Birth of the Prison*, trans. Alan Sheridan, New York: Vintage, 1995, p. 184〔ミシェル・フーコー『監獄の誕生——監視と処罰』田村俶訳、新潮社、一九七七年、一八七頁〕。

＊6——See, e.g., Michel Foucault, *Abnormal: Lectures at the Collège de France, 1974-1975*, eds. Valerio Marchetti and Antonella Salomoni, New York: Picador, 2003, p. 50.

＊7——Louis Althusser and Étienne Balibar, *Reading Capital*, trans. Ben Brewster, London: Verso, 1997, pp. 20-21; pp. 165-181〔ルイ・アルチュセール『資本論を読む』上中下、今村仁司訳、ちくま学芸文庫、一九九六—九七年、上巻三二—三四頁、中巻一二〇六—二三九頁〕。

＊8——私はこの一連の議論を以下の論文で詳細に展開させている。"*Reading Capital* Today: Against 'Alienation' (Or How to Orient Oneself in Ideology)," forthcoming in Nick Nesbitt, ed., *The Concept in Crisis: Reading Capital , 1965-2015*, Durham: Duke University Press.

＊9——とりわけバリバールの指摘を参照されたい。「実際には〝生産諸力〟は物ではないのである。もし生産諸力が物であるのなら、それらの移転とか移入といった問題は、逆説的であれマルクスよりもブルジョア社会学［……］のほうがずっと容易に解決するだろう。［……］しかし理論的観点から言えば、〝生産諸力〟もまた生産様式の内部での特定のタイプの関連である。言い換えれば、それらもまたひとつの生産関係である」(Althusser and Balibar, *Reading Capital*, p. 235〔ルイ・アルチュセール『資本論を読む』下巻九〇—九一頁。強調点はバリバールによる〕)。

＊10——*Ibid*., p. 317.

＊11——Gary Becker, François Ewald, and Bernard Harcourt, "Becker on Ewald on Foucault on Becker," *American Neoliberalism and Michel Foucault's 1979 "Birth of Biopolitics,"* Institute for Law and Economics Working Paper no. 614. Chicago: University of Chicago Law School, 2012, p. 22 ; Cf. Daniel Zamora and Michael C. Behrent, eds., *Foucault and Neoliberalism*, Cambridge: Polity, 2016.

*12——*Ibid*., p. 19.

*13——Mitchell Dean and Kaspar Villadsen, *State Phobia and Civil Society: The Political Legacy of Michel Foucault*, Stanford, CA: Stanford University Press, 2016, p. 177 ; emphasis added. Cf. Julien Pallotta, « L'effet Althusser sur Foucault : de la société punitive à la théorie de la reproduction » dans *Marx & Foucault : Lectures, usages, confrontations*, sous la diréction de Christian Laval, Luca Paltrinieri, et Ferhat Taylan, Paris : La Découverte, 2015, pp. 129–142.

*14——フーコーによるスピノザの「真なる観念」の曲解は、それ自体の出来合いの性質抜きのものではない。真理によってスピノザが意味するものは今後の懸案事項でありつづけている。最新の概説としては以下を参照されたい。John Morrison, "Truth in the *Emendation*" in Yitzhak Melamed, ed., *The Young Spinoza: A Metaphysician in the Making*, Oxford: OUP, 2015, pp. 66–91.

本稿は市田良彦による明敏な批判、ならびにバーナード・ハーコート、小泉義之、Mihara Yoshiaki、王寺賢太、そして長原豊の各氏との討論から恩恵を受けている。本稿での諸議論が最初に披露されることとなった二〇一六年三月の京都大学講演に招いてくださった市田良彦氏と王寺賢太氏に感謝したい。本稿の研究はオーストラリア研究審議会（DE140101770）からの支援を受けたものである。

11 〈68年〉後に、政治経済学においてマルクス主義者であること

――あるいは「マルクス経済学」にとって唯一の真理とは、じつは何であったか[*1]

長原豊

六八年五月は〔……〕始まりつつあるものと終わりゆくものとの間《あわい》の束の間の未分化状態（indistinction）であり、それが六八年五月の不思議な強度をなしていた。[*2]

1 前口上

この国にとっても「戦後」という韻律《スカンシオン》における大きな切断《カエスーラ》の一つだった〈68年〉については[*3]、まるで頂点に向かって墜落してゆくかのような六〇年代末から七〇年代初頭にかけての一連の殿《しんがり》的出来事とその背後ですでに泡吹き始めていた八〇年代後半的喧騒を、〈72年〉をその屈曲点[*4]として長く続いた暴力的な「未分化状態」において目撃することをまさに時代から仰せつかった――ぼくが、党派性という偶発的分岐を問うことなく、等し並みに、前後から羽交い締め《フル・ネルソン》にされた〈嵌め殺しの世代〉と呼んできた――薄層という特異な視線から、理論的に記録《ドキュメント》する別の機会があるだろう。

ただ、〈68年〉に関わる他の一連の指摘も含めて、題辞においたバディウの一節は、フランスだけでなく世界全体に、その多様性を貫いてというよりも、むしろその多様性において、妥当し、またであればこそ、彼自身、

そのようなものとして理解されることを期待して、普遍的というよりもむしろ総称的に《ジェネリック》——その意味では、個別の叛乱がつくりだす個別の政治（*une* politique）の集合の名称として——、〈68年〉の意義を提示していることはよく知られている。[*5]

〈68年〉叛乱の世界（的同時）性という主張においてこそその強い直線性を保っている彼のこの眼力《めぢから》は、マルクス主義とコミュニズム（と）の問題（必ずしも自動的には、あるいは主体においてしか、通じ合わない二つの主義《イズム》の関係性を、政治（*la* politique）として、つなぐという問題）——あるいは、両者をその併立あるいは交錯において約《つづ》めれば、バディウがすでに論じていた論題にほかならない〈政治は思考可能か〉、つまり「政治 *la* politique」とは、それが「出来事」の／という「穴 trou」を通じて破裂《パンク》させる「フィクション」としての「政治的なこと *le* politique」との関係において何かという設問[*6]——に、その焦点を固定している。そしてこの焦点は、以下に触れるバディウとネグリとの、〈68年〉後に本来避けることができなかったはずであったにもかかわらず、他ならぬ左派の都合でペンディングにされてきた論争を痛切な手掛かりとして、合理とはつねに非合理の合理性にほかならず、資本の主義《イデオロギー》とはその生得的な譫妄《ディメンチア》を循環的に巧みに常軌させる奇跡的運動体であるという資本‐主義（について）の唯一の真理に、まさに真理であるがゆえに、惑溺し[*7]、社会「科学」の女王であることを無邪気に誇示しつづけてきた挙げ句に地に墜ちた「マルクス経済学」がただ一つ陳述しえたと自負してきた真理とはいったい何かを（再）確認することを目指す本稿においても[*8]、その先行きを照らすことになる。

2 争論

1 批判

いわゆるポスト〈68年〉世代に属する若い過激派《ラディカル》たちがその昂揚を健全に生みだしたかにみえる近年のコミュ

ニズムをめぐる一連の争論は、資本の脱領土化運動の逆説的な加速化を体制《レジーム》転換のための主要戦略——資本の脱領土化が相対的脱領土化にすぎないことを軽視している路線——とするベンジャミン・ノーイズらのいわゆる加速主義[9]に連なる者の一人と思われるジョン・ロバーツが、[10]ガタリ＋ネグリ『自由の新たな空間』とナンシー『無為の共同体』という時代を「象徴する」二つの作品に言及しながら幅広い視野からすでに指摘しているように、[11]世界の批判的左派にとっては喪失の七〇年代よりもはるかに深刻な内訌する苦難の時代の始まりであり、バディウのいわゆる「六八年の一〇年 décennie 68」[12]が直接的に準備した喧騒の八〇年代の初頭には、そうであるがゆえに、つねにすでに始まっていた事態として、振り返られることになるだろう。[13]またロバーツは、共同体を「ブルジョワ民主政治の御降《おさが》り」などではなく、「生きた〔……〕コミュニズムの概念と実践と考える」ナンシーに、しかも「ネグリではなく」という文言をことさらに挿入したうえで、バディウが「敬意を払い続けてきた」こと[14]を、「誠実な男、最後のコミュニスト、思想家、際立った差異の知的芸術家である友人に挨拶を送りたい」[15]というやや鼻白んでしまうほど大袈裟なバディウのナンシー讃歌を畳みかけるように引いてまで、強調している。

ロバーツがことさらに対照させたこれら「コミュニズムの二つの〔固有〕名」[16]は、しかし、現代においてどのように併走あるいは分岐し、それをぼくたちはどのように捉えればよいのか？

それは、〈68年〉からほぼ四〇年が経った二〇〇九年、ロンドンで開催された第一回《コミュニズムの理念《イデー》》コンファレンスで顕わになる。[17]バディウが「マルクス主義」の別名であり、「政治 *la* politique」[18]の別名とした、「一箇の思想‐意図 une *pensée*」をめぐるコミュニストたちの間での流れにおけるこのずれは、その起点である敗北の時代における身の処し方における多様性においてあらかじめのものであり、その直截な再表面化がベルリンでの第二回大会（二〇一〇年）でのことであったにせよ、それは、その根幹に当初から、ありながらも半世紀を経た現在《いま》、ほぼ原型のまま露出してきた流れにおける深刻なずれとして、ふたたび炙り出されることになった。[19]

ネグリは、大会初日のバディウの簡単な基調報告後に、しかしバディウ自身の報告の二日前に、[20]ついに次のように言い放つことになる。

マルクス抜きのコミュニストなんて可能だろうか？　もちろんそうに決まってる（*È evidente che sì*）。なのにぼくは、この問題について同志や異なった傾向をその出自とする転覆志向的な知識人たちとしょっちゅう議論している自分に気づくんだ。[21]〔……〕でもぼくは〔……〕この議論にはちょっとばかり飽き飽きしていることも認めなくちゃならない。この問題はとても多様な流れのなかで検討対象になっていたのに、これらの多様な流れがたがいにはらむ矛盾が、物質的に立証されるとか、実践的な解決に照らして検証されるまで追究されることは、滅多になかった。[22]

こうしたアグレッシブな攫《つか》みから争論を仕掛けたネグリは、そのさい何よりもまずバディウを念頭においてみずからの前梯を設定し、次いで本題に這入《はい》るという、論争を構えるために必要な真っ当な手続き（結論のあらかじめの提示）を正当に踏んでいる。その前梯 - 結論とは、「政治的実践に抽象的にのみ接近」し、「物的（経済学的な、と読め！）立証」を欠いた「修辞的果たし合いの次元」にとどまり続けているとされた「バディウ」的な姿勢へ[23]の、批判的訣別であった。[24]

　このような前梯 - 結論的な批判に対してバディウは、「理念《イデー》」の意味をジジェクに比べてより鮮明に再論することで、それ自体として興味深い反カント的にカント的な反論をすでに準備していたし、[25]それを軸にトークを構成するつもりだったのだろうが、[26]その検討は別の機会に委ね、ぼくのここでの論点だけを前に進めれば、みずからにも同様に課されねばならないこの前梯を踏まえてネグリは、「マルクス主義者であれば自分をコミュニストと規定することができる」という「見解《ポジション》を完全に否定する立場《ポジション》をとる人物に出会《でくわ》すことがままある」と持って回った言い方で語り始め、これはいかがなものかと、バディウを、この段階では名指すことなく、だが参加者には周知のものとして、論断したのである。要するに〈マルクス主義者とコミュニストは〔必ずしも〕両立しない——両者は〔必ずしも〕推移的（transitif）ではない〉[27]という、ある意味で——つまり、ぼくが引用文に外挿した「必ずしも」こそ、政治的あるいはむしろ運動論的に問題なのだが――当たり前の見解への、したがって、じつを言えばやや弱い、疑念にほかならない。[*28] だが、この見解が「ある重要な――しかも、かつては比類ないほど急進的な「毛沢東主義的」仮説を主張していた――人物」、しかも、その冒頭に「人民は思考する *les gens pensent*」を措くラザリュスほどでもないにせよ、[*29] 人民を強調する人物によって表明されたことが、新たな変革主体《マルチチュード》を戴くネグリにとっては深刻、あるいは穿って言えば、クローバリゼーションに乗っかりバディウに先立って英語圏で話題を呼んだ、ネグリ＋ハートの『帝国』（二〇〇〇年）や『マルチチュード』（二〇〇四年）の刊行以来くすぶり続けていた、[*30] 人間的なそれも含めた（当然だろう）、両者のずれを表沙汰にするには、むしろ好都合だったのである。[*31]

こうして二一世紀にふたたび、コミュニズムが、しかも、フーコーによって一九世紀という「金魚鉢」（ヴェーヌ）のなかだけで呼吸できる旧式の「魚」‐認識素《エピステーメー》にとどまっていると批判されたマルクス主義との関係において、[*32] 二一世紀のコミュニズムとは何かの再点検を要請しながら、論争の対象になった。

ぼくのように街頭への有象無象《マルチチュード》の革命的な再登場にいまだ思いを馳せながら、しかしその論拠としてマルクス経済学なるものに未練がましくしがみついてもいるマルクス主義者にとっては、したがって、一方における「マルクス抜きでコミュニストであることは難しくないし、実際不可能でもない」という言明と他方における「マルクス抜きでコミュニズムを語るなんて無理だ」という言明にそれぞれ措かれた相反しているかにみえる二つの命題をその一身において恒真として両立させようと奮闘する――だが、意図的か否かは定かではないが、この国では〈主体‐運動〉論と〈組織‐運動〉論に関わって固有の臭気を発生させる可能性がある思想《イズム》と主体《イスト》の政治的抗争を、実践的領域性において、書き分けた可能性も否定できない――ネグリが、[*33]「マルクス主義者ではなかったがコミュニストではあり〔……〕またそうであればこそ、ソノ死ニ当タッテ『マルクスの偉大』というタイトルを冠された（永遠に不在の）著作の（だが揺るぎない）著者」として、一敗地に塗《まみ》れたマルクス主義者によって遡及的に（ある意味で縋《すが》りつくように）神格化され、マルクス主義とコミュニズムとの「仲介者 intercesseur」[*34] とされたドゥルーズとの対照において、「マルクスとの会話に多くの時間を割こうともしない」と指弾された「フランスの毛沢東主義者」と対質するその姿勢と論法を観測することは、ぼくにとって避けられない理論的作業でなければならない。[35]そしてこの作業におけるぼくにとって職業上もっとも重大な設題の入り口は、コミュニズムも然《さ》る事ながら、否、そのためには何よりもまず、[36]両者がともに用いる「マルクス主義」なるものがそもどのように同一の対象なのかを、ぼくにとって「マルクス主義」が何を意味しているのかについての判読を軸に、考えることでなければならない。またそのためには、言うまでもなくマルクス（学）についての不勉強を批判されたバディウからの応答が、[37]まず記録《ドキュメント》されねばならない。

2　反批判

ネグリによって「一九六八年以降のフランスに、マルクス主義と結びついたコミュニズムはあったのか」との疑念のもとで、実質的にはその不在を論難され、まさに復活に関わるテルトゥリアヌスの「「不条理ゆえに我信ず」といった呪文を繰り返し〔……〕コミュニズムの思想を狂気か精神の仕事《ビジネス》に切り縮めてしまった」とさえ断罪され、その仕事を「知識人のお喋り」とまで言われたバディウは、[38]最近、この争論を振り返り「ちょっとばかり芝居じみて」いたと、含羞を込めてネグリを皮肉ってみせたが、[39]当時彼が機会を捉えてはネグリへの批判を繰り返したことを考えれば、その心中は察して余りあると言うべきだろう。

とまれバディウは、ネグリによる批判の翌々日、自身の報告で、おそらく急遽挿入したであろうネグリへの反批判を展開する。[40]しかもそのさいバディウは、当初はフランス語で行うと予告していたトークを、おそらくはネグリへの反批判部分に限ってであろうが（残念なことに、その場にいられなかったぼくは、二人の表情をじかに読めない）、「英語で行う」と宣言し、その理由を――じつを言えば、海外でのトーク・セッションのたびに感ずる、たんなる言語的不自由だけにとどまらない、また文化的かつ歴史的な差異にも起因しない、奈落のような齟齬そのものとしての翻訳不能性への苛立ちと偶発するその奇跡的生産性《クリナーメン》を知らないわけではないぼくとしては、[41]あのバディウが！　とこの発言にやや感動したのだが、ともあれ――不自由な「外国語を使うことでわたしはより穏当な」

報告ができるし、またそうした「節度‐穏当《モデラション》」は、こうした会議を「暴力的に」台無しにしないようにするために必要（な、意図的に選び採られた、いわば同志的な不自由の共有《パルタージュ》）だからだと語ることで、ネグリの――もちろんバディウにとっての――非礼を当《あ》て擦《こす》りながらも、他方では「彼が参加してくれたことはとても嬉しかったし、いまもそうだ」と、（ときどき小狡く前線から退隠することがある）ジジェクと列《なら》んで実質的主催者である自分の立場を誇示しつつ、その論駁を開始している。[*42]

そのさいバディウは、しかし、反論の構制をいまだ厭味にもさきの原則を裏返しに用いて「三つの節度」――第一は「出来事的場」、第二は「後期資本主義」の解釈、そして第三は、第二の点に密接に関わる、楽天的な[*43]ネグリ＝ハートの「資本のコミュニズム」論[*44]への批判――と呼び、論駁の根拠としたが[*45]、ここでは本稿にとってもっとも大切な論点を先行させることで、以上の三点へ迂回的に到達することにしよう。繰り返すまでもなくそれは、バディウによるマルクス主義のレーニン的「規定」に関わって重要な[*46]、両者それぞれのマルクス主義なるものにおいてその重要な「源泉」と「構成部分」の一つとされた〝政治経済学のマルクス的な批判とは何か〟という本稿の究極的本題である。

さて、彼《か》のベルリンである。バディウは、逆襲に転ずる。ベルリン大会の翌年に出版され、不当にも状況論集4ほど話題にはならなかった[*47]、状況論集6の冒頭におかれた、文体において過激であり、まるで水溶紙に書かれた秘密のレジュメのような文書でバディウは、「マルクス主義者じゃないくせに自分がコミュニストだと言い張る連中の典型」と自分《バディウ》を悪し様に論《あげつら》うネグリに対して、「コミュニストでもないくせに自分をマルクス主義者だと主張する連中よりよっぽどましじゃないか」と反論し、その論拠を何よりもまず「マルクス主義がその決定的役割を経済〔的審級〕とそこから引き出される社会的矛盾に割り振っている」点に求め、さらに畳みかけるように、「とすれば、今日誰がマルクス主義者じゃないと言えるのかい」と小気味よく喝破した[*48]。これは最後に触れるバディウのいわゆる「脱政治化された資本制議会主義」の問題に密接に関わっているが、マルクス主義に巣くうこの宿痾への健全な論難、またそこで用いられるいわば古典的とも言うべき論拠と論法は、論争をコントロールするためのたんなる戦術的な当て擦りではない。〈68年〉からすでに半世紀が経ち、資本主義の有り様そのものに変化を確認するのか否かに関わる歴史的現在の分析では、[49]これはむしろ本質的な問いと理解されねばならず、またのちにみるようにバディウとネグリがふたたび必然的に再会せねばならない地平でもあるはずだ。

とまれこの論法は、政治経済学のマルクス的批判から非科学的と断罪されたイデオロギー、後にみるバディウ的言い回しを借りて言えば、イデオロギーといったもの（*quelque chose comme* l'idéologie）を政治とともに抜去し、「批判」を真偽の準拠点とされる「科学」——あらかじめ言っておくが、これ自体がすでにいわゆる真理陳述《ヴェリディクション》であろう——に取って代えたことをその倒錯的矜持として、しかもネオリベ化しながら、講壇に籠もってきたマルクス経済学をドゥルーズ＝ガタリ的に脱構築し、ふたたび「マルクスを政治化する *politiser* Marx」ことを目指しているぼくにとっては、[50]しかも現代のマルクス派にとって重大な位置を占める理論家の一人であるネグリにとっても、むしろ生産的な反論であり、それがまたじつに古色蒼然とした正統派的な批判であるからこそ、それとの対抗においてなお本質的でなければならない。というのも、バディウが、物質性そのものである支配的思想《イデオロギー》——バディウはそれを「世論の暴政」とも呼ぶだろう[51]——にその身を堕しているとして批判した「マルクス主義」の——例の「転倒 *renversement*」においてもっとも重要な[52]——三つの「源泉」と「構成部分」には、[53]他の何を措いてもまず、政治経済学のマルクス的な批判があるからにほかならない。そしてぼくは、行論のこの段階あるいは本稿では、ネグリに対するバディウのこの論難を、後に触れるバディウのアルチュセールとの距離感に見え隠れするその恩讐も含めて、以下の点でのみ受け止めることにする。

つまり、正立していようが、倒立していようが、しょせん矜持とは欠如‐欲望の充塡にすぎず、マルクス経済学は、何を証明することをもって——初心《うぶ》を装い、政治的に毀損されたなどと泣き言を言ってきた——その科学としての矜持‐欠如を充塡し、その結果、マルクス経済学は、どのような意味で、科学を自閉的に僭称することで科学主義という蒙昧に陥ったのか、[54]である。

この問いには、最後に約めるように、直接的にはバディウと彼がさまざまに批判したドゥルーズ（＝ガタリ）

との――じつを言えば、ネグリの先行者であったトロンティの存在論をも含めてなのだが[55]――皮肉な背中合わせの一対に即して、[56]シンプルな解答を提示できるし、またそれが本稿の結論にほかならないのだが、その前に確認すべきは、さきにみた仲介者《ドゥルーズ》をもってその引き裂かれを凌《しの》ぐ「二人のネグリ」とは位相が異なるせよ、しかし「徴候的捻れ《トーション》」――バディウ自身の概念である[57]――をもって同様に引き裂かれる「二人のバディウ」が存在しているという重要な論点である。つまり、一方における「自分の敵やライバルにこれ以上拘《かかずら》うことなく、また自分の立場を何度も説明しなくてすむように、愚直かつ完全に、またとても普通に、次のように言っておきたい。わたしはマルクス主義者である」と異様なまでに力《りき》むバディウと、[58]他方における自分は「自分」の抽斗《ひきだし》である「さまざまな〔哲学的〕範疇のどこにマルクス主義が棲まっているのかを知らなくても、自分がマルクス主義者であることなくコミュニストであることができる」正当な「根拠をネグリに説明すること」ができるといわば傾《かぶ》いてみせる非マルクス主義者のコミュニストのバディウという「二人」の「バディウ」[59]、バディウの最良の理解者の一人ボスティルスが「マルクス主義者である以前に、さらに同時にマルクス主義者であることなく、コミュニストである」と骨折したような文章で描くほかなかったこの混み入った「二人の」バディウにとって、[60]仲介者《ドゥルーズ》と消え去る媒介者《マルクス》とのコミュニズムをめぐる捻れを含んだ邂逅が露出している「マルクス主義」（とその重要な一分肢である政治経済学のマルクス的批判）は何を明らかにしたのか、である。こうした設題に対処するためにはまず、彼の主要な作品である『存在と出来事』とその続刊[61]がいまだ日本語で読めないという意味でも厄介な彼のいわゆる〈真理の手続き〉論を、足早に、つまり深入りの危険を避けて、経過せねばならない[62]。

3　真理におけるマルクス主義の非在、したがって名づけ得ぬ空無についての陳述

マルクス主義を論ずるに当たってバディウは、まず最初に、例によって勿体ぶった文体で、〈マルクス主義とは何か〉ではなく、「マルクス主義を以て何をわたしは理解しているのか」というふうに問いを立ててみせるが、そのさい彼は、他のいわゆる「関係」と同様、「わたしとマルクス主義」との関係に当然にも二項が存在するこ

とをまず確定し、そのうえでさらに、ここでの「わたし」を自分の著作や思考などが代理的に表象する実体のない「空点 le point vide」であって、またその「他項‐極がマルクス主義」だと言っていることからも明らかなように、「マルクス主義」を「空点」である「わたし」との関係的な場において（のみ）摑み取られるべき対象として措いている。つまり両者は、関係‐場の、あるいは場をもつ――起こる――こと（出来事 *ayant-lieu*）の、いわば切断（あるいはいわば脱‐縫合）[63]的な、一次性に、まず措かれている。これは、バディウがマルクス主義理解の根幹をなしたレーニンの「マルクス主義の三つの源泉と三つの構成部分」――イギリスの政治経済学批判・フランスの空想的社会主義・ドイツの観念論――の関係主義的読解においても意図的に試みられる作風にも関わっているが、そして紙幅の関係で本格的な検討は別稿に譲るしかないのだが、とまれ彼は、「真理の体系的な範疇‐条件」あるいは「真理の手続き」に関わって言えば、マルクス主義をそれと名指すことによってそれ自体として／において固定することを名目主義的に回避しようとする――ラザリュスにおける歴史と時間に密接に関わる「名づけ得ぬ名」を想起せよ[64]――がゆえに、「マルクス主義といったもの〔*quelque chose comme* le marxisme〕のための場〔place〕など存在しない」あるいは「マルクス主義には自分の場をなかなか探し出せない」――つまりバディウ（‐ラザリュス）的に言えば、状況が根本的に変化する可能性があるような真理のあり得べき出来《しゅったい》である〈稀有‐稀少な政治つまり出来事〉[65]――と、その真理の体系における非在あるいは歴史における政治的流動性を繰り返し強調している[66]。それはすなわち、マルクスとレーニン、レーニンとスターリン、またスターリンと毛沢東などのように、そのつどの歴史における韻律《スカンシオン》に付された固有名によって事後的に、あるいは遅れて、理論化される切断《カエスーラ》‐出来として、あるいは「政治の歴史的様式」として[67]、打刻されている――出来事的に（事後的に）名称を与えられる――それぞれのマルクス主義は、その「政治的特異性の歴史に立ち返って考えれば――またそうでなければならないはずだが――、まったく首尾一貫しない集合《アンサンブル》‐総体に与えられた名称（空無）〔le nom (vide)〕」にすぎず[68]、まただからこそ、マルクス主義がこの空無という名称をバディウのいわゆる「政治 *la* politique」において／として――普遍的にではなく――総称的《ジェネリック》に、またあるいは個別の政治‐闘争（*une* politique）という「普遍的具体」[*69]において、表象しているとされるのである。[*70]

またしたがって、さきにもみたように、みずからを「マルクス主義者」であると宣言しながら、他方で同時にマルクス主義が真理の場において非在であることを繰り返し強調するこの引き裂かれにあるバディウにとって、マルクス主義とはまさに、「科学にも、哲学にも、その後の通常の意味での政治にも還元できない」あるいは「経済科学とも、歴史科学とも、革命的政治とも一致しない」にせよ、しかし「その統一が保証されている三つの要素を横断している」主体における／としての「一箇の思想‐意図 une *pensée*」とされる（という意味で、逆倒的に大切な主義《イズム》であり、またそれによって「空点」としての主体《イスト》の主柱な）のである。[*71]

バディウは、そのうえで、この真理における非在であるマルクス主義（あるいは真理を陳述する政治としての主体であるマルクス主義）が、以下にみるバディウによれば、少なくとも〈68年〉後には、おそらくはその「切断《カエスーラ》」において「その信頼が底を尽い」ており、もはや「擁護できない」のであってみれば、それを「作り変え〔……〕再開せねばならない」ようなもの（*quelque chose comme ...*）なのである。[*72] では、マルクス主義はその非在をどのような「源泉」と「構成部分」の転倒において宣言されるのか？　それは一に懸かって、マルクス主義、あるいは本稿に限って言えば、マルクス経済学が、科学との関係において、みずからをどのように位置づけたかにかかっている。

3　唯一の階級とその補集合である空無

1　科学と科学主義

あるインタビューでバディウは、「いまでは落ち着いた気持ち」でアルチュセールを論ずることができると語ったうえで、アルチュセールにとっての「根本」を穏やかに「科学とイデオロギーとの対立」に絞り込んで捉えたが、[73] 同時期に彼はまた、アルチュセールのこの企ての一側面には「マルクス主義は一箇の科学である」という確固たる主張があったことも同時に確認し、そのうえで、科学としてのマルクス主義が「どんな分野、領域、空間」でその「効果」を発揮したのかが議論の対象とされねばならない、と問題を再提起している。[74] そしてこの問題提起には、例えば宇野弘蔵のように、マルクス的な政治経済学批判を（政治党派の非科学的‐政治的な）イデオロギーに汚染された「マルクス主義」経済学と非科学的な（！）唯物史観から解き放ち、自存する[75]科学たらしめようとした「マルクス経済学」にとっての科学を、以下のラザリュスのアルチュセールに準じて、ぼくは次のように理解している。

> アルチュセールは科学者ではない。科学とイデオロギーとの関係というモチーフのもとで知られている彼の著作のすべては、イデオロギーについての新たな思想‐理念を含む科学の新たな思想‐理念の創設を目指していた。〔……〕指示対象の科学は歴史の科学と政治の科学になるとされ、この科学ではこの関係が構成要素である。[76]

このラザリュスを踏んで初めて、ぼくは、バディウの「もっとも凡庸な理念‐思想《イデー》は、マルクス主義が経済についての革命的科学だという考えであり、またその意味でマルクス主義的思想の核心が分析的な——とくに『資本論』が代表する、批判的であると同時に弁証法的でもある——構築物だという考え方である」という手垢が付いた月並みな批判をまったく新たなものとして、またまったく新たな気持ちで、捉えることができるだけでなく、さらに「こうした凡庸なテーゼ」つまりマルクス経済（学）における科学主義という宿痾が暴露する「二つの厄介な問題」をドゥルーズ＝ガタリ（とネグリ‐フーコー）に転倒的に架橋することができるという展望を打ち出すことができるように思われるが、ここでのマルクス抜きのコミュニストとされたバディウにとって第一の具体的問題は、一に懸かって、『資本論』の「副題である、政治経済学批判」に関わっている。

その含意は、「批判」というスタンスがみずからを「経済についての新たな科学として提示するのではなく〔……〕創造的ではあったが、否定性がその特徴」であるような、つまりスミスやリカードなど「イギリスの自由主義的な経済装置〔……〕に対する批判」にすぎないという意味で、「マルクス経済学」の否定性における自己の規定という限界を晒しているとされる問題である。だが彼にとって「もっと深刻な」第二の問題は、バディウが、毛沢東のテクストとの対照において、「マルクス主義を構成している真理の理念あるいは操作的な理念の一般的体系が、推移 - 外因的なやり方では、つまり経済学やその批判によって演繹されるとは、およそ思われない」と指摘している点である。[*77] つまりバディウは、第一の「厄介な問題」から、まず科学とイデオロギーをあらかじめ二項対立に措いたうえで分離することを前提とした『資本論』の「科学」的あるいは論理（学）的な純化にもとづく——「マルクス主義」経済学の否定態としての——マルクス経済学なるものの形成など不可能であることを指摘するだけにとどまらず、さきに引いたアルチュセールの科学理解のラザリュス的視点設定から言えば、それは反動的でさえあると同時に、[*78] さらには批判というその自己規定に纏わり憑く本源的な否定性（あるいは肯定性の欠如）に対して批判を加え、そのうえで、第二の「厄介な問題」から、経済主義的な「推移性」にもとづく基底還元論と史的唯物論における段階論への批判を提起している。

こうした古典的とはいえいまだ重大な問題をぼくは、こうしたバディウの視線から見直されたマルクス主義とその源泉 - 構成部分としての政治経済学批判が、その階級論において、どのような相貌を呈することになるという点で捉えてみるが、そのさい重要なのは、自分を断固たるマルクス主義者だと宣言したもう一人のバディウがどの立場からその宣言を担保しようとしているのかという論点を脱落させないように階級《プロレタリアート》論を整理することである。

2 唯一の覆い尽くす実在《ブルジョワジー》とその空無《プロレタリアート》

バディウは、かつてマルクス主義には「自己参照 autoréférence」が許されていたが、いまでは「根本からその脱局地化」が進行し、もはや「マルクス主義的政治の参照項はマルクス主義ではなく」なり、いわゆる「マルクス主義の祖国喪失〔expatriation〕」が起きている、と指摘した。[79] そもそも国際主義をもってその根拠とするマルクス主義の政治的失効に「祖国喪失」あるいは「祖国追放」という語を宛てることにはやや戸惑いを覚えるが、それについては措くとして、こうした議論は、バディウがマルクス経済学を名指ししたうえで批判した、以下の文章でのぼくにとっては決定的な議論を準備するためであった。

すなわち、これまでマルクス主義に許されていた「自己参照」性が原因で、いわゆる「マルクス主義的な政治経済学は自分自身を批判することができ」ず、その結果「政治の現実的なことが偶然に出会したものにすぎないことの要点」を、科学的というよりもむしろ「哲学的に、物語《フィクション》にしてきた」にすぎなかった[80]、と。そしてこの「物語《フィクション》」こそ、「政治 *la* politique」とは厳密に区別されるべき「政治的なこと *le* politique」を現実において担保し、またこの「政治的なこと *le* politique」こそ、その現実を可塑的に形成してきた当のものであって、出来事という「穴《パンク》」によって破裂させる「政治」を導き出す現実的なことにほかならない、と。つまり、マルクス経済学こそ、より精確には知‐権力としてのマルクス経済学という言説装置こそ、その知‐権力の合理的完結性を現実において、いわば制度化された呼びかけとしての規範として、完成させることで[81]、まさに現実を経済学的に糊塗し、閉鎖系として完成させる、元凶なのである。またこれこそが、マルクス経済学と呼ばれる学知の生得的な否定性の別名であるいわゆる「経済主義」の根因であり、この経済主義の「目的」こそ「区別 distinctions」にほかならず、またさらにその「区別」こそ、マルクス経済学に「外部性 l'extériorité」という排除の思考を不可避のものとして埋め込んでいる当のものである、と指摘している。[82]

またこの「自己参照」への退隠が、さきの意味でのいわゆる科学主義による体系の完結性――マルクス経済学の場合は、資本の自己完結性の形態模写[83]――を要請しているとすれば、また加えてこの自閉が必然的に「外部性」を内部において不可欠なものであるがままに排除するいわば準‐外部性だとすれば、国家を〈原国家 Urstaat〉において論ずる以下のドゥルーズ＝ガタリの文章における「唯一の階級」こそ、マルクス経済学が論理的に証明できた唯一の真理であることとの意味が、おのずと明らかになることになる。彼らは、コンパクトにも、こう言ったのだ。

資本主義的公理系〔l'axiomatique capitaliste〕の観点からすれば、普遍主義的使命を帯びた唯一の階級、つまりブルジョワ階級〔une seule classe, à vocation universaliste, la bourgeoisie〕しか存在しない。*84

マルクス的な政治経済学批判の到達点とされた『資本論』を科学的（論理的？）に純化させたマルクス経済学が唯一その実在を論理的に、しかも真理として、陳述しえたことが、まさにこれである。またこの絡繰《からく》りに気づいていたネグリは、だからこそ『経済学批判要綱』にこだわり、『資本論』のプラン問題に関わる未完性性を強調したのである。*85 つまり、マルクス経済学は、その論理において資本主義的公理系を方法と形態において模写すべき端緒としてあらかじめ公理的に終端を前‐提して（voraus-setzen）いなければ、論理的に完結しえないことを、まさにヘーゲルに依拠して——確かにマルクスは「媚びを売って **kokettieren**」と、取って付けたように言い訳したが*86——、社会に合理において存在する唯一の階級が資本（その人格化である資本家とその社会的表象であるブルジョワジー）、しかも、ヴェーバーの〈天職 **Beruf**〉概念を想起させる「普遍主義的使命」を自負する唯一の階級であることを、*87 批判‐否定（*Nicht*）性において、あるいは真理の名の許に、つまり真理を否定性に貶めて、陳述したのである。であればこそ、冒頭の資本の「譫妄」についてのドゥルーズの発言がその意味を顕わにするのである。またこの視点を組み込んで初めて、以下のバディウの謎めいた指摘が、その意味をさらに顕わにするのである。

ブルジョワジーは主体をつくるだろうか？〔……〕それは仮象‐存在による罠である〔c'est un truc du *par-être*〕。ブルジョワジーは長い間主体ではなかった。彼らは場を拵えたのだ。いかなる所与の歴史化にとっても、政治的主体はただ一つしか存在しない。[*88]

つまり、マルクス経済学が唯一の真理として陳述した〈有《あ》るのは資本‐資本家階級《ブルジョワジー》だけである〉という真理の主体論的あるいは階級論的な捉え返しが、これである。だからこそ資本家階級は、主体をつくる必要がない、主体をもつ、あるいは主体である必要がないのであり、またそれによってこそ、物的にも「主体なき過程」として、資本の歴史が、物象化の相貌において、把握可能になるのである。[*89]

つまり、資本家階級が近代において唯一の階級として「場‐関係」をつくり、その「場‐関係」に非在あるいは空無――マルクス経済学の宿痾である「経済主義」に媚びを売って（なぜならその科学性を担保する機制だからである）言えば、その「外部性」――としてプロレタリアートを、しかも資本家階級という社会的定在にとって不可欠な非在として、またであればこそ空無でなければならない存在として、措いたのである。バディウの一見するに謎めいた言説《ネオロジズム》、つまり「ブルジョワ世界は階級を場化している〔*esplacer*〕〔場として措いている〕」とは、これを指している。まただからこそ、「資本が、プロレタリアートの場である le capital est le lieu du prolétariat」という、疎外論者にとっては我慢ならない事態、その「転倒」によって〈本来的なもの〉なるものを奪還せねばならないと不可能への倒錯的な執着に対するこうした搦め手からの根底的批判は、マルクス経済学の逃れえない必然である「経済主義」的な「外部性」の定立によってはプロレタリアートを発見できないことの、[*90]だが〈人生は糞だ、でもそれがどうした Life sucks! But so what?〉的な、言い換えにほかならない。

この点に関わって、みずからをマルクス主義者だと宣言したマルクス主義の批判者バディウは、まさにマルクス主義者として、投票したければ金持ちになれと言い放ったギゾーどころか、「鐚一文、手放すものか」と叫んだユビュ王[*91]の非合理の合理性を忖度して合理的に解説することに心を砕く科学（主義）的なマルクス経済学を、次のように揶揄している。

> プロレタリアートと政治なき「マルクス主義」。私的な富を規定の中心におく経済主義。相場師、腐敗、投機屋、銀行屋、金持ちをもっともっと金持ちにすることを支えることだけに気を遣う政府によって〔について〕再発見された良心〔敢えて言えば、善き後ろめたさ bonne conscience〕。〔……〕生産手段の私的所有との有機的結合、またしたがって、構造的で根源的な不平等、そして「民主主義」は、もはや社会主義的論争点ではなく、合意にもとづく支配である。そうだ！　マルクス主義は勝利したのだ。議会主義を根底で支える規定因、その資本主義と利潤との必然的結合こそ、マルクス主義が明らかにしたことだ。[*92]

これこそバディウにとっての唾棄されるべき〈マルクス主義の経済主義〉であるマルクス（主義）経済学についてのマルクス主義者バディウによる意を尽くした描写にほかならない。

この点に密接に関わってグラムシは、その刺激的なタイトルだけが一人歩きしている有名な一九一七年論文で、より決定的にも、「マルクスの『資本論』は、ロシアでは、プロレタリアたちの本であるよりも、ブルジョワたちの本であった」と言い当てたが[*93]、この発言を「経済主義は、そのもっとも完成した形態においては、自由主義の直系ではないのか」というグラムシの設問と重ね合わせれば[*94]、その意味が顕わになるだろう。ネグリ＋ハートの『〈帝国〉』が当時アメリカ（帝国）の自意識のありのままの描写だと囁かれたのと同じ位相で[*95]、後発資本主義の歴史研究をその出発点としたぼくには、それは「ロシア」だけに限らない、『資本論』が資本の夢が理論上で（のみ）叶えられるシステムについての論理的な記述である限りにおいて、資本主義一般に妥当せねばならないことであるように思われる。またグラムシが「彼ら〔ボルシェヴィキ〕」は『資本論』に反する革命を成功させたから「マルクス主義者」ではない」と断言するのを読むとき、また「ボルシェヴィキの革命は、事実よりもイデオロギーによって物質的内実を与えられている」と書くのを読むとき[*96]、グラムシとバディウが束の間重なっているようにさえ思われる。[*97]

この点に関わってはさらに、ドゥルーズ＝ガタリもまた、次のような介入を残している。彼らは、対立を「〔唯一の〕階級〔*la classe* ブルジョワジー〕と〔この階級以外の〕外の複数の階級〔*les* hors-classe〕との間」に、唯一の階級《ブルジョワジー》が不可欠に帯同しつつ排除する空無としてのプロレタリアートというこのいわゆる〈外部性 *la hors*〉——以下にすぐに触れるように、バディウ（やラザリュス）はこれを肯定的に反転させて〈外の場 *horlieu*〉と呼ぶのだが——を、唯一の階級である資本の「相対的な内的極限と絶対的な外的極限」との、つまり、相対的な脱領土化と絶対的な脱領土化との、ドゥルーズ＝ガタリ的に言えば「資本家と分裂者」との、「間」にのみ措き、そこに闘争‐逃走を構想したのである。[*98] まただからこそ、ドゥルーズ＝ガタリの〈68年〉的戦略を「馬鈴薯袋」に比定するという野次を飛ばしながらも、[*99] バディウは、しかし、経済主義を科学と誇るマルクス経済学に対して「諸君のプロレタリアートは一体どこにいるのか？　それは想像的なシニフィアンではないのか」と問いかけ、[*100] プロレタリアートは「社会の内部で根源的な否定性の点、内部からその内部を破壊するためにそうした見せ掛けの全体性を作動」する「ブルジョワ社会の空無そのもの *le vide propre de la société bourgeoise*」であるというだけにとどまらず、さらに踏み込んで「ブルジョワ社会の絶対的な空無とみなされている要素に較べてもよりなお少ない「充実した」社会的同一性」だと答えるのである。[*101]

　こうして、マルクス的な政治経済学批判では「科学」的に証明できなかった、あるいはそれを宇野弘蔵的な口振りを借りて言い換えれば、政治あるいは宇野にとって同義であろうイデオロギーの問題として「科学」的に「科学」の外部に逐い遣られた（とされている）、プロレタリアートという存在、あるいはマルクス的な政治経済学批判が科学‐真理の名の許で合理的に陳述したとする以下の事実が画定可能になるのである。

　すなわち、資本主義社会ではただ一つの階級だけが存在し、それは資本（その人格化である資本家であり、その社会的定在であるブルジョワジー）であって、この唯一の階級によって認定的に排除された外部である資本の否定的定在あるいは〈非‐資本 *Nicht-Capital*〉[*102] がその認定的排除においてこの唯一の階級と全体（普遍）集合を閉鎖的に完成するという意味で、共犯する補集合としてその否定性においてのみ間接的に推論された空無《プロレタリアート》の存在であるとされるがゆえに、まさに其処には存在しないがままに其処に存在せねばならないという意味で空集合的にその名を名告ることができる存在が、その特殊性において普遍的に担うコミュニズムの政治、あるいはネグリが明示的に批判した、[103]ランシエールの表現を借りれば、「不和」の政治が、[104]論じられる、とされるのである。

だとすれば、バディウをさきのように批判したネグリは、「晩年のアルチュセールにはある種のドゥルーズ主義が実際にも存在したのです。ひ弱なドゥルーズ主義ではなく、反対に強いドゥルーズ主義が」などと、仲介者とされたドゥルーズとアルチュセールの共通性を括り出すことにとどまることなく、[105]今回の争論を切っ掛けとしてさらに踏み込んで、バディウの現代資本主義論とみずからのそれとの争異をマルクス由来の「形式的包摂」と「実質的包摂」によってさらに深化させる必要があるだろう。というのも、バディウは、あるいは「工場」という概念でやや拡がり（社会性）がある意味をもたせていたはずのバディウは、[106]あるいはそうしたバディウだからこそ、次のように書き綴っているからである。

> もしプロレタリアートがこの唯一の生産的（搾取された）外部性だとすれば、マルクスにしたがって「労働力」あるいは「可変資本」と呼んだほうがいいだろう。というのも、それは資本の一部品〔une pièce du capital〕にすぎないからである。〔……〕〔したがって〕われわれは労働者階級にとってのブルジョワジー〔という実在〕の内面‐内部〔l'intériorité〕をまず考えねばならない。〔……〕プロレタリアートは到る所に存在し、そこではある種の政治的な外の場〔*horlieu*〕が生産されている。[107]

「生ける労働」の「死んだ労働」による搾取とその「転倒」といった（『資本論』というよりもむしろ『経済学批判要綱』に重きをおいた）「生きた労働」の「歴史存在論」を唱えるネグリとの対比で言えば、[108]ネグリと同様程度、『経済学・哲学草稿』における疎外論がいまだ色濃く滲むとはいえ、ここには『資本論』にほぼ依拠していわゆる「自己退去の場‐の‐外‐の‐場 lieu-hors-lieu d'expulsion de soi」を唯一の階級であることをもって全体集合を僭称しながらも、そうであるためには、その全体集合にとっては定義的に有《あ》ってはならない空無を「一部品」として補集合的に必ず前提する全体集合という資本――あらかじめの欠損‐譫妄をアルチュセールのいわゆる「原動力 moteur」として蓄積運動を継続できる資本――を論ずるバディウが、[109] プロレタリアートの「聖歌」インターナショナルで「我らは何ものでもないが、すべて〔二〕足らん Nous ne sommes rien, soyons tout!」と歌われている「プロレタリアートが、その本質そのものにおいて、そうしたシーンから排除されている」からこそ、[110]「我らは何ものでもないが、到る所にいる *Nous ne sommes rien, soyons partout*」ことが可能になることを、ほぼ物象化の相貌において、伝えている。[111] そしてこれこそが、〈68年〉の遺産――実質的に完全に包摂され、解放と共《コムーネ》の場ではなく、むしろ抑圧装置として完成した、工場社会ではなく、その最後の〈外の場〉としての街頭《ストリート》――でなければならない。そしてこの街頭という遺産こそ、たんなる資本の支配の道具ではなく「実際は脱政治化」をもたらす資本制議会主義あるいは国家からの隔たりを創り出す唯一の機制なのである。[112] まさにバディウとともに叛乱の形態論が必要である。[113]

＊1――市田良彦さんから草稿への適切なコメントを頂いたが、上手く活かせなかった。次稿で実現したい。

＊2――アラン・バディウ『コミュニズムの仮説』市川崇訳、水声社、二〇一三年、五六―五七頁。以下、邦訳に変更を加える場合がある。また引用文中の強調は、言及しない限り、引用者による。

＊3――Sylvain Lazarus, *Anthropologie du nom*, Paris: Seuil, 1996, pp. 19-20. なお、Alain Badiou, « Mai 68 à la puissance quatre », *À bâbord! Revue sociale et politique*, Québec, no. 24, avril/mai 2008 も参照。

＊4――坪内祐三『一九七二――「はじまりのおわり」と「おわりのはじまり」』（文藝春秋、二〇〇三年）は、そのモチーフとタイトルにおいて、興味深い。

＊5――言うまでもなくぼくは、長崎浩『叛乱論』（新版、彩流社、一九九一年）と同『政治の現象学あるいはアジテーターの遍歴史』（田畑書店、一九七七年）を、バディウの叛乱論にほかならない Alain Badiou, *Le réveil de l'histoire. Circonstances 6*, Paris: Nouvelles Éditions Lignes, 2011 やスラヴォイ・ジジェク『2011 危うく夢見た一年』（長

原豊訳、航思社、二〇一三年）に重ねている。それはまた、バディウにとって重要な組織（論）の問題でもある。

＊6――Alain Badiou, *Peut-on penser la politique?*, Paris: Seul, 1985, p. 12.

＊7――ジル・ドゥルーズ（＋フェリックス・ガタリ）「資本主義と欲望について」『無人島 1969–1974』稲村真実ほか訳、河出書房新社、二〇〇三年、二五一―二五二頁。

＊8――本稿は、現在執筆中の『資本主義の層序学――資本の捕獲装置論』の準備稿である。

＊9――Benjamine Noys, *The Persistence of the Negative: A Critique of Contemporary Continental Theory*, Edinburgh: Edinburgh University Press, 2010, id., *Maligm Velocities: Accelerationism & Capitalism*, Winchester: Zero Books, 2014 および Antonio Negri, "Reflections on the 'Manifesto for an Accelerationist Politics'," e-flux journal #53 – march 2014 参照。

＊10――John Roberts, "The two names of communism," *Radical Philosophy* 177, Jan/Feb 2013, p. 9.

＊11――ジャン＝リュック・ナンシー『無為の共同体』〔一九八三年〕西谷修・安原伸一朗訳、以文社、二〇〇一年、およびフェリックス・ガタリ＋アントニオ・ネグリ『自由の新たな空間』〔一九八五年〕杉村昌昭訳、世界書院、二〇〇七年。なお、一九九〇年、後者の英語版にネグリが「後書き」をつけ加えた。Toni Negri, "Postscript, 1990," in Félix Guattari & Toni Negri, *Communists Like Us: New Spaces of Liberty, New Lines of Allianace*, trans. by Michael Ryan, New York: Semiotext(e), 1990.

＊12――前掲『コミュニズムの仮説』五四頁。

＊13――ロバーツに比べて明らかにバディウ寄りの視線から同様の問題を提起した優れた論考としては、Bruno Bosteels, "The Speculative Left," *The South Atlantic Quarterly* 104:4, Fall 2005 を参照。また同じタイトルを付されながら、四年を隔てて、やや異なるトーンを帯びるに到った論考（Bruno Bosteels, « Le gauchisme spéculatif » in id., *Alain Badiou, une trajectoire polémique*, Paris: La Fabrique éditions, 2009）も参照。この「四年」の間に「二つのコミュニズム」の異同が露わになってくる。

＊14――Roberts, "The two names of communism," *op. cit.*, p. 9.

＊15――Alain Badiou, « L'offrande réservée », in *Sens en tous sens: Autour des travaux de Jean-Luc Nancy* (dir.) Francis Guibal et Jean-Clet Martin, Paris: Galilée, 2004, p. 24. そもそも Badiou, *Peuto-on penser la politique?*, *op. cit.* は、

ナンシーとラクー＝ラバルトの招きに応じて読まれた文章がそのもとになっていたはずだ（*Le retrait du politique*, (dir.) Jean-Luc Nancy et Philippe Lacoue-Labarthe, Paris: Galilée, 1983）。この点については、Katja Diefenbach, Marxism's puncture: Reading Badiou's *Can politics be thought?* (www.after1968.org) がインフォーマティヴである。

*16——Roberts, "The two names of communism," *op. cit.*

*17——*L'idée du communisme*, (dir.) Alain Badiou et Slavoj Žižek, Paris: Nouvelles Éditions Lignes, 2010／コスタス・ドゥズィーナス＋スラヴォイ・ジジェク編『共産主義の理念』長原豊監訳、沖公祐・比嘉徹徳・松本潤一郎訳、水声社、二〇一二年。

*18——Alain Badiou, *Qu'est-ce que j'entends par marxisme? Une conférence donnée le 18 avril 2016 au séminaire Lectures de Marx à l'École normale supérieure de la rue d'Ulm*, Paris: les Éditions sociales, 2016, p. 52. 強調はバディウのもの。また id., « La politique comme pensée: l'œuvre de Sylvain Lazarus» in id., *Abrégé de métapolitique*, Paris: Seuil, 1998も参照されたい。

*19——長原豊「流れと捕獲の普遍史のために」、市田良彦・王寺賢太編『現代思想と政治——資本主義・精神分析・哲学』京都大学人文科学研究所、平凡社、二〇一六年も参照。

*20——ベルリン大会の日程については、Idee des Kommunismus. Philosophie und Kunst (www. volksbuehne- berlin.de/praxis/en/idee_des_kommunismus_philosophie_und_kunst/7id_datum=2532)

*21——注13の末尾ですでに仄めかしておいたが、二〇〇五年にすでボスティルスは、このネグリに先立つこと六年前の論考の冒頭で（Bosteels, "The Speculative Left," *op. cit.*, p. 751）、ネグリとは言わずに、婉曲に次のように書き記していた——「アラン・バディウについてある友人が、挑発的に、彼はマルクス主義者である以前に、あるいはマルクス主義者でさえないままに、何よりもまずコミュニストである哲学者だと言った」と。ボスティルスは、ネグリが自分の言葉としてこの点に公然と言及した以上、その四年後に刊行された同名の論考（Bosteels, « Le gauchisme spéculatif », *op. cit.*）ではこの一文を再録する必要性がなかったということである。

*22——Toni Negri, « La construction du commun: Un nouveau communisme» in Alain Badiou, Slavoj Žižek, *L'idée du communisme, II*, Paris: Nouvelles Éditions Lignes, 2011, p. 199. なお原文（"È possibile essere comunisti senza

Marx?")は、www.uninomade.org/essere- communisti-senza-marx/*Uni*Nomade 05/12/2010 で読めるが、フランス語版に較べるとやや語調が柔らかい。ネグリのこの論文には実質的には三つのヴァージョンが存在している。まず最初に活字として公表されたのは、二〇〇九年に開催された《コミュニズムの理念》第一回コンファレンス(ロンドン大会)に次いで翌年開催されたベルリン大会で読まれたもの(Toni Negri, « Est-il possible d'être communiste sans Marx? », *Actuel Marx*, No. 48, 2010)である。また「コミュニズム」特集を組んだ同号には Daniel Bensaïd, Stathis Kouvélakis, et Francis Sitel, « De quoi le communisme est-il le nom? » in *Contretemps: Revue de critique communiste* 4 (Winter 2009) も呼応している。またその直接の英訳版が Antonio Negri, "Is It Possible to be Communist Without Marx?", *Critical Horizons* 12(1), 2010 である。本稿で用いているのは、フランス語版だけが《コミュニズムの理念》第二回大会の一件書類として出版されているエディション・リーニュ版であり、そこではいくつかの字句の訂正が施されている。なお同コンファレンスの英語版の出版を引き受けているヴァーソ社にとっての《コミュニズムの理念》第二回大会はニューヨーク大会となっており、ベルリン大会は存在しなかったかのように処理されている。なおエディション・リーニュ版に忠実な英語版は、Antonio Negri, "Is It Possible to be Communist Without Marx?" in id., *Marx and Foucault*, Cambridge: Polity, 2017 で読める。なおこの間のコミュニズムをめぐる論争については、Roberts, "The two names of communism," *op. cit*. および Bruno Bosteels, "Introduction" in id., *The Actuality of Communism*, London: Verso, 2011, とくに後者の鋭い読解を参照されたい。

＊23——Negri, « La construction du commun: Un nouveau communisme», *op. cit*., p. 199.

＊24——バディウを難解だと批難する向きには、Bruno Bosteels, *Badiou and Politics*, Durham: Duke University Press, 2011 を薦めたい。

＊25——〈コミュニズムは理念ではない〉という——もちろん、広い意味で「経済主義」的な——批判(Emmanuel Barot, « Le communisme n'est pas une Idée (Court état du marxisme en France) », *Contretemps*, 1 septembre 2010)への応接が目指されていた。

＊26——Alain Badiou, « Le socialisme est-il le réel dont le communisme est l'idée? » in Badiou, Žižek, *L'idée du communisme, II*, *op. cit*., pp. 9ff. なお Slavoj Žižek, « L'Idée du communisme comme universel concret » in

Badiou, Žižek, *L'idée du communisme, II*, *op. cit.* も参照。

＊27——Alain Badiou, *L'être et l'événement*, Paris: Seuil, 1988, pp. 149ff.

＊28——本稿では検討しないので、あらかじめ言っておけば、この見解の根拠は「マルクス主義政治が存在するとすれば、その目的は一般的な意味における政治の終焉、あらゆる政治の終焉である。それは歴史的階梯に内在する運動が国家の衰滅であると同時に政治の衰滅でもあるような一箇の政治である」と、その規定の厳密さにある（Badiou, *Qu'est-ce que j'entends par marxisme?*, *op. cit.*, p. 26）。つまり問題は、革命の失敗の原因としての国家（論）の問題だが、この作業は、長原前掲「流れと捕獲の普遍史のために」および Yutaka Nagahara, "A Croquis for the New Project: *The Strategraphy of Capitalism* – Capture-Devices of Capital," *ZINBUN* No. 47, 2017 ですでに始めている。

＊29——Lazarus, *Anthropologie du nom*, *op. cit.*, p. 11 *et passim.*

＊30——アントニオ・ネグリ＋マイケル・ハート『〈帝国〉』水嶋一憲ほか訳、以文社、二〇〇三年および同『マルチチュード——〈帝国〉時代の戦争と民主主義』上・下、幾島幸子訳、水嶋一憲・市田良彦監修、日本放送出版協会、二〇〇五年。

＊31——以上、Negri, « La construction du commun », *op. cit.*, p. 199. 両者を「師」とするアルベルト・トスカーノは、両者が「ときに接近しながらも、滅多にその理論的かつ政治的な世界を通わせ合うことがないという、分離状態で生きてきた」と書いている（アルベルト・トスカーノ『コミュニズムの争異』長原豊訳、航思社、二〇一七年、一四頁）。

＊32——フーコーが「西欧の知の深層のレベルにおいて、マルクス主義は現実においてはいかなる断層〔coupure réelle〕も生じさせはしなかった。それは、おだやかで安心のいく充足した形象として、まぎれもなくある時代（マルクスの時代）にとって満足すべき形象として、当時の認識論的配置の内部に難なくその場を占めたのであり、しかもそこに好意をもって迎えられ（それに場を与えたのはまさしくこの認識論的配置だったからだ）、マルクス主義のほうとしても、完全にそのような配置に依拠していただけに、その配置を乱そうとする意図も、とりわけ、わずかでもそれを変質させようとする力も、持ち合わせてはいなかったのである。〔……〕マルクス主義は十九世紀の思考において水のなかの魚のようなものであって、それ以外のどこでも呼吸するわけにはいかなかった

ろう」とマルクス主義を批難し（ミシェル・フーコー『言葉と物』渡辺一民・佐々木明訳、新潮社、一九七四年、二八一頁）、それを受けてポール・ヴェーヌが「各時代において、同時代の人びとはこのように言説のなかに閉じ込められている。これは、見かけ上は透明の水槽のなかに閉じ込められて、その金魚鉢がどのようなものであるかを知らず、さらには水槽があるということさえ知らないようなものだ。見かけ上の一般性と言説とは、時間を通じてさまざまな変奏を示す。とはいえ、それらは各時代において真なるものとみなされる。したがって、真理とは真理を語ること、すなわち、今は真であると認められているが一〇〇年後には人びとを苦笑させるであろうことに、したがって語ることへと還元される」と語っているが（ポール・ヴェーヌ『フーコー』慎改康之訳、筑摩書房、二〇一〇年、一九―二〇頁）、これこそマルクス主義からの応答である。つまりマルクス主義は政治においてその真理陳述をおこなうということである。

*33――Negri, « La construction du commun », *op. cit.*, pp. 201, 210.

*34――前掲『コミュニズムの争異』九頁。

*35――以上、Negri, « La construction du commun », *op. cit.*, p. 204. ネグリは「ドゥルーズ＝ガタリは、みずからコミュニストだと名告ることはなかった。なぜか？　理由はこうだ。彼らはマルクス主義者ではなかったが、コミュニストの実践と戦闘性に絶えずみずからを開く思想の運動に関与していたからだ。とくにその唯物論は存在論的であり、そのコミュニズムは変換的な実践の千のプラトーのうえで展開されていた」と書いているが（*ibid.*）、本稿そのものがさきに触れた『資本主義の層序学』の一部を構成するドゥルーズ的マルクス論への助走であることから、ここではこの文章は引用するだけに留めておきたい

*36――あらかじめ言っておけば、安易な反「経済主義」は、単純な負債論と心理学などで盛り上がっているナンチャッテ無政府主義に接近することになる。Benjamine Noys, "Through a Glass Darkly: Alain Badiou's Critique of Anarchism," *Anarchist Studies*, Vol. 6, No. 2, 2008 が興味深い。

*37――言うまでもなく、『経済学批判要綱』の再検討で画期的な業績を残しているだけでなく、ここでは逐一展示しないが、多くの「マルクス経済学」的論考をものしているネグリにとっては、バディウの「経済学」への姿勢――ぼくに言わせれば、戦術的無関心――には違和感があったことは疑いを容れない。

*38――Negri, « La construction du commun », *op. cit.*, pp. 206, 208, 211. なお Daniel Bensaïd, « Alain Badiou et le miracle de l'événement » in id., *Résistances: Essai de taupologie générale*, Paris: Fayard, 2001も参照。

*39——Badiou, *Qu'est-ce que j'entends par marxisme?*, *op. cit.*, pp. 12-13.

*40——刊本では、この反批判部分全体がイタリックとなっている。

*41——デリダは「わたしを導いているのは、つねに翻訳不能性なのです Ce qui me guide, c'est toujours l'intraductibilité」と語っているが（Aliette Armel, « Du mot à la vie: un dialogue entre Jacques Derrida et Hélène Cixous », *Magazine Littéraire*, no. 430, 2004, p. 26）、そのためには最低限、交通を可能にせねばならない。

*42——Badiou, « Le socialisme est-il le réel dont le communisme est l'idée? », *op. cit.*, pp. 13-14.

*43——馬鹿げた註の挿入と思われるだろうが、楽天と悲観という活動家における敗北の凌ぎ方の二類型は、その理論を決定的に大きく左右するだろう。

*44——Armin Beverungen, Anna-Maria Murtola and Gregory Schwartz, "The communism of Capital?", *ephemera* 13(3), 2013などを参照。この点についてのネグリらの弱点については、別稿を準備中である。

*45——Badiou, « Le socialisme est-il le réel dont le communisme est l'idée? », *op. cit.*, pp. 14-15.

*46——レーニン「マルクス主義の三つの源泉と三つの構成部分」『レーニン全集』第一九巻、大月書店、一九五六年。

*47——状況論集4は、タイトルをめぐってさまざまなパロディ——例えば、「バディウとは何の名か De quoi Badiou est-il le nom?」——さえ生み出した、アラン・バディウ『サルコジとは誰か?』（榊原達哉訳、水声社、二〇〇九年）である。また状況論集5が前掲『コミュニズムの仮説』である。Pierre Bance, « Badiou cerné par l'anarchisme », *Autre Futur.net* 8 février 2012, p. 1 (http://www. autrefutur.net). なおこの論考は、ネグリとの対質に関わって優れた観察を提示している。

*48——Badiou, *Le réveil de l'histoire*, *op. cit.*, p. 17. 同様の反論は、「同志ネグリ」は、ベルリンで開催されたコンファレンスで、「「一部の人びと」が〔……〕マルクス主義者でもないのにコミュニストであろうとしていると発言したわけですが、これに対してわたしは、自分が話す番だと考え、次のように応答しました。つまり、「一部の人びと」がコミュニストであることなくマルクス主義者であることができると考えているが、これはもっと酷《ひど》い」（Badiou, *Qu'est-ce que j'entends par marxisme?*, *op. cit.*, pp. 12-13）というように、最近でも繰り返されている。

*49——長原豊「歴史《ゲシヒテ》という言説装置《タイムマシン》」『現代思想 『資本論』一五〇年 臨時増刊号』参照。

＊50——Antonio Negri, « Une ouverture vers le deleuzisme: Conversation avec Antonio Negri », in Aliocha Wald Lasowski, *Althusser et nous*, Paris: PUF, 2016, p. 225.

＊51——Bensaïd, « Alain Badiou et le miracle de l'événement », *op. cit.*, p. 143.

＊52——言うまでもなくこれは、『資本論』第一巻に収録されている第二版後記にある「引っ繰り返す umstülpen」という手順——ヘーゲルの転倒——を指しているが、ぼくはこれを単純に「転倒」と理解せず、「外皮 Hülle」を「捲り返して umstülpen」「核 Kern」を剝き出しにすることだ（Karl Marx, *Das Kapital. Kritik der politischen Ökonomie*. Erster Band, Berlin: Dietz Verlag, 1993, S. 27）と主張してきた。長原豊『われら瑕疵ある者たち』青土社、二〇〇八年参照。

＊53——この点については Badiou, *Qu'est-ce que j'entends par marxisme?*, *op. cit.*, esp. pp. 35-40.

＊54——バディウは、『モデル概念』で、「科学について語ることはイデオロギー的徴候であり、それはじつは、特異なことにおいてイデオロギーを語ることと同じだ」としたうえで、「ひとは自分では解決できないいかなる問題も提起しない」というマルクスを引いている（Alain Badiou, *Le conept de modèle. Introduction à une épistémologie matérialiste des mathématiques*, Nouvelle édition augmentée d'une préface inédite, Paris: Fayard, 2007, p. 49）。

＊55——その戦術に関わってではなく、その存在論においてバディウと通底するものがあるということである。Mario Tronti, "La strategia del rifiuto" in id., *Operai e capitale*, Roma: DeriveApprodi, 2006, p. 237 参照。

＊56——取り敢えず、アラン・バディウ『ドゥルーズ——存在の喧騒』鈴木創士訳、河出書房新社、一九九八年参照。なお、Alberto Toscano, "To Have Done with the End of Philosophy," *Pli* 9, 2000 および Andrew Robinson, "An A to Z of Theory Alain Badiou: On Badiou Versus Deleuze" Ceasefire Magazine が読んでいて楽しい。

＊57——Slavoj Žižek, "Psychoanalysis and Post-marxism: The Case of Alain Badiou," *The South Atlantic Quarterly*, 97(2), 1998 および id, "On Alain Badiou and *Logiques des mondes*," www.lacan.com/zizbadman. htm 参照。

＊58——Badiou, *Le réveil de l'histoire*, *op. cit.*, p. 18.

＊59——Badiou, *Qu'est-ce que j'entends par marxisme?*, *op. cit.*, p. 36.

＊60——Bosteels, *Alain Badiou, une trajectoire polémique*, *op. cit.*, p. 173. バディウ本人よりもバディウ主義者であるボステイルスにとって「マルクス経済学」は無用の長物と映っている可能性が高い。ピーター・ホルワードもまた

そうだろう。いつか議論せねばならない論点である。とはいえ誤解を避けるために、ボスティルスによる政治経済学批判の優れた一例を挙げておく。Bruno Bosteels, "Beggars Banquet: For a Critique of the Political Economy of the Sign in Borges," *Variaciones Borges* 29, 2010.

＊61——Badiou, *L'être et l'événement*, *op. cit.* and id., *Logiques des mondes. L'être et l'événement, 2*, Paris: Seuil, 2006.

＊62——Alain Badiou, « L'être, l'événement, la militance », interview with Nichole-Edith Thévenin, *Futur Antérieur* 8, 1990が、入門的に分かり易い。

＊63——アラン・バディウ『哲学宣言』黒田昭信・遠藤健太訳、藤原書店、二〇〇四年、第6章を参照。また Alain Badiou, *Second manifeste pour la philosophie*, Paris: Flammarion, 2009, p. 67.

＊64——Lazarus, *Anthropologie du nom*, *op. cit.*, *passim*, esp. pp. 135ff. なお、この点については長原前掲「歴史という言説装置」で展開した。

＊65——この点については、Nina Power, "Towards an Anthropology of Infinitude: Badiou and the Political," *Cosmos and History: The Journal of Natural and Social Philosophy*, vol. 2, no. 1-2, 2006が、分かり易い解説となっている。

＊66——以上、Badiou, *Qu'est-ce que j'entends par marxisme?*, *op. cit.*, pp. 11-14.

＊67——ラザリュスは「起きた ayant eu lieu」政治と「起きている ayant lieu」政治を識別的に用いて、「政治の歴史的様式」という問題系を論じているが（Lazarus, *Anthropologie du nom*, *op. cit.*, *passim*）、バディウはこのラザリュスに繰り返し言及している。

＊68——Alain Badiou, « Althusser: le subjectif sans sujet » in id., *Abrégé de métapolitique*, *op. cit.*, p. 67.

＊69——Žižek, « L'Idée du communisme comme universel concret », *op. cit.*

＊70——この国で言えば、例えば、戦後直後の生産管理闘争であったり、六〇年安保闘争であったり、六五年の日韓闘争であったり、沖縄をめぐる一連の闘争であったり、全共闘運動から七〇年安保に向けての闘争といった、基本的には、「敗北の構造」である。

＊71——Badiou, *Qu'est-ce que j'entends par marxisme?*, *op. cit.*, p. 52 et p. 26.

＊72——Badiou, *Peut-on penser la politique?*, *op. cit.*, pp. 29, 56, 60.

＊73——Badiou, « Le lien singulier entre philosophie et stratégie politique: Conversation avec Alain Badiou » in *Althusser et nous*, *op. cit*., p. 32. アルチュセールに対するバディウの初期の考え方については、Alain Badiou, « Le (Re) commencement du matérialisme dialectique », *Critique* 240, mai 1967 参照。

＊74——Badiou, *Qu'est-ce que j'entends par marxisme?*, p. 15.

＊75——以前ぼくも軽く触れたことがあったが、宇野弘蔵の体系観に、ヘーゲルは言うまでもないが、むしろスピノザが大きな影響を及ぼしていることについては、Gavin Walker, *The Sublime Perversion of Capital: Marxist Theory and the Politics of History in Modern Japan*, Durham & London: Duke University Press, 2016 を参照。

＊76——Sylvain Lazarus, « Althusser, la politique et l'histoire » in *Politique et philosophie dans l'œuvre de Louis Althusser*, sous la direction de Sylvain Lazarus, Paris: PUF, 1993, p. 9.

＊77——以上、Badiou, *Qu'est-ce que j'entends par marxisme?*, *op. cit*., pp. 15-16.

＊78——忘れないうちに指摘しておくが、レーニンや毛沢東を参照することがあっても、『共産党宣言』以外のマルクスに接近しようとしないとネグリに批判されたバディウにとって、マルクス経済学とはとりもなおさず、そしてアルチュセールとほぼ同様、『資本論』であった。これは『経済学批判要綱』の研究者であったネグリとは、その視点において、つまり理論と歴史との関係理解において、大きく異なっている（アントニオ・ネグリ『マルクスを超えるマルクス』清水和巳・小倉利丸・大町慎浩・香内力訳、作品社、二〇〇三年）。なおネグリは、「アルチュセールは『経済学批判要綱』をとても雑然とした下書きと考えていました。またこのテクストの重要性がマルクスの読解にとってはまったく副次的なものとも考えていました」と述懐したうえで、自分のマルクスとアルチュセールのそれとの違いを展開している（Negri, « Une ouverture vers le deleuzisme: Conversation avec Antonio Negri » in *Althusser et nous*, *op. cit*., pp. 224ff.）。

＊79——Alain Badiou, « La figure du (re)commencement », *Le Perroquet* 42 (1), 1984, p. 1 and id., *Peut-on penser la politique? op. cit*., 1985, pp. 55-56.

＊80——Badiou, *Peut-on penser la politique? ibid*., p. 14.

＊81——Pierre Macherey, *Le sujet des normes*, Paris: Éditions Amsterdam, 2014.

＊82——Alain Badiou, *Théorie du sujet*, Paris: Seuil, 1982, p. 147.

＊83——長原前掲『われら瑕疵ある者たち』および同『ヤサグレたちの街頭』航思社、二〇一五年を参照。

*84——ジル・ドゥルーズ＋フェリックス・ガタリ『アンチ・オイディプス』上・下、宇野邦一訳、河出文庫、二〇〇六年、下巻七六頁。

*85——ここでは、ネグリのあれやこれやの指摘ではなく、Michael A. Lebowitz, *Beyond* Capital: *Marx's Political Economy of the Working Class*, Second Edition, New York: Palgrave Macmillan, 2003 の参照を求めたい。

*86——Marx, *Das Kapital*, *op. cit.*, S. 27.

*87——ドイツ語版『アンチ・オイディプス』(Gilles Deleuze und Félix Guattari, *Anti-Ödipus. Kapitalismus und Schizophrenie I*, Übersetzt von Bernd Schwibs, Frankfurt am Main: Suhrkamp, 1974, S. 326) では、「普遍主義的使命」が「普遍的自負 universellen Anspruch」と訳されている。

*88——Badiou, *Théorie du sujet*, *op. cit.*, p. 148.

*89——この有名な概念を厳密にお復習《さら》いしておこう。「歴史はまさに「〈主体〉あるいは〈目的‐終わりFin〉なき過程」であり、この過程では「人間」が社会的諸関係の規定の下で主体として行為する所与の諸状況が階級闘争の所産である。歴史は、したがって、その語の哲学的意味における〈主体〉をもたない。もっているのは原動力であり、それはまさに階級闘争そのものである」(Louis Althusser, *Réponse à John Lewis*, Paris: Maspero, 1973, p. 76)。バディウは「過程」をスキップして「主体なき歴史についての科学」という表現を使っているが、誤解を招きやすい (Badiou, *Qu'est-ce que j'entends par marxisme?*, *op. cit.*, p. 20)。

*90——以上は Badiou, *Théorie du sujet*, *op. cit.*, pp. 147–148.

*91——Alfred Jarry, *Ubu roi*, Acte II, Scène VI, La Bibliothèque électronique du Québec. *Collection À tous les vents*, Volume 205: version 1.01, p. 63.

*92——Alain Badiou, *D'un désatre obscu. Sur la fin de la vérité d' État*, Édition de l'Aube, 1998, p. 29 et p. 30.

*93——アントニオ・グラムシ「『資本論』に反する革命」『革命論集』上村忠男編訳、講談社学術文庫、二〇一七年、六〇頁。

*94——アントニオ・グラムシ「「経済主義」の問題」『新編 現代の君主』上村忠男編訳、ちくま学芸文庫、二〇〇八年、一五二頁。

*95——Leo Panitch and Sam Gindin, *The Making of Global Capitalism: The Political Economy of American Empire*,

London and New York: Versso, 2012 参照。なお同書は、友人たちと翻訳中である。

＊96——グラムシ前掲「『資本論』に反する革命」六一頁。

＊97——だが、それは「束の間」である。というのも、グラムシは『資本論』をどのように理解していたかに関わって、彼の「政治経済学批判」もまた議論の対象とせねばならないからである。この点についてもっとも優れているとぼくが考えている論考は、Michael R. Krätke, "Antonio Gramsci's Contribution to a Critical Economics," trans. by Peter Thomas, *Historical Materialism* 19:3, 2011 参照。なお、Palmiro Togliatti, "Gramsci e « La rivoluzione contro il "Capitale" (di Marx) » in id., *Gramsci e il leninismo. Con una nota di Armando Cossutta*, Robin Edizioni, 2000, p. 67 参照 .

＊98——前掲『アンチ・オイディプス』下、七九頁。

＊99——Georges Peyrol (Alain Badiou), « Le fascisme de la pomme de terre » in *La situation actuelle sur le front de la philosophie, Cahier Yenan* no. 4, Paris: Maspero, 1977 など。

＊100——Badiou, *Théorie du sujet*, *op. cit*., p. 152.

＊101——Badiou, *Qu'est-ce que j'entends par marxisme?*, *op. cit*., p. 43. なお Slavoj Žižek, *Less Than Nothing: Hegel and the Shadow of Dialectical Materialism*, London: Verso, 2012 の〈less than nothing〉とはこれを指している。本書は航思社から刊行される。

＊102——Karl Marx, *Ökonomische Manuskripte 1857/58*, Text. Teil 1, Berlin: Dietz Verlag, 1976, S. 198

＊103——Negri, « La construction du comun: Un nouveau communisme», *op. cit*., pp. 206ff.

＊104——例えば、ジャック・ランシエール『不和あるいは了解なき了解』松葉祥一ほか訳、インスクリプト、二〇〇四年など。なお、ランシエールについては、Alain Badiou, « Rancière et la communauté des égaux » et « Rancière et l'apolitique » in id., *Abrégé de métapolitique*, *op. cit*. を参照。なお、Bruno Bosteels, « La leçon de Rancière: Malaise dans la politique ou on a raison de se mésentendre » Intervention au colloque "Jacques Rancière et la philosophie au présent" Cerisy-la-Salle (20–24 mai 2005) が秀逸である。

＊105——Negri, « Une ouverture vers le deleuzisme: Conversation avec Antonio Negri », in *Althusser et nous*, *op. cit*., p. 236.

*106——Alain Badiou, "The Factory as Event Site," trans. by Alberto Toscano (« L'usine comme site événementiel » in *Le Perroquet* 62-63, 1986), *Prelom* no. 8, 2006. 当初この論文は『存在と出来事』に組み入れられる予定だったが、断念された。

*107——Badiou, *Théorie du sujet*, *op. cit.*, p. 147.

*108——Negri, « La construction du comun: Un nouveau communisme», *op. cit.*, p. 203.

*109——Badiou, *Théorie du sujet*, *op. cit.*, pp. 147–149.

*110——以上、Badiou, *Qu'est-ce que j'entends par marxisme?*, *op. cit.*, pp. 43–44.

*111——Badiou, « Le socialisme est-il le réel dont le communisme est l'idée? », *op. cit.*, p. 22.

*112——Alain Badiou, « Politique et vérité. Dialogue entre Alain Badiou et Daniel Bensaïd », *Contretemps* (1ère série), en février 2006.

*113——バディウが「歴史の覚醒」を叛乱 émeute 形態論として説く背景がここにある。Badiou, *Le réveil de l'histoire*, *op. cit.*

12 フーコーの精神分析批判——『性の歴史I』に即して*[1]

小泉義之

1 ブルジョワジーと残りの者

フーコーが「主体」の二義性（原語 sujet には、「主体」と「臣下」の二義がある）を強調したことはよく知られており、フーコー研究でも、それぞれの言語で表現方式は異なってくるものの、「主体＝臣下」「主体化＝服従化」といった類の定式が広く使われてきた。しかし、フーコーがその二義性に明示的に言及している箇所は、思われているよりはるかに少ない。このことからしても、フーコーの主体論はあらためて検討される必要がある。本稿では、『性の歴史I 知への意志』（一九七六年）に即して、その主体＝臣下論と、一九八〇年代の主体化論を予示する自己論を読み取ることにしたい。はじめに、主体＝臣下の二義性に言及している箇所を引用しておく。*[2]

自白（aveu）に内的な罠に自ら捉えられているがために、検閲に対し、語ることや考えることの禁止に対して根本的な役割が与えられてしまうのである。権力についてまったく転倒した表象を作り上げているがために、長きにわたって、われわれの文明では、何者であるのか、何を為したのか、何を覚えており何を忘れたのか、何を隠しており何が隠されているのか、何を考えておらず何を考えていないと考えているのかを語るべきであるとする途方もない指令を繰り返す声のすべては、自由についてわれわれに話しかけていると信じられてしまうのである。それは西洋で幾世代もが服してきた大工事であり、別の形態の労働が資本蓄積を確保していた間に、その大工事が生産したものが、人間の服従化（assujettissement）である。その際、私は、人間が語の二重の意味において主体＝臣下（sujet）として構成されると言っておきたい。（81／七八―七九）

人間が主体＝臣下として構成されるための歴史的・理論的な条件は、自白の体制と権力の転倒した表象に捉われることである。では、『性の歴史Ｉ』において、自白の指令の声を発するものは何であろうか。また、権力の表象を転倒させるものは何であろうか。私の解するところ、それは精神分析である。そして私は、『性の歴史Ｉ』全体を精神分析批判として読み通すことができると考えているが、そのとき、『性の歴史Ｉ』におけるブルジョワジーの位置づけが鍵になる。ブルジョワジーについて、フーコーはこう叙述している。

〔一九世紀になって〕ヴィクトリア朝ブルジョワジーの単調な夜にいたる。そのときセクシュアリティ（sexualité）は、用心深く閉じ込められる。セクシュアリティは移動する。婚姻による家族が、セクシュアリティを押収する。そして、家族が、真面目な生殖機能にセクシュアリティをことごとく吸収してしまう。性（sexe）をめぐっては、人は口を閉ざす。夫婦（couple）が、正統な親として、法（loi）を作り出す。夫婦は、おのれをモデルとして押し付け、規範（norme）を行使し、真理を保持し、原則的に秘密を保持しながらも語る法権利を維持する。社会空間でも家の内部でも、承認されたセクシュアリティの唯一の場所は両親の寝室であるが、それは有用で多産な場所なのである。（9-10／九―一〇）

ブルジョワジーのカップルは、セクシュアリティのモデル・規範・法・真理となる。カップルの性についてはことさらに語られなくなるものの、カップル自身はおのれの性の秘密を語る法権利を有しており、然るべき時と場所が揃えば、いつでもおのれの性の秘密を語る用意がある。ブルジョワジーのカップルがこのようであるがために、「残りの者（le rest）」のセクシュアリティは次のようなものになる。

不毛な者（le stérile）が、たまたま自己主張や自己顕示にいたるや、異常者（l'anormal）とされる。不毛な者は、異常者として身分を定められ、それに見合った制裁を受けることになる。／世代の秩序から外れ、世代のうちで然るべく変わらない者は、無宿・無法の輩であり、言葉も持たない。追放され、否認され、沈黙を課せられる。そういうものは存在しないだけではなく、存在してはならないのである。〔……〕しかし、幾つかの譲歩は強いられる。どうしても非合法のセクシュアリティに場所を与えなければならないときは、別の場所で騒いでもらおう。そこは、生産回路に登録できないにしても、少なくとも利潤回路に登録できるような場所である。売春宿と療養所がその寛容の場所となるだろう。

（10–11／一〇―一一）

ブルジョワジーのセクシュアリティから外れた者は、社会空間や家族で自己を顕在化させるや異常者として制裁を加えられるが、そうでない限り、家の外、法の外に存在するにしても、無きものとして扱われる。したがって、生殖と世代の秩序の外に立つ者について、ことさらにそのセクシュアリティが問題化されることはない。しかも沈黙を課せられるからには、性の秘密を持たせられるわけでもそれを語る法権利を持たせられるわけでもない。不毛な者は、セクシュアリティ無き者として扱われるだけである。そのセクシュアリティが非合法な形で顕在化するようなら、それ相応の場所があてがわれて封印されるだけであり、社会空間や家では生殖と世代の秩序が保たれつづけることになる。しかし、現実の歴史はそのようには進まなかった。「権力の形式」が変化したからである。

十八世紀の末までは、慣習の習律や世論の桎梏を別とすれば、三つの明確な大コードが性的実践を統制していた。教会法令、キリスト教教書、民法である。これらが、それぞれの仕方で、合法と非合法の分割を定め

ていた。ところで、これらはすべて、結婚関係を中心にしていた。　（51／四八）

不毛で異常な者は三重の意味で非合法に行動する者として捉えられていた。不毛で異常な行動は「反‐自然」と評されていたにしても、それはあくまで、人為の法と自然の法をともに侵犯する「反‐法」の極端な形として知覚されていた。性的実践に関わる禁止は、根本的に「法律的」であったのである（52-53／四九）。ところが、正規の婚姻が規範として機能するようになると、不毛で異常な者の非合法性に新たな意味が加えられてくる。「周縁的セクシュアリティ」の「反‐自然」は、三重の意味での非合法性に加えて、「結婚と家族の法律（あるいは道徳）に対する違反」と「自然の機能の規則性に対する侵害」の二重の意味を負わせられる。さらに、「西洋が性を統制するために作成してきた二つの大きな規則体系」、すなわち、「婚姻の法と欲望の秩序」をともに覆す「倒錯」として知覚されるようになる（54-55／五一）。そして、倒錯者は、法を犯した主体＝臣下としてよりはむしろ、異例な個人として知覚されるようになる。フーコーは、同性愛者を例にとって、その過程を説明している。

周縁的セクシュアリティを新たに採集することによって、倒錯の併合と個人の新たな種別化がもたらされる。かつての民事法や教会法にいうソドミーは、禁止された行為のタイプの一つであった。その犯人（auteur）は、法律的主体以外のものではなかった。十九世紀の同性愛者は、一人の人物（personnage）となった。すなわち、ある一つの過去、歴史、幼年期、性格、生き方となった。また、体つきも露わで、おそらく生理的に神秘的な、ある一つの形態となったのである。同性愛者の存在の総体が、そのセクシュアリティから離れない。同性愛者のいたるところに、そのセクシュアリティは現前している。それはすべての行動に隠れている。セクシュアリティは、潜行しながら際限なく活動的である行動原理だからである。それは、顔や体に恥かしげもなく書き込まれている。セクシュアリティは、いつでも自らを露呈してしまう秘密だからである。同性愛者のセクシュアリティは、習慣的な罪としてよりは特異な自然本性として、同性愛者の実体をなすのである。

（58-59／五五）

新たな権力は、周縁的セクシュアリティを単純に排除するのではなく、「種別化」し「凝結」させる。「多数のセクシュアリティを散種し（disséminer）、現実的なものの中へ撒き散らし（parsemer）、個人へ体内化する（incorporer）」（60／五六―五七）。では、このような権力はいかに形成されたのであろうか。第一に指摘されるのは、「ポリス」が性にも行使されはじめたことである。この「性のポリス」（35／三四）が関与するのは、「単に臣下なのではなく、民衆ですらなく、住民（population）である」（36／三五）。周縁的な倒錯者は、ある一つの集団（population）をなすものとして、それゆえに「倒錯者の世界」（55／五二）を構成するものとして知覚されるようになる。第二に指摘されるのは、周縁的な倒錯者に対しても自白が要求されはじめたことである。その行動の非合法性の認知以上のことが要求されるのである。この自白の命令への「巨大な服従 grand assujettissement」（30／三〇）の下で、倒錯者は、いまや法権利の主体としてではなく、自白の体制に服従しながら、自白すべき「秘密」を持ち、それを常に語るべき者として、その意味での人物・個人として構成される（49／四六）。その果てに、倒錯者自身が、その倒錯性をおのれの実体性として受け入れていくわけである。

　以上のような歴史過程を作り出したものとして第三に指摘されるのが、自白と科学を連接する「科学‐自白」としての「性の科学」である。それまでの権力の法的な形式においては、主権者は単なる認識主体として、異常な者を対象化して認識しておけばすんでいた。ところが、異常者たちがポリスの対象たる集団として捉えられ、異常者個人に自白の責務が課せられるや、異常者は認識対象以上の者として現出する。異常者からの自白に傾聴すればするほど、自白されるものと自白されないものが、さらに、自白されえないものが知の対象として浮上し相互に浸透する。「自白の儀式と自白の内容に支えられる科学」は、「自白不可能なもの‐自白されるものを対象とする科学」（86／八四）とならざるをえない。このとき、認識する主体と認識される対象の関係は、大きな変化を強いられる。それまでの権力の法的な形式の下では、認識する主体は、認識される主体の非合法性だけを認めればたりるのであるから、その主体を安んじて対象化することができていた。ところが、「科学 - 自白」の連節を遂行する認識の主体は、自白されるものよりはむしろ、自白されざるものにこそ倒錯者の秘密や真理が隠されていると認めざるをえなくなる。しかも、その自白されざるものは、当の自白者にとっても知られざるものであるから、認識の主体は、自白されるものに解釈を加えながら、その真理を取り出そうとしなければならない。こうして、認識的で解釈的な主体は、「主体の科学 une science du sujet」(86/八四)を遂行することを通して、「真理の主人 le maître de la vérité」(89/八七)へと成り上がっていく。他方、自白する主体はといえば、この真理の主人の下で、自白の法に服従する臣下のごときものへ変貌するわけであるが、そのとき、この新たな主体 = 臣下は内的な分裂を強いられる。真理の主人の側にあって、「主体の知」は、「主体の形式の知ではなく、主体を分割する(scinder)ものの知」(93/九一)となるのに呼応して、自白する主体 = 臣下の側にあっては、「主体の知」は、おのれが知らないもの、おのれが決して知りえないものが存在し、しかもそれは他者に明け渡されるものであるという知であるがために、おのれの分割についての知にとどまる。「主体の科学」「主体の知」は多義的で複合的になるのである。このいささか入り組んだ事情から主体の理論の種々の構成要素が分出してくるわけであるが、さしあたりフーコーは、こうまとめている。

主体の科学の企てが、性の問題へと引きつけられはじめた。主体における原因性、主体の無意識、それを知る他者における主体の真理、主体自身が知らないものについての主体における知、これらすべてが性の言説の中で展開したのである。しかしながら、それは性そのものに内的な何らかの自然的特性を根拠としてのことではなく、性の言説に内在的な権力の策略の機能によってのことなのである (93/九二)

真理の主人と自白する主体からなるこの真理の体制は、性そのものに内在するような構造ではない。そうではなくて、性の言説に内在する権力の変化の結果として歴史的に形成されてきた体制である。そして、やがて精神分析がその体制の一面を理論化することになるはずである。

2　ブルジョワジーの自己肯定

歴史的には、「セクシュアリティの装置が設定されたのは、婚姻の装置の周りに、それを出発点としてであった」。その後、セクシュアリティの装置は婚姻関係の外へと広がり倒錯者に対して行使されるが、今度は、家族へと反転して婚姻の装置に重なっていく。そのとき、一方で「家族は、法と法律の次元をセクシュアリティの装置の中に運び込む」が、他方で「セクシュアリティは、快楽や感覚強度の経済を婚姻の体制の中に運び込む」（142-143／一三八―一三九）。後者は、次のような事態を生み出していく。

両親、夫婦は、家族の中でセクシュアリティの装置の主要な演じ手（agents）になる。このセクシュアリティの装置が、外部では、医師、教育者、後には精神病医に支えられ、内部では、婚姻関係を二重化し、やがてそれを「心理化」し「精神医学化」する。そのとき、新たな人物（personnages）が登場してくる。すなわち、神経質な女、冷感症の妻、無関心な母、殺人妄想に取り憑かれた母、性的に不能でサディスティックで倒錯した夫、ヒステリー症か神経衰弱の娘、早熟ですでに精力を使い果たした少年、結婚を拒否したり妻を無視したりする同性愛の若者。それらは逸脱した婚姻と異常なセクシュアリティが入り混じった形象（figures）である。かれらは、異常なセクシュアリティのトラブルを、逸脱した婚姻の領域へと持ち込む。

（146／一四一―一四二）

家族の内部に、不毛で異常な倒錯者の世界が浸透してくるのである。それに対処するために、精神と心理の専門家は、家族内部の倒錯者を家族外部へ連れ出して治療しては、「家族のシステムに性的に統合可能な個人を家族に返してやる」のだが、それだけでは、家族システムが、婚姻の装置へ性的に統合された正常な個人と婚姻の装置から潜在的に逸脱している個人の単なる寄せ集めへと、言いかえるなら、「快感や感覚強度の経済」にさまざまな仕方で組み込まれる個人の寄せ集めへと変容していく傾向を阻止することにはならない。この新たな状況においても家族システムを維持するには、「法と法律の次元」をセクシュアリティそのものに運び込むことが必要になる。「このゲームの空間に精神分析が入り込んでくる」(148/一四三)。

精神分析の技術の方式からするなら、セクシュアリティの自白は家族の主権の埒外に置かれると見えたにもかかわらず、精神分析は、セクシュアリティの中心に、その形成原理とその知解可能性の暗証として、婚姻の法を、結婚と親族が混在したゲームを、近親相姦を再発見した。まさに各人のセクシュアリティの底で親子関係が再発見されるとする保証によって、すべてが反対方向への進行を指し示しているかに見えていたときに、セクシュアリティの装置の婚姻のシステムへの重ね留めが維持されるようになった。セクシュアリティが本性的に法に異質なものとして立ち現れるという危険はなくなった。セクシュアリティは法だけによって構成された。ご両親よ、子供を精神分析へ連れて行くのを恐れてはならない。精神分析は、いずれにせよ子供が愛しているのはご両親であると子供に教えてやるだろう。子供たちよ、君たちが孤児ではなく、君たち自身の底に君たちの〈対象-母〉や〈父〉の主権的表徴(signe)を常に再発見するからといって、あまり嘆いてはならない。それらによってこそ、君たちは欲望へと到り着くのである。こうして、あれほどの躊躇《ためら》いの後に、婚姻の装置と家族のシステムが補強されることを必要としていた社会において、精神分析は大量に消費されることになった。

(148-149/一四四―一四五)

精神分析によって、より精確には、精神分析の可能性の条件である歴史を通して、〈父〉の名の下に、〈対象-

母〉に面して、家族の内部で婚姻の装置とセクシュアリティの装置が重ねられる。そのとき、セクシュアリティを可能にするもの、性的な愛や欲望を可能にするものが、「法と法律の次元」に位置する主権権力として表象される。そのようにして、家族の成員は、セクシュアリティの領域においても法権利の主体＝臣下として構成されるのである。では、このような家族再建の方向とは異なる「反対方向」、「家族の主権の埒外」に置かれるはずのセクシュアリティが指し示す「反対方向」とは何であろうか。それはブルジョワジーの外へ向かうと解することができよう。この点では、何度も語られてきたものの常に軽視されてきたことであるが、精神分析はとりわけプチ・ブルジョワジーのものであったという歴史的な事実を強調しておかなければならない。実際、その家族ゲームは、「貧困階級」を巻き込んではいない。

セクシュアリティの歴史を抑圧の観点で書くなら、そしてこの抑圧を労働力の利用に関連させるならば、性の管理は、それが貧困階級（classes pauvres）に向けられたときにより強力で綿密であったと想定しなければならない。性の管理は、最も大規模な支配と最も体系的な搾取の路線に従ったと想像しなければならない。すなわち、成人した若者は、生きるためには自分の力しか持たないのだから、使用可能なエネルギーを無駄な快楽から義務的な労働へ移行させようとする服従化の第一の標的となったはずであろう。ところが、事態がこのように推移したとは思われないのである。（158-159／一五二―一五三）

いずれ「庶民の階層 couches populaires」（160／一五四）はセクシュアリティの装置に巻き込まれるにしても、貧困階級がセクシュアリティの領域において主体＝臣下として構成されることはない。少なくとも、「性の管理」を通して主体＝臣下として構成されるのではない。貧困階級は、〈父〉や〈対象－母〉とは無縁の仕方で、性化され性別化されるのであり、ときに倒錯者として把捉されるのである。これに対し、性の管理の主要な標的は、あくまでブルジョワジーである。

反対に、最も厳密な技術が形成され、特にまず、きわめて強力に適用されたのは、経済的に特権化され政治的に指導的な階級においてであった。〔……〕同じようなことは、管理の審級であり性が飽和点に達した家族についても言える。子供や若者のセクシュアリティが最初に問題化されたのは、「ブルジョワジー」や「貴族」の家族においてであった。（159／一五三）

とするなら、二重の意味での主体＝臣下になるのは、ブルジョワジーや貴族の家族における夫と妻、息子と娘であると見なければならない。では、いま女としての〈対象‐母〉については措くとして、男としての〈父〉はどうなるのであろうか。別の言い方をするなら、男としての〈父〉が「主権的表徴」となっているところの「経済的に特権化され政治的に指導的な階級」はどうなるのであろうか。フーコーは、一九八〇年代の主体化論を予示する自己論を、ここで強く打ち出していく。

セクシュアリティの装置が伝統的に「指導者階級」と呼ばれてきたものによって設定されたのは、他者の快楽を制限する原理としてではなかったと思われる。むしろ、指導者階級がセクシュアリティの装置をまず自分自身に試したように見える。〔……〕問題は、搾取すべき階級の性に対する抑圧であるよりは、何よりもまず、「支配する」階級の身体・活力・寿命・子孫・家系であった。そこにおいて、セクシュアリティの装置は、快楽・言説・真理・権力の新たな分配の第一の審級として確立されたのである。そこに感知すべきは、他の階級の奴隷化（asservissement）というよりは、ある階級の自己肯定（autoaffirmation）である。防衛、保護、強化、昂揚である。それらが次いで、さまざまな変換を被りながら、他者へと押し広げられ、経済的な管理と政治的な従属（sujétion）の手段となった。ブルジョワジーは、自らが発明した権力と知のテクノロジーに自分自身の性を占拠させることによって、その身体・感覚・快楽・健康・生存の政治的な高価値を認めさせたのである。これらの手続きにおいて、拘束・羞恥・回避・沈黙の部分を切り離して、それらを、何か構成的な禁止（interdit constitutif）に、抑圧（refoulement）や死の本能に関連させることは止めよう。他者の奴隷化においてではなく、自己の肯定（affirmation de soi）において成立したのは、生の政治的な編成である。（162-163／一五六─一五七）

〈父〉に「感知すべき」は、指導者階級の自己肯定である。まさにその自己肯定が、他者を従属させる。性的にも従属させて、他者を主体＝臣下として構成するのである。とするなら、この指導者階級の自己肯定を精神分析的な概念によって分析できるはずがない。まさに〈父〉の審級において、フーコーの道と精神分析の道は明確に分岐するのである。ところで、プチ・ブルジョワジーの主体は、「拘束・羞恥・回避・沈黙」によって自己の否定を続ける。おのれの欲望は「構成的な禁止」によって構成されながらも「抑圧」されていると信じ込み、根源的な次元で「死の本能」によって駆り立てられていると信じ込んでは、主権的な法の下で主体＝臣下になることを繰り返して止むことがない。そして、フーコー研究者は、主体化＝服従化と繰り返し口にして止むことがない。しかし、その類のゲームは、ブルジョワジーの自己肯定的なセクシュアリティによって強いられている生政治的なゲームにすぎないのである。

ブルジョワジー的なセクシュアリティがあると、階級のセクシュアリティがあると言わなければならない。あるいはむしろ、セクシュアリティは、本来的にも歴史的にもブルジョワ的であり、セクシュアリティは、それが継続的に移動し移転することによって、階級の特殊効果を誘導する。〔……〕ブルジョワジーは、自己のセクシュアリティの特殊性を他者のセクシュアリティと対比して再定義し、自己自身のセクシュアリティを差異化して取り上げ直し、自己の身体を特異化して保護するような分割線を引いていく。この分割線は、もはやセクシュアリティを創設する線ではなく、反対にセクシュアリティを阻止する線である。それ以後、差異化するのは、禁止である。あるいは少なくとも、禁止が行使される様式と、禁止が課せられる際の厳格性である。以後、抑圧の理論は徐々にセクシュアリティの装置すべてを覆い、それに全般的な禁止という意味を与えていくのだが、その起点はここにある。（168-169／一六二）

ブルジョワジーが創設する分割線、これによって、一方ではプチ・ブルジョワジーの主体＝臣下が構成され、他方では指導者階級の主体が構成される。そして、その外では、貧困階級が倒錯者の世界を潜在させるものとして構成される。『性の歴史Ⅰ』以降、フーコーは、指導者階級と貧困階級に関心を移していくことになるが、いまは『性の歴史Ⅰ』の最終章に即して主体＝臣下の行く末を見定めておかなければならない。

3　精神分析における主権権力と生権力の統合

フーコーは、「第五章　死の権利と生に対する権力」において、近代では権力が「主権権力」から「生に対する権力」へ移行するとし、後者の二つの極である「身体の規律」と「人口の統整」を理論的に統合したのが観念学派であるとする一方で、両者を連接する多くの装置のうちで最も重要なものがセクシュアリティの装置であるとしている（185／一七八）。セクシュアリティの装置は、生権力の最重要な装置なのである。

しかし、あらかじめ注意しておきたいのは、生権力は、主権権力の形式をなす法と無縁ではないということである。第一に、フーコーは、生権力の対象は「生ける存在者」であるとしながらも、そこから「法権利の主体＝臣下」を除外してはいない。[*3] 第二に、フーコーは、主権権力から生権力への移行は法のシステムから規範のゲームへの移行であるとしながらも、生権力の下では法がむしろ規範として機能するようになると指摘している。第三に、フーコーは、ノーマライゼーションの権力に対して抵抗するものは「力」であるとしながらも、その抵抗は、「古典的な司法体系では理解不可能な「法権利」」、例えば「生命、身体、健康、幸福、欲求の満足への「法権利」」といった形式をとることを指摘している（187-191／一八〇―一八三）。

以上の三点を、生権力の下でのセクシュアリティの装置について述べ直してみるなら、第一に、セクシュアリティの装置の対象は主として性的な存在者であるが、そこから性に関する法権利の主体＝臣下は除外されていないことになる。第二に、セクシュアリティの装置はノーマライゼーションの装置であり、そこでは、性的な存在者が規範の周囲に配分され資格化・等級化されるだけでなく、性的な存在者が法権利の主体＝臣下として振舞うことを通して、法や司法制度によってノーマライズされることになる。第三に、性的な存在者は法権利の形式で抵抗することにおいてノーマライズされるのであり、これもまたセクシュアリティの装置の効果であるということになる。

続けてフーコーは、セクシュアリティの装置が身体の規律と人口の統整を連接することについて、「性」の観念に着目して分析を進めていく。フーコーによるなら、「性」は、身体の規律と人口の統整が連接するための「蝶番《ちょうつがい》」（191／一八四）であり、生権力の対象のうちでも「中心的な標的」（193／一八五）である。この観点は、一見すると、生権力は生殖器官に主たる狙いを定めてセクシュアリティを異性愛・婚姻・家族・生殖へと秩序づけるとする通念と変わるところがないように見えるが、「性」の観念に着目する観点はもっと複雑である。

フーコーによるなら、主権権力の下での婚姻のシステムでは「血」が象徴的な機能を果たしてきたが、これに対し、生権力の下では「性」が重要な観念として機能する。そして、フーコーは、主権権力から生権力への移行に並行して、理論的には血の象徴論〔記号論〕（une symbolique）が性の分析論（une analytique）へ移行するとしながらも、主権権力と生権力がそうであるように、後二者もまた共存するのであるから、その共存のさまざまな仕方を検討する必要があるとする（193-195／一八五―一八七）。例えば、サドは、主権権力に生権力を、血に性を還元しようとした。それに対し「最初の優生学者」は、生権力に主権権力を、性に血を還元しようとした。しかし、どちらも、一方を他方に還元し吸収し尽くそうとする点において、基本的に無理のある企てであった。というのも、二つの権力体制には「重合、相互作用、反響」が存在するからである（195-196／一八七―一八八）。

では、主権権力と生権力、血と性を共存させる方式はどうなるであろうか。フーコーは、その二つの極として、人種主義と精神分析をあげる。人種主義と精神分析は、血と性を「相互干渉」させる方式としては双対の位置に立つのである。

人種主義においては、血の純潔を守ることとおのれの人種を勝利させることが、主権権力と生権力のさまざまな政治を粉飾したり正当化したりする。人種の血が、主権権力と生権力を統合するのである。その典型が、血の幻想と規律権力の「発作」を伴うナチズムである（197-197／一八八）。これに対して、精神分析においては、「法と象徴秩序と主権性のシステムへ、セクシュアリティの主題系を再記銘する（réinscrire）」ことが企てられる。すでにブルジョワジーの家族において、セクシュアリティに法を与えることが、すなわち、「婚姻の法、血族結婚の禁ずる法、父-主権者の法」を与えることが企てられてきたが、今度は逆に、「性的なもの（le sexuel）の領界」を法・血・主権のシステムに導入することが企てられるのである。この精神分析の企ては、いかに留保がつけられるにせよ、「歴史的な退-行（rétro-version）」であるとフーコーは評しているが（197-198／一八九）、問題は、その先にある。精神分析は生権力の下における性的なものを理論化するために主権権力の形式を復古的に取り込むにしても、その際、性的なものを主権権力の形式へ導入せざるをえないのであり、歴史的にも理論的にも、セクシュアリティの装置がその理論構成に対してどのような影響を及ぼすのかと問われる必要がある。そして、ここに来て、性とセクシュアリティの関係が問われることになる。

4　ファルス、あるいは、「性器」の複合観念

フーコーは、「性〔性器、性別〕なきセクシュアリティ」を描き出しているだけではないのかとする二種類の反

論を自ら想定してそれぞれを退けてから、性についての考察を進めている。その際、フーコーは、性〔性器〕に対して次のような定式を与えている。

「性器」であるところの現実的なものの要素（cet élément du réel qu'est « sexe »）
セクシュアリティがその効果をその周囲に分配する焦点（le foyer autour duquel elle [=sexualité] distribue ses effets）
性器についての観念（cette idée *du* sexe）（201／一九二）*4

その上で、フーコーは、二択の問いを立てる。「「性器」は、現実（réalité）において、「セクシュアリティ」の出現を支える投錨点であるのか、それとも、セクシュアリティの内部で歴史的に形成される複合観念であるのか」とである。そして、フーコーは、後者の選択肢のようであるからこそ、前者の選択肢が成立すると主張していく。すなわち、「「性器についての」観念はさまざまな権力戦略を通して形成されてきた」のであり、そうであるからこそ、その複合観念はセクシュアリティの投錨点となるような役割を果たすのである（201／一九二）。フーコーはその語を一度として出してはいないが、ここで問題とされているのがファルスであることは明らかであろう。ファルスという観念、ファルスについての複合観念は、セクシュアリティの装置を通して歴史的に形成されてきたし現に形成されているのである。

一九世紀以来、セクシュアリティの装置が発展してきたあれらの大きなラインに沿って、身体、器官、肉体部位、機能、解剖的・生理的システム、感覚、快楽とは別のものが存在するという観念が練り上げられてきた。何か別のもの、何かそれ以上のものであり、内的な特性と固有の法を持つ何ものか。（201／一九二）

この何ものかこそが、『性の歴史Ｉ』においてとくに引用符付きで記載される場合の「性」であり、ファルスである。この観点から、フーコーは、「性の政治」の四つの攻撃ラインに沿って、「性」の複合観念を分析していく。

第一に、「女のヒステリー化」においては、この何ものかはどう語られるか。「男にも女にも共通に属するもの」として、あるいはまた、「すぐれて男に属しており、したがって女には欠けるもの」として、あるいはまた、「それだけで女の身体を構成し、女の身体すべてを生殖機能へ差し向け、そしてまさにその機能の効果によって絶えず女の身体を掻き乱すもの」として定義される。こうしてヒステリーは、「「一方」かつ「他方」であり、全かつ部分であり、原理かつ欠如であるという限りでの性のゲーム」として解釈される（202／一九二―一九三）。したがって、そのような何ものかについての複合観念が、「性」の複合観念として構成されることを通して、ファルスなるものを媒介とする性別化と性化の一般理論や、性別化と性化の次第によってある種の症状が生み出されるとする一般理論が構成されると解することができる。第二に、「子供時代の性化」においては、「性」の観念はさらに練り上げられる。

現前し（解剖的な事実）かつ不在であり（生理的な観点）、その活動を考慮すれば現前し、かつ、生殖目的に照らせば不全であるところの性〔性器〕、あるいはまた、それは出現している点で現実的であるが、その効果は後にならないと深刻な病理が現れない点で隠蔽されているところの性〔性器〕、そのような性についての観念が練り上げられる。こうして、成人において、子供の性がなお現前しているとすれば、それは成人の性を廃棄する方向に向かう秘密の原因性の形式の下においてのことになる〔……〕。子供時代を性化することによって、現前と不在の、隠蔽されるものと顕現するもののゲームによって本質的に特徴づけられる性についての観念が構成されたのである。（202／一九三）

こうして子供の性化を通して、いたるところに性は潜在するとする観念が構成される。また、成人の性を廃棄して子供の性を顕現させる因果性、言いかえるなら、退行の論理や事後性の論理が構成される。第三に、「倒錯者の精神医学化」において、「性」の観念は、精神的で心理的な次元と生物的で生理的な次元を媒介するものへと昇格していく。

倒錯の精神医学化においては、性は、性にその「意味」を、言いかえるならその目的性を与える生物的機能と解剖的・生理的な装置に関係づけられる。しかしまた、性は本能に関連づけられる。本能は、それ固有の発達を通して、また、それが執着しうる対象に応じて、倒錯行動の出現を可能にし、倒錯行動の発生を理解可能にする。こうして「性〔性器、性別〕」は、機能と本能の、目的性と意義の絡み合いとして定義される。

（202-203／一九三―一九四）

とするなら、性目的と性指向との区別、生殖目的に向かう自然な性と異性以外の任意の対象に向かう反自然的で不毛な性との区別、異性愛や同性愛を問わず性別に基礎を置く正常化される性とそれを転倒させてしまうような本能や衝動に由来する性行動との区別、これらはすべて倒錯の精神医学化に由来するのである。それらもまた、「性」についての複合観念の一部でしかない。第四に、フーコーは、「生殖行動の社会化〔socialisation〕」について、こう分析を進めている。

生殖行動の社会化においては、「性〔性別〕」は、現実性の法（その最も不躾で直接的な形式が経済的必要性の形式である）と快楽の経済の間に捉われたものとして記述される。快楽の経済は、現実性の法を無視しないときでも、常に現実性の法を迂回する傾向にある。最も有名な「詐欺」である「中断性交（coïtus interruptus）」は、現実的なものの審級が快楽を終わるように強制し、かつ、現実的なものによって定められた経済にもかかわらずそれでも快楽が明らかになる場所を表している。

（203／一九四）

生殖の「社会化」によって意味されていることは、本来は生殖だけに向けられている性交において快楽が経験されるようになるということ、あるいは逆に、本来は快楽のためにだけ為されている性交が生殖に向けられてもいることを自覚するようになるということであるが、いずれにしても、そのとき、性〔性別〕は、生殖を旨とする法と快楽を統べる経済との間に位置するものとして捉えられる。こうして、性〔性別〕は、多種多彩な「中断性交」において生殖の法を迂回しながら快楽を掠め取るためのものとして批難されたり称揚されたりすることにもなる。これもまた、「性」についての複合観念の一部でしかない。

このように四つのラインに沿って、セクシュアリティの装置が、「性」についての複合観念を設置してきたのであり、これを受けて「性の一般理論」が形成されてきたのである。今度は逆に、その一般理論がセクシュアリティの装置の中で独自の機能を果たすことになる。フーコーは三つの機能をあげている（204-205／一九五―一九六）。第一に、「性」が「人為的で虚構の統一」の機能を果たすことによって、「性」が「唯一のシニフィアンかつ普遍的なシニフィエ」として機能するようになる。第二に、「性」が人間の性についての知と生殖についての生物科学を繋ぐものとして機能することによって、前者の知は「準‐科学」の地位が保証されるとともに、後者の科学は性の規範性・正常性の原理の地位を認められることになる。そして、第三の機能が、精神分析に関しては、とくに重要である。

性についての知見（notion）は、重大な反転を保証した。すなわち、性についての所見によって可能となったことだが、権力関係の表象がセクシュアリティへ流れ込み、そのため、セクシュアリティは権力と本質的で積極的な関係がないかのように現れるのだが、しかし、セクシュアリティは特殊で還元不可能な審級に係留するものとして、権力がなんとかして服属させようとする審級に係留するものとして現れるのである。こうして「性についての」観念によって、権力の「力能」をなすものを取り逃がすようになり、権力を法と禁

止としてのみ思考するようになるのである。（204-205／一九五）

「性」という「最も思弁的で最も理念的で最も内面的な要素」（205／一九六）を介して、セクシュアリティの領域に、権力関係の転倒した表象、すなわち主権権力の表象が入り込むのである。このようにして、主権権力と生権力、血と性が統合される。この理論的な統合からの「実践的」な帰結は重大である。

実際、性〔性器、性別〕という、セクシュアリティの装置によって固定された想像上の点を通って、各人は自分自身についての理解可能性へ接近しなければならず（性は、隠蔽された要素であると同時に意味産出の原理だから）、自分の身体の全体性に接近しなければならず（性は、身体の現実的な部分であり脅迫される部分であり、象徴的に身体の全体を構成するから）、自分のアイデンティティに接近しなければならない（性は、衝動の力を単独的な歴史に結び付けるから）。（205-206／一九六）

このようにして、各人は、性を介してのみ、おのれの真理、おのれの身体、おのれのアイデンティティに到ることができると深く信ずるようになる。そのとき、性は、「われわれの魂」よりも、「われわれの生命」よりも大切なものとなる。主権権力の表象が、「われわれ」の内部に入り込んで取り仕切るようになるのだ。「われわれ」は、「人生全体を、性そのものと引き換えに、性の真理や主権性と引き換えに渡してもよい、性は死に値する」（206／一九七）と思い込むようになる。それまで人々は命がけで愛を求め命がけで愛の真理を求めたと言えるが、いまや「われわれ」は命がけで性を求め命がけで性の真理と至上性を求めるようになる。そして、性は何としてでも欲望されるべきものとなる。「われわれ」は、「性の法の主権性」を信じ（209／二〇〇）、「性の厳しい君主」に服従する（soumettre）（211／二〇二）。しかも自由に自発的に服従するのである。

いまや、精神分析を通して、主権権力と生権力が、血と性が結合される。そして、主権権力の「生と死の権利」、

「死なせるか生きるままにしておくかの権利」（178／一七二）と、生権力の権力、「生きさせるか死へ投げ棄てるかの権力」（181／一七三）が結び付く。性の権力の下で、これらすべてが結び付くのである。その性のゆえに殺されて死に追いやられる人間、その性のおかげで生きるままにしておかれる人間、その性のために生きさせてもらう人間、その性のせいで死ぬがままに放置される人間が形成されてくるのであり、そして、性をめぐる種々の法権利だけでなく、死ぬ法権利さえもが要求されるようになる。生きることが抵抗になると同時に、死ぬことも抵抗になるようになる。性は、生と死を取り仕切る主権権力＝生権力となり、ここに二重の意味での主体＝臣下が復古的に誕生するのである。それは、ブルジョワジーでも貧困階級でもない、まさにプチ・ブルジョワジーの主体性であり、支配階級にして指導者階級であるブルジョワジーの自己肯定に発する分割線によって構成される類の主体性である。

このようにして、精神分析は、支配階級、指導者階級、真理の主人であり、主権権力と生権力を併せて行使するブルジョワジーのことを隠蔽し〈父〉や〈性器〉として象徴化しながら、プチ・ブルジョワジーの主体＝臣下を退-行的に構成して、性と生と死のゲームを演じさせるのである。

＊1——本稿は、国際ワークショップ「〈権力-知〉か〈国家装置〉か——〈68年5月〉後のフーコーとアルチュセール」（二〇一六年三月一九日）での口頭発表「自己と他者を支配する主体としての正常な（正気で健康で無実で異性愛の「能動的」同性愛の）男」（その概要は以下に掲載してある。http://www.r-gscefs.jp/?p=950）で提起した問題を考察するものである。その口頭発表では、第一に、一九七〇年代前半のフーコーの『コレージュ・ド・フランス講義』が法権利の主体＝臣下の成立を反乱後の後退期に位置づけていることがまさに〈68年〉後の状況に関わっていることを示し、第二に、一九七〇年代から八〇年代への移行、すなわち主体＝臣下論から倫理的主体化論への移行を通してフーコーが常に支配階級を対象としていることを指摘した。本稿は、口頭発表では触れることができなかった『性の歴史Ｉ 知への意志』に即して、以上の二点を別の角度から考察するものである。

*2――Michel Foucault, *Histoire de la sexualité I. La volonté de savoir*, Gallimard, 1976／ミシェル・フーコー『性の歴史I 知への意志』渡辺守章訳、新潮社、一九八六年からの引用については、引用箇所の後に、原著頁数・訳書頁数を記す。なお、訳語・訳文は大きく変更してある。

*3――現行訳では、生権力が対象とするのは「もはや〔……〕権利上の臣下ではない」（一八〇）とあるが、原文は、Celui-ci n'aura plus affaire seulement à des sujets de droit（187-188）である。

*4――現行訳ではそれぞれ、「「性」という現実のこの要素」、「性的欲望が己れの作用をその周囲に分配する中心」、「前提となる性という考え自体」。英訳（Michel Foucault, *The History of Sexuality, Volume 1: An Introduction*, translated by Robert Hurley, Vintage, 1978）では、'that element of reality which is "sex"', 'the center around which sexuality distributes its effects', 'this idea of sex *in itself*' (p. 152).

第Ⅱ部②

書き下ろし補論

13 真理戦——後期フーコーの戦争から統治への転回をめぐって

箱田徹

1 問題の所在

一九七〇年代中盤におけるミシェル・フーコーの統治論的転回は内戦モデルから統治モデルへの移行としてしばしば捉えられてきた。これに対して筆者は前回論集への寄稿[*1]で、一九七五―七六年講義『社会は防衛しなければならない』最終講義での、種族戦争（guerre des races）と人種主義（racisme）概念の変遷をたどり、内戦モデルの持続という仮説を検討した。たしかに統治論では八〇年頃から、統治者と被治者のあいだの「ゲーム」として権力論が捉え返される。主体化の諸様式、つまり自己が自己と他者という主体を対象として、どのように働きかけを行い、また働きかけを受けるのかという自己と他者の統治をめぐる問いが全面的に展開する。しかしそのことは社会における剝き出しの暴力がフーコーの主要な関心事ではなくなったとか、リベラルな政治哲学の問題構成にその思想が引っ張られたといったことではなかった。そもそも「六八年五月」から七〇年代前半にかけてラディカルな社会運動と最接近した時期ですら、フーコーはこの種の批判にさらされていた。したがってフーコーが統治やカントの啓蒙論を論じたことをもって、七〇年代後半にそうした接近が生じたと考えるのは性急ではないだろうか。統治論による転回とは、種々の社会的争いをめぐるフーコーの基本的な問題関心の主体（性）をキーワードとした展開であると考えたほうが、どうしてフーコーは第二次大戦後のフランス現代思想、左翼社会哲学のなかで収まりが悪いのかという疑問に答えることになるだろう。

こうした問題設定のもと、筆者は統治にかんする議論が真理、権力、主体化というフーコーの基本的な問題系をいかに引き継いでいるのかを示すべく、「内戦（市民社会戦争）」という国家あるいは市民社会の内部での主体どうしの対立を扱う概念に注目して考察を行った。そして旧体制下の一八世紀フランスで反動貴族アンリ・ド・ブーランヴィリエが唱えた種族戦争論から、大革命後に隆盛し、生権力の中核をなす国家人種主義（racisme d'Etat）へと向かう流れに見られる、種族＝人種（race）概念の根本的な変容に注目するフーコーの議論の流れを明らかにしたうえで、現代世界における人種差別や債務経済、財政緊縮に反対し、社会の民主化を求める運動が、現代資本主義社会における「戦争」と呼ぶべき事態であり、フーコーの内戦概念はこうした状況を考える貴重な視座となりうることを示した。

しかし筆者の前回の論文には積み残した課題がある。たしかに一九七二―七三年講義『処罰社会』から『社会は防衛しなければならない』を経て『知への意志』へと通じる議論では内戦、あるいは戦争が主要な概念の役割を果たしていた。しかし一年のサバティカルを挟んで行われた七七―七九年度の統治性講義（『安全・領土・人口』と『生政治の誕生』）では戦争概念が後景に退いている。重農主義と古典的リベラリズムからネオリベラリズムに至る西洋近代の統治性の発展が論じられるなかで、関係としての権力という視点が統治概念とのかかわりで重要性を増す一方、権力が戦争の語彙では語られなくなっているのである。こうした事情をどう受け止めればよいのだろうか。

そこで本稿では戦争モデルから統治モデルへの移行をいくつかの段階にわけて考察する。鍵概念は「階級闘争」である。『社会は防衛しなければならない』のフーコーは、「近代」社会とは種族戦争論が国家人種主義と階級闘争とに分岐した社会のことだと論じる。そして国家人種主義を生権力として定義しなおし、西洋近代の統治性の中核へと読み込む一方で、階級闘争には種族戦争論に連なる対抗的な歴史叙述（contre-histoire）としての位置づけを与える。この対抗史なるものは現行の統治権力の正当性とそれを支える真理のあり方に疑問を投げかけ、それとは異なる真理のあり方を訴える歴史実践のことだ。

主権‐法的な社会モデルへのオルタナティブであった「戦争」による社会モデルは、たしかに真理による統治という統治論の枠組みへと移行する。ただしこのとき生権力は、ナチズムとスターリニズムという国家人種主義の二つの極点を指すだけでなく、戦間期以降の修正資本主義とネオリベラリズムも含めた概念へと拡大する。他方で階級闘争は、他者の統治に異議を唱える多様な人々の実践としての対抗導きへと接続される。それは他者の統治が依拠し、命じる真理に対し、別の真理と振舞いであらがう真理陳述の実践である。戦争モデルは階級闘争概念を折り目のようにして、統治論における対抗導きと真理陳述へと展開するのである。本稿ではこうした真理と権力との関係を「真理戦」として捉えることにより、統治論における戦争概念の見えざる位置づけをあきらかにする。

2　種族戦争から国家人種主義と階級闘争への分岐

一九七〇年代後半のフーコーは権力分析モデルを戦争から統治へと移行させたと言われる。こうした通説はたとえば次のように提示される。

『監獄の誕生』（一九七五年）でのフーコーは、社会関係を理解する一つの「モデル」として「戦争」（少なくとも「闘争」）を用いた。しかしこのように「戦争」を認識論的に用いた時期は長く続かなかった。コレージュ・ド・フランス講義録を読むと、フーコーが『社会は防衛しなければならない』で戦争モデルの系譜学を行っていることがわかる。その結果、『知への意志』（一九七六年）では「戦争」が認識論的にではなく、実践的に用いられている。「戦争」は権力関係の諸領域の一つを統合するための「戦略」という具合だ。そして一九七〇年代終わりになると、戦争モデルの系譜を考察するなかで、フーコーはこのモデルと国家人種主義との密接なかかわりに気づき、おそらくはそのことに失望したために『安全・領土・人口』(一九七七―七八年)では社会関係の「読解格子」として「戦争」を使うことを止め、「統治性」へと移行したのである。[*2]

『監獄の誕生』から『安全・領土・人口』に至るわずか数年で、フーコーは戦争モデルと国家人種主義との密接なかかわりを見いだしたことが原因で、社会関係を読み解くための基本的な視角を戦争から統治へと変更したとドゥルーズ研究者のプロテヴィは述べる。そして統治論では「統合されることになるのはもはや「諸力の関係」ではなく「さまざまな行為」の関係」と記す一方、「主体性とは権力が統治性において機能するときの様態である」と但し書きをつけることで、統治論における権力から主体への強調点の遷移のなかでも、権力への関心がやはり中心を占めることを押さえてはいる。しかし「戦争モデルと国家人種主義との密接なかかわり」とはなんだろうか。おそらくは生権力を近代に固有な権力関係と捉えながらも、戦争をモデルにする限りでは、個人に対し、帰属する国家社会の生存のために敵を殺し、自らの死を捧げよと命ずる近代国家の主権型権力のはたらきが全面に出てしまい、そのことが法-主権的権力への批判というモチーフとうまく折り合わないということだろう。

他方でラフランソらは著書の一章を割いて『社会は防衛しなければならない』を取り上げ、戦争を社会の読解格子とするアプローチを追うことで、フーコーの権力分析が真理概念への分析へと分節化していくプロセスを見ようとする。フーコーは初回講義で近代政治権力を契約-圧制ではなく、戦争-抑圧というモデルで考察することを提案する。それは権力を合法と非合法ではなく、闘争と服従で捉えることであり、それが一九七〇年代初めからのコレージュ・ド・フランス講義での大きな課題だったと述べる。そしてそのうえで、戦争と抑圧という二つの概念の子細な検討こそがこの年の講義全体のねらいだと付け加えていた。その際に問題となるのが「権力、法、真理の三角形[*3]」という互いに還元不可能な三者の関係である。この点を指摘した上で、ラフランソらはこう述べる。

たとえ権利・法・裁判、真理、権力を分析するにあたって相互に還元不可能な複数の分野を明らかにしようとしたとしても、だからといってそれらの領域を、あたかもそれぞれが及ぼす効果を分離して検討できるかのような別々の部門として扱わなければならないわけではない〔……〕。フーコーはこれらの領域どうしの関係を排他的なものとして、また互いに制限し合う排他的な領域を形成するものとして定式化した。しかしこれらの分野間にはときに関係が存在する。還元不可能な領域は相互浸透することで、それ以外の領域が関与する現実を創造し、変容させ、それによって互いの動作に影響を及ぼす。[*4]

権力と法、真理は種別的で還元不可能だが、相互に関係しあう三領域であり、法は権力を形式的に描き出すが、他方で権力は真理をその効果として生み出し、操作することを通じて、自らを再生産するといった関係にあるとフーコーは捉える。だがそのとき戦争モデルでは真理を十分なかたちで扱えないと考えたことが、戦争モデルからの離反を示していたのではないかとラフンソらはいう。戦争‐抑圧モデルによるラディカルな権力批判は「政治と社会関係は別の手段によって継続された戦争としてのみ理解できるのであり、そうした戦争では真理は道具や武器の一つに過ぎない」と捉え、権力概念によってすべてを説明しようとする。しかしそれでは権力・法・真理という互いに還元不可能な領域どうしの関係を捉えるという講義冒頭で掲げたねらいは果たされない。このためフーコーはこうした「隠された還元主義」から距離をとり、権力のはたらきを軸に三者の相互関係を捉え直そうとした。つまり戦争‐抑圧モデルを詳細に検討した結果が、真理がもつ効果をより明確に捉えようとする統治論への道を開いたと考察する。[*5] これら二つの議論では、フーコー本人が後年の講義『生者たちの統治』の冒頭で一九七〇年代後半を振り返り、この時代には「権力‐知」から「真理による統治」への移行があったと述べたことが意識されてもいるだろう。[*6]

しかし国家人種主義が全体主義的な主権国家像を描くとの批判、また戦争モデルでは真理が一つの手段に留まるのではないかという見方は一つ重要な点を落としている。種族戦争論から導かれる階級闘争の概念だ。種族＝

人種をめぐる言説が一八世紀までの種族戦争論から一九世紀の国家人種主義において著しく変質するとき、旧来の種族観は二つに枝分かれするとフーコーは『社会は防衛しなければならない』の第三回講義で述べる。一つは生物学を基盤とした科学的人種主義つまり生権力だが、もう一つが階級闘争なのである。

こうした種族論、あるいは種族戦争論から出発し、この歴史をフランス革命下で、またとくに一九世紀初めにおいてたどり〔……〕、それがどのようにして二つのかたちで転写されたのかを見ていくことにします〔……〕。一つ目は、永続闘争と種族戦争という発想の生物学的な転写です。そして二つ目は、社会戦争〔古代ローマの同盟市戦争、より広くは内戦——引用者〕という大きな主題かつ理論から出発して一九世紀前半以降に展開し、種族紛争の痕跡を一掃し、階級闘争として自己定義することになる転写です。したがってここには重要な分岐があります。私はその再構成を試みることにしますが、こうした闘争の分析を弁証法というかたちで捉え直す方向と、種族対立の主題を進化論と生存闘争にかんする理論に捉え直す方向とに分かれるのです。

（DS 52／六二—六三）

さらにフーコーは、マルクスのエンゲルス宛書簡を誤って引き合いに出し、階級闘争概念が既にブルジョワ歴史家によって記述されているとのマルクスの認識を正しく紹介する。そしてさらに、革命という発想と実践そのものもまたそうした種族戦争論から派生したものであると述べる。そこに主権を基盤とする歴史認識へのオルタナティブを見て取るからだ。[*7]

晩年のマルクスが一八八二年のエンゲルス宛書簡でこう記していたことは記憶されるべきです。「しかしぼくらが階級闘争という概念をどこで見つけたのか、君はよくわかっていると思う。ぼくらはこの概念を種族戦争について議論していたフランス人歴史家たちの著作に見いだした」。革命の企図と実践をめぐる歴史叙述〔histoire〕は思うに、主権の行使と結びついたインド・ヨーロッパ型の歴史実践とたもとを分かった対抗史〔contre-histoire〕と切り離すことができません。種族史であると同時に西洋における種族対立の役割史でもある対抗史の出現と切り離しえないのです。（DS 69／八一）

「対抗史」なるもの、あるいは対抗的な歴史叙述の祖型が、一八世紀にブーランヴィリエが唱えた種族戦争、すなわち支配と従属を歴史化することで、自然化された主権概念を核とする社会契約説の相対化を図る言説であること、また歴史のなかに真理なる問題を持ち込んだことはフーコーが講義中で述べたところであり、筆者も前回すでに考察した。だがここにはもう一つ興味深い点がある。対抗的な歴史叙述と密接にかかわる一九世紀の歴史実践が、ブーランヴィリエのように征服の過去や失われた栄光を語り、それに基づいて権利を主張し、現状の変更を訴えるものとは異なっていることだ。革命の理論と実践をめぐる歴史叙述は、過去ではなく未来を示し、その展望のもとに現状の変更を要求する。この展望のもとに訪れるのは「歴史意識が主権とその基礎づけの問題に向けられるのではなく、革命とその約束、来たるべき解放の予言へと向けられる」社会、フーコーが留保をつけながら「近代」と形容する社会である（DS 69-70／八一）。

ところで分岐のもう一方である国家人種主義は、国内における争いを複数種族間での征服や支配ではなく、単一種族としての民族（nation）の生物学的純化への闘争と読み替えることで成立する。この逆立ちした革命の言説もまた現在を歴史化し、文明社会をつねに過去と未来の狭間にあるものとして捉える。種としてのヒトは放置しておけば「変質」しかねない。だからこそ生物学的な介入の対象となるのであり、優生学をはじめとした社会統制の根拠もそうしたところにあった。そのことは『社会は防衛しなければならない』の半年後に脱稿された『知への意志』でも述べられている。

倒錯‐遺伝‐変質の集合体が新たな性のテクノロジーの堅固な核をかたちづくっている。だがこの集合体においてのみ科学的に不十分で過度に道徳的な医学理論が問題だったなどと考えてはならない。それは広く拡散し、深く根を下ろしていた。精神医学、また法律学、法医学、社会統制の諸機関、危険な、あるいは危うい状態にある子どもの監視は長い間、「変質によって」、遺伝 - 変質のシステムによって作動してきた。一つの社会実践――国家人種主義がその強烈で一貫した形態であった――が全体としてこの性のテクノロジーに恐るべき力と先々に及ぶ効果とを与えているのである。[*8]

国家人種主義は人々の生と性を個人と集団の両面から管理する。人種 - 民族の純粋性を脅かすもの、社会の円滑な再生産を阻害するものから社会を防衛しようとする。二〇世紀におけるその極点がナチズムの民族主義とスターリニズムの科学主義であったことをフーコーは繰り返し述べる。ナチス・ドイツはドイツ民族の神話的な栄光を呼び起こし、その再興の脅威になると見なした人々を殺害した。ソ連政府にとって反体制派とは人間理性を病み、社会主義の素晴らしさを理解できないほどに精神が錯乱した人々のことであり、医学的介入の対象であった。国家人種主義に法と主権を中心とした中央集権的な国家のイメージを呼び起こす側面が備わっているのは不思議ではない。というのは一九世紀以降の人種主義の特徴は、血の純粋性という主権的な発想と身体(セクシュアリティを含めた)の生物学的管理とが合流するところにあるからである。[*9]

旧体制期に登場した、王権による支配の歴史化と脱自然化を目的とした歴史叙述、公的な歴史に異を唱える「対抗史」が及ぼす効果はこのように両義的なものであった。国家人種主義は主権的な国家権力による社会への生物学的介入と統制の論理として機能する一方、階級闘争は市民社会が平和ではなく戦争に貫かれているという歴史認識を引き継ぐ。しかし国家人種主義は階級闘争の対抗史的な側面を侵食し、いわゆる全体主義的な統治権力への組み込みをはかる。一つの国家社会での「われわれ」と「かれら」との対決という図式は、それが社会科学的な階級認識に基づいていても(あるいは、だからこそ)、われわれの生存のためにかれらを抹殺し、種としての「われわれ」の保存のために個は命を捧げよ、というナショナルな人種主義の論理に接近する。ソ連型社会主義とは弁証法的唯物論と生物学主義とが組み合わさった国家体制の典型例だ。「ソ連においては階級闘争が国家人種主義の無音のメカニズムへと再び書き込まれる」のである（DS 72–73／八四）。

しかしフーコーにとって階級闘争がすべて国家人種主義に飲み込まれてしまったわけでもなければ、国家人種主義が階級闘争を侵食して満足したわけでもない。戦争モデルを導入した「闘争する諸種族についての言説が浴する栄光と汚辱」（DS 73／八五）としての対抗史という見方は、統治論において相互に絡み合いつつ、さらなる展開を遂げる。その前に国家人種主義と生権力、生政治をめぐる議論が、人口概念を通して安全という第三の権力装置、ひいては統治論そのものを導き出す経過を見ておきたい。

3　国家人種主義が導き出す統治論——安全と生政治

「今年度は、以前軽はずみに生権力と呼んだものの研究に着手したいと思います」。フーコーは一九七七—七八年講義『安全・領土・人口』の初回講義の口火をこう切っている。[*10] よく知られているように、また奇妙にも、生権力、生政治という言葉は講義全体を通して数回しか登場しない。とはいえ概念の意味するところは筆者も別のところで分析したように、翌年の『生政治の誕生』も含め、講義中で詳細に検討されている。[*11] これに先立つ『知への意志』第五章では、生権力は規律と生政治という二つの種別的な権力技術のもとで構成されているとされ、前者は個人の身体への規律訓練型介入として、また後者は人間集団が一定割合で示す現象への間接的な調整型介入として描かれていた。〈生権力＝生政治＋規律訓練〉という図式である。フーコーはこの時点で「生政治」と呼んだものを『安全・領土・人口』以降は「安全《セキュリティ》」と呼ぶ。主権と規律に対して排他的ではなく、どのような時代にもこれら二つのものと相関的に存在する第三の権力装置である。

生政治が安全概念で捉え返されるのはなぜか。それは生政治が、人間とはヒトという種に属するものであるという生物学上の基本認識から出発し、個人ではなく集団としての人に介入するからであり、その介入が集団と個人に対して安全と安心を確保することを目的とするからである。集団の動きが偶然性を示す以上、その事象への介入を具体的な個体への直接的なはたらきかけを通して行うことは不可能である。はたらきかけは当該の集団、あるいは個体群が存在する空間、すなわち環境を対象とし、そこで正常・標準とされる値を達成することをめざす間接的なものとなる。このように人間集団を生物学のレンズから一つの種として見たとき、政治と生物学の両者をつなぐのが人口‐住民集団‐個体群（population）という概念である。政治学が生物学の問題設定を組み入れ、国家社会の統治を「生」の問題として捉え直すことで、生政治という概念は成立した。このとき一定の空間内部において蓋然的な出来事の発生を一定の割合でコントロールし、相対的に安定した状況を作り出すことをめざす政治権力の行使のあり方が「安全」なのである。

本稿の関心である戦争モデルのゆくえという観点からいうと、フーコーが国家人種主義を論じるにあたって提起した論点はすべて安全概念へと持ち込まれている。しかし両者には大きな違いが少なくとも一つ存在する。国家人種主義にはあくまで一九世紀以降という歴史的限定があるのに対し、安全のほうは歴史貫通的な概念として設定されている点だ。もちろん狭い意味での安全は一九世紀における医学生物学や科学的人種主義の発展と密接にかかわる。しかしそこで見いだされた人口のコントロールという問題を、フーコーは政治権力の根本問題へと接続した。フーコーはこの点を権力行使の空間的問題を論じるなかで次のように表現している。

> 人の群れに関する問題は、主権と規律をめぐってすでに現れています〔……〕。主権が本質的に領土内に書き込まれ機能するとしても〔……〕、それが実際かつ現実に日々どのように展開され、行使されているかを見れば、そこに現れるのはもちろんつねに人の群れなのです〔……〕。
> 規律もまた、もちろん諸個人の身体に行使されます〔……〕。しかし人の群れと、その群れを出発点として獲得すべき目的・目標・効果があってはじめて規律は存在するのです〔……〕。規律とは人の群れがある

ところで、これを個人化する方法なのです〔……〕。つまり結局、主権も規律も、そしてもちろん安全も人の群れとかかわりを持たざるをえないのです。

（STP 14／一五―一六）

権力行使の三類型はいずれも人の群れ、人口を出発点かつ目標としてもつ。だとすればこの人の群れをいかに扱うかという問題は、個人をどう扱うかという問題とともに、また為政者が国家社会をどう統率するか、また為政者としていかにふさわしく振舞うかという智恵や徳の古典的問題とともに、権力分析にとって歴史を貫く問題である。こう考えたフーコーが権力行使を「人の振舞いを導くこと conduire des conduites de l'homme」としての統治（gouvernement）の問いとして主題化するのは自然な流れだった。

一七世紀以降の西洋では、中央集権化と行政国家化の進行、域内安全保障の相対的安定と植民地獲得競争の激化、国富の拡大、都市部の人口増加、ブルジョワ民主主義を担う公衆の台頭といった現象が起こる。こうしたさまざまな事柄を背景として国家に対する新たな思考が登場し、平行して統治の指標も変わる。『生政治の誕生』でフーコーは旧体制下のケネーらフィジオクラット（重農学派）の価格決定にかんする議論を取り上げる。政府の介入から自由になった市場は自然的な秩序に則って機能し、正常な再生産を保障する良価という真理を示すとされる。重商主義までの市場観が市場外の要因を元にした価格の公正さにこだわり、市場は法的正義が実現される場だと考えていたのとは対照的に、ケネーの議論は市場を「真理の場」として捉えているとフーコーはいう。

市場は一方で「自然的」メカニズムにしたがっており、かつ従うべきものとして現れました〔……〕。他方――そしてこの第二の意味で市場は真理の場となります――市場によって自然的なメカニズムが出現するばかりではなく、このメカニズムが自由に機能することによって、ある価格の形成が可能になります。〔……〕市場はその本性にもとづき、いわばその自然的な真理にもとづいてそれ自体で機能するとき、比喩的に真実価格と呼ばれる一定の価格の形成を可能にするのです〔……〕[*12]。

良価あるいは真実価格とは市場の自生的メカニズムの制約なき作動によって形成される「ほんとうの」価格であり、「正しい」価格とは異なる。この真なる価格、自然価格のみが活発な交易と生産を保障し、国に豊かさと安定をもたらす。したがって政府は自らの内にある「自然な」経済メカニズムを認め、権力行使を自己制限すべきである。その指標となるのが自由な市場によって決定された価格であるというわけだ。ケネーを先駆けとし、スミスへと至る古典派リベラリズムの経済学はその市場こそが真理が現れる場であり、そこに現れた真理にしたがって政府は統治を行うべきであると考えることになる。一六世紀の国家理性論の絶えざる懸念は政府の介入の不十分さ、統治の過小であった。しかし自由放任政策を掲げる一八世紀のリベラリズムは、前者とは正反対に統治の過剰さをつねに警戒する。

とはいえ主流派経済学の「完全競争」はフィクションである。二〇世紀の近代経済学はこの理念型とどう向き合うかで大きく分かれる。社会民主主義を含めたケインズ主義型福祉国家は、理想を現実にあわせることを選び、経済プロセスに国家を積極的に介入させる。しかし大戦間期に登場したネオリベラリズムの諸潮流は、市場こそが真理が現れる場、真理陳述の場であり、統治の指標となるべきであるという立場を譲らない。福祉国家と社会主義をともに激しく批判する動機は、いわば現実を理想にあわせるべきという発想にあるだろう。市場は放っておけばさまざまな干渉を受ける。したがって完全競争市場が示すとされる「真理」を実現するためにこそ、競争をゆがめるあらゆる要因を排除する必要があるのだから、市場をとりまく環境に積極的に介入すべきなのだ。たとえばシカゴ学派は社会政策においても個人への直接的なはたらきかけではなく、財やサービスの供給のコントロールや環境の変更を通した、人の振舞いへの間接的なはたらきかけの有効性を主張する。社会は市場が示す真理によってのみ統治されるべきであるからだ。

もちろんこうしたネオリベラリズム型の「真理による統治」は、一九世紀以来の国家人種主義-生権力による社会の統治と併存する。フーコーにとって初期近代の国家理性論からポリス論や官房学とは、また一九世紀の革命運動と階級闘争への対応策として資本主義国家に導入された社会政策とは、住民を「全体かつ個別に」統制する慈恵的な司牧権力の系譜を形作るものである。統計学や医学生物学、公衆衛生学など一八世紀以降に急発達するさまざまな学知は、国家発展の礎となる出生率の上昇と平均余命の向上、一定の確率で生じる事故や疾病、障害に備える保険や貯蓄制度の整備、また人口増加に伴う都市問題の改善など内政全般をカバーする。セクシュアリティをはじめとした個人の「正常な」行動を規律的な訓育により確保すると同時に、集団の偶然性を統計上の標準値にしたがって管理することが目指されるのである。

　国家人種主義から導かれた生政治の概念の内容は安全概念へと引き継がれる。この概念には生物学的かつ統計学的に把握された「人口」が出発点かつ対象として存在する。統治は人口として把握されることになった人間を個人かつ集団として制御の対象とする。だが人の行動の導きであると定義される統治には、他者の導きに対して、それとは異なる真理をもとにして、別様に自己を導くという対抗的な統治実践がつねに織り込まれている。真理による統治とフーコーのいう階級闘争との関係を最後に検討したい。

4　真理戦——統治から階級闘争へ

　種族戦争は人口概念を引き寄せ、生政治へと展開する国家人種主義に分岐するとともに、階級闘争へも分岐した。だがそもそも「階級闘争」とは当時のフーコーにとって何を意味していたのだろうか。一九七七年夏に第四インターナショナル系の有力左翼主義党派「革命的共産主義者同盟」（LCR）の機関誌『赤色（ルージュ）』編集部にインタビューされたフーコーは、聞き手のクリスチャン・ラヴァルらがランシエールを引き合いに出して、あなたが捉えようとする革命の主体とはどこにあるのかと尋ねたとき、率直にこう答えている。

――私が捉えようと思っているのは権力です。ただし一般的な意味、制度や装置のなかに具体化したような権力ではなく、社会体全体を貫いて存在するもの、階級闘争と呼びうるようなものの総体という意味での権力です。私にとっては結局のところ、権力とは階級闘争のこと、つまり力関係の総体、どうしても不平等だが、同時に変わっていく関係性のことです。それがある社会体に存在することもあれば、階級闘争の現実化、それが織りなす日常的なドラマなこともある。たとえば家族のなかで、親子、夫婦、先祖と子孫、若者と老人等々のあいだにはたらいているのが権力関係です。権力関係とは〔……〕階級闘争という力関係なのです。つまりここが難しいところで、あなたがたは認めないとは思いますが、「こういうふうに、あるレベルに階級闘争が存在していて、それ以外はその効果や結果にすぎない」と言いたいのではありません。階級闘争とは私たちが生きている具体的な事実のことなのです。[*13]

階級闘争とは関係としての権力、つねに不平等だが変わっていく日常的で具体的な力関係の総体だが、何かに決定を及ぼすような基底的審級のことではない、とフーコーはいう。労働者が自分に割り当てられた役割とは別の余分なことをすることで、分業体制と階級支配の自明性が揺さぶられるとするランシエールの立場とも異なる。しかしあらゆる家族関係が階級闘争だというのなら、「階級」はどのように規定すればよいのか。おそらくそこはフーコーにとって問題ではない。なぜなら上の例のように経済決定論を選択しないならば、私たちは子どもにとっては親であり、かつ自らの親にとっては娘であるように、複数の「階級」に属することができるからだ。またそうした「階級」に属していることは、その立場に基づいた意識を獲得することも主体を形成することも求められはしない。では何のために「階級闘争」という言葉を用いるのか。焦点は階級闘争としての権力、すなわち力関係の性格づけにあるだろう。つねに不平等であると同時に変わりうるという性格である。

このように力関係が可変的と形容されるのは、そのたびごとに有利と不利が変わるような争点が日常的に設定されているからであり、一見転倒不可能に見える関係のなかにすら状況が変わる潜在的な可能性が秘められているからである。生政治型権力は人を人口という集団としてその傾向を把握し、監視制御する一方で、日常的な生のなかに入り込み、科学的あるいは道徳的な「真理」を通して、一人一人の振舞いを細かく導こうともする「警察的」な権力装置でもある。フーコーは自らの権力論のよく知られた図式のなかに階級闘争という概念をあえて含めるのは、この概念の背後に真理をめぐる争いの歌を聞き取っているからかもしれない。フーコーは『社会は防衛しなければならない』で、革命言説の原初形態とは諸種族がかつてしゃがれ声で口ずさんだ歌であると述べている。

諸法と諸王の偽りを通して対立しあう種族たちのしゃがれ声の歌、それこそが革命言説の原初形態であったのに、いまや純粋さを保つべき社会的財産を名目に保身を図る国家の行政的な散文に成り下がっています。〔……〕私が示したかったのは、主権を軸とした歴史的‐法的意識から私たちを確実に引き離し、別の歴史のあり方へと、夢見るとともに知り、夢見るとともに体験する時間のありようへと私たちを引き入れた言説です。そこでは権力を問うことは具体的な従属と解放、隷属からの解放を問うことともはや切り離すことができないのです。（DS 72／八四―八五）

このような支配の不当性や虚偽を告発する歌は、絶対的な権力をもつ者の支配の正当性に対してそれは虚だと訴えることで、過去の神話的語りと未来についての夢とを現在の私たちが一挙に経験できるような時間のあり方を引き寄せる。このとき主権が揺るぎないものだと主張する力関係は問いに付され、脱自然化され、歴史化される。階級闘争へと連なる「原初の革命的言説」の効果をこう捉えるならば、これを共有する人々は「真理による統治」という争いの場で統治者と事を構えることになるだろう。ここには後年のパレーシア論につながる論点が見てとれる。

他方で、フーコーが「私たちが生きている具体的な事実」として提示する階級闘争という概念には、国家人種主義に連なる主権的な権力観を脱自然化するようなところがないだろうか。LCR機関誌のインタビューの翌年、マルクスとマルサスのリカード受容をめぐる論争に触れながら、フーコーは階級闘争を人口とは対立する概念として描いている。

〔……〕マルサスが人口問題を本質的に生物経済学の問題として思考していたのに対して、マルクスは人口問題を迂回し、人口という概念自体を廃そうとしたのです。マルクスはそれによってこの概念をもはや生物経済学の形式ではなく、階級や階級対立や階級闘争という、まさしく歴史的で政治的な形式でもってあらためて見いだそうとしたのでした。人口か階級か、まさにここで分断が生じました。経済思想から出発して、人口という主体が導入される限りにおいてのみ思考可能だった一つの政治経済学思想がここで分断されたのです。（STP 79／九三）

ここでのフーコーは階級闘争や戦争を社会の読解格子として用いてはいない。しかしそのかわりに、「人口」という生物学的な概念の性格を、そこに集まる人々を遠くから一様なものとして、あるいは危険要素を含んでいるためにコントロールを必要とする操作可能な個体群として捉える一方で、人口をあくまで自然的・非政治的なものとして扱おうとする、安全型権力装置の政治的機能を批判的に考える糸口を、階級闘争の概念に見いだしている。国家人種主義が革命を科学と神話によって領有するのとは反対に、階級闘争は国家人種主義をあくまで歴史化しようと試みる。生政治という近代の統治性が行う他者の導きに対して、種族戦争を引き継ぐことで「別の時間のありかた」を私たちの前に見せてくれる階級闘争は、生政治の導きのもとになる「科学的」真理を「人口か階級か」という分断を通して、政治的かつ歴史的なものとして提示しようとするのである。

現行の統治のあり方を歴史化し、相対化する被治者の態度をフーコーは『安全・領土・人口』で俎上に載せている（STP 202-205／二四七—二五〇）。そして当時のソルジェニーツィンらに代表される東欧の反体制運動に触れながら、これを国家による導き＝救済を拒否する「反体制 dissidence」といったん呼ぶことにした。現実の服従と既存の救済への拒否、国家の提示する真理と真理体制への拒否であり、別の導きを求める動きのことである。ただしその単語は一般化に難があるとして「対抗導き contre-conduite」なる概念が提示される。[*14] そしてこの概念が、政治や権力関係という一般的な領域において、個人の行動のありかたを分析することに適しており、その次元が実際に犯罪者・狂人・病人に完璧に見て取ることができるとフーコーは言う。なぜならそこで争点となっているのは、導き＝統治の根拠をなす「ほんとう」（真理、真実）であるからだ。フーコーが哲学とは真理の政治学であり、それ以外の定義を思いつかないと口にするとき、念頭に置いているのはそうした導きをもたらす真理をめぐる争いであるだろう。というのも「権力メカニズムの分析が果たすべき役割とは、内部で生じる闘争や対立、戦闘によって、またそうした闘争の構成要素である権力戦術によって今日の社会に生み出される知の効果を明らかにすること」にあるからだ（STP 5／六）。

種族戦争が国家人種主義と階級闘争に分岐し、国家人種主義が人口概念を介して生政治と安全型権力装置につながるとき、「戦争」による社会モデルは、真理をめぐる統治と導きという権力論の展開のなかに場所を占める。しかし階級闘争というもう一つの分岐が、安全型権力装置を支える真理のはたらき、知の効果を告発する真理陳述あるいは対抗導きに至る。現在支配的なものとは異なる真理をもとにして、別の導きを求める対抗導きが呼び出すのは「しゃがれ声の歌」という過去の争いの「記憶」だけでない。来たるべき世界を感じさせる対抗的な語り‐歴史叙述の可能性をも呼びおこす。真理は争いによって生じる知の効果である。この認識にはっきり持ち込まれたフーコー流の階級闘争概念は、真理―権力―主体の関係性が「真理戦」というべき争いであることを示唆している。私たちの真理をめぐる戦いに終わりはないのだから、対抗導きとしての階級闘争にもまた終わりはない。フーコーの戦争概念は過去―現在―未来を貫くこうした時間軸のなかで読み直されるべきである。

＊1——拙著「ミシェル・フーコーの内戦論——市民社会戦争と歴史の真理ゲーム」、市田良彦・王寺賢太編『現代思想と政治——資本主義・精神分析・哲学』平凡社、二〇一六年、一九五—二一八頁。

＊2——John Protevi, "War," in Leonard Lawlor and John Nale, eds., *The Cambridge Foucault Lexicon*, Cambridge University Press, 2014, p. 540.

＊3——Michel Foucault, *« Il faut défendre la société »: Cours au Collège de France. 1975–1976*, Gallimard/Le Seuil, 1997, p. 24／ミシェル・フーコー『社会は防衛しなければならない——コレージュ・ド・フランス講義一九七五—一九七六年度』石田英敬・小野正嗣訳、筑摩書房、二〇〇七年、二六頁。以下、DS と略記し、本文中に原文と邦訳書のページ数を挿入する。以降引用する訳文は文脈にあわせて適宜変更している。

＊4——Sverre Raffnsøe, Marius Gudmand-Høyer, and Morten S. Thaning, *Michel Foucault: A Research Companion*, Palgrave Macmillan, 2016, p. 227.

＊5——Raffnsøe et al., *Michel Foucault*, p. 226.

＊6——Michel Foucault, *Du gouvernement des vivants: Cours au Collège de France. 1979–1980*, Gallimard/Seuil, 2012, p. 14／ミシェル・フーコー『生者たちの統治——コレージュ・ド・フランス講義一九七九—一九八〇年度』廣瀬浩司訳、筑摩書房、二〇一五年、二〇頁。

＊7——編者注4（DS 74／八六）の指摘にあるように、マルクスの引用自体はフーコーの勘違いだが、内容としては間違っていない。大月書店版『マルクス＝エンゲルス全集』第二八巻三〇八頁および四〇七頁を参照。

＊8——Michel Foucault, *La Volonté du savoir*, Gallimard, 1976, p. 157／ミシェル・フーコー『性の歴史I——知への意志』渡辺守章訳、新潮社、一九八六年、一五一頁。

＊9——Foucault, *La Volonté*, p. 197／邦訳、一八八頁。

＊10——Michel Foucault, *Sécurité, territoire, population: Cours au Collège de France. 1977–1978*, Gallimard/Seuil, 2004, p. 3／ミシェル・フーコー『安全・領土・人口——コレージュ・ド・フランス講義一九七七—一九七八年度』高桑和巳訳、筑摩書房、二〇〇七年、三頁。以下、STP と略記し、本文中に原文と邦訳書の頁数を挿入する。

＊11——拙著『フーコーの闘争——〈統治する主体〉の誕生』慶應義塾大学出版会、二〇一三年、のとくに第三章を参照。

＊12——Michel Foucault, *Naissance de la biopolitique: Cours au Collège de France. 1978–1979*, Gallimard/Seuil, 2004, pp. 32-33／ミシェル・フーコー『生政治の誕生――コレージュ・ド・フランス講義一九七八―一九七九年度』慎改康之訳、筑摩書房、二〇〇八年、三九―四〇頁。

＊13――Michel Foucault, « Entretien inédit entre Michel Foucault et quatre militants de la LCR, membres de la rubrique culturelle du journal quotidien *Rouge* (juillet 1977) », Christian Laval (éd.), http://questionmarx.typepad.fr/files/entretien-avec-michel-foucault-1.pdf（二〇一七年六月三〇日閲覧）。

＊14――対抗導きについて詳しくは『フーコーの闘争』第四章を参照。

本研究は、二〇一六年度科学研究費・基盤研究（C）（16K02211）の成果の一部である。

14 規律権力論の射程——権力、知、イデオロギー

廣瀬純

0 総論の不在

一九七〇年代前半のコレージュ・ド・フランスでの講義においてミシェル・フーコーは一貫して規律権力（pouvoir disciplinaire）の問題を扱いつづけたが、しかし、年度ごとにまとめられた講義録は、その五年間の議論の展開が直線的に発展あるいは成長していくような類のものではなかったことを伝えている。各年度の講義内容はその前年度の講義内容を踏襲したものとなっているわけでは必ずしもなく、だからといってまた、前年度の講義内容を無効とし退けるものとなっているわけでもない。規律権力論から生権力（bio-pouvoir）論への移行期に位置する七六年講義『社会を防衛しなければならない』では、その冒頭で、規律権力論を総括するような議論が展開されるが、しかし、この総論でもそれまでに提出された諸論点がすべて網羅的にカヴァーされているとはまるで言えない。同様のことは規律権力を論じた七〇年代中頃刊行の二つの著作、『監視と懲罰』（七五年）と『知への意志』（七六年）についても言える。要するに、講義録でも著作でも、「フーコーの規律権力論」と呼び得るものがその全体像あるいは完成型において示されることは一度もないということだ。七一—七二年講義『刑理論と刑制度』から『社会を防衛しなければならない』までの五冊の講義録及び二つの著作においてなされているのは、その都度、異なる観点に立ってゼロから規律権力を再論するという作業なのである。本稿では、フーコー自

身によってはまとめられることが一度もないまま、つねに断片的あるいは部分的に示されるにとどまった彼の規律権力論のそのあり得べき全体像の描出を試みる。そのための手法として本稿では「接《つ》ぎ木」的な論述形式を採る。具体的には、『社会を防衛しなければならない』において生権力論（人口制御権力論の導入）へと移るその直前に規律権力についてフーコー自身によってなされた最後の説明（IFDS 32-35）を「台木」として読み進めながら、これに適宜、七〇年代前半の他の講義録及び上記二著作における諸議論を「穂木」として接ぐという仕方で論述を進める。[*1]

1　存在論と唯名論

『社会を防衛しなければならない』における規律権力論の総括は次のように始まる。

一七世紀から一八世紀にかけて重要な現象がひとつ生じた。主権関係とはまったく相容れない新たな権力力学《メカニック》の出現（「発明」と言うべきだろう）だ。〔……〕この新たなタイプの権力は、主権論が描いてきた（あるいは文字化しようとしてきた）権力力学とはすべての点で正反対のものだ。主権論の関わる権力形態がその働きかけの対象とするのは、身体やその振舞いというよりも、土地やその生産物である。主権論において権力による移転や収奪の対象とされるのは時間や労働ではなく財や富だ。主権論は、断続的かつ慢性的な賦課租義務を法的タームに文字化するものであって、連続的な監視をコード化するものではない。主権論が権力を基礎づけるのは主権者の物理的存在を軸にしてのことであり、連続的かつ恒常的な監視システムを軸にしてのことではない。主権論は絶対権力を権力のその絶対的消費によって基礎づけるものであって、最小限の消費と最大限の効果とを以て権力を計算するものではない。新たなタイプの権力は主権のタームではいっさい文字化できないものであり、ブルジョワ社会における主たる発明のひとつとしてある。新たなタイプの権力は、産業資本主義やその相関をなす社会が創設される際のその最も重要な道具のひとつとなった。この非主権的な権力は〔……〕「規律権力」である。

フーコーの思想の魅力のひとつは、おそらく、抜け目のなさと無邪気さとの同居にある。彼の議論は抜け目がないが、その前提は驚くほど無邪気だ。「人間の時間や生はその本性においては労働ではなく、快楽や断続性、祝祭や休息、欲求や瞬間、偶然や暴力といったものである」(SP 236)[*2]。人間的自然《ヒューマン・ネイチュア》がいっさいの論証抜きに自明のことであるかのように断定的に語られる(後に見るとおり、この人間的自然は人文諸科学の定めるそれでも人間主義の定めるそれでもなく、この二つに積極的に対立するものである)。フーコーはまた、この自然を生きる限りでの身体を「身体的特異性 singularité somatique」(PP 82)[*3]と呼んでもいる。人類はさまざまな身体的特異性からなる「多様体 multiplicité」(SeP 254)[*4]にほかならないというわけだ。人間の本性を労働に見出すマルクス主義のそれと同じ程度に思い込みだと言ってもよいこの素朴な存在論を前提にして展開される権力論は、しかし、素朴さとはほど遠いものだ。「おそらくは唯名論者であることが必要だ。権力とは何らかの制度のことでも何らかの構造のことでもなく、特定の人々が有する覇権のことでもない。権力とは、特定の社会におけるひとつの複合的戦略状況に与えられた名である」(VS 123)[*5]。フーコーは擁護すべきものの実在を唯物論の無邪気さを以て肯定しつつ、闘うべき対象を唯名論の抜け目なさを以て分析する。

「権力は生産様式を構成する要素のひとつであり、生産様式の中心において機能するものである。〔……〕封建社会の課題は、とりわけ土地に対する主権の行使によって、レント徴収を確実に行うということだった。産業社会の課題は、賃金によって購入される諸個人の時間を労働力というかたちで生産装置に統合できるようにするということだ」(SP 235)。フーコーにおいて、権力は下部構造に位置づけられ、したがって、生産様式の変化は直ちに権力形態の変化となる。すべての生産様式において身体的特異性が権力行使の対象となるわけではない。封建社会の主権権力が関わるのは生産物だけであり、生産物がいかに生産されるかは問われない。これに対して産業社会の規律権力は生産それ自体に介入する。規律権力は身体的特異性に働きかけ、その「爆発的エネルギー」(SP 236)を余すことなくまるごと「労働力 force de travail」に変形する。規律権力は家庭や学校、軍隊や工場、監獄や病院などといったさまざまな装置《アパレーユ》を通じて行使されるが、これらの装置には共通点がある。「規律権力社会に備わっている諸装置は、監禁をその形式とし、労働力の構成をその目的とし、規律あるいは習慣の獲得をその道具とするものである」(SP 240)。

爆発的エネルギーの横溢としての身体的特異性を労働力化するとは、それらを生産装置に直ちに統合できるような形態に鋳造するということだ。そのように形成された労働力を生産装置は賃金による購入によっておのれの内部に取り込み、この取り込みによって労働力をさらに「生産力 force productive」(利潤あるいは剰余価値を生産する力)に変形する。有産者(生産装置の所有者)による無産者の搾取を破壊するには、したがって、賃金関係(労働力の商品化)に対する攻撃だけでは不十分、生産装置による労働力の生産力化(可変資本化)を攻撃するだけでは不十分だということになる。「資本主義システムは〔マルクス主義者たちがこれまで分析してきたよりも〕ずっと深く私たちの実存に浸透している」[*6]。産業社会、ブルジョワ社会を解体するには、労働力の生産力化に先立って身体的特異性を労働力化する権力としての規律とその諸装置とに対する攻撃が不可欠であり、フーコーからすれば、人間の本質を労働に同定するということそれ自体が、これを唱える論者たちの意図に反して、近代資本主義システムを温存させるものでしかないということになる。

2　規律権力と主権論

『社会を防衛しなければならない』での規律権力論の総括は次のように続き、近代社会における主権論の残存が問われることになる。

主権のタームでは描写することも文字化することもできないこの権力は、本来、主権論に基づいて構築された大いなる体系をその消滅に導いてもおかしくはなかった。しかし実際には主権論は、法＝権利（droit）のイデオロギーとして存続することになり、また、ナポレオン法典から始まる一九世紀ヨーロッパのさまざまな法典を編成しつづけることにもなった。主権論はなぜこのようにしてイデオロギーとして、また、法典の編成原理として存続することになったのだろうか。これには二つの理由があるように思われる。第一に、主権論は、一八世紀そして一九世紀においてもなお、君主制を批判するために、また、規律社会の発展を妨げ得るようなすべての障害物を批判するために恒常的に用いられる道具としてあったということ。次いで第二に、主権論それ自体、および、主権論を軸とした法典の編成は、規律諸機構《メカニスム》にひとつの法＝権利システムを重ね置き、それによって、規律諸機構で用いられる手法を覆い隠し、規律に見出し得る支配の事実や支配の技術のその消去を可能にしたということ。さらにまた、規律諸機構にそのように重ね置かれた法＝権利システムによって、国家主権を通じた各人による自己の主権のその行使が可能になったということ。別様に言えば、法的システムは理論としても法典としても主権の民主化を可能にしたということだ。主権のこの民主化が規律強制諸装置によって強く求められるようになったそのときに、まさにそれが理由となって、集団的主権に基づいた公法が法的システムによって創設されることになったのだ。より厳密に言えば、規律強制が支配機構として行使されるのと同時に実際の権力行使としては隠蔽されなければならなくなって以来、主権論は法装置において与えられ、司法法（codes judiciaires）〔ママ。正しくはおそらく「法的コード codes juridiques」〕によって復活され、完遂されなければならなくなったということである。

封建社会からブルジョワ社会への移行に伴い、主権権力が規律権力によって取って代わられることになった後も、主権は理論（主権論）としてその効力を保ちつづけた。その理由をフーコーはここで三つ（本人は「二つ」と数え間違えている）挙げている。第一に、封建社会の解体とそのさまざまな残滓の除去のために主権論が必要とされたため（民主主義）。第二に、規律権力が行使されるためにはその行使の現実が主権論によって隠蔽されなければならなかったため（イデオロギー）。第三に、所有とそれに基づく交換とを保証するために主権論に基づく契約が必要とされたため（ブルジョワ階級）。

第一の点について『社会を防衛しなければならない』では次のようにも言われている。「主権論はまず、実際に行使される権力機構に関わるものとして出現した。封建君主制のそれである。次いで主権論は行政的絶対君主制を構成するための道具として、また、それを正当化するものとして使われた。その後さらに主権論は、宗教戦争の時代、一六世紀、とりわけ一七世紀から、王権を制限する武器、あるいは反対に王権を強化する武器として、対立する二陣営のそれぞれにおいて〔……〕使用された。そして一八世紀にも〔……〕この同じ主権論はルソーやその同時代人たちのもとにその第四の役割とともに再び見出される。行政的、独裁的あるいは絶対的な君主制に抗い、議会民主制という新たなモデルを構築するという役割だ。主権論はこの役割をフランス革命期においてもまだ演じていた」（IFDS 31）。

フーコーは主権論による封建社会の解体を、ヒュームを念頭におきながら「習慣」批判としても論じている。「超越性に基づいた古き諸義務に属するとみなし得るすべてのものに対して〔……〕「神の御言葉や主権者の権威やらに基づいていると言い張っているが、たんなる習慣に過ぎないのではないか」という問いが突きつけられる」（SP 240–241）。主権の従来のありようを「習慣」だとして退けつつ、新たなありようを「契約」として規定し直す民主化は、近代社会における唯一の「階級」としてのブルジョワジーの成立を導くものでもある（主権論存続の第三の理由）。「一八世紀には習慣批判によって伝統の皮が剝がれ、契約が習慣にとって代わったが、一九世紀には習慣が契約の補完物とみなされるようになる。契約は、一九世紀の政治思想においては、有産者どうしが互いに結びつくための法的形式であり、各人の所有を保証する法的形式であるとされる。契約によって交換に法的形式が与えられ、また、契約によって個人たちは自分たちの所有を起点に同盟を結ぶとされる。要するに契約は、個人を彼らの所有に結びつける紐帯であると同時に、彼らの所有を起点にして個人たちどうしを結ぶ紐帯でもあるということだ。反対に習慣は個人たちを生産装置に結びつけるものだとされる。無産者は彼らが所有しない生産装置に習慣によって結びつけられる。習慣によって無産者は互いに結びつけられることにもなるが、それは階級への帰属においてのことではなく、社会全体への帰属においてのことだ。習慣は人々を所有の水準での同類者に結びつけるのではなく、特定の事物の秩序、特定の時間の秩序、特定の政治的秩序に結びつけるのだ。習慣は、所有による紐帯をもたない者たちにとって、契約の補完物なのである」（SP 241）。

先に見たとおり、フーコーにおいて、資本主義システムは身体的特異性の多様体を労働力に変形する規律諸装置と、労働力を生産力に変形する生産装置との二種類の装置からなるとされるが、習慣に関わるのは前者であり、契約に関わるのは後者である。規律諸装置は習慣（規律）を獲得させることで身体的特異性を労働力へと変形し、生産装置は契約を根拠とした交換（賃金関係）によって労働力を生産力に変形する。逆に言えば、労働力の生産力への転化が習慣獲得の問題ではないのと同様、規律諸装置もまた、契約に基づいて機能するものではない。フーコーにとって権力は一般に「権力関係」であって、働きかけること、導くことしかできない。子どもや生徒、兵士や労働者、囚人や病人が自発的に権力による強制をみずからのうちで作用させる（SeP 236）ように、彼ら一人ひとりに個別的に働きかけることしかできない。「権力関係は安定をけっして知らない。権力関係はつねに運動状態にある。したがって、権力を利潤とのアナロジーで理解することはできない。権力は、特定の人々が所有する富のようには捉えることのできないものなのだ。権力は恒常的な戦略であって内戦（guerre civile）を基準に考えなければならない。したがってまた、商業のそれに比し得るような契約（それを破った者たちは社会外に落ち、万人による万人に対する戦争を再開する）を通じて万人の意志によって特定の人々に譲渡されるものといった図式で権力を考えることもやめなければならない」（SP 232-233）。

権力は関係あるいは「フィクティヴな関係」（SeP 236）であり、それ自体としては契約によって保証されるような安定を知らず、絶えざる戦略として実践されるほかなく、これは規律権力についても真である。ここから、規律権力に最大限の実効性を与えるために権力の実際の行使を隠蔽するイデオロギーとして主権論、そして、それに基づく契約（法＝権利システム）が要請されることになる。戦争状態から社会契約へと向かうのでも、社会契約が破棄されて再び戦争状態に陥るのでもなく、契約の下で戦争が文字どおりの「内戦」として継続されるのだ。これに関して『知への意志』では、法としてのセックスの下でのセクシュアリティの規律権力の作動が次のように語られる。「われわれの目に今日、撤廃し難い検閲の歴史と映っているのは、実際には、ひとつの配備《ディスポジティフ》が何世紀もかけて上昇してきた長い過程なのであり、その配備は複合的で、私たちにセックスについて語らせるものであると同時に、私たちの注意や配慮をセックスに繫ぎ留めるものでもあり、また、私たちに実際に作用しているのはセクシュアリティの権力機構であるにもかかわらず、法としてのセックスのその主権を私たちに信じ込ませようとするものでもある」（VS 209）。フーコーは権力の配備あるいは装置が複合的なもの、複数の部品から組み立てられたものであると考えているが、特に重要なのは、その部品として、知（「私たちにセックスについて語らせる」）と権力（「私たちの注意や配慮をセックスに繫ぎ留める」）に加えて、イデオロギー（「法としてのセックスのその主権を私たちに信じ込ませようとする」）も挙げられているという点だ。規律権力の場合、その諸配備あるいは諸装置を構成するのは知としての規範《ノルム》、権力としての規律、イデオロギーとしての主権論だとされる（知及び規範については後に詳しく見る）。知と権力という二つの部品から狭義の「権力機構」が下部構造において構成されるのだとすれば、その作用に最大限の実効性を与える第三の部品としてイデオロギーが上部構造に要請されるということだ。『監視と懲罰』などで「権力‐知 pouvoir-savoir」といった表現が多用されることから、フーコーの権力装置論ではイデオロギーが退けられ、知がそれにとって代わったといった誤解が多くの論者たちのあいだに生じたが、フーコーは実際には、イデオロギーとはその機能において区別されるタイプの言説として「知」を新たに導入しただけであり、イデオロギー論を退けたわけではまるでない。権力（習慣）を法（契約）として表象することで権力の現実的かつ物理的な行使を隠蔽するものとしてイデオロギーは、知及び権力とともに権力装置の構成要素のひとつとみなされているのである。

この点に関してフーコーはまた、規律権力社会における家庭《ファミーユ》の役割にも着目している。工場が生産装置であると同時に規律装置でもあるのと似たかたちで、家庭もまた規律装置であるのと同時にイデオロギー装置でもあるとみなされる。「家庭は、ひとつの主権的配備に従うものであるという資格において、すべての規律システムが機能するために必要不可欠な〔……〕蝶番《ちょうつがい》となっている。家庭は、個人を規律装置に恒常的に固定する強制機関をなしているということだ。〔……〕家庭というかたちで社会のなかで作動するこの主権システムがあるからこそ義務教育は作動するのであり、子どもという〔……〕身体的特異性は学校システムの内部に固定され、そこで個人化されるに至るのである。〔……〕兵役をみずから望むことなど当然ながらあり得なかった人々に対して、それでもなお、兵役が義務化され得たのは歴史的にはいかなる仕方においてのことだったか。国家が家庭に圧力をかけたからこそ兵役義務は実際に強制的なものとなり、諸個人はこの規律システムに接続され、それによって連行されることになったのだ。〔……〕家庭にはしかしまた別の機能もある。家庭は〔……〕ひとつの規律システムから別の規律システムへの移行を確実に実現するための交差点をなしてもいる〔……〕。何らかの個人が異常者《アノルマル》としてひとつの規律システムの外に排斥された場合、彼はどこに送り返されるのか。家庭に送り返される。何らかの個人が同化不可能な者、規律化不可能な者、教育不可能な者として複数の規律システムから継起的に排斥された後に辿り着くのは家庭であり、その家庭が今度は彼を、いかなる規律システムにもおのれを固定し得ない者として、病理学あるいは非行のなかに排斥し、そうした排斥によって排除する。〔……〕主権的諸配備を通じて権力が行使されるようなシステムにおいては、家庭はそうした諸配備のうちのひとつとしてあった。〔……〕私たちのそれのような社会においても〔……〕家庭は規律によって解体されなかった。〔……〕民法のおかげで家庭は、支配、帰属、主従関係といった主権的図式を、男女関係や親子関係に限定されたかたちではあるが、維持することになったのである。民法は夫婦関係と親子関係とからなるこのミクロ細胞を軸にして家庭を規定し直し、これによってまた、それらの関係は最大限に強化されることになった」（PP 82-84）。

規律装置は身体的特異性を生産装置に固定可能なものへと変形するが、規律装置によるこの操作が可能となるためには、これに先立って、あるいは、これと同時に、身体的特異性が規律装置に固定されなければならない。後者の固定を実現するためには第三の装置が必要であり、それがイデオロギー装置としての家庭だとされる。赤ん坊は規律権力の下に誕生するのでなく、家庭の下に誕生し、その家庭によってこそ規律権力の下におかれる。イデオロギー装置は契約を用いて身体的特異性を規律装置に固定しつづけ、その間、規律装置は習慣を用いて身体的特異性を労働力に変形し、生産装置はまた契約を用いて労働力をおのれに統合し生産力に転化する。フーコーは産業社会を規律権力社会と呼ぶのを確かに躊躇《ためら》わないが、しかし同時に、彼が規律権力のそれとして描き出す社会は隅々まで主権論に、主権論に基づく契約に、契約を組織する国家にべったりと裏打ちあるいは上書きされている。規律権力は国家とそのイデオロギー諸装置（主権諸装置）とによる「代補」なしには機能しないのだ。フーコーの賭金は、それでもなお国家的主権と規律権力とを混同しないということにある（フーコーの規律権力論とアルチュセールの階級関係再生産論とのあいだには対応関係がある。イデオロギーは主体のなす「慣習《リチュエル》」的行為のその物質性のなかにしか存在しないとした上でアルチュセールが論じる「イデオロギー国家諸装置」は、その意味で、フーコーのいう規律装置に対応し、また、イデオロギー国家諸装置の作動を保証するのは抑圧であるとした上でアルチュセールが論じる「抑圧的国家装置」は、その意味で、フーコーにおける「国家」あるいはそのイデオロギー的主権諸装置に対応する。フーコーは、アルチュセールのいう「イデオロギー」を「権力」として捉え直してそれを下部構造に位置づけ直しつつ、アルチュセールのいう「抑圧」を「イデオロギー」として捉え直して、これのみを上部構造に認めるのである。学校が、アルチュセールにあっては資本制生産様式における「主要《ドミナント》なイデオロギー国家装置」であるとされ、フーコーにあっては、主たる規律装置であるとされるという事実は、この対応関係から理解されるべきだろう）。国家的主権（契約）の脱構築は確かに規律権力（習慣）の実効的作用を危機に曝《さら》し得るが、しかしなお規律権力は国家そのものではない（フーコーの規律権力論はデリダの脱構築論を補完する）。規律権力は国家のタームでは記述できないし、記述してはならない。国家は規律権力の表象（イデオロギー的代補）であり、その表象の下に身を隠すことでこそ規律権力はおのれの実効性を確保するからだ。

3　知とイデオロギー

『社会を防衛しなければならない』に再び戻る。議論は「イデオロギー」とは異なるタイプの言説として「知」の問題へと移る。

一九世紀から今日に至るまでの近代社会においては、したがって、一方に、社会体に主権を認めた上で各人に自己の主権を国家へと委譲させることを原理として構成される立法、言説、公法編成があり、これと同時に他方に、その同じ社会体の統一性を実際に司っている緻密な規律強制網がある。規律強制網は法＝権利の随伴を必要としているが、しかし、その法＝権利のなかに文字化することはけっしてできないものである。〔……〕近代社会における権力の行使は、主権の公法と規律の多形的力学とのあいだのこの異質性を通じて、この異質性に基づいて、そのゲームのなかでなされる。ただし、これは、おしゃべりではっきりとものを言う法＝権利システムが一方にあって、それは主権のシステムであり、他方に、無言で曖昧な規律があって、それが大いなる権力力学の沈黙する基底をなしているといったことを意味するわけではまるでない。規律にはそれ固有の言説があるのだ。規律もまた、さまざまな知や学問領域を自ら創造し、知の装置を自ら創造する。規律に固有の言説は法＝権利の言説、法的言説ではあり得ない。〔……〕規律が携えることになる言説は主権から派生した規則のそれではなく、自然的規則すなわち規範のそれである。規律によって規定されることになるコードは、法のそれではなく、規範化のそれであり、したがってまた、規律が必然的に参照することになる理論的地平は法＝権利の体系ではなく人間科学の領域である。そして、規律にとっての判例は臨床的知のそれとなる。

同じことをフーコーは次のようにも表現している。「なされることと言われること、力の沈黙とイデオロギー的言説のおしゃべり（説得も含む）とを対置してはならない」（SP 237）。「基底」すなわち下部構造がそれ自体としてはサイレント映画のようにしてあり、そこに上部構造の音声が被ることで初めてトーキー映画が完成するというわけではない。下部構造にも独自の言説があり、下部構造はそれ自体ですでにトーキー映画をなしている。ただし、このことは上部構造におけるおしゃべりの不在を意味するわけではない。先に簡潔に触れたとおり、下部構造には上部構造のそれとは区別されるタイプの言説があるということであり、それをフーコーは「知savoir」と呼んでいるのだ。権力装置は権力、知、イデオロギーの三部品から構成され、規律権力装置は規律、規範、主権論の三要素から構成されている。

「規律権力に伴うことになる言説は、規範を描出し、分析し、基礎づける言説であり、規範を処方可能なもの、説得力のあるものにする言説である。すなわち、監視し、規範を言い、正常と異常とを区別し、評価し、裁きを行い、決定する者による言説。教師や裁判官、医師や精神医学者の言説であり、規範化する言説、人間諸科学の言説なのだ」（SP 243-244）。『懲罰社会』におけるこの一節には興味深い点が二つある。第一に、知それ自体が複合的なものとして捉えられているという点。知は規範を言うだけではなく、規範をめぐって複数の役割を担うとされる。とりわけ注目に値するのは、規範を基礎づけ説得力のあるものにするという機能が知の領分に位置づけられているという点だ。権力は実際、複合的な戦略の飽くなき展開（総力的かつ持続的な内戦）を通じて対象の自発性に呼びかけるものであるという意味で、まさに説得と呼ぶに相応しい。権力は可能な限り説得力のある言葉を用いて説得を試みつつ、同時に、おのれの行為に法的表象を与えることで、実際にはそれが説得（導き）でしかあり得ないことを最大限に隠蔽しようとするのである。

第二に興味深いのは、知的言説の実体的な担い手として、教師や医師、精神医学者などに加え、裁判官（判事）

が挙げられているという点だ。裁判官は、フーコーが知的言説と峻別する法的言説の担い手であり、また、正常《ノルマル》か異常《アノルマル》かの区別ではなく、合法か違法かの判断を担う者ではないのか。この点について『知への意志』には次のようにある。「法はつねにいっそう規範として機能しつつあり、司法制度は、制御をその機能とする諸装置（医学や行政などのそれ）からなる連続体のなかへとつねにいっそう統合されつつある」（VS 190）。『社会を防衛しなければならない』での規律権力論の総括において続いて論じられるのもまさにこの問題、すなわち、下部構造の言説が上部構造に浸透してゆき、上部構造が下部構造によって植民地化されるという問題だ。

〔……〕人間諸科学の言説を可能にした過程は、二つの機構、互いに完全に異質な二種類の言説のその並存であり、対立である。すなわち、一方には主権を軸にした法＝権利の編成があり、他方には規律によって行使される強制の力学があるという関係だ。「規範化社会」とでも呼んでおくべきもののその全体的働きは、第一に、今日では権力の行使が法＝権利と規律テクノロジーとの双方を通じてなされるということによって、第二に、規律から生じた言説が法＝権利に侵入してしまっているということによって、そして第三に、規範化の手法が法的手続きの植民地化を拡大させているということによって説明され得るだろう。私が言いたいのはより精確には次のようなことだ。私の考えでは、規律的規範化は、つねによりいっそう、主権に基づく法体系にぶつかるようになってきている。規律的規範化と主権的法体系とはつねにいっそう明確にその両立不可能性を露《あらわ》にしつつある。両者のあいだで調停役となるような類の言説が、そしてまた、その言説の科学としての神聖化によって中性化され得るような類の権力＝知が、つねにいっそう、その必要性を増してきている。そして今日、規律の力学と法＝権利の原理とが相互交換や対峙を繰り返しているのは医学の延長においてのことである。医学が拡張され、振舞いや行動、言説や欲望などが全般的に医学化されるのは、規律と主権という互いに異質な二層が出会うことになるその前線においてのことなのだ。

フーコーの規律権力論において監獄が特権的な位置を占めているのは、刑的《ペナル》なものと懲罰的《ピュニティフ》なものとを刑罰《ペニタンス》として結晶させる監獄が、まさにその資格において、規律的なものの主権的なものへの侵入、習慣的なものの契約的なものへの侵入、権力の国家への侵入をこの上なく明確に体現する装置だからだ。「刑システムによって懲罰のために使われることになる制度を意味する刑罰という言葉の出現はいかに説明され得るか。刑罰という語には互いに異質な二つの要素が含まれる。一方には司法原理があり、この原理は刑を違反の帰結でありかつ社会の防衛でもあるものとして位置づける。他方には道徳原理があり、この原理は刑を過ちの結果としての刑罰過程として位置づける。〔……〕このシステムにおいて監獄の機能は実際、刑が実行され完遂されることを純粋かつ単純に保証するというものではなく、刑の展開全体をひとつの監視によって二重化するものであり、この監視は刑の執行に向けられているだけではなく、刑の内部での囚人の内的変容にも向けられている」（SP 91-93）。

規律的なもの（懲罰）の主権的なもの（刑）への侵入としての刑罰装置のその誕生についてフーコーが行っている歴史的な説明はたいへん興味深い。「一九世紀の最初の二〇年間に基本的には国家装置が強制システムを担うようになり、強制システムは刑システムに接ぎ木され、刑罰システムであるような刑システムが初めて出現した。ここで問題になっているのは私が懲罰社会と呼ぶものであり、国家司法装置が、その本来の機能に加えて、強制的かつ刑罰的な機能を担うような社会である。制御しなければならなかったのは、すなわち、刑罰システムによってコントロールするようブルジョワジーが国家装置に求めたのは〔……〕民衆による不法行動 illégalisme だった。一八世紀末までは、ある種の民衆不法行動はブルジョワ経済の発展にとって、共存可能なものだったというだけにとどまらず、より積極的に、役に立つものだった。しかし、ブルジョワ経済の発展と連動していた民衆不法行動は、ある時点から、それと共存不可能なものとなったのだ」（SP 143-144）。

封建体制下の都市部では、民衆（職人）とブルジョワ（商人）とのあいだの取引は主権者（君主や領主）の定めた規則にしたがって行われ、これによって主権者は生産物からレントを徴収すると同時に、ブルジョワによる買い叩きから民衆を保護してもいた。しかし民衆はレント徴収から逃れるために、正規市場外でブルジョワと直接取引するようになる。レント徴収は民衆によってまさに「たんなる習慣」に過ぎないものとして退けられる。これによって、民衆とブルジョワとのあいだに市場原理が導入されると同時に、前払いなどといったかたちでブルジョワが民衆に生産手段を買い与えるといったことも始まる。民衆の不法活動がレント徴収権力（主権権力）に対する低強度暴動のようなものとしてまず存在し、ブルジョワが自分たちの利益のためにこれに相乗りすることで、産業資本主義の原形が形成されていく。しかし、つねに新たな不法活動へととどまることなく発散してゆく民衆の「爆発的エネルギー」は、さらに、生産物や生産手段といった財の略奪、そして、労働の拒否（怠惰）へと向かい、ブルジョワの利益に反するものへと転じる（SP 144-145）。この局面に至って初めて民衆は身体的特異性の多様体として歴史の舞台に出現することになり、民衆の爆発的エネルギーは規律化し整流すべき対象と位置づけられることになる。民衆の不法活動が物理的かつ実在的な推力となって（先に見たとおり、これにはイデオロギー的かつ抽象的な推力としての主権論が伴う）封建体制が解体された後に国家を掌握したブルジョワは、民衆の身体を略奪から遠ざけると同時に生産装置に固定する（民衆の身体を従順かつ役立つものとする）ためにさまざまな規律権力装置を国家の下に創出する。フーコーは、法（契約）によって代補されることで機能する規律（習慣）のそうした装置の典型を、刑の下あるいは横で（刑によって代補されることで）展開される懲罰としての刑罰に見出すのである。

身体的特異性を労働力に変形するとは、それらのなす多様体を「個人」の集合として分節化するということである。学校は子どもを個人化する装置だと言われる。規律権力はそれ自体が対象を規範化するのではなく、対象が自発的にみずからを規範化するようにこの対象に働きかける。規律権力は身体的特異性に「主体機能」（PP 46）を付与するのであり、この主体化＝隷属化（assujettissement）によって身体的特異性の多様体から個人の集合が創出されるのである。規律権力は身体的特異性を個人に変形する。そう述べつつフーコーが不十分だとして批判するのは、近代的個人の出現を、主権論に立脚した民主化過程の効果としてのみ説明しようとする近代法哲学理論である。人間的自然を労働に見てしまうマルクス主義と同様にこの理論は、レント徴収権力としての主権権力の解体が主権論によって上部構造において進められただけでなく、不法行動を通じた身体的特異性の出現によって下部構造においても同時に進められたことを見逃している。ブルジョワ革命によって上部構造と下部構造との双方にそれぞれ創出されることになった二つの「個人」の存在をフーコーは次のように指摘する。「個人主義は法と規律とのあいだに挟まれたかたちで形成されたと言えるかもしれない。一方には法的個人、すなわち、さまざまな個人的権利によって規定される抽象的主体としての個人があり、そうした個人的権利は、契約を通じた合意がない限り、いかなる権力によっても制限され得ないものだった。次いで、この法的個人の下に、あるいは、その横に、規律テクノロジー総体の発展があり、これが歴史的実在としての個人、生産諸力の一要素としての個人、同時にまた、政治的諸力の一要素としての個人を出現させることになった。この第二の個人は監視システム内に取り込まれ、規範化手続きに従属させられた身体、隷属化＝主体化された身体である。〔……〕一九世紀及び二〇世紀に「人間」と呼ばれることになったのは、法的個人（ブルジョワジーが言説を通じて権力を我がものだと主張するための道具）と規律的個人（同じブルジョワジーが生産諸力及び政治諸力の場において個人を構成するために用いるテクノロジーから生じるその帰結）とのあいだのこの揺れから生じる残像にほかならない。権力要求のためのイデオロギー的道具としての法的個人と、権力の物理的行使のための実在的道具としての規律的個人とのあいだの揺れ、ブルジョワジーの要求する権力と同じブルジョワジーの行使する権力とのあいだのこの揺れから、幻想でも実在でもある「人間」なるものが誕生したのだ」(PP 59-60)。

民主化された主権としての個人と規律化された身体としての個人という互いに異質な二つの近代的個人のあいだの往復運動のその残像として立ち現れる「人間」はそれ自体、相対する二つの言説群をその両端に生じさせる。知という資格で規律権力諸装置にその一部品として組み込まれる人間諸科学の言説群と、そうした諸装置の織りなすブルジョワ社会への抵抗を呼びかける人間主義《ユマニスム》の言説群である。「人間諸科学の言説の機能は、まさに、法的個人と規律的個人とをカップリングすることにあり、法的個人の内部には、その具体的あるいは自然的内容物として、政治テクノロジーによって規律的個人として切り抜かれ構成されたものが収まっていると信じ込ませることにある。法的個人を引っ搔けば人間が見出されると人間諸科学は言うのであり、人間諸科学がそこで人間として与えるものはまさに規律的個人なのだ。同時にまた、人間諸科学の言説とは逆方向に進むものとして人間主義の言説があり、この言説は次のように告げる。規律的個人は疎外された個人、奴隷となった個人、本来的ではない個人である。この個人を引っ搔かなければならない、あるいはむしろ、この個人に彼の権利のすべてを返さなければならない、そうすれば、生き生きとしていて根強いその本源的形態として、哲学的かつ法的な個人がその姿を現すだろうと。法的個人と規律的個人とのあいだのゲームは、人間諸科学の言説にとってだけでなく、人間主義の言説にとってもその基盤をなすものなのである」（PP 59）。

人間諸科学の言説は、規範の知として規律権力諸装置の一部品をなすというだけにはとどまらず、「真理の言説」（LA 7）[*7]としても振舞う。人間諸科学の言説は、とりわけ医学の拡張を通じ（精神病理学など）、医学の名においてつねにいっそう多く規範を「科学」として神聖化し中性化することで、それらを法的システム内に浸透させてゆく。人間諸科学の言説は、諸規範それ自体をイデオロギー化することによって、それらをイデオロギー的言説としての法＝権利の体系のなかに侵入させるのであり、法的言説の語る「人間」すなわち法的個人のなかにその中身として、おのれの語る「人間」すなわち規律的個人を書き込む。これによって、刑のただなかで実践される罰としての刑罰、狂気と犯罪という二分法（「狂気は犯罪の場であってはならず、犯罪は狂気に根差した行為であってはならない」）をめぐる医学制度（正常か異常かを決定する審級）と司法制度（有罪か無罪かを決定する審級）との相互浸透（LA 29sqq.）などといったかたちで、規律的規範化と主権的法体系との複合体が形成されることになる。

4　新たな法＝権力へ

近代的「人間」の周囲に編成される言説として、フーコーは人間諸科学のそれに加えて人間主義のそれにも言及している。『社会を防衛しなければならない』でフーコーが規律権力論の総括を終えるにあたって最後に展開するのは、規律権力と闘うための武器を法的個人に見出すように呼びかける人間主義的言説に対する批判であり、より精確には、われわれが現局面において（少なくとも一九七六年当時において）人間主義的言説しかもち得ていないことの批判的現状確認である。

だからこそ、われわれは今日、規律力学による越権行為に抗おうとするとき、科学的知に結びついた権力のこの台頭に抗おうとするとき、われわれの用い得る（外見上は頼りになりそうな）その唯一の手段が、まさに、主権という古い原理を軸に構成され、これに立脚した法＝権利への回帰だという状況に立たされてしまっているのだ。われわれは、規律に対して、また、規律に結びついた権力‐知のすべての効果に対して何らかの異論を唱えようとするとき、具体的には何をしているか。現実に何をしているか。形式的かつブルジョワ的なあの法＝権利、主権のそれにほかならないあの法＝権利に訴えるという以外に、いったい何をしているのか。われわれは隘路に嵌《はま》り込んでしまっている。規律権力の効果を制限できるとしても、それは規律に主権を対置することによってではないだろう。実際、主権と規律、主権に基づく立法や法＝権利と規律力学とは、現代社会において、権力機構一般を構成する二つの不可欠な部品にほかならない。規律に抗い（あるいはより厳密には、規律権力に抗い）非規律的な何らかの権力を求めるために向かうべき先は、主権に基づくかつての法＝権利ではなく、何らかの新たな法＝権利、反規律的でありながら同時にまた主権原理から解放されてもいるような法＝権利なのである。

ブルジョワ権力（規律権力）に対する闘いがブルジョワ・イデオロギー（主権論に立脚した法＝権利）を武器になされる限り、その闘いに勝ち目はない。真の戦場は下部構造に、生産様式のただなかにある。戦場が上部構造に、法の次元にあると信じ込ませることそれ自体、ブルジョワ・イデオロギーの効果のひとつなのだ。「強制に対する闘いは禁止を破ることと同じではまるでなく、後者は前者の代わりにはならない。侵犯の実践は、特定の瞬間に、特定の場で、特定の人物にとって法を非現実的なもの、不能なものにするということだが、道徳的反逆に身を投じるとは接続に対する攻撃であり、強制に対する攻撃である。道徳は人々の頭のなかにあるのではなく、権力関係のなかに書き込まれているのであり、権力関係の変更だけが道徳性の変更を導き得るのだ」(SP 116-117)。闘いは権力関係のただなかで、その物質的実在性のただなかで展開されなければならない。敵は内戦を展開しつつ、これに対するわれわれからの反撃についてはそれを直ちに法の次元に、契約の審級に、司法や立法の場へと上げ抽象化してしまう。フーコーが、主権論に立脚したものとしてはその無効性を繰り返し強調しつつもなお「法=権利」という語を手放さないのは、われわれの生きるブルジョワ社会(ブルジョワジーが唯一の階級をなす社会)においては、現実には、民衆の反撃が法の次元から始まるほかないものだという認識があるからだろう(七〇年代前半のフーコーは監獄情報グループでの活動を通じて彼自身、身を以てこの現実を生きていたに違いない)。『知への意志』の終章においてフーコーは、一九世紀以来の反規律権力闘争について、すでにそこに法=権利の倒錯的使用があったことを次のように指摘する。「政治諸闘争は法=権利を我がものと主張することを通じて表明されるものではあったが、それでもなおそれらの闘争の賭金となったのは法=権利というよりも生だった。生への「法=権利」、身体や健康、幸福や欲求充足への「法=権利」。すべての圧制や「疎外」の彼方に、自分たちがそうであるもの、自分たちがそうであり得るものを再び見出すことへの「法=権利」。古典的な法システムにとっては不可解きわまりないこの「法=権利」こそが、それ自体も従来通りの主権的法=権利にもはや属さないすべての新たな権力手続きに対する政治的反撃となったのだ」(VS 190-191)。

『社会を防衛しなければならない』後半から始まる生権力論では「生」と「身体」とは別物として論じられることになる。局所的に作用する規律テクノロジーと大域的に作用する制御テクノロジーとの共存(その連動が「生権力」と呼ばれる)が語られるようになり、身体的特異性を従順で役立つ個人へと飼い馴らすテクノロジーとしての前者がその意味で「身体」を対象とするものだとされるのに対し、身体的特異性の多様体それ自体をまさにそれとして、すなわち、「生きた群衆」あるいは「人口＝住民《ポピュレイション》」としてコントロールするテクノロジーとしての後者はこの意味で「生」を対象にするものだとされることになる。この区別を七〇年代前半のフーコーの議論に遡及的に当てはめれば、彼の規律権力論は、この権力と闘うための武器として身体を、身体への法＝権利（対抗的かつ倒錯的なイデオロギー）を見出すことでその幕を降ろしたと言うことができるだろう。

＊1——Michel Foucault, *« Il faut défendre la société ». Cours au Collège de France, 1976*, Seuil/Gallimard, 1997. 同書からの引用は本文中にIFDS＋頁数として表記。
＊2——Id., *La Société punitive. Cours au Collège de France, 1972–1973*, Seuil/Gallimard, 2013. 同書からの引用は本文中にSP＋頁数として表記。
＊3——Id., *Le Pouvoir psychiatrique. Cours au Collège de France, 1973–1974*, Seuil/Gallimard, 2003. 同書からの引用は本文中にPP＋頁数として表記。
＊4——Id., *Surveiller et punir. Naissance de la prison*, Gallimard, 1975. 同書からの引用は本文中にSeP＋頁数として表記。
＊5——Id., *Histoire de la sexualité 1. La Volonté de savoir*, Gallimard, 1976. 同書からの引用は本文中にVS＋頁数として表記。
＊6——Id., « La vérité et les formes juridiques » (1973), *Dits et écrits I, 1954–1975*, Gallimard, 2001, p. 1490.
＊7——Id., *Les Anormaux. Cours au Collège de France, 1974–1975*, Seuil/Gallimard, 1999. 同書からの引用は本文中にLA＋頁数として表記。

15 « non-lieu » 一歩前——一九六〇～七〇年代日本のアルチュセール受容

王寺賢太

1 終わりから始める

> そもそも考えてみれば、われわれがここで参考にしてきたフーコーやドゥルーズの業績自体、ある意味でアルチュセールの問題提起を引き継ぐものと見なすことができるのである。こうした最良の成果を手がかりとしつつ、アルチュセールの中断した理論的作業を再開することこそ、いま我々に残された最大の課題であると言えるだろう。[*1]

浅田彰は『思想』一九八三年五月号掲載の「アルチュセール派イデオロギー論の再検討」の結語にこう記している。同年九月の『構造と力』刊行を目前に控え、当時の浅田はすでに知的ジャーナリズムで一躍注目を浴びる存在であり、問題の論文も、いまやバブル期日本の文化的徒花《あだばな》として片づけられることの多い八〇年代「ニューアカ」ブーム、「現代思想」ブームの先駆けとみなしうる。けれども、この論文の結語はそんな新時代の始まりにはふさわしからぬ陰影を帯びている。過去との訣別を宣言するどころか、望まれずして訪れた「中断」のあとで、アルチュセールの問題設定を「引き継ぎ」、理論的作業を「再開」することこそを呼びかけているからである。「イデオロギー論の再検討」というタイトル自体がその反復の意志を伝えている。

言うまでもなく、その直接の背景には、アルチュセールが八〇年一一月に妻エレーヌ・リトマン殺害を犯し、その後「免訴 non-lieu」処分を受けて書き手としての公的生命を絶たれたという出来事が控えていた。事実、アルチュセールに倣って論文末尾に付された「(1981.8.30, revised 1982.12.22)」という日付は、この論文が日本でも「アルチュセールの悲劇」が喧伝され、各地で地道に続けられていたアルチュセール読解の試みが沈黙を強いられるなかで書かれたことを告げている。[*2] 浅田としては例外的に学術的な体裁をとってアルチュセールの議論を通覧しつつ、最終節でことさらジャーナリスティックな文体に転調することまで含め、この論文はきわめて政治的な性格を帯びているのである。そのとき浅田は、アルチュセールの「居場所のなさ non-lieu」を彼なりのやり方で反復しようとしていると言えるかもしれない。ただしその「居場所のなさ」は、自分が犯した犯罪の責任を取ることもできない精神錯乱者の法的・医学的(非)身分ではなく、アルチュセールが構想したイデオロギー批判そのものにかかわっている。

浅田の論文の主眼は、アルチュセールの「科学認識論的立場から政治哲学的な立場への移行」を跡づけたうえで、高名な論考「イデオロギーと国家のイデオロギー装置」を再検討し、その限界を突破することにあった。浅田によれば、アルチュセールが提示する主体化＝従属化図式は、基本的にキリスト教的な超越神と人間の関係をモデルとし、「非歴史的」「予定調和的」かつ「スタティック」にとどまる弱みをもっている。だからこそ論文最終節で、浅田は「超越論的＝経験的二重体」としての近代的主体についてのフーコーの考察や、ドゥルーズ＝ガタリ『アンチ・オイディプス』の資本主義論を踏まえつつ、アルチュセールの図式を歴史的に相対化し、近代資本主義に固有の主体化＝従属化のありさまを「(制限された)脱コード化」の運動としてモデル化する。超越的な参照項を繰り返し内在的平面に折り返しながら自己超越の運動を反復するその浅田の主体化＝従属化モデルは、『構造と力』で「クラインの壺」のイメージで図示される「コードなき時代の国家」論のエスキスを先取り的に示すものだった。[*3]

その浅田の議論に現時点から異を唱えることは容易かもしれない。ことはアルチュセール、フーコー、ドゥルーズ＝ガタリの関係づけの是非にはとどまらない。たとえば沖公祐なら、浅田の議論に「マルクス主義における再生産論的転回」の理論的陥穽の典型を見るだろう。[*4]浅田は再生産論の枠組みで資本主義のダイナミズムを捉えようとするがゆえに、本来「資本主義的生産様式」のものであった「再生産」を曖昧に近代資本主義「社会」全体の「再生産」に敷衍し、かえって「資本主義的生産様式」自体を問題化することを不可能にしているとも言えるからである。

にもかかわらず件の論文がいまなお興味深いのは、浅田が最終節の展開をアルチュセールのイデオロギー批判の立場と巧みに結びつけているせいだ。アルチュセールは『マルクスのために』と『資本論を読む』（いずれも一九六五年刊）で、疎外論・人間主義的な「イデオロギー」と「歴史の科学」のあいだの「認識論的切断」から出発してマルクス主義の理論的再定礎を試みたあと、ただちに自己批判を開始し、問題の「切断」が一度限りのものではありえないことを強調するようになった。[*5]その際、唯物論哲学はイデオロギーに対して「境界画定démarcation」を施し、来るべき科学の場所を開く任務を帯びる。自己批判後のアルチュセールにおいて、実践はつねに「イデオロギーによって、イデオロギーのもとで」なされる以上、[*6]その「境界画定」は必然的にイデオロギーのただなかから敢行される政治的「批判」ないし「自己批判」の姿をとらざるをえない。「イデオロギー」と「科学」の分割は、両者を分割する哲学の政治的介入によって初めて成立するのである。しかしだとすれば、そのとき哲学はもはやイデオロギーとその外を分かつ境界線上に場所なき場所をもつほかないだろう。「イデオロギーの内部にあって、絶えずイデオロギーにとりまかれていることを自覚しつつ、切断運動を続けながら自らの位置をずらせていくこと。おそらくこれこそが残された唯一の戦略であろう」。[*7]そう言うとき、浅田はアルチュセールの哲学＝イデオロギー批判の「居場所のなさ」を我が物にしようとしている。その絶えざる切断の運動から、アルチュセールに対する「批判的考察」も、『構造と力』も生まれるのだ。

むろん哲学とは「理論における階級闘争」であると喝破したアルチュセール同様、[*8]浅田にとっても、イデオロギー批判の立場なき立場は「最終審級」において「階級闘争」によって決定されるものであった。けれどもその

「階級闘争」は、浅田にとってもはや社会学的に把握しうる実体としてのプロレタリアートとブルジョワジーのあいだの闘争ではありえない。むしろ、そうした古典的図式で階級闘争を捉えられなくなっていたからこそ、浅田は再生産論に資本主義批判の活路を見出そうとしたのである。その意味で、すべてを飲み込み、無際限に自己再生産を続けるかのような近代資本主義「社会」の遍在性と、イデオロギー批判の「居場所のなさ」とは浅田において正確に対をなしている。またたからこそ、浅田はたえず「自分の位置をずらせていく」その運動によって、八〇年代日本の「高度資本主義社会」の再生産サイクルを擬態することにもなった。「ノリつつシラけ、シラけつつノル」主体の二重化のうちにこそ、あるいはイデオロギー批判と知的パフォーマンスの商品化の不可識別性のうちにこそ、快調に機能しつづける資本主義社会のただなかからイデオロギーを相対化し、それに「境界画定」を施す哲学の場所なき場所が残されている。そこからは無数のマイナーな「逃走の線」も溢れ出すはずだ。――「居場所のなさ」と裏腹なその肯定的断言とともに、浅田は八〇年代「ニューアカ」のスターとして受け容れられ、消費されることになったのである。

『構造と力』から三十余年、日本におけるフランス現代思想の流行は完全に過去のものとなり、そののち浅田が合流した昭和期日本固有の「批評」というジャンルもいまや存続自体が危惧されるに至っている。[*9] とはいえ私がここで問いたいのは、私たちが現在直面しているのかもしれないその「終わり」そのものではない。むしろ、八〇年代の「現代思想」と「批評」の隆盛のとば口で浅田を捉えた哲学＝イデオロギー批判の「居場所のなさ」を、当時の左翼の後退戦がとった一つの形態とみなしたうえで、その前提となる歴史的経緯を〈ポスト68年〉の日本におけるアルチュセール受容に遡って問うてみたいのだ。実際、日本ではすでに六〇年代初頭からアルチュセールの名は知られており、少なくとも彼の「免訴」処分までは同時代の左翼の分裂や転変と絡み合いながらその理論的仕事をめぐって議論が続けられていた。なかでも世界的に新左翼勃興の画期となった「六八年」に続く一〇年は、日本でもっともさかんにアルチュセールが論じられ、「大学」と「党」において新旧の左翼知識人たちがアルチュセールとすれ違いを演じながらその後の言論の場をかたちづくっていった時代でもある。だとすれば、その〈ポスト68年〉への遡行は、その時代が後続の世代からいかなる場所を奪い、それとともに哲学と政治にかかわるいかなる問題系を周縁化したかを思い起こさせてくれるはずである。

2 「科学」と「理論」への退却——〈68年〉後の京大人文研グループ

アルチュセール受容の詳細に立ち入る前に、まず第二次大戦後の日本における「左翼」の分裂と転変の概略を振り返っておこう。東アジアでは第二次世界大戦と中華人民共和国成立を承けて確立された冷戦体制下、日本国内でも自由民主党と日本社会党の対立共存を主軸とする「五五年体制」が議会政治の枠組みとして確立し、同じ五五年には日本共産党も親中派指導部の採用した五一年以来の武装闘争方針を放棄して、宮本顕治の主導下に議会主義的な革命政党の道を歩み始める。五六年のスターリン批判とハンガリー蜂起をきっかけに生まれたいわゆる「新左翼」諸党派は、この「五五年体制」の外郭に、「五五年体制」に異議を申し立てる一群の小集団として現れたのだ。[*10] ただしこの新左翼諸党派のうち、共産党学生組織の分派からなる「共産主義者同盟」(ブント)は、六〇年の日米安保闘争において日本帝国主義復活に対する批判を掲げて早くも国民的運動の先頭に立つ。これに対して、対米独立と民主主義確立を政治目標に掲げた共産党は後衛に退けられ、分派学生たちの冒険主義の非難に終始したのだった。

この新旧左翼対立の背景には、日本の支配体制を「半封建的な専制的君主制」と規定した三二年のコミンテルン・テーゼの延長線上に、まず対米独立と民主化(ブルジョワ革命)、それから社会主義革命という二段階革命論をとった共産党に対し、新左翼諸党派が政治的・理論的な分岐はあれ、一般に直ちに社会主義革命への移行を構想したという根本的相違があった。この点で両者の対立は、三〇年代以来の講座派・労農派間の「日本資本主義論争」の変奏でもある。日本の政治経済の現状をいかに認識し、いかなる歴史的段階に位置づけるか、あるいはいかなる主体がそのような歴史的かつ政治的な診断を下しうるのか、そして革命運動の主体となるのは何者なのか――新旧左翼の対立はこうした一連の認識論的・政治的問題を提起していたのである。安保闘争後、高度経済成長のもとで急速な工業化を経験した日本で、これら一連の問題はあらためて左翼にとって喫緊の課題として再浮上する。

アルチュセールは、この安保闘争後の左翼の理論的・政治的動揺と模索のなかで日本に紹介された。既に『マルクスのために』と『資本論を読む』刊行以前の六三年、「矛盾と重層的決定」(邦題「矛盾と多元的決定」、仏語原論文は前年一二月『ラ・パンセ』誌掲載)の邦訳が『思想』五月号・七月号に分載されたのが最初である。その後も六五年から六七年にかけて『社会主義政治経済研究所資料』に『マルクスのために』所収論文の翻訳が続々と掲載される。[*11] 当時この社会党系シンクタンクの機関誌では、イタリア共産党の議会主義・改革主義路線に共鳴して日本共産党から離れた「構造改革派」が六〇年代初頭から主導権を握り、西欧マルクス主義の最新動向の紹介に努めていた。『ドイツ・イデオロギー』前後のマルクスにおける「認識論的切断」と疎外論・人間主義批判、あるいは「重層的決定」概念にもとづく弁証法的唯物論の再解釈といったアルチュセールの主要論点は、西欧で『マルクスのために』と『資本論を読む』が議論の的になるのとほぼ時を同じくして、構改派によって日本に導入されたのである。

ただしこの最初期の受容は、手放しに肯定的なものではなかった。六三年の『思想』掲載論文冒頭の編集部注記には、件の論文は「探究のためのノート」にすぎないとの断り書きが付されており、[*12] レーニンと毛沢東を参照してヘーゲルとマルクスの弁証法の差異を際立て、後者を「社会的全体」の「重層的決定」から再読する異端的立場には留保が示されている。構改派の側では、『現代の理論』六七年六月号の「マルクス主義哲学」特集で、スターリン批判以降のマルクス主義の新潮流としてサルトル、デッラ・ヴォルペらの「歴史主義‐人間主義」とアルチュセール以下の「構造主義」の分岐が示されたあと、[*13] 同年一〇月号にはイタリア共産党機関誌『リナシタ』(同年四月二一日号)から『マルクスのために』に対する三つの批判論文が訳出されている。[*14] そこでデッラ・ヴォルペ以下の批判者たちは、マルクス主義を社会主義に向けた歴史的実践を導く「世界観」ないし「プラクシスの哲学」とみなすグラムシに忠実に、アルチュセールの「認識論的」なマルクス主義再解釈における理論と実践、構造と歴史、あるいは知識人と労働運動・大衆運動の乖離を難じていた。イタリア共産党の「先進国革命論」が日本でも新旧左翼の構改派に大きな影響力をもった六〇年代から七〇年代にかけて、このグラムシ流の歴史主義・現実主義との対質は、日本のアルチュセール受容に複雑な反響を聞かせつづけることになる。

とはいえ、西欧の新潮流紹介の域を超えて、日本でアルチュセールを読み、固有の政治的文脈と接続する仕事が生まれるのは、六八年の『マルクスのために』（邦題『甦るマルクス』）邦訳刊行を俟《ま》たねばならない。この段階で注目に値するのが、『マルクスのために』共訳者の一人である河野健二ほか、阪上孝、西川長夫、今村仁司など、当時京大人文研の共同研究に集った学者たちの仕事である。実際『資本論を読む』（抄訳、合同出版、一九七四年刊）と七〇年代末のフランス共産党内論争関連の文書（後述）を除けば、「免訴」処分前のアルチュセールの全著作は、六八年から七八年にかけてそれぞれの政治的立場を異にする上記の学者たちによって翻訳され、[*15] 初めて肯定的に論じられている。さらにこの京大人文研グループのアルチュセール受容は、同時期の新左翼運動の昂揚と急速な退潮と軌を一にして屈折した展開を見せる。そこからは、八〇年代に京大人文研で助手を務めた浅田彰にとって前提となる歴史的経緯も垣間見えるだろう。

そのアルチュセール受容を先導した河野健二（一九一六〜九六年）は、本来フランス旧体制期を専門とし、第二次大戦後、共産党に籍を置きながらも、[*16] 大塚史学＝講座派批判をモティーフに仕事を続けていた経済史家だった。五〇年刊の『絶対主義の構造』以来、河野は「絶対主義」国家を封建的要素とブルジョワ的要素の「階級均衡」に依拠する「過渡的体制」とみなし、商人資本の発展と農村における商品生産の拡大にフランス革命をもたらす下部構造の変動を見ようとしていた。[*17] 絶対主義下のブルジョワ的要素の発展を認めず、初期産業資本＝マニュファクチュアの発展をブルジョワ革命の主要原因とする大塚史学＝講座派の見解に疑義を呈す議論である。[*18] 河野はまた当時から、明治以来の「天皇制絶対主義」を四五年に終焉したものと位置づける一方、東欧・アジアなど資本主義後進地帯における社会主義体制成立を「世界資本主義」の現段階がもたらしたプロレタリアートの急進化の結果とみなしていた。[*19] そののち五〇年代末から、西欧諸国と日本における産業革命の成立を再考するために共同研究を開始した河野は、六〇年代には、産業資本主義時代の「世界資本主義」内部の「不均等発展」の観点から各国の政治経済史の個別的展開を理解しようと試みるようになる。そこでは、イギリスやフランスの一国史をモデルとする歴史的発展段階の図式が退けられ、「世界資本主義」の「不均等発展」から日本における社会主義への移行の可能性が探られることになった。[*20]

同時代の第三世界主義ともある程度呼応する議論だが、河野自身の政治的立場は六〇年代を通じてむしろ構改派に接近したらしい。[*21] 見逃せないことは、河野においてこの穏健な改革主義の選択とアルチュセール受容が六八年を境に緊密な結びつきを示すことだ。他ならぬ六八年五月、『思想』に掲載された「現代マルクス主義の二つの立場」[*22]では、河野はまだ前年の『現代の理論』の延長線上に折衷的態度を示すにとどまっている。ルフェーヴルらの「ヒューマニズム」は「構造改革路線」や「統一戦線の展望」と結びつくが、階級闘争を希釈し、ソ連社会主義と西欧ヒューマニズムの結託のもとで中国の社会主義を軽視するという難点がある。それに対して、マルクス主義の科学性を強調するアルチュセールの「構造主義」は、とりわけ「重層的決定」概念によって、ロシアや中国の革命を歴史発展の不均等性から理解させ、歴史学を実証史学や目的論的歴史観から解放してくれる射程を孕んでいる。ただし、それは「社会的実践」をどう正当化するかという問いには答えてくれない、というのである。

けれども「科学」に携わる学者として、河野がアルチュセールに優位を認めていたことは疑いを容れない。というより河野は、自身が大塚史学＝講座派批判をモティーフに続けてきた歴史研究の理論的正当化として『マルクスのために』の議論を受け止めたのだ。六九年、構改派の井汲卓一と長洲一二が総編集を務めた『講座マルクス主義』所収の「マルクス・レーニンの歴史観序説」で、河野はアルチュセールにおけるマルクス主義の科学性を再度強調し、「重層的決定」概念の意義をこう説いている。マルクスは人間の意識のあり方を規定する社会構造に注目し、資本主義社会の土台たる生産様式の解明を目指したが、その社会構造はけっして均質で無矛盾的な全体ではなく、政治・宗教・文化など相対的に自律した諸審級からなり、最終的に経済的審級の決定を被る諸審級の矛盾的複合体であった。こうした社会と歴史の把握は、資本主義のみならず、むしろ社会の本質に根差すものとして「不均等発展」を理解させる点で、河野自身が強調してきたような下部構造と上部構造の相対的自律性と複数の生産様式の共存や、それにもとづく「過渡期」という時代概念を支持してくれる。河野はこうして、ロシア革命以来の世界資本主義の解体＝分化による「不均等発展」の激化が世界各地で顕著になっている六〇年代末を、生産力の全面展開を可能にする「さらにいっそう豊かな社会へむかうための過渡期」と位置づけることになった。[*23]

しかし、河野はこの時点ですでに「現代の社会主義」の行く末には懐疑的だったし、[*24]彼の言う「科学」が政治利用可能な「イデオロギー」と峻別されるべきものだったことには注意が必要である。だからこそ河野は、「生産関係批判」の意義を説く一方、その批判を無視して「疎外からの解放」や「人間性の回復」を旗印になされる一切の革命運動を「ドンキホーテ的な企て」として切って捨てる。[*25]そののち七〇年代初頭まで、繰り返し「歴史認識」や「社会科学」の「科学性」について論じる際にも、河野は近代日本において歴史学や社会科学が「科学性」よりも「イデオロギー性」「思想性」において評価され、時々の風潮に奉仕してきたことを嘆いている。[*26]つまりアルチュセールの「歴史の科学」は、河野において、六八年以降の新左翼の過激化を排して漸進的改革を選択し、さらには政治的中立性を盾に学問研究の自律性を擁護する自身の選択を正当化するために呼び出されていたのである。――もっとも当時にあっては、その中立性こそが、「過激派学生」たちに河野らの「世界資本主義」論、「過渡期」論を大いに主観主義的かつ場当たり主義的に政治利用することを許したのだとしても。[*27]

河野のあとを承けて、アルチュセールから出発してマルクス再読に取り組んだのが、『モンテスキュー――政治と歴史』と『科学者のための哲学講義』の訳者で、七〇年前後、京大人文研助手の職にあった阪上孝（一九三九年〜）であった。ただしその際、阪上は河野とは違って、マルクス主義の「歴史の科学」よりもマルクスの「歴史理論」に照準を合わせ、科学的実践を可能にするマルクス固有の問題設定と諸概念を明らかにすることを目指した。『思想』七一年三月号発表の「経済学批判とマルクス歴史理論の形成」では、『資本論を読む』に全面的に依拠しながら、マルクスによる経済学的諸カテゴリーの歴史化の意義が次のように説かれている。経済現象から本質的諸関係を抽象するという問題設定に立脚して、古典派経済学が「普遍的」な経済学諸カテゴリーを介して資本主義を永遠の所与として自明化してしまうのに対し、マルクスは「労働力」概念の導入によって労働力商品の可能性の条件そのものを問い、資本主義的生産様式とその再生産の条件を「理論的対象」とした。この「生産様式」概念は、労働力と生産手段が「所有」と「現実的領有」(つまり実際の生産の組織および指導)という「二重の結合」に即して労働過程を分析するよう促す。この観点からすれば、資本主義的生産様式への「移行」も、単なる原蓄過程の歴史記述を超えて、労働過程の資本への「形式的包摂」(所有関係)と「実質的包摂」(現実的領有関係)の両面から解明されねばならない。阪上が再構成するマルクスの「歴史理論」はこうして、経済的かつ政治的な支配関係の批判への展望を開く。というより、この「歴史理論」はなによりも資本主義的生産様式からの「移行」、すなわち「革命」を可能にする諸条件を明らかにするという課題を負うのである。「労働者階級が政治的階級として登場するためには、特殊な諸条件が必要である。政治的階級闘争の概念、労働者階級の政治的階級への熟成の条件、とりわけそのさいのイデオロギー的要素の役割などの解明は、われわれにとっての重要な理論的課題である」、阪上もそう記している。[*28]

七二年二月、京大人文研紀要に発表された「アルチュセールのイデオロギー論(I)」は、この理論的課題に答えようとする試みであった。『資本論を読む』を中心に理論の領域における科学とイデオロギーの関係を論じる第一部と、「イデオロギーと国家のイデオロギー装置」を中心に実践の領域におけるイデオロギーの機能に焦点を当てる第二部(七三年三月刊)の二部構成をとるこの論文で注目に値するのは、第一部末尾で阪上がマルクスの『フランスにおける階級闘争』(一八五〇年)の一節に施すアルチュセール張りの「徴候的読解」である。「新しい革命は新しい恐慌につづいてのみ起こりうる。しかし革命はまた、恐慌が確実であるように確実である」。[*29] エンゲルス以来、マルクス主義の「経済主義」的解釈の論拠とされてきたこの一節を、阪上はマルクスにおける「イデオロギーの巻き返し」を示す徴候として読み解く。その文言は、七月王政下の国内外の特殊な情勢を背景に、前年の経済危機をきっかけとする経済的諸矛盾と政治的・イデオロギー的諸矛盾の相互作用からフランス二月革命勃発を説明する、マルクス自身の分析と齟齬を来すだけではない。それはまた、『哲学の貧困』以来「実践状態で」潜在していた「それぞれが異質な構造を形成し、相対的自律性をもって運動する諸関係の共存と相互依存によって構成される〔社会的〕全体」[*30]の観念とも顕著な理論的齟齬を来している。言い換えれば、マルクスによる二月革命の分析は「重層的決定」概念を素描しつつ、いまだその概念を生み出しえずにいる。その概念を生み出し、練り上げることこそ、経済的諸矛盾の土台の上で、その諸矛盾が政治的・イデオロギー的諸矛盾といかに結合し、凝集するかという「具体的現実の具体的分析」（レーニン）[*31]の課題に答えることを許すのだ。そのとき阪上が希求しているのが、大衆が政治的主体化を果たす革命的状況を具体的、客観的に把握することを許す概念装置であることは言うまでもない。

　この独特の関心のありようには、六〇年代前半をブントの活動家として経過し、六八年以後には京大で助手共闘に参加した阪上の政治的志向の現れが見てとれるかもしれない。さらに、阪上が「重層的決定」概念をテコに「経済主義」や「生産力主義」に批判を向ける際には、「反スターリン主義」[*32]にとどまらず、当時の新左翼に顕著な近代批判――資本主義批判と科学技術批判――の反響も聞きとれるだろう。けれどもそのアルチュセール受容はまた、同時代の新左翼の過激化から一線を画そうとする動機も秘めている。阪上が珍しくパセティックな調子で「条件のないところでの蜂起を否定するマルクス・エンゲルスと「革命の製造」を主張する熱狂的革命家たちとの激しい論争」について語るのも偶然ではない[*33]。事実「「革命の製造」を主張する熱狂的革命家たち」は当時、阪上にとって疎遠な存在ではなかった。かつて自身が属した関西ブントからはすでに赤軍派が生まれ、大菩薩峠での大量検挙（六九年一一月）やよど号ハイジャック事件（七一年三月）を引き起こしていた。その残党が合流した連合赤軍があさま山荘事件（七二年二月）であえなく弾圧されたあと、「革命戦士」たちのあいだの陰惨な「総括」

の実態が露見するのも周知のことだ。一方、阪上の友人で当時京大経済学部助手だった「京大パルチザン」のイデオローグ「滝田修」(竹本信弘)は、朝霞自衛官殺害事件の首謀者として指名手配され、七二年一月から長い潜伏期に入る。「アルチュセールのイデオロギー論(II)」末尾の「1972. 11.27」という日付は、阪上のアルチュセール読解がこれらの一連の出来事を横目で睨みながら続けられたことを明かしている。

河野の「科学主義」とは趣を異にするものの、阪上の「理論的実践」もまた、いかにして同時代の革命運動の「主観主義」を脱却し、それを「客観的」条件の下に据え直すかという課題をアルチュセール読解の中心に据えていたことにちがいはない。『フランスにおける階級闘争』の徴候的読解——それが示唆するのは、なによりも「イデオロギーの巻き返し」の常なる可能性である——が示すように、阪上が「認識論的切断」のアポリアに早くから注目しえたのもそれゆえだろう。イデオロギーと科学とは哲学による「境界画定」=「切断」によって初めて分離されうるのだとしても、当の「切断」においてイデオロギーと科学は踵を接しつづける以上、理論の境位ひとつとっても、ただ一度の「切断」でイデオロギーと縁が切れるわけがない。[*34] ましてや「実践はつねにイデオロギーによって、イデオロギーのもとで行われる」のなら、いったいいかなるイデオロギーによって、いかなるイデオロギーのもとで「科学的実践」が行われうるのかを問わざるをえないはずだ。[*35] 阪上はすでに七三年の段階から、こうした一連の困難に、アルチュセールが断続的な自己批判を余儀なくされ、科学と階級闘争の関係をあらためて問うことになった所以を正確に認めている。けれども、そこから「理論における階級闘争」としての哲学、イデオロギーに境界画定を施す哲学の場所なき場所に定位するという立場を、阪上は後年の浅田ほど易々と受け容れるわけにはいかなかった。それではふたたび理論的実践を政治的選択に従属させ、峻拒すべき主観主義的政治を呼び戻しかねないからである。だからこそ、七七年の『科学者のための哲学講義』に付された訳者あとがきで、阪上はいち早く、「理論的実践の理論」を離れ、「理論における階級闘争」を呼号するようになったアルチュセールに対して、自身の「当惑」を打ち明けることになる。[*36]

京大人文研グループのアルチュセール受容は、こうして六八年前後の新左翼の昂揚と七〇年代における急速な退潮と軌を一にして収束を遂げてゆくことになった。[*37]一般に、新左翼側のアルチュセールに対する積極的受容の伏線としては、『資本論』を史的唯物論や社会主義の政治綱領とは切り離し、純粋な資本主義経済原論として読解した宇野弘蔵（一八九七～一九七七年）や、アルチュセールと相前後してマルクス主義の疎外論的解釈の批判に向かった廣松渉（一九三三～九四年）の仕事が挙げられることが多い。[*38]けれどもその受容を助けたのは、なによりアルチュセール自身が提起したマルクス主義の理論的再定礎そのものだった。しかもそれは同時代の新左翼の急進化を後押しするものどころか、その急進化に対して一線を画すためにこそ参照されたのである。マルクスの「歴史の科学」は、疎外論的・人間主義的立場から一気呵成に武装闘争に突入する「過激派」の主観主義（連合赤軍の「総括」もそこから派生する）に歯止めをかけるものとして、かたや「重層的決定」概念は、学生主体の新たな左翼運動の勃興を助けるよりも、むしろ社会的全体の見通しの悪さを強調し、蜂起の現実的条件を辛抱強く見極めることを呼びかけるためにこそ持ち出された。[*39]そのかぎりで、アルチュセールへの依拠は穏健な議会主義への合流とも、同時代の運動から一歩退いて大学での学問研究に拠り所を求めた新左翼の選択とも矛盾するものではなかった。

だとすれば、新左翼の退潮直後から、アルチュセールが同時代の左翼政治と離れ、「現代思想」の枠内で議論されることになったのも当然だろう。今村仁司（一九四二～二〇〇七年）の仕事はその顕著な一例とみなしうる。もともと京都学派左派（梯明秀ら）の影響下にあった今村は、阪上とも並行してマルクス歴史理論の再構成を試みたあと、[*40]七〇年代初頭から『マルクスのために』と『資本論を読む』を中心にアルチュセールの紹介に努めている。その成果が七五年刊の『歴史と認識――アルチュセールを読む』である。この日本初のモノグラフィーで、アルチュセールはバシュラール、カンギレームからフーコーにいたる「フランス科学認識論」の系譜のなかで、マルクス主義の「歴史の科学」ないし「社会科学」の認識論的基礎づけを行った哲学者として位置づけられる。それと同時に今村は、「社会的全体」や「重層的決定」の概念を歴史の動態の理解に資するものとして、人間主義・歴史主義の立場からの批判に対して擁護し、アルチュセールをラカン、レヴィ＝ストロース、バルト、フーコーラと並ぶ現代構造主義者の一人として顕揚したのである。その際、アルチュセールの仕事は同時代の人文・社会科学に呼応しつつ、退潮著しいマルクス主義に理論的刷新をもたらすものと評価される。[*41] しかしアルチュセールをあくまでも「理論的」「思想的」に位置づけ、そのレベルに「政治性」を認めようとする今村の議論には、河野や阪上にはまだ存在していた同時代の政治への逆接的な緊張関係はもはや希薄である。逆に言えば、そこで政治との緊張関係を失った理論は、言論において曖昧に政治と重なり合っているとも言えるだろう。そこにもまた、七〇年代以来、講壇新左翼がとった一つの典型的な選択を認めることができるはずである。そして周知の通り、浅田を筆頭とする日本の「現代思想」が時ならぬ乱れ咲きを見せるのは、この今村後の地平においてのことだったのである。

3　プロレタリアートの不在――七〇年代日本共産党内論争の周辺

もっとも六〇年代末から七〇年代初頭、京大人文研グループによる受容が進行するあいだも、最初期以来のアルチュセール批判は途絶えたわけではない。この時期、新左翼側では、三浦つとむや吉本隆明といった全共闘世代に広く支持された思想家たちが、疎外論的・人間主義的マルクス主義の立場から批判を展開している。[*42] いまや懐かしい独特のべらんめえ調で書かれたその批判は、在野の「自立派」知識人――八〇年代の「批評」の賑わいの一翼を担う――から、フランス共産党の党員哲学者や日本の大学における追随者たちの「官許マルクス主義」(三浦)に向けられた難詰でもあった。それ以上にアルチュセールへの露骨な敵意を隠さなかったのは、共産党系の哲学者たちである。すでに七〇年、『現代革命とマルクス主義哲学』所収論文で、半田秀男はアルチュセールがマルクス主義外の諸概念を導入していることを論難し、そこに「科学主義」に毒された「フランス哲学の貧困」を見てとっていた。[*43] その論調は七二年一〇月、『前衛』の「教育運動の若干の問題」特集号ではいっそう問答無用の調子をとる。この特集号所収の「マルクス主義哲学の性格」と題する論文で、「東京学習会議副議長」高田求は、哲学を実証科学に解消することこそ現代唯物論の使命であると高唱し、アルチュセールは政治と科学に対する哲学の主導権を要求する点で――『レーニンと哲学』が参照されている――、「毛沢東哲学」にも比しうる「古い哲学への新たな回帰」を提唱するものにほかならないと断じている。[*44]

この「日本共産党中央委員会理論政治誌」におけるアルチュセール批判は、当時の共産党執行部と民主青年同盟執行部の抗争と無縁ではない。七二年五月以来、共産党執行部が「新日和見主義批判」の名の下に展開した、民青執行部メンバーに対する「査問」や党配下の学生運動に対する抑圧は、いったい「分派活動」の嫌疑をかけられた民青側にどれほどの実態があり、いかなる内実のものだったのか、いまだに判然としないところが多い。[*45]とはいえ、〈68年〉以後の全共闘ないし新左翼諸党派との対決や、七〇年代初頭の学生の大量加盟を承けて（当時、加盟員は全国で二〇万人）、民青内にも全共闘や新左翼諸党派とある種の「気分」を共有し、党の路線転換を目指す動きがあったこと、それが宮本議長以下の猜疑心を増幅させたことは確からしい。先述の『前衛』特集号には、中国共産党批判や滝田修批判とともに「新日和見主義」批判の論文も掲載されており、件のアルチュセール批判が民青一部の「跳ね上がり」に対する抑圧を企図して書かれたことは疑いない。そこでアルチュセールと毛沢東のつながりが強調されたのは、当時中国で続いていた文化大革命――紅衛兵を大量動員してなされた党官僚批判でもある――との連想が働いたせいだろう。いずれにせよ、京大人文研グループが〈68年〉後の新左翼の過激化に対してアルチュセール由来の「科学」や「理論」によって一線を画そうとしていたそのとき、共産党主流派の側では、アルチュセールの「哲学」が〈68年〉後の「非正統的」な学生運動の過激化のシンボルとして打撃の対象とされたのである。

言うまでもなく、アルチュセールがフランス共産党員であることはすでに日本の読者にも周知の事実だった。『マルクスのために』邦訳刊行に先立つ六七年秋、パリ・ユルム街のエコール・ノルマルでアルチュセールと出会った西川長夫（一九三四～二〇一三年）が、七〇年に立命館大学の紀要に発表した回想でも、日本からの来訪者の率直な質問に対し、自分を「構造主義者」や「中国派」とみなすのは間違いであり、自分は現にフランス共産党員で、しかもなんの特別の地位ももたない単なるヒラ党員にすぎない、と笑って答える哲学者の言葉が伝えられている。[*46] 西川は同時に、アルチュセールが六八年五月に際して共産党の批判的立場にも新左翼側の「五月革命」擁護論にも与《くみ》さない独特の立場を保ったことも、「哲学においてコミュニストであること」について語るインタビュー記事（六八年二月イタリア共産党機関誌『ウニタ』初出、七八年刊『ポジシオン』所収の「革命の武器としての哲学」）とともに紹介しているが、その親愛の情に満ちたアルチュセールの肖像は共産党主流派の眼には入らなかったらしい。

　ただし、この短兵急なアルチュセール断罪に見られる「新日和見主義批判」も、七〇年の第一一回党大会以来、日本共産党が「七〇年代の遅くない時期に民主連合政府を樹立する」という政治目標を掲げ、「統一戦線」（特に社会党、公明党との共闘）をスローガンに政権奪取を目論んでいたこととの関連で見れば、事態は「スターリン主義」政党による学生運動の弾圧としてすませられるほど単純ではない。[*47] この路線は、同時代の「ユーロコミュニズム」路線と軌を一にするものだったからである。当時、フランス・イタリア・スペインの共産党はこの「ユーロコミュニスム」のスローガンのもとで、マルクス＝レーニン主義――社会主義を「プロレタリア独裁」体制と規定し、「民主集中制」による前衛党組織を求める――との訣別を図り、国家独占資本主義論に依拠して、資本主義の国家依存の強化傾向に棹さしつつ、選挙を通じた左翼連合政権の樹立による社会主義への漸進的移行を目指していた。すでに六七年以降、ソ連・中国と断交していた日本共産党執行部は、七〇年代に入るとこれら西欧諸国の共産党に接近し、一時期は「ユーロ・ニッポコミュニスム」を吹聴《ふいちょう》するまでになる。ニクソンショック（七一年）やオイルショック（七三年）後、経済成長の鈍化や環境問題が焦点化された当時の「西側」で、人権侵害が喧伝された[*48]「東側」の「現存の社会主義」と袂を分かつこの新路線は一定の支持を受け、日本でも大都市で続々と革新自治体が生まれるなか、共産党の「民主連合政府」構想はある程度実現可能性あるものとして受け容れられた。もっとも、チリのアジェンデ政権（七〇―七三年）がアメリカに支援されたピノチェトの軍事クーデタで転覆されたことにも明らかなように、冷戦下の社会主義への平和的移行はけっして自明なことではなかったから、民青系学生には、ひとたび「民主連合政府」が実現すれば早晩アメリカとの戦争になる、と覚悟を決める向きもあったらしい。いずれにせよ、七〇年代日本の共産党系のアルチュセール受容を考える際に、以上の経緯を無視することはできない。アルチュセールはそこで、もっぱら「ユーロ・ニッポコミュニスム」路線の延長線上に党改革を提唱した党内構改派によって参照され、具体的な路線選択と密接に結びつけられながら議論されるからだ。

とはいえ七〇年代前半を通じて、共産党系のアルチュセール受容は、ジョン・ルイスとの論争の紹介か、アルチュセールの認識論的立場についての批判的検討にとどまる。[*49] そのおずおずとした受容のありさまは、七三年刊の『史的唯物論と社会構成体論争』の訳者解説にも窺えるだろう。『ラ・パンセ』七一年九・一〇月号所収の諸論考を訳出するこの書物の巻末で、訳者はいささか唐突にアルチュセールによるマルクス再解釈を議論の背景として指摘し、[*50] アルチュセール一派の仕事を構造主義批判で押し流さず、マルクス主義研究への寄与を認めるべきだと説いている。「革命の武器としての哲学」抄訳と『資本論を読む』における歴史主義批判の要約も付されたこの訳者解説は、さながらアルチュセール再導入の様相を呈しているのである。[*51]

けれども共産党側でアルチュセール再考の動きが明確になるには、七六年三月、『現代と思想』掲載の「現代哲学とアルチュセール問題」を俟たねばならない。[*52] 著者は大枝秀一、他ならぬ七三年のおずおずとしたアルチュセール再導入の筆者である。賛否両論かまびすしいフランスの党員哲学者に対して性急な判断を下すことを戒めつつ、大枝はそこでアルチュセールの六八年五月に対する態度決定を検討するところから議論を始めている。[*53] アルチュセールにとって六八年五月の出来事は、労働者の階級闘争と学生運動の歴史的「出会い」であった。その際、彼は慎重に前者に優位を認め、後者の「極左主義 gauchisme」には厳しい批判を向けている。にもかかわらずアルチュセールが学生運動の自律性を尊重するように説いたのは、六八年の学生運動に「資本主義国家のイデオロギー装置のもっとも弱い環」である学校制度に対する「進歩的反抗」を認めたからであり、フランス共産党と反乱を起こした学生たちとの政治的・イデオロギー的な「接触の喪失」が嘆かれたのも、その「接触」なしに階級闘争と学生運動との「結合」も「融合」もありえないからだった。アルチュセールはこうした共産党の「大衆路線」の理論家として、大衆が自分たち自身の意志をそこに再認できるようなやり方で政治的方向を示す特異な「わざ savoir-faire」を、党に対して求めたのである。[*54] なるほど大枝は、「重層的決定」概念では複数の社会的審級が並置されるだけで、いかにして経済的審級が単なる「最終審級における決定」の要因にとどまらず、「支配的」動因となりうるかが理解できないと指摘している。[*55] しかしその指摘も、六八年のあと、共産党と共産党指揮下の労働運動のヘゲモニーのもとでいかに「大衆路線」を構想しうるかという、大枝のアルチュセール再考の中心的関心の所在を明らかにするものと言うべきだろう。

問題の論文を掲載した雑誌『現代と思想』は、田口富久治（一九三一年〜）が主導し、七〇年代を通じて共産党内構改派の知的フォーラムとなった雑誌だった。[*56] 大枝は『史的唯物論と社会構成体論争』のあとがきでも田口に謝辞を捧げているから、一連のアルチュセール再考がこの党内構改派のイニシアティヴによってなったことは確実である。丸山眞男門下の政治学者である田口は当時、西欧マルクス主義を旺盛に摂取し、アルチュセール、プーランツァス、バリバールらも検討の対象としながら、国家（階級支配の道具）と革命党（階級闘争を指揮する軍事的＝政治的前衛）についてのマルクス＝レーニン主義理論の批判的考察を進めていた。[*57] その志向は、イタリア共産党の「先進国革命論」を範にとり、複数政党制や共産党内での複数意見の存在を容認する「多元的民主主義」を旗印に、共産党を「民主連合政府」を担いうる大衆的左翼政党に脱皮させようとする企図と結びついていた。この文脈でみれば、大枝の論文はアルチュセールを「統一戦線」の理論家として党内論議に再導入し、党執行部に対して民青の批判的勢力との「接触」の回復を訴えるものとみなしうる。

ただし大枝のアルチュセール再読は、同時期の共産党の決定的な方向転換とともに起こった党内情勢の変化から見ると、もう一つの次元を露わにする。その方向転換とはすなわち、七六年七月の第一三回臨時党大会における党綱領からの「プロレタリア独裁」の放棄である。それは七三年の「dictatura」の訳語変更――「独裁」から「執権」へのいかにも小手先の変更――の延長線上に、七三年のイタリア共産党、[*58] 七六年二月のフランス共産党の「プロ独」放棄に追随する、「ユーロ・ニッポコミュニスム」路線の頂点を示す出来事だった。

周知のように、アルチュセールは七七年の『第22回大会』でフランス共産党の「プロ独」放棄に対して執行部批判を開始し、翌七八年の『共産党のなかでこれ以上続いてはならないこと』では、同年三月の総選挙での敗北（および共産党を凌ぐ社会党の議席獲得）を承けて、党執行部が七二年以来の左翼政権共同綱領をなし崩し的に破棄したあと、「民主集中制」のもとでの執行部の権威主義的党運営に対して批判を繰り返す。それに先立って七六年には、アルチュセールの一番弟子であるエティエンヌ・バリバールも『プロレタリア独裁とはなにか』を刊行し、「プロ独」堅持を訴えていた。[*59] このフランス共産党内の論争と並行するように、日本共産党内でも七六年の第一三回臨時党大会前後を境に二つの異なる潮流から公然と執行部批判が現れる。「新日和見主義批判」以降、党執行部批判を懐胎していた民青の一部学生が、マルクス＝レーニン主義における階級闘争の第一義性と「国家の廃絶」を実現すべき共産主義への移行を断念するものとして「プロ独」放棄に反対の声を挙げる一方、[*60] 党内構改派は「プロ独」放棄のあと、「民主集中制」の放棄も求めて党執行部と激しい論争に入るのである。その七七～八一年の田口と不破哲三（当時党書記長、一九三〇年～）の論争と同時期、[*61] 宮本顕治以下の党執行部は「ユーロ・ニッポコミュニスム」路線から曖昧に撤退し、七九年の社会党との断絶によって早期の「民主連合政府」樹立の目論見そのものを反故にするに至る。宮本体制再強化とも軌を一にするこの情勢のなかで、党内左派の民青一部と党内右派の構改派は執行部批判において合流することになった。七六年の大枝のアルチュセール再読は、この党内反対派の「統一戦線」の先駆としても理解できるだろう。

いずれにせよ、「ユーロ・ニッポコミュニスム」の一時期、日仏共産党の党内情勢は驚くべき並行関係を示していたのである。六〇年代初頭以来バリバールの友人であった加藤晴久（一九三五年～、当時東京大学教養学部のフランス語教官）が、七四～七六年のパリ在外研究中にアルチュセールと協力関係を結び、[*62] 七八年二月にはアルチュセールの『第22回大会』とバリバールの『プロレタリア独裁とはなにか』を一巻に収める邦訳本を公刊することになったのも、「われわれの国の歴史のなかで、《自主・独立》の革命戦略と社会主義のプログラムを模索する諸勢力、人民大衆にとって、フランス共産党のプログラムや戦略は他人事ではない[*63]からだった。

だがこの日仏共産党の知識人の共同戦線で無視できないのは、加藤が「民主集中制」批判に強調点を置くゆえに、アルチュセールらの「プロ独」問題に関する議論を周縁化していることだ。そもそも『プロレタリア独裁とはなにか』と『第22回大会』の邦訳には、膨大な量の「フランス共産党第二二回党大会関係予備討論および中央委員会報告の抜粋」が付されており、加藤による能う限り中立的な「プロ独」放棄をめぐる論争経緯の紹介と相俟って、両論併記の印象はぬぐえない。加藤の関心の中心はもっぱら、党内論議抜きに「プロ独」放棄をテレビ番組のなかで宣言したジョルジュ・マルシェ書記長以下フランス共産党執行部の意志決定手続きに対する批判と、アルチュセール以下の党員知識人の介入から生まれたフランス共産党内の論争そのものにあったようなのだ[*64]。同様の姿勢は、七八年四月、『ル・モンド』にアルチュセールの『共産党のなかでこれ以上続いてはならないこと』が発表された直後、加藤が『現代と思想』に発表した論文「スターリン主義と民主集中制――フランス共産党の場合」にも見てとれる[*65]。三月の総選挙敗北後フランス共産党内に沸き起こった執行部批判と党内運営民主化の要求を報じ、その論争のなかでアルチュセール以下の党内左派とジャン・エランシュテン以下の党内右派が共同の論陣を張っていることを紹介するこの論文は、田口が日本の党書記長と論争を続けていた最中に『現代と思想』に掲載されたのを見ても、田口のための援護射撃として、日本の党における「民主集中制」放棄を目指して書かれたものと言ってよい。

七八年六月、『朝日ジャーナル』誌にアルチュセールの「炸裂したマルクス主義の危機」の翻訳を発表した際にも、加藤はアルチュセールが訴える国家と党に関するマルクス主義理論の再検討についてはわずかに言及しただけで、フランスの党内知識人の党執行部に対する「造反」に関心を集中させている[*66]。その態度は、平田清明(一九二二～九五年)が、アルチュセールの提唱する社会主義のもとでの国家と党の分離を、ブルジョワ国家の破壊と「政治の社会化」の展望を開くものとして高く評価するのと比較しても好対照をなしている――たとえその平田の議論が、市民社会の自律性強化を求める自身の年来の主張を押し出すための我田引水的なものだったとしても。[*67] 七九年五月の『共産党のなかでこれ以上続いてはならないこと』邦訳刊行の際にも、加藤はその出版にあたって共産党系出版社から刊行を拒絶されたことまで仄めかしながら、「社会変革の手段および目的としての民主主義」を求めている。[*68] だとすれば、加藤がアルチュセールの著作を単なる情勢論として受け取ってはならないとどれほど強調していたとしても、その願いは叶わぬことを運命づけられていたと言うべきだろう。実際、『これ以上続いてはならないこと』の邦訳刊行に際しては、「グラムシ主義者」石堂清倫(一九〇四~二〇〇一年)が『朝日ジャーナル』に発表した書評が典型的に示すように、共産党の官僚主義への批判に諸手を挙げて賛同しつつ、「プロ独」擁護論を「古風な教条」として顧みない、いかにも俗受けする反応が示されたのだった。[*69]

つまり、アルチュセールの理論的・政治的介入が日本においてかつてないほど多くの読者の関心を惹き、かつてないほど大きな反響を得たそのときに、アルチュセール自身にとって党執行部批判のきっかけとなり、要となった肝心の論点は死角に置かれることになったのである。たしかに加藤にとって、「プロ独」放棄はもはや日本共産党執行部と党内構改派双方が承認する既定路線であり、喫緊の課題はその「プロ独」放棄を党内民主化に結びつける「民主集中制」廃止のための――そして宮本体制の〈閉鎖的体質〉を打破するための――キャンペーンだったにちがいない。それはまた「遅くない時期の民主連合政府樹立」を睨み、共産党が大衆的左翼政党に変貌するために必要不可欠な選択として望まれていたはずである。なるほどその「統一戦線」は、労働運動に依拠する左翼政党が繰り返し直面してきた多数派形成の困難を克服するための選択肢ではあった。労働組合や労働者政党の分断にブルジョワ支配の典型的なやりくちを見ていたアルチュセールも、共産党が同盟戦術をとることや、選挙を通じた「左翼連合政権」樹立を目指すことそのものに異を唱えていたわけではない。それでもなお、アルチュセールの介入を日本における「民主集中制」批判の文脈に移植しようとする加藤の試みは、構改派的な議会主義・現実主義の枠内にとどまっていたかぎりで、やはり理論と政治にかかわる決定的な点でアルチュセールを裏切っていたと言わねばならない。

4 階級闘争と孤独——「最後」のアルチュセールのために

しかし、七〇年代末の日本で京大人文研グループの講壇新左翼からはほぼ無視され、共産党側でも党内民主化を求める声に掻き消された感のある、アルチュセールの「プロレタリア独裁」擁護とはいったいなんだったのか。そのことを見極めるには、『再生産について』(一九六九年執筆、没後刊。ただし七〇年刊の「イデオロギーと国家のイデオロギー装置」を含む)から、『第22回大会』と『これ以上続いてはならないこと』を経て、『自らの限界にあるマルクス』(一九七八年執筆、没後刊)まで、「免訴」処分一歩前のアルチュセール最後の考察に立ち返ってみなければならない。その考察は同時に政治的かつ理論的な介入でもあった。実際、一連のテクストで、アルチュセールは自身の国家論・イデオロギー論に立脚しつつ、同時代のグラムシ主義者=「ユーロコミュニスム」の徒に明確に対立しようとしている。

ただし、あらかじめ断っておけば、アルチュセールにとって「プロレタリア独裁」が問題となるのは、国家権力を奪取し、社会主義を樹立するための手段として暴力革命をとるか、議会主義をとるかという選択においてではない。[*70] アルチュセールが「ユーロコミュニスム」を退けるのは、議会主義に対して暴力革命を対置したからではなく、むしろ「ユーロコミュニスム」があくまでも手段に過ぎない国家権力奪取と社会主義政権樹立を目的と取り違えているせいだった。[*71] 国家独占資本論の理論的貧困が嘆かれたのも、それが国家権力を掌握しさえすれば、既存の国家機構を温存したままで「広範な民主主義」や「国家の社会化」(官庁・国営企業による公共サービスの充実!)を実現しうるとする観念論とみなされたからだ。[*72] 既存の国家機構を動かして社会主義的政策を実行しようとする同時代のグラムシ主義者たちは、その点でかつてのスターリン主義者たちとまったく異ならない。この同時代の西欧共産党主流派の動向に対して、アルチュセールは社会主義を「プロレタリア独裁」と定義し、共産主義すなわち「国家の廃絶」への過渡期とみなすマルクス=レーニン主義の根本的立場にあくまで固執する。[*73] 国家は「階級支配の道具」であり、資本制生産様式下のブルジョワ独裁のもと、労働者を支配し「搾取」を継続するための「機械」に他ならない。だとすれば、「左翼連合政権」が打ち立てる「社会主義」は、一つの政治体制でも生産様式でもなく、ブルジョワ支配を打破し、「国家の廃絶」を実現するための階級闘争の長い過程でなければならない。アルチュセールが「プロレタリア独裁」と呼ぶのは、その長く矛盾に満ちた闘争の過程のことなのだ。

その際、来るべき階級闘争の主体となるべき「プロレタリアート」の実在を、アルチュセールは現にいたるところに見られる労働者たちの姿に感知している。[*74] ただし彼のマキァヴェッリ論を参照するなら（『君主論』の著者は国民国家の「素材」となるべきイタリア人の実在を前にしながら、彼らに政治的統一をもたらす「形式」も、その現実化の契機も見出すことができない）[*75]、プロレタリアートが一階級として自己形成を果たし、一つの政治的主体のかたちをとるのは、あくまでも「プロレタリア独裁」の成立によってであると考えるべきだろう。だが同時に、「プロレタリア独裁」は、ブルジョワジーの階級支配を廃し、「国家の廃絶」を目指すかぎりで、プロレタリアートが搾取の対象であることから脱却し、自らを一つの階級として構成することを止めはじめる過程でもあるはずである。「プロレタリア独裁」がすぐれて「矛盾的」と言われるのも、不在のプロレタリアートを「無」から構成すると同時に、そうして主体化を遂げたプロレタリアートを「無」へと導く、この階級闘争の過程の特異な性格ゆえなのである。[*76]

しかし、この階級闘争の過程は、あくまでも「国家の廃絶」、さしあたってブルジョワ国家機構の破壊を実現する現実的過程でなければならない。アルチュセールによれば、「S—s'」の主体化＝従属化の関係は「国家のイデオロギー装置」によって強制され、保証されるのであり、主体が主体として構成されるのは、その「装置」の物質性に強いられた「実践」ないし「儀式」を通じてである以上（パスカル的に言えば、神と信者の主体化＝従属化は、「ひざまずいて祈る」儀式によって、そして儀式の場たる教会によってである）、ブルジョワジーにせよプロレタリアートにせよ、主体の消滅を「国家のイデオロギー装置」の破壊なしに考えることなどできない。[*77] アルチュセールはさらに、自身の国家論・イデオロギー論にもとづいて、ブルジョワ国家の廃絶を能う限り具体的に素描しようとする。それによると、ブルジョワ「国家機械」の最大の特徴は、階級闘争からの「分離」と、「分業」によって諸々の機能を担う諸装置からなることにある。この諸装置こそ、「抑圧装置」（軍隊・警察・司法など）、「イデオロギー装置」（家族、学校、教会など）、そして『自らの限界にあるマルクス』で付加される「政治装置」（政府、議会など）である。[*78] 階級闘争からの「分離」ゆえに合法性をまとった国家は中立性の見かけを与えることができ、そこからユーロコミュニスムのような、国家権力さえ握れば社会主義的政策を実現できるとする幻想も生まれるのだが、それが幻想にすぎないのは、「国家機械」が諸装置の「分業」によって成立しているからだ。「政府」は国家機械の諸装置の一つであり、階級支配は政治体制に還元されえない以上、プロレタリア政党による国家権力奪取はただちに他の国家装置を通じたブルジョワジーからの反動を惹起する。[*79] だからこそ革命勢力は、そうした国家装置の破壊を避けて通ることはできないのである。そればかりか、革命勢力はどれほどプロレタリア的であろうと、既存の政党や労働組合に依拠するだけではこれらの国家装置の破壊を実現することもできない。階級闘争から生まれ、階級闘争の前衛に立ついかなる政党や労組も、ブルジョワ国家機構のなかで合法化され、制度化された国家装置の一つであることにかわりはないからである。[*80] その装置の破壊のために、革命勢力は、国家機構の〈外〉、諸装置の〈外〉の階級闘争に依拠するしかない。だからこそアルチュセールは、共産党に対し、単なる選挙戦術や労働運動との連携強化の域を超えて、階級闘争を担う「大衆」との結びつきを取り戻し、「大衆」に耳を傾けることを執拗に要求し続ける。そのときブルジョワ国家の廃絶は、国家機械の「分離」と「分業」に換えて大衆組織（ソヴィエト）を置く、闘争の彼方に展望されることになるのである。[*81]

アルチュセールの「プロ独」論の要が、既存の国家機械の〈内〉に〈外〉の階級闘争を介入させ、〈内〉を二分しつつ、〈内〉を〈内〉として構成している諸装置を「物質的」に破壊する点にあることが見てとれるだろう。階級闘争に根差しつつブルジョワ国家の一装置でもある共産党は、アルチュセールにとって、それゆえの限界をもつとともに、〈外〉の階級闘争を国家機械の〈内〉に導き入れる「例外的位置」を占める。[*82] 階級闘争の「前衛」

としての共産党の役割もそこから派生する。注意すべきことは、アルチュセールが同様の図式にしたがって『これ以上続いてはならないこと』で「プロ独」の原則を放棄した共産党の批判を展開し、「民主集中制」のあり方を問題にしていることだ。党首のテレビ・インタビューで公表された「プロ独」放棄においても、共同綱領のなし崩し的破棄においても、共産党の意思決定は執行部と下部の党員たちの「分離」のもとでなされてきた。さらに横断的な党内論議は縦割りに分断された党組織のなかであらかじめ禁じられ、下部組織による執行部の決定の形式的追認に格下げされている。その点で共産党の組織・運営は、ブルジョワ独裁下の軍事組織と議会制を忠実に模倣し、ブルジョワ国家の「分離」と「分業」を再生産しているのである。[*83] だからこそアルチュセールは、「民主集中制」を革命政党の「統一」の要請に由来するものとして原則的に支持する一方で、[*84] その実践のあり方を問題にし、党の組織・運営の変革を求めて、あえてル・モンド紙上に党批判を公表する。その際にもアルチュセールが強調するのは、革命政党の「存在」が階級闘争と大衆との関係を抜きにしてはありえないことだった。[*85]

このアルチュセールの介入を単なる「世論への訴え」と取り違えてはならない。少なくともアルチュセールの主観においては、それは知識人と労働者、前衛党と大衆のヒエラルキーを前提とする「外部注入論」とも、世論の「ヘゲモニー」を握り、公衆の「意識」を変えることを政治とみなすグラムシ主義者の「教養主義」とも無縁だった。その介入はあくまでも「労働者階級・人民の階級闘争とマルクス主義理論の融合」の名においてなされているのだ。[*86] なるほど、「プロ独」を放棄し、もはや党首自ら「階級闘争」を口にすることさえはばかるようになった共産党の〈内〉にとどまりつつ、批判によってその〈内〉に階級闘争を再導入することは、いわば党員哲学者自ら「私はイデオロギーのなかにある」ことを率直に認めるかぎりで、すぐれてスピノザ＝マルクス的な理論的批判であり、自己批判であると言うべきだろう。[*87] しかしマルクスにとって、「批判とは、実在する現実そのものが実在する現実を〔……〕批判すること」である以上、[*88] 理論的批判は単に口にされただけでは足りない。それは現実の階級闘争と結びつき、共産党の〈内〉を〈内〉として構成する諸々の装置と実践を「物質的に」破壊せねばならない。アルチュセールが自らの理論的批判に、階級闘争の担い手たる「大衆」への呼びかけというかたちを与えたのはそのせいだった。アルチュセールは返す刀で、共産党の同志たちに向かって「城の外に出ること」を呼びかけるが、[*89]その「外に出る」運動は、あくまでも〈外〉から階級闘争を導入し、単なる一国家装置の〈内〉に自閉する共産党を揺るがせ、あらためて階級闘争の一拠点とすることこそを目指している。一連の理論的・政治的介入のなかで、アルチュセールは――ちょうどマルクスがそうしたように[*90]――共産党のなかで自らを階級闘争のエージェントとして位置づけつつ、自らの言説を介して、国家装置の〈内〉に階級闘争という〈外〉の力を導入する共産党の「例外的位置」を死守しようとしていたのである。

その共産党の「例外的位置」はまた、共産党の〈内〉でのアルチュセールの位置にも類比的だろう。そしてアルチュセールにその「例外的位置」を与え、イデオロギーの〈内〉にありつつ、〈外〉の階級闘争の存在をたえず喚起させたのが「理論」であり、「イデオロギー批判」としての「哲学」にほかならない。アルチュセールにおいて、その「イデオロギー批判」が〈内〉から〈外〉への「逃走」のかたちをとることはない。むしろ、〈内〉を〈内〉として構成する装置を〈外〉の階級闘争と結んで破壊する「物質的」な「闘争」こそが求められていたのだから。この共産党内反対派――「内なる敵[*91]」――としてのアルチュセールの位置が、共産党内構改派から新左翼諸潮流に及ぶ、日本におけるアルチュセールの広範な受容を許したことは疑いえない。しかし、それぞれ真摯にアルチュセールを受容し、各々の理論的＝政治的方向を定めたその日本の知識人たちは、まさにこの位置取りにかかわる決定的なところで、アルチュセールと出会い損ねている。ことは「ユーロ・ニッポコミュニスム」のなかで、日本の党内論争にアルチュセールの闘争を移植しようとした共産党員たちにはとどまらない。アルチュセールの言う「科学」や「理論」に依拠して大学での学問研究に「政治」と結びつく一縷《いちる》の希望を託した新左翼の大学人たちも、あるいは「イデオロギー批判」の延長線上にジャーナリズムにおける「批評」の継続にこそ「政治」を見出そうとした知識人たちも、それぞれの実践の〈内〉を〈内〉として構成する装置そのものを温存している点で、アルチュセールの唯物論を裏切っているからである。

むろんそのアルチュセールの身振りが、なによりも共産党という装置そのものによって可能になったことはたしかだろう。階級闘争とマルクス主義理論の結合を課題とする共産党なしに、そもそもマルクス主義理論の刷新を提唱してきた哲学者である以外いっさいの特別の身分をもたない一介の党員が、党批判を公にするといったこと自体が可能であったとは思われない。アルチュセールの党批判が、共産党の「プロ独」放棄というマルクス＝レーニン主義的原則との断絶の時点で炸裂したのも、そのあとほどなく、アルチュセールが妻殺害によって公的な書き手としての生命を自ら絶つことになったのも、その意味ではけっして単なる偶然ではない。「免訴」処分以前のアルチュセールには、まだ幸福にも党が「居場所」を確保していてくれたと言うべきだろうか。けれども共産党の「プロ独」放棄以前から、アルチュセールはマキァヴェッリに即して理論の無力を語り、理論家の孤独について語っていた。理論の政治的実現を求め、理論的批判を「現実による批判」に転換することを求めるがゆえに、かえって理論と政治実践のあいだの隔たりに直面する、理論の無力であり、理論家の孤独である。アルチュセールにとってマルクス主義理論が特権的なのは、それが「観念の万能」を峻拒するゆえであり[*92]、だからこそ共産党はどれほど特権的な装置であれ、それだけで理論と実践の媒介の問題を解決してくれはしないのだ。アルチュセールが共産党の「プロ独」放棄に対して即座に反論することができたのは、むしろ彼がそんな孤独のなかにすでに――スターリン批判以降、あるいは六八年以降？――いたからなのだ。そして、アルチュセールにおいてはその孤独こそが、「自分はイデオロギーのなかにある」というスピノザ＝マルクス的認識の、それ自体としてはイデオロギー装置の〈内〉にも〈外〉にも居場所をもたない「自己批判」の逆説的な運動の別名でもあった。「プロ独」放棄をめぐる党内論争のあとも、あるいは妻殺害に続く「免訴」処分のあとさえも、アルチュセールはその理論家の孤独の〈内〉にあって、マルクス主義理論の限界を問い、「免訴」に処された自己自身を規定するイデオロギー装置の効果について問うことをやめなかった[*93]。その激しい自己批判の運動は、なにより自己を規定する装置の〈外〉に理論的批判と政治実践の「出会い」を求め、その「出会い」の場所を開くことこそを求めていたのである――その「出会い」によって自己と自己を取り巻く諸々の装置を破壊することを望みつつ。その苛烈な自己批判の継続にも、〈ポスト68年〉の左翼の後退戦の一つのかたちを認めることができるだろう。そのアルチュセールの孤独はいまだに、来るべき〈私たち〉にとっての存立の条件と地平とを指し示している。

本稿は二〇一五年三月一九・二〇日、フランス共産党本部で開催されたシンポジウム « Althusser, 25 ans après » で口頭発表され、Kenta Ohji, « Premières réceptions d'Althusser au Japon », *La Pensée*, Avril/juin 2015, p. 127-137 として公刊された論文に大幅な加筆修正を行ったものである。

＊1――浅田彰「アルチュセール派イデオロギー論の再検討」『思想』一九八三年五月号、三八―六五頁。

＊2――八一年三月の柳内隆「フランスにおける現代国家論の一潮流――L・アルチュセール、J・ランシエール、E・バリバールを中心に」(『法と政治』三二巻一号) の公刊後、翌八二年にはアルチュセール関係の論考の発表は一切途絶えている。

＊3――浅田彰『構造と力――記号論を超えて』勁草書房、一九八三年、第四章。

＊4――沖公祐「マルクス主義における再生産論的転回」、市田良彦・王寺賢太編『現代思想と政治』平凡社、二〇一六年、二八〇―三一一頁。

＊5――ルイ・アルチュセール『科学者のための哲学講義』西川長夫・阪上孝・塩沢由典訳、福村出版、一九七七年（六七年執筆）、二九―三〇頁。

＊6――「イデオロギーと国家のイデオロギー装置」『再生産について』上・下、西川長夫ほか訳、平凡社ライブラリー版、二〇一〇年、下巻二二七頁。

＊7――浅田前掲、五七頁。

＊8――アルチュセールにおいては『レーニンと哲学』(六九年刊) 以来繰り返される命題である。

＊9――『ゲンロン4』「現代日本の批評Ⅲ」特集号（二〇一六年一二月）を見よ。昭和期日本の「批評」は元来マルクス主義との緊張関係において成立したジャンルであり、七〇年代後半以降、蓮實重彦と柄谷行人を筆頭にフランス現代思想の導入と流布に寄与した。なお、この号に掲載された東浩紀によるインタビューでも、浅田はデビュー

当時の自身にとってのアルチュセールの重要性を証言している。

＊10——日本の「新左翼」創生期については、とりあえず絓秀実『革命的な、あまりに革命的な——「１９６８年の革命」試論』作品社、二〇〇三年、第一部を見よ。

＊11——「マルクス主義と人間主義」が『社会主義政治経済研究所研究資料』一九六五年四号・六号に、「序文」、「フォイエルバッハの「哲学宣言」」、「カール・マルクスの一八四四年草稿（経済学と哲学）」が同誌一九六七年七／八号に、「青年マルクスについて」が同誌一九六七年一二号に掲載された。社会主義政治経済研究所については、石堂清倫『わが異端の昭和史』平凡社ライブラリー、二〇〇一年、全二巻、上巻、一六一頁を見よ。

＊12——「矛盾と多元的決定（上）」『思想』一九六三年五月号、一五三頁。訳者は共産党系の仏文学者石川湧。

＊13——藤沢道郎解説・訳「マルクス主義の新しい道（一）」、『現代の理論』一九六七年六月号、五九—八三頁。

＊14——藤沢道郎解説・訳「マルクス主義の新しい道（二）」、『現代の理論』一九六七年一〇月号、四三—五九頁。訳出されたのは、ルチアーノ・グルッピ「アルチュセール批判」、ガルヴァーノ・デッラ・ヴォルペ「弁証法の核心」、マニュエル・バリェステーロ「歴史主義と集団的知識人」である。ほかに『現代の理論』一九六八年九月号の「構造主義 対 歴史主義」（中村丈夫訳、一一四—一二九頁）、および花崎皋平『マルクスにおける科学と哲学』（盛田書店、一九六九年刊）も見よ。花崎（当時北海道べ平連代表）は、アルチュセール「理論的労働について」（『思想』一九六八年三月号、一〇二—一二五頁）の訳者でもあった。

＊15——刊行順に『甦るマルクス』（河野健二・田村俶訳、人文書院、一九六八年、全二巻）、『レーニンと哲学』（西川長夫訳、人文書院、一九七〇年）、『歴史・階級・人間——ジョン・ルイスへの回答』（西川長夫訳、福村出版、一九七四年）、『政治と歴史——モンテスキュー・ルソー・ヘーゲルとマルクス』（阪上孝・西川長夫訳、紀伊國屋書店、一九七四年）、『国家とイデオロギー』（西川長夫訳、福村出版、一九七五年）、前掲『科学者のための哲学講義』、『自己批判——マルクス主義と階級闘争』（西川長夫訳、福村出版、一九七八年）。

＊16——田中真人「京大人文研時代の緊張の相部屋」（江口圭一追悼文集刊行会編『追悼 江口圭一』人文書院、二〇〇五年）一二一—一二二頁には、江口圭一の人文研助手在職（一九五八〜六五年）当初、河野が日本共産党京都大学細胞人文科学研究所班のメンバーであったという証言が伝えられている。高木博志氏の御教示に感謝する。

＊17——この一八世紀フランスにおける「農業革命」を指摘した点に、河野にとってのマルク・ブロック『フランス農村

史の基本性格』（河野健二・飯沼二郎訳、創文社、一九五九年）の功績があった。後年、河野がフュレ、オズーフ『フランス革命事典』の翻訳紹介を担った遠因も、自身の大塚史学＝講座派批判が絶対君主制の「近代性」を強調するフュレらのトクヴィル的視点と符合した点に求めうるだろう。

＊18——河野健二『絶対主義の構造』日本評論社、一九五〇年、三頁および一五頁。ただし河野は労農派に対しても、絶対主義下の「ブルジョワ的発展を重視することから、権力の階級的性質を見失っている」と述べている。

＊19——同上、三二頁。

＊20——順に、河野健二編『資本主義への道』ミネルヴァ書房、一九五九年、河野健二・飯沼二郎編『世界資本主義の形成』岩波書店、一九六七年、河野健二・飯沼二郎編『世界資本主義の歴史構造』岩波書店、一九七〇年。なお、一九六四年には岩田弘『世界資本主義』（未来社）が刊行されているが、宇野弘蔵の経済理論の批判から出発する岩田と、大塚史学批判から出発した河野の構えはかなり異なる（後注27も参照）。

＊21——河野の盟友であった飯沼二郎（京都べ平連代表）をはじめ、飛鳥井雅道や樋口謹一など、六〇年代後半から七〇年代の京大人文研はさながら構改派＝べ平連系大学人の一拠点の観を呈している。

＊22——河野健二「現代マルクス主義の二つの立場」『思想』一九六八年五月、六三三—六四二頁。

＊23——河野健二「マルクス・レーニンの歴史観序説」『講座マルクス主義　第七巻　歴史』日本評論社、一九六九年、一二五頁。この巻の責任編集者は河野自身である。

＊24——河野前掲、二五頁。河野においてはこの延長線上に七〇年代のプルードン研究が生まれる。

＊25——河野前掲、二一—二二頁。

＊26——河野健二「社会科学の「科学性」——アルチュセールに関連して」『経済論叢』一〇九巻一号（一九七二年一月）、二頁。「歴史認識の科学性——アルチュセールのマルクス主義」『思想』一九七一年八月号、一—一三頁。この見解の背景には、戦時中に仏領インドシナにかんする「国策研究」に携わった河野自身の経験も反映されていたと思われる。

＊27——当時一貫して河野の共同研究者であった角山栄の証言によれば、角山が『経済史学』（東洋経済新報社、七〇年刊）第二部で示した世界資本主義の現状分析がほぼ丸写しにされ、京大全共闘の展望として『京大新聞』に掲載されたことがあった。その際、「彼らは［……］」、一方の大塚史学・講座派、他方の宇野（弘蔵）シューレの論客・岩

田弘、これらは全部もう駄目だ」と言っていたという（角山栄『「生活史」の発見』中央公論新社、二〇〇一年、六六頁）。この点については、六九年八月の赤軍派誕生が「万年危機論」と揶揄された岩田の世界資本主義論の「客観主義的傾向」を排除し、「第三世界革命論という「主体的契機」を導入することでなされたと言える」という指摘を想起すべきだろう（絓前掲書、二三四頁）。

＊28――阪上孝「経済学批判とマルクス歴史理論の形成」『思想』一九七一年八月号、四九頁。

＊29――マルクス『フランスにおける階級闘争』中原稔生訳、『マルクス・エンゲルス全集』第七巻、大月書店、一九九三―九四頁。

＊30――阪上孝「アルチュセールのイデオロギー論(I)」『人文学報』三三号、一九七二年二月、五二頁。

＊31――同上、五一頁。

＊32――同上、五四頁。当時、阪上の近傍には中岡哲郎や山田慶兒ら科学技術批判の論客も存在した。

＊33――同上、四九頁。

＊34――同上、四〇頁。

＊35――阪上孝「アルチュセールのイデオロギー論(II)」『人文学報』三六号、一九七三年三月、一八六頁。

＊36――阪上孝「アルチュセールの理論的軌跡」、前掲『科学者のための哲学講義』一八七頁。

＊37――ただし京大人文研グループには、西川長夫のように、そののち八〇年代から九〇年代にかけて、ボナパルティズム論や国民国家批判などアルチュセール（派）の問題設定を独自に継承・発展させた人物もいる。

＊38――河野前掲「マルクス・レーニンの歴史観序説」参照。なお、後述の今村仁司『歴史と認識』刊行にも廣松の推挽があったことが、著者あとがきに記されている。

＊39――この視点の延長線上に、阪上はそののち『モンテスキュー研究』（樋口謹一編、白水社、一九八四年）に携わる。

＊40――今村仁司「マルクス歴史理論の形成とフランス史分析(1)」『人文学報』三二号、一九七一年三月、四五―八二頁、同「アルチュセールにおける歴史と弁証法」『思想』一九七二年三月号、五二―七三頁など。

＊41――今村仁司『歴史と認識――アルチュセールを読む』新評論、一九七五年、七―八頁。

＊42――三浦つとむ『マルクス主義の復原――官許マルクス主義の批判と克服』勁草書房、一九六九年、吉本隆明『情況』河出書房新社、一九七〇年、五七―六二頁。

＊43――半田秀男「現代フランスのマルクス主義哲学」、芝田進午編著『現代革命とマルクス主義哲学』全二巻、青木書店、一九七〇年、第二巻所収。

＊44――高田求「マルクス主義哲学の性格」、『前衛』一九七二年一〇月号、一九〇―一九二頁。

＊45――「新日和見主義批判」に関しては、川上徹『査問』（筑摩書房、一九九七年）ほかいくつかの証言がある。

＊46――西川長夫「ルイ・アルチュセールについて――フランスの思想状況にかんする私的なレポート(1)」『立命館文学』三〇四号、一九七〇年九月、八六九頁。

＊47――党内構改派の立場からの七〇年代日本共産党史の回顧として、諏訪兼位・田口富久治・岩間優希・影浦順子・竹川慎吾・小島亮『伽藍が赤かったとき――1970年代を考える』中部大学、二〇一二年がある。同書の諏訪・田口インタビューの一部は、以下に再録されている(http://www2s.biglobe.ne.jp/˜mike/kojimatagu.htm)。

＊48――ソルジェニーツィン『収容所群島』は、七三〜七五年に仏語訳が、七四〜七七年に日本語訳が刊行された。

＊49――玉井茂「アルチュセール批判」『科学と思想』一九七二年七月、堀場正治「反ヒューマニズム論」『科学と思想』一九七三年七月、早稲田大学唯物論研究会「マルクス主義とヒューマニズム（上）（下）」『唯物論』（「唯物論」編集委員会編）二号、一九七四年五月、および三号、一九七四年一一月。唯一アルチュセールの理論的検討に立ち入ったのは、高田純「哲学的理論活動の構造――アルチュセールの見解に触れて」『唯物論』（札幌唯物論研究会編）二二号、一九七四年七月であった。

＊50――すでに河野も、「社会構成体」概念が「生産様式」の発展段階図式と前資本主義的・非西欧的な諸社会との関係をいかに考えるかという問題を提起することに注目していた（前掲「マルクス・レーニンの歴史観序説」）。

＊51――ラ・パンセ編集委員会編『史的唯物論と社会構成体論争』大枝秀一訳、大月書店、一九七三年、二二〇―二二九頁。

＊52――大枝秀一「現代哲学とアルチュセール問題」『現代と思想』一九七六年三月、九八―一二九頁。

＊53――典拠とされるのは、Maria Antonietta Macciocchi (cur.), *Lettere dall'interno del PCI a Louis Althusser*, Feltrinelli, 1969 所収の一九六八年一一月三〇日付と一九六九年三月一五日付の二つのアルチュセールの書簡である。後者の仏語原テクストは現在エティエンヌ・バリバールが保管している。

＊54――大枝の見解は、アルチュセールを「人民戦線」路線の理論家とするバリバールの見解とも一致する。Étienne

Balibar, « Un point d'hérésie du marxisme occidental : Althusser et Tronti lecteurs du *Capital* » (4 juillet 2016) (http://revueperiode.net/un-point-dheresie-du-marxisme-occidental-althusser-et-tronti-lecteurs-du-capital/)

*55──河野も同様の留保を示したことがある（前掲「現代マルクス主義の二つの立場」六四二頁）。

*56──注47の文献を参照のこと。

*57──田口富久治『現代日本の政治と統一戦線──転換期の日本』青木書店、一九七三年、『先進国革命と多元的社会主義』大月書店、一九七八年、『マルクス主義国家論の新展開』青木書店、一九七九年。田口はニコス・プーランツァス『資本主義国家の構造』全二巻、田口富久治・山岸紘一訳、未来社、一九七八―八一年、の共訳者でもある。

*58──同時に起こった共産党とキリスト民主党の「歴史的妥協」は、イタリアの新左翼運動の急進化と「鉛の時代」の引き金を引いた。

*59──バリバールの証言によれば、『プロレタリア独裁とはなにか』は、本来アルチュセールとエレーヌ・リトマンとの共著として準備されたが、出版時にアルチュセールの病状が悪く、やむなくバリバールの単著として刊行された。

*60──その後もこの民青一部の党執行部批判は持続し、八五年には東京大学大学院生支部が宮本議長勇退勧告を行おうとして徹底弾圧を受ける。伊里一智『気分はコミュニスト』日中出版、一九八六年を参照のこと。エッセイストとして知られた米原万里もこのとき事件に「連坐」して党を除名されている。

*61──注47の文献を参照のこと。

*62──加藤はフランス滞在中から、アルチュセール、バリバールの党内論争を日本に向けてレポートし始めていた。『東京大学新聞』七六年六月二八日号、七月一二日号を見よ。

*63──エティエンヌ・バリバール『プロレタリア独裁とはなにか　付ルイ・アルチュセール「第22回大会」』新評論社、一九七八年（以下『第22回大会』）三三三頁。

*64──同上、二六一―三六一頁。アルチュセール、バリバールとの協力関係以前、加藤自身の関心はサルトル、ガローディらの人間主義的マルクス主義や、センゴールの「ネグリチュード」論に向けられていた。

*65──『現代と思想』一九七八年六月号、一七〇―一八六頁。

＊66――加藤晴久「アルチュセールと知識人党員の「造反」」『朝日ジャーナル』一九七八年六月九日号、九一―九三頁。
＊67――平田清明「「政治学批判」としての国家論を――アルチュセールの共産党批判」『エコノミスト』一九七八年八月二二日号、一〇八―一一五頁。平田は七七年一一月に雑誌 *Dialectiques* に発表されたロッサナ・ロサンダによるアルチュセールへのインタビューに依拠している。ちなみに、平田の立場は田口の立場とそれほど隔たっていない。前掲『伽藍が赤かったとき』九〇頁を見よ。
＊68――『共産党のなかでこれ以上続いてはならないこと』加藤晴久訳、新評論、一九七九年（以下『これ以上続いてはならないこと』）二二八頁。
＊69――石堂清倫「危機はどこにあるか」『朝日ジャーナル』一九七九年六月一五日号、六五―六七頁。
＊70――『第22回大会』二二五頁。
＊71――『第22回大会』二四四頁。『再生産について』上巻二二八―二四〇頁も参照せよ。
＊72――「自らの限界にあるマルクス」『哲学・政治著作集』Ⅰ・Ⅱ、市田良彦・福井和美訳、藤原書店、一九九九年（以下「自らの限界にあるマルクス」）Ⅰ巻四二〇頁、四五〇―四五三頁。『第22回大会』二二三頁、『これ以上続いてはならないこと』九六頁以下も参照せよ。
＊73――『第22回大会』二四二頁以下。
＊74――同上、二三四―二三五頁。
＊75――六二年の「マキァヴェッリ」講義以来、七七年の講演「マキァヴェッリの孤独」を経て、没後刊行の「マキァヴェッリと私たち」（七二年講義、七〇年代中盤・後半に執筆・改稿）に至る一連のマキァヴェッリ論を想起せよ。
＊76――この矛盾的過程を強調したのはバリバールである（『プロレタリア独裁とはなにか』九六頁）。現代マルクス主義における「プロレタリアートの不在」の理論的含意については、長原豊「プロレタリアート雑感」『ヤサグレたちの街頭』航思社、二〇一五年、三六三―三八〇頁を参照せよ。
＊77――「イデオロギーと国家のイデオロギー諸装置」『再生産について』下巻二二〇―二二七頁。
＊78――「自らの限界にあるマルクス」Ⅰ巻四三〇頁。
＊79――『再生産について』上巻二三〇頁以下を見よ。この論点は、『第22回大会』二四六頁、および「自らの限界にあるマルクス」1巻四四四―四四七頁でも展開される。

＊80――『再生産について』第八章「国家の政治的および組合的イデオロギー諸装置」。
＊81――「自らの限界にあるマルクス」I巻四四六頁。
＊82――『再生産について』上巻二二三頁。
＊83――『これ以上続いてはならないこと』七八頁。
＊84――同上、一二五―一二六頁。「第22回大会」二五一頁も見よ。
＊85――「第22回大会」二五一頁以下。
＊86――同上、二五五頁。「外部注入論」批判、グラムシ主義の「教養主義」批判については、『これ以上続いてはならないこと』三二頁、および「自らの限界にあるマルクス」I巻三四四頁、四七九頁を見よ。
＊87――「イデオロギーと国家のイデオロギー諸装置」『再生産について』下巻二三四頁。
＊88――「自らの限界にあるマルクス」I巻三四〇頁。
＊89――『これ以上続いてはならないこと』一〇九頁以下。
＊90――「自らの限界にあるマルクス」I巻三四一頁。
＊91――「歴史哲学の諸問題（一九五五―一九五六年）」『政治と歴史――エコール・ノルマル講義 1955-1972』市田良彦・王寺賢太訳、平凡社、二〇一五年、一〇九頁（ルソーについての評言）。
＊92――「自らの限界にあるマルクス」I巻三七二頁。
＊93――市田良彦「夢を読む」、ルイ・アルチュセール『終わりなき不安夢』市田良彦訳、書肆心水、二〇一六年、二五六―三一二頁。

16　勝敗の彼岸——戦後イギリス「新左翼」の一断片を小さな鏡として

布施哲

1　ベヒモス

イングランドの内乱からチャールズ一世の斬首、そしてその後のチャールズ二世の即位による君主制の復活までを生き延び、その間、亡命先のパリで怨恨にまみれながら「リヴァイアサン」と称される無条件的《一者》の主権を夢想していたホッブズであれば、二一世紀の母国の混乱をどのように観察しただろうか。「庶民 common people」は「自分らが抑圧されていると容易に信じ込むが、自分らが抑圧者であることなど努々《ゆめゆめ》信じようとしないのだ」[*1]——八〇もの齢《よわい》を重ねたときに書き終えた『ベヒモス』で、彼はこんなふうに述懐していた。堅牢無比な主権者の登場を妨げるのは、つねに貴族、力をつけた下級地主、教皇派などによって構成される魑魅魍魎《ちみもうりょう》と、なかんずくそれら政治的諸力に煽動される「庶民」であったことを嘆きつつ、彼はそれら魑魅魍魎、あるいは国家を四分五裂させるそうした国家内部の状況そのものをベヒモスと名づけた。二五〇年後に訪れたのは、しかし、それとは正反対の事態であった。主権の分割や割譲を断固阻止すべく、リヴァイアサンをブリュッセルの「抑圧」から奪い返せと叫んでいたのが、むしろベヒモスであったことなど、ホッブズは想像することさえできなかっただろう。

欧州連合離脱の是非を争点として、イギリスでは二〇一六年六月二三日に国民投票が実施されたが、半数を超えた「離脱」の投票結果を受けて際立っていたのは、党首・首相が辞任した保守党側の驚きや失望よりも、むしろ労働党側の末期的ともいえるような混迷ぶりであった。与党との争いに敗れた結果ではなく、野党が与党もろとも有権者から否を突きつけられた結果として生じたこの混迷は、既存政党ならびに代議制そのものに対する人々の不信を象徴する型どおりの出来事ではあったろう。しかしその後の成り行きは、代議士、活動家、知識層を含めたイギリス左派陣営の弱みばかりが浮き彫りにされてしまうものとなった。それは端的に、本当に〝保守的〟なのはむしろ彼ら左派なのではないか、実のある有益な変化を少しずつもたらしてくれるのは保守であって、これまでもそうだったのではないか、という疑念や想念を人々に抱かせるとともに、大事に接してわずかばかりの解放的な見通しを提示する当意即妙が左派陣営にはどうしようもなく欠落していることをあらためて露呈させたのである。

前年の総選挙敗北の責任をとり辞任したエドワード・ミリバンドの後を継いだのは、党内で絶滅危惧種扱いされていた労働党左派にしてトロツキーの信奉者とも目されるジェレミー・コービンという人物であった。彼はいまとなっては古い型に属する頑固な活動家であり、その実直さがかえって職業政治家にうんざりしていた若者層を中心に一定の支持を集めてはいたものの、地域の労働者に密着した告発型左翼活動家という側面が強く、国政の前面に立つ野党第一党党首としての力量は未知数であった。彼が主導する労働党に今後なにが起こるかについて、誰もほぼ予測がつかない状態だったのである。そんな初老の〝トロツキスト〟が国民投票前から見せていたある曖昧な態度は、労働党の「影の閣僚」たちに次々と「内閣」からの離脱を決断させるという異常事態を招くことになった。「影の外相」ヒラリー・ベンがコービンへの反逆の廉《かど》で任を解かれたのを皮切りに、「保健相」ハイジ・アレクサンダー、「環境・食糧・農村地域相」ケリー・マッカーシー、「庶民院議長」クリス・ブライアントなど、党内の「重要閣僚」のほぼ三分の一を占める計一一名もの代議士たちが、国民投票後わずか三日で反旗を翻して彼の「内閣」を去っていった。

もとよりコービンは〝極左〟として、党内外で危険視もしくは異端視されていた。[*2] 遡ること二〇〇三年、彼はイラク戦争への参加を決定した当時の与党労働党党首トニー・ブレアを厳しく批判していたが、自らが党首になった後でさえ、同戦争の実態を調査する委員会――ジョン・チルコット卿が首班を務めた委員会であり、調査結果はいわゆる「チルコット報告書 Chilcot Report」として公表された――に同調して、「国民を欺いた」前党首を議会で追及する構えを崩さぬほど、強固に自身の政治的信条を貫いていた。しかしこれとは対照的に、今後の大陸との関係を諮《はか》るきわめて重要な国民投票へと臨むにあたり、彼は内心では「離脱」を支持しながらも、公式の場では明らかに気の進まない「残留」支持表明をするという煮え切らない姿勢を隠せずにいた。つまり、自国の労働者たちが野放図なグローバリズムの波に飲まれて路頭に迷うことを阻止せねばならぬという以前からの考えと、EUへの残留が「雇用の創出、成長の確保、投資の呼び込みの後押しとなり、くわえて気候変動、テロリズム、租税回避地、進行中の危機的な難民問題など、国境を跨る諸問題にとり組む手助けとなる」[*3]という残留派職業政治家たちの常套句――もちろん現実的には妥当な要素を含む常套句――とのあいだで、コービンはいつもの毅然とした態度を示すことができなかったのである。

それまで左派によって強調されてきた政策上、政治理念上の相対的な差異を、〝痛み分け〟の機に乗じた保守側が部分的に吸収するかたちで事態の収束を試みるのだとすれば、それもやはり典型的ななりゆきのひとつといえるだろう。ここでも労働党の失態は目を覆うばかりであった。国民投票後、欧州単一市場からの完全撤退を阻止しようとする超党派の庶民院議員たちが、議員のみによる議会内での再投票を要請する動きを見せるや否や、国民投票によってすでに表明ずみの民意に反するそうした動きを一蹴してみせたのは、あらたに保守党党首に就任したテリーザ・メイ首相であったのだ。[*4] 超党派議員たちの中心にはこともあろうに前労働党党首のミリバンドが一角を占めていたことも相俟って、「離脱」に票を投じた多くの労働党員ならびにその支持者たちが、もはや自分らの意を汲む政治的指導者が本当は誰なのかわからなくなったとしてもなんら不思議ではない。

「所有している状態の利益と、何か企画することによる利益とが等しい場合には、変化に向かうべき理由はありません」[*5]――数世紀にわたって左翼知識人たちからイングランド保守層のイデオローグと見なされ、蛇蝎《だかつ》の如く嫌われてきたエドマンド・バークのこの言葉を最も信じているのは、つまるところ、どちらだったのか。労働者の権利を守ると称する者たちは然《さ》したる裏づけもないまま、毎週ＥＵに支払われる巨額のポンドを病院施設も制度も老朽化の進んだNHS（National Health Service、国民健康保険サービス）にまわせといい、広大な単一市場での経済成長こそが労働者たちを利すると主張する者たちは、前者の〝偏狭なナショナリズム〟を批判する。代議士に課された「国民の生命と財産の保護」という至上命題と、諸国家間の交渉過程で避けがたく生じる妥協との板挟みということであれば、左右問わずに代議士たちが大なり小なり抱え、是々非々で対応するありふれた矛盾である。そして多くの場合、「国民」の利益に最大限に配慮しつつも部分的な妥協を交えた折衷案が提示され、決着が図られる。〝常識的なナショナリズム〟に着地点を求めることが職業政治家たちの無難な選択となるのだ。しかし、対応可能な水準を超過した難民・移民問題や、とりわけ若い世代の高い失業率と貧困率に悩む旧植民地主義覇権国家の「国民」にとって、〝無難な選択〟は、既得権益にまみれた者たちによる巧妙で生ぬるいまやかしとして受け取られた。生ぬるさを嫌った彼らが、暴言とともに〝ぶっちゃける〟ポピュリストの浅慮もしくは無思慮に惹かれるのもまた、いまではあまりに馴染み深い光景である。

二〇一三年の地方選を境に急伸したイギリス独立党（UK Independence Party、UKIP）は、「ＥＵを去ろう Leave EU」を標語とする右翼ポピュリズム政党であり、国民投票の際には、南アフリカでダイヤモンド採掘会社の経営権を握るアーロン・バンクスという男が同党の有力なパトロンとなっていた。バンクスはかつて合衆国やロシアなどの大統領選で暗躍した〝選挙のプロ集団〟、ゴッダード・ガンスター社をワシントンＤＣから呼び寄せ、国民の離脱選択とUKIPを陰に陽に後押ししたのである。ＥＵに毎週三億五〇〇〇万ポンドもの大金が支払われているという離脱派の煽り宣伝がデマゴギーであるか否かは——実際これは非常に悪質な誇張である——、〝選挙のプロ〟にとって本質的にどうでもよいことであった。バンクスは、同年一一月の大統領選で第四五代の合衆国大統領にまで登りつめたドナルド・トランプに大いに触発され、メディアを前になんら悪びれることなくこう〝ぶっちゃけた〟。「事実など役に立たんのだよ Facts just don't work」[*6]。

保守派、左派、そして右翼ポピュリストの鍔迫《つばぜ》り合《あ》いは、それが国民国家の枠組み、しかも相対的に「国富」が蓄積されている国家の枠内でおこなわれるかぎり、〝出来レース〟とまではゆかずとも、判で押したような保守派寄りの趨勢に収斂しがちとなる。右翼ポピュリストが言い放つ〝ぶっちゃけ言説〟の威力は直面する危機の度合いに応じて強くも弱くもなるにせよ、この三つ巴にあって左派の立ち位置が苦しいものであることに変わりはない。戦後六〇年代の尖鋭的な左翼知識人たち、たとえば後述するペリー・アンダーソンのような筋金入りのトロツキストは、イギリス労働党がけっして革命政党へと〝発展〟することがなく、社民主義的な富の再分配を主張するだけのバランス役を担っているにすぎないと決めてかかっていたが、一連の騒動であらためて明らかになったのは、その〝バランス役〟の存在意義を真に脅《おびや》かすのが、具体的な「事実」をもとに政策論争をおこなう対抗勢力としての保守党ではなく、むしろ、ウェストミンスターやブリュッセル主導でおこなわれる〝バランス調整〟そのものの無効を強弁するポピュリストであったということである。しかし、それと同時に、あるいはそのこと以上に、あらためて確認されたことがある。それは、非‐革命政党たる労働党を〝大所高所から〟批判的に眺めつつ、きわめて限定的とはいえ必要に応じて共闘関係を結びもしてきた、当の左翼知識人たちの政治的現実に対する分析眼と距離意識の鈍さであり、また、そうした距離意識そのものをめぐる哲学的――唯物論的、というべきか――省察のあまさであった。そして今回、その鈍さとあまさがもたらしたものはといえば、それは投票結果を受けての彼らの驚くべき無反応だったのである。

かつて欧州単一市場への参入という「企画」が、ド・ゴールからさんざん嫌がらせを受けながらも一九七三年年始になんとか日の目を見たとき、当時のある新左翼の論客は「EECへの参入とアメリカによる後見からの解放は、経済的にも政治的にも、イギリス支配層の最も合理的な長期的選択であった」[*7]と分析していた。そのとおりであったのかもしれない。その「長期的選択」は、しかし、「支配層」への対抗勢力たる労働党とその基盤となる組合を、偏狭な労働者主義もしくは組合主義――イギリスの左翼が労働党を見下すときの決まり文句である――と軽んじる左翼知識人たちの執拗な偏見、そして、そうした〝偏狭さ〟から一線を画すと称される革命主義もしくはインターナショナリズムという彼ら自身の「選択」と、いつからか双輪をなすようになっていたようだ。いったい、グローバリズムであれ世界同時革命であれ、そんな「世界」のことなどよりも明日の糧を案じる労働者たちの場当たり的な不満を拾いあげることが、それほど忌むべき「労働者主義」や「組合主義」なのか。むしろ、自身の足元を含めた政治的、経済的諸関係に徹底して鈍感でありつづけてきたことこそが、保守陣営の「長期的選択」を結果的に滞りなく進めさせたとともに、ポピュリズム的大衆動向への沈黙に連なっているのではないか。そしてそれこそが、彼らの抽象的なインターナショナリズムを、のちに見るように、同様に抽象化された〝グローバリズム〟なるものへの諦念にとって代わらせてしまったのではないのか——。いや、とって代わられたのでさえない、と*New Left Review*（以下NLRと略記）の現編集主幹、スーザン・ワトキンスはいう。組合主義を梃子《てこ》にしたものであれインターナショナリズムの見取り図に則ったものであれ、殊《こと》グローバルな資本主義の動向に向けられる彼らの嫌忌に関していえば、そこにはとって代わられるほどの中身がはじめから備わっていなかったと彼女は主張する。

ワトキンスによれば、「欧州連合へと向かう趨勢に対する左翼側による堅固な批判の不在[8]」は、出だしからイギリスにおいて顕著であった。つまり、九二年のマーストリヒト条約批准を目前にしての「批判の不在」のことだ。

> フランスのPCF（フランス共産党）、極左、ATTAC[9]、アイルランドのシン・フェイン党、オランダのポスト－毛沢東主義の社会党が担った役割に比肩するものが、イギリスにはなかった。対して、左翼側からの批判的ヨーロッパ主義者の声はといえば、それを支援する党も団体もなく、きわめて微弱であった。（CO 13）

ワトキンスはこうした「批判の不在」が、条約の発効ならびにイギリスの批准から約四半世紀を経た現在も基本的に変わっておらず、EU離脱問題への無反応もしくは無関心へとつながっているという診断をくだす。入り口での無関心が、どうして出口での関心へと急変しようか。

欧州連合からの離脱は左翼の検討課題ではなかったのだ。ヨーロッパに関する差し迫った問題は、単一通貨制度からの離脱であって、欧州連合からのそれではなかった——そして、イギリスがもとよりECB（European Central Bank、欧州中央銀行）の支配下にはなかったのであってみれば、反EU票というのは本質的に象徴的なものであるにすぎなかったろう。それは、にもかかわらず、EU理事会ならびにキャメロン首相とイギリス支配者層に〝健全な衝撃〟を与えるかもしれない——その一方で、残留支持の投票は、（ヨーロッパの）危機に対処するのがユーロ圏であることを是認するとともに、ウェストミンスターの現状維持を支持する役割を果たすことになるのだろう。（CO 20）

「検討課題ではなかった」——離脱側にせよ残留側にせよ、国民投票へと臨むにあたり、日々の忙《せわ》しい時間を縫うようにして地道に草の根のキャンペーンを張ってきた若い有権者たちからすれば、なんという冷淡な診断だろう。ワトキンスの見解は、しかし、戦後からこんにちへといたるこれまでのイギリス新左翼の過去を振り返れば、行き過ぎた悲観に縁取られたものでも単なる自虐に満ちたものでもないことがわかる。以下の考察では、NLRを中心に、断片的にではあるが、イギリス新左翼がつきあたった行き詰まりの過去と現在を振り返ってみることにしよう。一八世紀以降の産業資本主義においては言を俟たず、現在進行中である金融資本主義の暴走にあっても、イギリスはつねに先行者でありつづけてきた。そんな国でマルクスの継承を自任する者たちがなにに躓《つまず》き、なにを仕損じてきたのかが、われわれの時代における困難な状況の実相を映す鏡となるだろう。

2　六〇年代の遺産、黎明期の遺産

労働者主義／組合主義の伝統に抗《あらが》うことが容易ではない戦後のイギリス新左翼は、マルクス主義の古典的な対立項目――修正主義と教条主義、ブルジョワ民主主義と社会主義、一国社会主義とインターナショナリズム等々――が左翼陣営内部に混在するなかで、国内での独自の立ち位置を求めてきた。大陸の社会主義的理念がいまだイギリスで根づかないことに焦りを感じていた彼らは、組合を基盤とする従来型の労働運動のみには軸足を置かない、社会主義の《大義》に基づく新しい革命運動の在り方を模索していたわけだ。しかし、その組合主義を一身に体現していると通常考えられている労働党も、むろんはじめから一枚岩の集団であったわけではなく、また実際そうあったためしもない。バーナード・ショーやハーバート・ジョージ・ウェルズらが創設した穏健な社会主義路線のフェビアン協会、より正統派のマルクス主義を掲げる社会民主連盟（Social Democratic Federation）、ケア・ハーディ率いる、比較的現在の労働党の姿勢に近い独立労働党（Independent Labour Party）などの運動体が多層的に折り重なり、さらにそれら各集団においても、小市民階級に非妥協的な急進派や個々の信条を棚上げにした緩やかな連帯を求める層などが錯綜しつつ、ときに離合集散をも交えたすえに、労働党は一九〇六年の結党へといたった。いわゆる新自由主義者とも新保守主義者とも呼ばれ得るブレアのような人物が、少なくとも政治的信条においてはあらゆる面で彼と対立するコービンと同じ労働党に属している状態は、この意味で昔も今も変わらない。もとより彼らは、各人が思想的にも実践的にもひとつの《党》に余すところなく収斂され尽くしてしまうことを嫌っていたという点においてのみ、概《おお》ねの一致をみていたのである。戦後イギリスの新左翼は、そうした多様な〝旧左翼〟を、一方の教条化されたマルクス主義と他方の視野狭窄な労働者主義と断じ、それらをひとしなみに停滞した前世紀の遺物と見なしてそこからの切断を志向したが、それと同種の――あるいは裏返しの――停滞が〝新〟左翼のそれとなって反復されてきた事実を見るとき、リン・チュンの以下の指摘は大いに説得的なものとなる。

〝新しい〟アイデンティティと格闘する新左翼には、労働者の偉大な伝統からの離脱と連続性との板挟み状態が幾度も回帰してきた。〔……〕若手批評家たちが国民文化やアングロサクソン的社会思想の本質に対して全面的な異議申し立てをする際にも、創始者たちが〝労働者主義〟（〝コーポラティズム〟、〝議会主義〟等々）を批判する際にも、イギリス新左翼は伝統的なイングランド社会主義の遺産のなかの前向きで生き生きとした諸要素をしばしば甚《はなは》だしく無視、あるいは過小評価したのだ。彼らの創造的な姿勢には共感し得るものの、価値あるものの価値がそこで十分に検討し尽くされたのかは疑問に思わざるを得ないところである。[*10]

新左翼が「伝統」からの思い切った切断を急いだことには、しかし、いくつかの切羽詰まった理由があった。国家の存在を強く意識させる一連の大きな出来事群が彼らの拙速を強力に動機づけていたのである。一九五六年のスエズ動乱と、それに続く第二次中東戦争――いうまでもなくイギリスはフランスとともにイスラエルを煽《あお》って北アフリカの戦禍を拡大させた紛うことなき主犯だ――は、西ヨーロッパの社会民主主義が、戦前からなんら変わることなく、植民地主義、帝国主義政策によって吊り支えられていることを再認識させた。同年のハンガリー動乱とその後の顚末はといえば、それらは左翼を自任する者たちにとって最も大きな衝撃となったのであり、燻《くすぶ》りつづけていたソヴィエト連邦へのささやかな期待を取り返しの利かない失望へと変えた。さらに、イギリスは五〇年代初頭から太平洋で数度の原子爆弾の実験を繰り返していたが、一九五七年に同国初となる水素爆弾の実験がおこなわれると、その空前絶後の威力が左翼知識人たちの素朴な倫理感や道徳意識を、放射線にまみれた極大の波飛沫とともに大きく落剝させてしまった。これはのちのキューバ危機で決定的なものとなる。たとえばイギリス現代左翼思想史の優れた研究者のひとり、ダンカン・トムスンによれば、核兵器がもたらす全面的な破滅への恐れが頂点に達したキューバ危機は、一九五七年の創立以来、イギリスのみならずヨーロッパでも最大の反核・平和運動団体となっていた「核軍縮キャンペーン Campaign for Nuclear Disarmament（以下 CND と略記）」にさえ「追い風として作用するのではなく無力感をもたらした」[*11]。当時の CND の大衆動員力は圧倒的であって、それは正統派的な階級闘争論への拘泥を更新できずにいた左翼インテリにとっては脅威ですらあったが、極端に現実味が増した核戦争の可能性はその CND をも黙らせてしまったのだ。そこで労働者主義やら分配的正義やらが追求されてきたところの空虚な器としての国家、その境界線の内側が諸権利獲得のための闘争の場として提供される、連合王国という名の国家が、対外的な諸関係においてはまったく空虚でも中立的でもない生々しい暴力装置として現実に作動している――そんな至極当然の認識を、かくして彼らは是非もなく強烈に抱かされることになったのである。

こうした出来事群を背景として、キューバ危機に二年ほど先立つ一九六〇年、以後イギリスの左派やリベラル勢力に大きな影響力をもつことになるNLRが創刊された。初代編集主幹にスチュアート・ホールが据えられたこの雑誌は、元来方向性の異なるふたつの雑誌、*New Reasoner* と *Universities and New Left Review* が合併してできあがったものだ。*New Reasoner* はギリシャ系のマルクス主義歴史学者ジョン・サヴィルと、八〇年代には CND でも活発な反核運動に従事することになるエドワード・P・トムスンの二人の歴史学者によって編集された地方労働者向けの雑誌であり、他方、*Universities and New Left Review* は、スチュアート・ホール、ラファエル・サミュエル、チャールズ・テーラーといった人たちがオックスフォード大学やロンドン大学の知識層を主たる読者に想定して編んだ論集であった。大雑把にいって、前者は各地域のアクティヴィズムに根を下ろした地方誌、後者はより理論的かつ知性主義的なインテリ向け雑誌という性格が色濃く、両者が共闘のために折り合いをつけることなどありそうにはなかったが、この時期、先述した世界情勢のほかに国内の政治状況もくわわって、左翼内部のそうした違いが一時的に些末なものと映るようになっていた。一九五九年の総選挙で大勝した保守党のハロルド・マクミラン首相が採用する「混合経済 mixed economy」――資本主義経済と計画経済を混ぜ合わせたケインズ主義的経済政策――が奏功して国内が好景気に沸くと、左翼は保守陣営が謳いあげる「こんなによい時代はなかった Never had it so good」というスローガンに対抗するものが、もはや労働者の諸権利獲得要求でも「資本主義は皆を豊かにしない」といった経済的不平等の告発でもないことを思い知る。まさにバークのいう「変化に向かうべき理由」が見当たらない、もしくはそれを説得的に民衆に訴えるすべが見出せない彼らは、大同団結して知恵を絞ろうとしたのである。

しかし結局のところ、〝アクティヴィズム〟と〝知性主義〟のすれ違いは、創刊から早くも三年後に編集部内の深刻な不和となって表面化することになる。それは皮肉なことに、団結を促す要因のひとつでもあったはずの尋常ならざる外部的緊張によって拍車がかけられたのであった。先に触れたキューバ危機が、NLRをペリー・アンダーソン主導によるトロツキー主義的インターナショナリズムへと大きく舵を切らせることになり、さらにそのことが旧 *New Reasoner* のトムスンやサヴィルのみならず、ホールやテーラーらの〝知性主義〟派の離反をも招くことになった。ほどなくしてトムスンはレイモンド・ウィリアムズらと *Socialist Register* 誌をあらたに創刊、ホールもバーミンガム大学に移り、リチャード・ホガートが創設した現代文化研究センター（Centre for Contemporary Cultural Studies）に招かれて独自の道を歩むことになったのは周知のとおりである。ここでは、しかし、その後の顛末やNLRの変遷ではなく、むしろNLRにあって変わらなかった部分について、キューバでの六二年一〇月の出来事から新左翼が受けた衝撃を手がかりに手短な考察をくわえてみよう。というのも、現編集主幹のワトキンスが自戒の念を込めて指摘した「批判の不在」が、その危機に対する認識と応答の仕方においてすでに見てとれるからである。

キューバ危機によってもたらされた世界核戦争という悪夢は、世界が在り、国家が在り、地域社会が在り、人が在り、そしてこれからも在りつづけることを自明視する、あらゆる思弁や思想そのものの危機となってイギリス新左翼の前に立ち現れた。どことなく終末論的な匂いを漂わせながら、首相のマクミラン——欧州の他の国家元首とは比較にならぬほど合衆国と親密な関係を保ち、したがって他の誰よりも米国の動向に関する多くの情報を得ていた——さえもが、「危機」が当座の鎮静化をみた直後の議会で自らの無力についてこう語っていた。「次になにが起こるのか、誰もわからず途方に暮れるほかありませんでした。待つこと以外、われわれにできることはなかったのです」[*12]。この同じ無力感を、ルース・グラス[*13]はNLRで率直に表明してみせた。振り返ってみれば、彼女の論調と語調は、NLRという雑誌ならびにイギリス新左翼のインテリたちが現在にいたるまで執拗に抱え持つ、好ましからぬ傾向を集約的に表現しているようにも思われる。

われわれ――そこに含まれる者が誰であろうとも、また危機を生み出した合衆国が負う究極の責任に関するわれわれの見解がいかなるものであろうとも――は、もはや一〇月二二日以前のわれわれと同じわれわれではない。たとえ、最終的に、キューバ危機に見舞われた数週間の財政的、政治的バランスシートになにがしかの資産が計上されるのだとしても――あるいはむしろそんなふうに計算ができるのだとしても――、社会的バランスシートは赤字のままわれわれに残されるのだ。[*14]

未曾有の危機に直面して「待つこと以外」為すすべがなかったことに対するやるせなさ、怒り、ある種の喪失感、それに切迫感が複雑に入り混じっていたであろう感情を、彼女は続けて、ひとことで「屈辱」と言い表した。

合衆国大統領の演説を聞きながら、われわれは屈辱に、個人と国家の無意味さを見せつけられたことで生じる激しい屈辱にさらされた。ボタンひと押しで勃発する地球規模での核戦争の脅威は、まさに人々と社会から自己決定（self-determination）という概念を奪い去る。どのように解釈されようと、それがなければ人や社会が機能することも共存することもできないような自己決定だ。[*15]

半世紀以上も前に表明された率直な慨嘆をいまになってあげつらうような真似は憚《はばか》られるべきであろうが、「自己決定」概念の素朴さが、それと同程度に素朴な「屈辱」の感覚に直結していることはあえて指摘されなければならない。そのとき、どこの誰がなにを決定し得たというのか。ケネディか、フルシチョフか、カストロか。「ボタンひと押しで世界が破滅する」という想像が「危機」の実態に迫るものであったのならば――もちろんそうであったのだが――、なおのこと、そうした状況にあって自らの政治的身振りや作為を、誰にも依らずなににも触発されず、完全に内発的な意志や裁量で「決定」できる「自己」なるものが本当に在り得たのだろうか――これは、後知恵《あとぢえ》を弄ぶ気楽な職業大学人の暇つぶしではなく、まさにNLRがかつてその構築と洗練に集中しようと望んだ「理論」そのものの位置／地位にかかわる問いだ。それは言い換えれば、破局にあってなお、遮二無二〝政治的なもの〟に粘着しようとする者がまずもってたてるべき、政治の担い手とその観察者をめぐる問いかけでもある。

究極的な決断をおこなうにあたっての本質は、観察者にとっては不可解なものだ――実際、しばしば、決断をする者にとってさえもそうなのである。〔……〕意思決定過程にはつねに暗く入り組んだ拡がり、最も緊密に参画しているはずの者たちにとってさえ謎めいた拡がりがある。*16

J・F・ケネディ自身の述懐だ。東西両陣営の各当事者たちも直面していたに違いないこの「不可解さ impenetrability」が、決定にあたっての緊張と、ある種の御しがたさ、不如意の感覚を強いていた。当事者たちの誰もが、ほかならぬ彼ら自身がその結節点の一部となっている関係性の「暗く入り組んだ拡がり」に置かれたまま、右往左往することを余儀なくされていたわけだ。指導者たちは、にもかかわらず結果としてもたらされるものすべてに関する応答可能性／責任を問われていた――最悪の場合、責任を問う者も問われる者もいなくなっていることを誰もが予測していたなかで。「最も緊密に参画しているはずの者たち」もまた、固唾《かたず》を飲みながら事態の推移を待つひとりであったことは想像に難くない。であるとすれば、グラスは、そしておそらくNLR周辺に集まっていたイギリスの新左翼たちは、頭のなかでできあがっていた世直しの図式や希望、そして〝知識人〟

としてのひそかな自尊心が想像上の爆風によって溶解してしまったこと以外の、いったいなにに「屈辱」を感じていたというのか。「決定」の担い手とおぼしき「自己／他己」の入り込む余地が容易に見いだせない関係性――「敵」との、そして「味方」同士の――の網状組織と、そこでの窒息しそうな緊張感から最も逃げ出したかったのは、少なくとも、遠く大西洋を隔てた島国でケネディの演説に耳を傾けながら「屈辱」を感じる者たちではなかっただろう。

「価値あるものの価値がそこで十分に検討し尽くされたのか」とチュンが疑問を呈したのは、戦後イギリス新左翼が〝旧左翼〟ならびに労働運動の「遺産」を拾いあげることなく軽視してきたことに対してであった。しかし、彼らが十分に検討してこなかったのは、あるいはイギリス近代政治思想そのものの「遺産」であったのかもしれない。数百年にわたり、彼らの先達がイングランドやスコットランドで提示してきたのは、むろん政治的行為者たちの英雄譚などではなく、行為者たちに生々しく絡みつく諸関係の記述と分析、そしてそこから抜け出すための（叶わぬ）見通しであった。イングランドの内戦からクロムウェルの軍事独裁を経て王政復古へといたる激動を背景にしたホッブズの主権論、市民論然《しか》り、同時代に構想されたハリントンの「オシアナ」然り、オーストリア継承戦争から七年戦争へと続く植民地主義戦争の萌芽を、軍部の〝秘書官〟として実地で目撃してきたヒュームのイングランド史解釈と政体論――たとえばハリントンの批判的継承をおこなった「完全な共和国」論――然り。それらはいずれも、「個人と国家の無意味さ」を勘繰《かんぐ》らざるを得ない状況、しかもそうした状況を超え出る方途や条件がどこを見渡してもありそうにないなかで捻り出され、着想された。そしてそれらは、彼らが直面する状況とは正反対の理想像であるかぎりにおいて、いわば〝反喩〟として、現実を映す鏡のひとつでもあった。かくして映し出される〝現実〟の実相とは、しかし、いかなるものであったのか――それはすなわち、敵対性が一気に前景化される大動乱と極度の緊張関係にあっては、非常にしばしば、あたかも政治的行為者たちが等しく破滅や混乱を好む気まぐれなベヒモスであるかのように見える、ということである。そこでは、当事者以外の一般人は怯えながら「待つこと以外」ないが、その当事者たちも、実際には疑心暗鬼のなかでうろたえている。クロムウェルの太鼓持ちと化した議会（「残部議会」the Rump）の虚誕に騙され、踊らされる「ただの民衆」は「なんというばか者たちなのだろう」という嘆きに、かつてホッブズは応えていった。「こうした場合、ただの民衆ではない民衆などいるのだろうか。残部議会の最も狡猾な太鼓持ち連中にしても、騙しおおせたと思っている民衆たちより彼らのほうが賢明であるなどということはないのだよ」[*17]。誰もが「ばか者」である政治的現実にあっては、したがって、事態のなりゆきとそこでの諸関係を粛然と記述、分析しつづけること――とりあえずそうすること、しかし止むにやまれずそうすること――のみが、それら魑魅魍魎の動向と、事態が変化の兆しを見せるその「謎めいた」瞬間に一定の輪郭を与える唯一のすべとなる。ベヒモスたちの顔色を窺い、それらに悲嘆慷慨しているだけでは当然ながらなにもとらえることができない。主意主義的な「決定」に還元されない関係性を見据えることが、唯物論的「診断」をくだすための〝はじめの一歩〟ではなかったか――[*18]。

　ホッブズの優れた読者でもあったレオ・シュトラウスは、哲学者／科学者がなにがしかの政治的介入をするのであれば、「彼の心は混濁を被らねばならない」[*19]と語った。「混濁を被る」というのは、哲学的知からかけ離れた政治的現実の「不可解さ」、あるいは「ばか者たち」が織りなす破局的混乱と緊張に、いかなるアイロニーも抜きに向き合うことを意味する。驚きの感覚を知的営為の出発点とする哲学者は、政治的現実における「ばか者たち」の底なしの愚かさにも、まずは驚かねばならないのだ。最晩年のホッブズが、事態の行き着く先もわからぬまま、ただ「偶然の出会いの流れを記録する」[*20]ことに専念したことと、同じ彼が往年、科学的真理と数学にこだわったこととが矛盾しない理由はおそらくここにある。キューバ危機を境に、以後長きにわたってNLRの中心に鎮座することになるアンダーソンは、彼が総じて軽視していたイギリス近代政治思想の「遺産」に、〝唯物論の水脈〟が存外なかたちで埋没しているかもしれないなどと想像したことはなかっただろう。そのつけは、前出のチュン、D・トムスン、そしてワトキンスらの見解を敷衍していえば、以後半世紀以上のあいだで起きた時代を画する出来事群――欧州の統合、ソ連の崩壊と9・11、そしてEU離脱等々――に接した際にも、十分に支払われないままこんにちにいたっているように思われる。[*21]

国民投票後、コービンが労働党党首辞任を望んでいるという噂がささやかれたが、[*22]仮にそれが事実であったとするならば、それは、彼もまた、〝科学的〟で〝哲学的〟知見を有する〝トロツキー的〟左翼という「自己」像と、政治過程、政治的現実の御しがたい「不可解さ」や不条理に対する応答可能性／責任を是非もなく問われる政治家としての「自己」像とのあまりのくい違いに途方に暮れていたからではあるまいかと勘繰りたくもなる。それはたとえば、こんな具合であったかもしれない——EUからの離脱は反グローバリズムの観点からすれば内心では共感できるものの、それが国内の諸問題を解決する決定打になるはずもなければ、イギリス国民になにがしかの解放的な見通しを提供するものでもない。そんななか、よりにもよってUKIPのような安手の詐欺師めいた煽動者にさえ容易《たやす》く踊らされてしまう国民とは「なんというばか者たちなのだろう」。まさに哲学的に沈思黙考する者たちを途方に暮れさせ、呆れさせるそうした状況、哲学や科学が政治的現実と重なり合うことをけっして許さない不条理な空白状態こそが、しかし、知と戯れる哲学者たちに柄にもない政治的動機を与え得るのだ。さらにくわえて、それは、既存の政治的枠組みとそれを正当化する〝イデオロギー〟から自由であり得るための物質的条件でもあり、したがって政治的創発性を育む揺籃でもあり得る——というのも、その不条理は因習的な諸思想の陳腐さや滑稽さをも剔抉するのだから——ということを、ホッブズよりもさらに先立って、たとえばマキァヴェッリが明快に伝え、そのマキァヴェッリを読むアルチュセールが、四世紀以上の時を経て彼からのメッセージを受け取っていた。

道徳的教化をめざして長らく続いてきた宗教的・理想主義的政治思想の伝統、彼が峻拒した伝統と、それに続く自然法という政治哲学の新しい伝統、すべてを覆いつくし、新興ブルジョワジーの自己確認をなした伝統との隙間に在る席。後者の伝統がすべてを覆いつくしてしまう前に、前者の伝統から自由になったこと、これがマキァヴェッリの孤独である。[*23]

「成果を生み出すに適したいっさいの政治的形態の不在、という条件」（M 413）のもとで、来るべき新しい国民国家の統一について、つまり「成し遂げられるべき事実について語る」（M 416）マキァヴェッリの在りようを、アルチュセールは「孤独」と言い表した。マキァヴェッリが後代の人たちを惹きつけるのは、「成し遂げられた事実」としての現実的諸関係のなかでめぐらされる謀略、政略についてのあれやこれやではなく、そうした実践的政略論を説く彼の思想をいまもって特定の政治的、哲学的諸範疇に従属させることができず――君主制論者か共和主義者か、現実主義者か理想主義者か等々――、その意味で、いまもって彼が「孤独」なまま知識人たちの頭のなかで浮遊しつづけている点にあるだろう。アルチュセールのような人にさえ、「成し遂げられるべき事実」が枯渇されることなくあることを予期させるのは、しかし、その「孤独」である。

「事実など役に立たない」と嘯《うそぶ》くポピュリスト・デマゴーグたちにも三分の理があるように感じられる理由も、ここから類推できる。彼らは、「成し遂げられた事実」が不信任を突きつけられて宙吊りになりかかっている状況を、大方の保守派よりも、そして大方の左派よりもよく理解しているように見える。むろん彼らはその状況を占有して思いどおりにしようとしている。こなれた盗人が、標的とする家の構造、とりわけ脆さを、その家の住人たちよりもよく把握しているように、彼らは危機に接して〝成し遂げられるべき〟を為すのが、もはや（国）家にしがみつくだけの従来の所有者、統治者たちではないことを、時の利を得て暴露するのだ。かくして、現代のリベラルデモクラシーにおける有象無象のベヒモスたちは、〝より悪い worse〟偽善者よりもむしろ〝最悪 worst〟の詐欺師を嬉々として支持しさえする。ポピュリストはまさに、非人称的な現実の諸関係を、彼の醜悪な〝カリスマ〟――アンチヒーローがそやされる時代、それは醜悪であればあるほど効果的だ――によって一挙に人称化するのだ。ポピュリストがさしずめチェーザレ・ボルジアの露悪的なパロディーであるとすれば、マキァヴェッリの「孤独」は依然としてあまりに深いままであるといわねばならない。

3　左翼の孤独

NLRに話を戻そう。兎にも角にも「世界」を在らしめること、しかもより良く在らしめることが最優先事項であらねばならぬとする考えが、キューバ以降、NLR内で主流になっていった。

われわれの社会とイギリス社会主義の未来が、変わりゆく巨大な世界という圏域における諸関係と諸構造とにどれほど固く結びつけられているのかは、いまやどうしようもなく明白である。かくして、西側のあらゆる地域の社会主義者たちは現在、伝統的に狭量な先入観を克服せんとしているが、そうであれば、おそらくイギリスではいっそうそうした克服の必要があるだろう。しかし、われわれの社会の偏狭さはまさに正反対のことを示してきた。左翼はあまりにもながきにわたり、自らの命運にいまや決定的な影響を与える世界についての知識や理解をほとんど示さぬまま、自らのインターナショナリズムを単純に自己肯定してきたのだ。[*24]

六三年のNLR巻頭で、アンダーソンはこれまでの「伝統的に狭量な先入観」にもとづくいわば〝空想的インターナショナリズム〟、すなわち「社会の解放が資本主義諸国自体の内で開始され、人間の恢復にあたってさえもヨーロッパが主導的であり続ける」[*25]という従来の傲慢な認識を（自己）批判するとともに、「世界」の現実を直視する〝真のインターナショナリズム〟を宣言したのであった。第一期NLRでアフリカ、アジア、中南米諸国関連の論考が非常に目立つのは、そうした地域が圧倒的な搾取と圧政にさらされているがゆえに、それらを論じることなしに「世界という圏域における諸関係と諸構造」を理解することなどできないと信じられていたからである。

他方、イギリス「社会の偏狭さ」に対しては、アンダーソンは「理論」の名のもとに斬って捨てるような調子でこれを嘲罵した。日本の文脈でいえば、時期的にも内容的にも、それはちょうど丸山眞男のような人が〝日本の思想史〟における思想的基盤の欠如を、ヘーゲル的歴史主義やウェーバー流の「理念型」の類型論を参照して叩いたのと重なっている。E・P・トムスンを怒らせたのもまさにこの点であったが、すでにNLRを離れていたトムスンとの有名な論争のなかで、アンダーソンはイギリスの「似非経験主義」批判の論調をむしろ尖鋭化させていった。

われわれはイングランドのブルジョワジーが評価されるべきいかなる文化的到達をも見なかったなどといったわけではない――そんな主張は単にばかげているだろう。そうではなく、社会で覇権的となるような主要な政治哲学を、イングランドのブルジョワジーは創出することが遂になかった、といったのだ。たとえば功利主義はそうした（政治哲学の）候補のひとつであったが、それはあまりに粗野で一元的であったために総じて社会で勝利を得ることができなかった。[*26]

〝イギリスの（政治）思想〟と呼び得るものがあるとすれば、それは「伝統主義」と「経験主義」であるが、両者とも思想というにはあまりに空疎なものであると彼は断じる。

イングランドにおける支配的ブロックの覇権は、いかなる体系的な際立ったイデオロギーにおいても明確化されず、むしろ平凡な偏見と禁忌の瘴気のなかで放散されてしまう。イギリスを覆うこの霧はふたつの化学元素から成っている。「伝統主義」と「経験主義」だ。そこでは、可視性――あらゆる社会的もしくは歴史的現実に関する――はつねにゼロである。[*27]

アンダーソンによれば、たとえば一九世紀半ばまでには類例のない盛り上がりを見せていたチャーティスト運動でさえ、政治的介入を嫌った労働組合を完全にとり込むことができず、革命勢力としての全国的な組織化も革命理念の引き継ぎもなされぬまま、穏当な修正主義、フェビアン主義に帰着するのがせいぜいであった。イギリスでは、スミスの「神の見えざる手」がルソーの「一般意思」に置き換わることはなかったと彼は主張する。経済の分析が革命の熱情はおろか、わずかばかりの政治的動機にも変換されることがなかったというわけだ――「ルソーからさえ、われわれはすでにどれほど遠くにいることか！」（SPE 22）。その結果、「良き社会は、もはや共同で為される解放のプロジェクトではなく、盲目的な自動機械となるのであり、人間は意図することなくそれを作動させるための諸装置となる」（SPE 22）[*28]。こうした極端な断定は、イギリス新左翼の研究者たちがしばしばアンダーソンならびに彼の盟友、トム・ネアンの〝イギリス文化批判〟に関して言及する際のお決まりの参照項目となっている。ようするに覇権的イデオロギー、もしくはイデオロギー的中心の不在を、彼は誇張に近いと思われるような仕方で強調するのであった。

〔……〕過去五〇年におけるイギリス思想史の圧倒的に由々しき事実というのは、マルクス主義にせよ本格的な《古典的社会学》にせよ、それらのうちのいずれかひとつすら生み出し損ねてきたということである。こんにち、この二重の不在こそが、われわれの文化状況を根底から規定しているものなのだ。これは欧州の主要国にあって特異なことである。イギリスのみが、ただひとりのレーニンもルカーチもグラムシも、ウェーバーもデュルケムもパレートも生み出しはしなかった。すなわちイギリスは、世紀の変わり目にあって個別的な〝政治理論〟、〝経済学〟、〝歴史〟を揚棄する統合的社会思想のふたつの偉大な伝統のいずれにも参加してこなかったのである。あらゆる古典的社会学の欠如は、いかなる（種類の）マルクス主義の欠如よりもはるかに重要で明示的だ。それはつまり、イギリスの初期ブルジョワジーが社会を総体として理解する試みを放棄したことの不可避的な帰結なのであって、われわれはその代償をこんにちにいたっても支払っているのである。（SPE 22）[*29]

アンダーソンはこうした「不在」の思潮を、イギリスの「反政治的な思想 anti-political thought」(SPE 22)と名づけた。これに対抗すべく、当時「第三世界」と呼ばれていた地域の惨状を大きく採りあげる一方で、「不在」を埋め合わせて「体系的」で「本格的」な理論の探究にも力を入れようとしていたアンダーソンは、「構造主義」などと総称されていたフランス現代思想に目をつけることになる。レーニンもグラムシも、ウェーバーのような「古典的社会学者」もすでにいないが、彼らの代わりにNLRが大陸から導入して「参加」しようとした「社会を総体として理解する試み」が、アルチュセールのマルクス解釈であった。

当初、アンダーソンはアルチュセールの〝構造主義的マルクス主義〟に好意的であった。「こんにち、おそらくその強度と洗練において潜在的に(グラムシャルカーチらと)比肩し得る〝反 - 観念論的〟潮流を示す興味深い兆候が、はじめてヨーロッパのマルクス主義内部で生じている。アルチュセールの仕事はこれの有望な証である」(SPE 31-32)。実際、アルチュセールの導入は、限定的にではあれ、NLRでの議論を活性化させた。六〇年代後半には「重層決定」や「切断」といった用語が誌上の各論考で飛び交い、六六年にはフェミニスト社会学者ジュリエット・ミッチェルがアルチュセールのマルクス読解を補助線としてフーリエやエンゲルスらの批判的再検討をおこなうと[*30]——CND同様、フェミニズム運動は当時のイギリスでは無視し得ぬ大衆動員力があったが、フェミニストによる論考はNLRではそれまできわめて手薄であった——、六八年に『資本主義国家の構造——政治権力と社会階級 *Pouvoir politiques et classes sociales*』を発表した〝アルチュセール派〟、ニコス・プーランツァスは、トムスン—アンダーソン論争とともに広く知られる、ラルフ・ミリバンドとの論争をNLR誌上で展開させ[*31]、これを契機にそれまでのNLRには見られなかった「国家論」がにわかに活況を呈しもした。

しかし、彼らの「論争」と前後して、七〇年に『イデオロギーと国家のイデオロギー装置』(以後、ISA論文と略記)が発表されると、アルチュセールに対しては批判的な論調が増えはじめた。それはあたかも、NLRの〝法皇〟として君臨していたアンダーソンに書き手たちが論調を合わせるかのようでさえあった。

ひとたびすべてのイデオロギー的、政治的上部構造——家族、修正主義的労働組合と党、それに民営メディアを含む——は定義上《国家の諸装置》であるという位置づけがなされると、厳密に論理的にいって、ブルジョワ民主主義とファシズムとの区別をつけることが不可能かつ不必要なこととなってしまう。ファシズムにあって、労働組合やマスメディアの《国家》による完全なコントロールが制度化されてしまうという事実は、この理屈からすると——アルチュセールの言い回しを用いれば——「重要ではない」ということになるだろう。[*32]

党派的な邪推をすれば、アンダーソンのこうした指摘は、当のISA論文だけでなく、プーランツァスの〝アルチュセール主義〟に対する批判をも含意しており、したがって論争相手であったミリバンド側に彼が肩入れしているように見えなくもないが、実際には、アンダーソンはプーランツァスの『ファシズムと独裁』[*33]を「現代マルクス主義の著作のなかで理論的なものと経験的なものとの綜合を範例的に示す稀な事例」(AG 36, n73)であると好意的に評価していた。しかしにもかかわらず、その好評価に付されたちょっとした但し書き、つまり「[同書出版年である一九七四年]当時流行の〝国家のイデオロギー諸装置〟概念の流儀(etiquette)を保持してはいるものの」(AG 36, n73)という留保が、結果的に、アルチュセールを〝流行思想家〟として片付けようとする新左翼インテリたちの傾向を裏書きする効果を持ち得たことは否定できない。それまで犬猿の仲であったトムスンもまた、アンダーソンと歩調を合わせるかのように——実はまったく合わせてなどいなかったが——さらに辛辣な言葉遣いでアルチュセール批判を開始した。「スターリン主義」、「観念論」、「エリート主義」等々、おおよそアルチュセールがそれと格闘してきたあらゆるものがアルチュセール自身の思想として同定された。[*34]

たしかに、マルクスの「認識論的切断」に関してアルチュセールは、《理論》が労働者階級の運動を通じた自己発見に先立ち、またそこから独立していて、以来ずっと、労働者階級の運動が、非効率的にではあれ、《理論》の筋書きどおりに演じられてきている、という見解を提出したのである。とても明らかなのは、このあらたなエリート主義が古くからある系統の直接的な後継者として存立しているということだ。ベンサム主義、コールリッジ的「知識層」、フェビアン主義、より傲慢な変種としてリーヴィス主義などがそれである。〔……〕フランクフルト学派であれアルチュセールであれ、彼らは支配に関するイデオロギー的諸様式の避けられぬ重みというものを殊更に強調するという点によって特徴づけられる——その支配というのはすなわち、人民大衆の主導性や創発性のためのあらゆる余地を破壊する支配であり、啓蒙された少数の知識人たちのみがそこから逃れられるような、そんな支配のことである。（PT 249–250）

トムスンは、労働運動の過程で紡ぎだされる「人民大衆」の思想をマルクスに共振させることこそがマルクス的かつ唯物論的であること、したがって「理論」は、マルクスを参照点としつつも、それぞれの歴史的文脈に規定された運動の在りように応じて可変的かつ多様であることを確信していた。[*35] 警察官から呼び止められ振り向いただけで〝つねにすでに〟「装置」に絡めとられているとする「そのような〔ＩＳＡ〕理論は、仮にそれがなにがしかの力（権力）を与えられでもしたら、労働者階級を〝解放〟するどころではまったくなく、鼻持ちならない傲慢さと〝科学〟の装いとともに彼ら労働者たちを官僚的知識層の手に委ねてしまう」（PT 251–252）——こんな具合に彼は論難したのであった。

もっとも、トムスンが毒づいたのが本当にアルチュセール自身に対してのみであったのかはやや留保の余地が残るところではある。それまでの確執を考えれば、彼が意図していたのは「〝西欧マルクス主義〟をけたたましく歓呼して迎え入れる輸入代理店（嗚呼、数年前に私が創設に一枚かんでいた大型輸入代理店も含めて）」（PT 235）への批判、つまりＩＳＡ論文にかこつけたＮＬＲ批判という側面が確実にあっただろう。トムスンにしてみれば、〝知性主義〟が強調されたＮＬＲ、もしくはアンダーソンその人の姿勢は、六三年の「インターナショナリズム」宣言も含め、現実の運動の過去と現在から遊離した衒学趣味、中身に乏しい大風呂敷であり、アルチュセールをはじめとする大陸現代思想の導入もそうした乏しさを糊塗する虚しい試みのひとつであったのだ。

こうした批判は、しかし、アンダーソンやネアンの〝イギリス文化批判〟と相似形をなしているようにも見える。一方でアンダーソン率いるNLRは、先に見たように、アルチュセールの仕事を——全面的にではないにせよ——〝流行思想〟と位置づけて冷淡な距離をとり、他方でトムスンはそれを〝輸入品〟と蔑《さげす》む。両者ともすでに七〇年代後半から、こんにちわれわれが「フランス現代思想」と呼んでいるものを、時が経てば泡のように弾《はじ》けて忘れ去られるものであるかのように扱い、早々に見切りをつけてしまった印象を抱かせる。実際、アルチュセールが幾度となくNLRに寄稿していたのとは対照的に、その後の彼の唯物論哲学が誌上で集中的に語られたり丹念に辿られたりすることは、国外、とりわけバリバールやバディウといったフランスからの寄稿者たちによるいくつかの言及を除けば、現在にいたるまでほとんど見られない。ISA論文以後、アルチュセールが話題の中心を占めたのは、彼と妻エレーヌとのあいだで起きた八〇年の不幸な出来事に接した際、ポーランド出身のジャーナリスト、K・S・カロルが寄稿したわずか三頁の短いコラムのみであった。[*36] あたかもそれは、「輸入代理店」の店員たち自身が、持続的な精査を続けることなしに〝輸入品〟の一時的な消費に興じていたかのようである——言い換えれば、「統合的」であるか否かは措くとして、「社会思想の不在」なるものは、大陸からの諸思想の導入を〝流行思想〟だの〝輸入品〟だのといった「平凡な偏見と禁忌の瘴気のなかで放散」させてしまう彼ら自身によって積極的に担われていたかのようである。

世紀の節目に差し掛かった二〇〇〇年年初、一—二月号の巻頭で、当時すでに三度目の編集主幹になっていたアンダーソンは、NLRを刷新すべく、文字どおり〝Renewals〟と題する文章を寄せていた。そこでは、これまでのNLRの歩みはもちろん、世界情勢の変化、ならびにそうした変化を背景にしてイギリス新左翼はなにを問題化してなにに失敗してきたのか等が省察されていたが、この記事で長年の注意深く律儀な読者たちを驚かせるものがあったとすれば、それは驚くべきことがなにひとつ書かれていないことであったかもしれない。「考えてみれば、ＮＬＲはずっとこうだった」――こんな呟きさえ聞こえてきそうである。六八年五月には古典的蜂起と革命のかたちを見出して歓喜の声をあげ、毛沢東やホーチミンを見ては非スターリン型のあらたな革命指導者に希望を抱き、サッチャーの圧勝に接しては社会主義の危機を唱える。そして今回、ネオリベラリズム、グローバル資本主義の覇権にあって、怨嗟とも諦念とも、または開き直りともとれる〝敗北宣言〟がなされたのであった。「もっぱら一連の諸原理としてのネオリベラリズムのみが地球上の全域を牛耳っている。世界史上、最も成功したイデオロギーだ」[*37]。アンダーソンはこの〝イデオロギー〟を前に、左翼はまず白旗をあげることから始めなければならないという。

> 現実主義的左翼が唯一こんにち出発点とするのは、歴史的敗北を明確に書き留めておくことである。資本は自身の支配にとって脅威となるすべてを黙らせてしまっている。社会主義運動は資本の力能の諸基盤――なかんずく競争圧力――を執拗に過小評価してきたのである。（R 12）

同時に彼は、「悪意はないもののうわべだけの決まり文句にすぎない業界用語や、あるいは左翼側の自己欺瞞に同調するのではなく、鋤を鋤と呼ぶこと（calling a spade a spade＝事実を事実として直言すること）をもって読者に衝撃を与える」（R 11）という使命を、あらたにＮＬＲに課したのであった。つまり、六三年の〝インターナショナリズム宣言〟から数十年後、それに代わって謳われたのは「妥協なきリアリズム」（R 10）であったわけだ。

しかし、ネオリベラリズムへの「敗北」を宣言することが〝リアリスティック〟であるというのであれば、その率直さと素朴さは、キューバ危機の際に腹心を布《し》くようにして語られた、あの「屈辱」をわれわれに思い起こさせずにはおかない。その類の「現実」認識にとどまっているかぎり、ＮＬＲとその周辺の左翼知識人たちは、政治的、経済的諸関係の分析において技術官僚に及ばず、あるべき（国家）共同体イメージの訴求力においてはＵＫＩＰのナイジェル・ファラージのようなポピュリスト[*38]――繰り返せば、まさに「現実」の無効を訴える者たちだ――に対してさえ、今後も「屈辱」にまみれた「敗北」を宣言するか、もしくは沈黙を続けることになるだろう。たとえばアンダーソンはかつて、〝理論〟なるものについてこう書いていた。「理論は経験的に変換可能であるような諸概念を生みだしてきたことで真に正当化されるのだ――すなわち、それまで左翼がほとんど気づいてこなかった広範囲にわたる諸事実を説明するような諸概念である」(SPE 39)。この規定にもとづく〝理論主義〟は、「NLRは学術誌たらんとするものである」(R 19)との決意表明があらためてなされた"Renewals"でもおそらく変わっていない。したがってアンダーソンの解釈からすれば、こんにちの左翼は諸概念の提示による経験の「変換」において、飽くことなく次々にあたらしい資本主義的〝経験〟の更新を急き立てるネオリベに「敗北」、そして/あるいは、欺瞞に満ちたリベラル左翼の空言どおりに事を推移させてはならぬと吠えるネオリベの鬼子、ポピュリストには「広範囲にわたる諸事実の説明」において「敗北」したことになる。だとすれば、事ここにおよんで、NLRは〝理論〟を梃子《てこ》にしたなんらかの政治的身振りをおこなう雑誌として位置づけられるものなのか、それとも〝理論誌〟という名目の〝批判的〟観察者――ワトキンスによれば観察者にすら十分になりきれていなかったということになるが――でありつづけるのか。ようするに、彼らの〝理論〟が事実上なにに向けられたものであるのかは、いまひとつ判然としないままである。

そして――やはり、というべきか――リベラル左翼向けインテリ雑誌としては、素朴にすぎる「現実」認識よりもさらにいっそうがっかりさせられるのが、大陸諸思想の受容をめぐるアンダーソンの認識である。

> 時代的に最も近い知的伝統と初期NLRへの影響を振り返ってみれば、一瞥したところの状況はまったくよいものであるとは思われない。西欧マルクス主義の書籍群のうちのほとんどもまた、一般的な流通を外れてしまっている――コルシュ、『歴史と階級意識』のルカーチ、サルトルの大半の作品、それにアルチュセール、デッラ・ヴォルペ学派、マルクーゼたちのことだ。最も首尾よく生き残っているのは、直接的には最も政治的ではないものとなってしまった。つまり、基本的には戦後フランクフルト学派の理論やベンヤミンの選集

などである。 （R 14）

相変わらず「統合的社会思想」が根づかないという古ぼけた着想の残り滓《かす》が見てとれる点、ベンヤミンの文学論やら商品世界に関する覚え書きやらが、彼の直截に政治的もしくは社会学的な諸論考と哲学的にどう繫がり、かつどう繫がらないのかが乱暴に素通りされている点、そして、先に触れたように、後期アルチュセールの哲学的考察、とりわけ哲学、科学、政治各領域間の断絶を含んだ関係性をめぐる彼の諸論考——NLRという雑誌の在り方を考えるうえでも、まちがいなく有益な示唆を提供してくれたろう——について、ほぼまったく無反応であった者が、「一般的な流通を外れてしまっている」などという他人事のような観察を語っている点などについて個々に疑義や異論を挟むことは、いまはもうやめておこう。創刊から半世紀を過ぎているこの雑誌が、あまつさえグローバル資本主義の中心地で、とまれかくまれ「レフト」という言葉を捨てることなく一定の読者層と影響力を維持したまま現在まで持ちこたえ、アンダーソンその人のものも含めて多くの優れた論考を世に問いつづけているのは、そのこと自体が敬意をもって見られてしかるべきであるにはちがいない。この点は強調されなければならない。しかし、そうであればこそ、つまり科学的分析と哲学的探究をしてなお政治的介入を志す「レフト」を自任するのであればこそ、政治的に「成し遂げられるべき事実について語る」ことが実際にどのような場面に行き当たるであろうかについては、まさに「妥協なきリアリズム」とともに哲学的洗練を重ねなければならず、NLRは——そしておそらく、われわれは——まずはそのことをもってして「出発点」たらしめるべきときにきているように思われる。[*39]

アルチュセールがマキァヴェッリから読みとった、いささかも情緒的ではない「孤独」、「成し遂げられるべき事実」をめぐって論をたてる者の「孤独」、なによりまったく素っ気ない最後の「孤独」は、アルチュセールに限らず、「成し遂げられた事実」をもってよしとしない書き手たちが記憶に留めておく価値がある。

マキァヴェッリは、新しい国家の基礎を誰がイタリアのどの場所に据えるのかを言うことも、自分の作品がイタリアの諸闘争のどこに書き込まれるのかを言うこともできなかった。それでも彼は知っていた。自分の作品が後衛の位置にあること、それがたんなる著述、書かれただけのものにすぎぬことを。だから、彼は自分の作品をも僥倖に、誰とも知れぬ人との出会いに、委ねたのである。彼の最終的な孤独が、おそらく、これである。（M 422）

考え、そして書くことは、実際の政治的領域から眺めれば「後衛の位置」にあり、しかもそれが政治的メッセージとしていつ誰にどういったかたちで届くのか、あるいは現実の諸関係、その「謎めいた拡がり」のなかで本当にどこかに「書き込まれ」、誰かに届くのかはわからない。それは有り体にいえば——「鋤を鋤と呼ぶ」ならば——、はじめから政治的「敗北」や「勝利」の埒外に置かれた「たんなる著述、書かれただけのもの」である。政治的闘争の前線・現場と「後衛」とのあいだに横たわる不条理な空間をめぐって、「後衛」から練りあげられた省察と構想が、「著述」となって前方とおぼしき方角にとりあえず投げ込まれる。マキァヴェッリの「最終的な孤独」は、したがって、ちょうど投瓶通信をおこなう者のそれに近い。いまはまだベヒモスのなかに埋もれている聡明な〝瓶〟の受取人、英雄的な為政者の出現を悠長に待っていられるほど、せっかちな「レフト」は辛抱強くも感傷的でもないが、さりとてこの「孤独」を抜きにして科学も哲学もあり得ず、またこの「孤独」を拒んだところで生じる〝理論〟の性急な実効性は、それが首尾よく「敗北」を避けるものであり得たとしても、せいぜいのところ、〝言論の自由〟を建て前とする「国家装置」の補完的な機能を担うにすぎぬものとなるだろう。[*40]

それゆえ、唯物論者は自らの唯物論的著述をも「僥倖」に——「出会いの唯物論」に——委ねるのだ。むろんそれは、偶々ある人物が図書館や書店で本を手に取るといった他愛のない偶然に過ぎず、何事かを待望するような大仰なものではない。しかし、いわゆる基礎科学と呼ばれるものがそうであるように、そしてマキァヴェッリやマルクス、あるいは無数の名も知れぬ者たちの著述がその後の政治的記述の仕方、「諸闘争」の直中で政治的言語が「書き込まれる」その仕方を変えていったように、その投瓶は、中長期的には——マキァヴェッリとアルチュセールを隔てる年月ではなかろうが——〝選挙のプロ〟による大衆煽動の大仰さがもたらすものよりもずっと実質的で、しかも後戻りのない変化をもたらす可能性に富んでいるはずだ。

*1——Thomas Hobbes, *Behemoth; or The Long Parliament*, The University of Chicago Press, 1990, p. 26. なお、本稿における原文からの邦訳はすべて布施による。

*2——筆頭はニール・キノックス、トニー・ブレア、ゴードン・ブラウンらの元党首たちであった。たとえば二〇一五年八月一三日付のBBCニュースは、コービンが労働党を「破滅させる」というブレアの「警告」を伝えている。

*3——二〇一六年九月一七日付 *The Guardian*. なお、本稿でのメディアからの引用はいずれも電子版から。

*4——「もちろん、議会は離脱の交渉過程で役割を果たすことになるが、このような提案は英国国民の意志を挫《くじ》く別の方途を探し当てようとする企てにすぎない」（二〇一六年一〇月九日付 *The Guardian*）。

*5——エドマンド・バーク『フランス革命の省察』半澤孝麿訳、みすず書房、一九九七年、二〇二頁。

*6——「残留派のキャンペーンは、事実、事実、事実、事実、事実と囃《はや》し立てる。そんなものは役には立たんのだよ」（二〇一六年六月三〇日付 *The Independent*）。

*7——Anthony Barnett, "Class Struggle and the Heath Government", *New Left Review* I/77, 1973, p. 22. 本稿におけるNLRからの引用はすべて電子版からであり、「注」で記載される引用頁は、したがって電子版のそれである。

*8——Susan Watkins, "Casting Off?", *New Left Review* 100, July-August 2016, p. 13. 以下、ワトキンスの同論文は"CO"と略記、収録本の頁数とともに引用末尾に記載する。

*9——Association pour la Taxation des Transactions pour l'Aide aux Citoyens. 投機的な資本移動を抑制すべく、為替取引への課税を提唱したジェームズ・トービンにちなんだ、いわゆる「トービン税」の導入を推進する連合体。

*10——Lin Chun, *The British New Lest*, Edinburgh University Press, 1993, p. xvi.

*11——Duncan Thompson, *Pessimism of the Intellect?: A history of New Left Review*, Merlin Press, 2007, p. 7.

*12――ルース・グラスの "Cuba Week" *New Left Review* I/17, 1962, p. 3からの引用。

*13――グラスはイギリスの都市社会学者。彼女の夫も同国の代表的な社会学者であり王立協会（Royal Society）の構成員でもあったデイヴィッド・ヴィクター・グラス。

*14――Glass, "Cuba Week", p. 4.

*15――*Ibid*., p. 5.

*16――引用はグレアム・アリソンの古典的研究、*Essence of Decision* のエピグラフから。Graham T. Allison, *Essence of Decision: Explaining the Cuban Missile Crisis*, Little, Brown and Company, 1971／グレアム・アリソン『決定の本質――キューバ・ミサイル危機の分析』宮里政玄訳、中央公論社、一九七七年。ケネディのこの言は、もともと、彼の大統領在任中のスピーチライターであったセオドア・ソレンセン（Theodore C. Sorensen）が「危機」後に上梓した *Decision-making in the White House: The Olive Branch or the Arrows*, Columbia University Press, 1963／『ホワイトハウスの政策決定の過程』河上民雄訳、自由社、一九六四年、の序文としてケネディ自身が寄稿した文章の一節である。

*17――Hobbes, *Behemoth*, p. 158. 実際には、この質疑応答はホッブズ自身のモノローグである。

*18――NLRと袂を分かったE・P・トムスンは、しばしば労働者、民衆の自発的運動のみにもっぱら焦点を当てようとする歴史家であると思われているが、そのトムスンもまた、関係性としての階級という論点の重要性を『イングランド労働者階級の形成』序文（Edward P. Thompson, *The Making of the English Working Class*, Vintage Books, 1996, pp. 10-11）で主張している。

*19――このくだりを含めたシュトラウスの「政治哲学」論については、たとえば拙稿「俗物に唾することさえなく――フーコー、シュトラウス、原理主義」（『現代思想と政治――資本主義・精神分析・哲学』市田良彦・王寺賢太編、平凡社、二〇一六年）を参照されたい。引用部は、Leo Strauss, *What is Political Philosophy: and other studies*, The University of Chicago Press, 1988, p. 32.

*20――ルイ・アルチュセール『哲学について』今村仁司訳、ちくま学芸文庫、二〇一一年、八〇頁。傍点はアルチュセールによる。同様の論点は、生前未刊行であった『哲学においてマルクス主義者であること』（市田良彦訳、航思社、二〇一六年、七〇頁）でも見られる。なお、本稿における引用文中の強調点は、すべて原著者による。

＊21――ソヴィエト連邦崩壊後の九一年末から九二年の前半までのあいだ、この史上初の共産主義国家の消滅を目撃してなお、NLR編集部による事態の〝総括〟の類は書かれることがなかった。

＊22――二〇一六年七月三日付 *The Guardian*. 当初、コービンへの辞任要求は労働党内部からも噴出していたが、コービン自身はそうした要求を拒否している。

＊23――ルイ・アルチュセール『マキャヴェリの孤独』福井和美訳、藤原書店、二〇〇一年、四一六頁。これは一九七七年、アルチュセールがマキァヴェッリについて論じた講演（パリ国立政治学財団）の原稿であるが、以下、同原稿は"M"と略記、邦訳版の頁数とともに引用末尾に記載する。

＊24――NLR Editorials, "On Internationalism", *New Left Review* I/18, 1963, pp. 3-4.

＊25――*Ibid*., p. 3.

＊26――Perry Anderson, "Socialism and Pseudo-Empiricism", *New Left Review* I/35, 1966, p. 17. 以下、アンダーソンの同論文は"SPE"と略記、収録本の頁数とともに引用末尾に記載する。

＊27――Perry Anderson, "Origin of the Present Crisis", *New Left Review* I/23, 1964, p. 40.

＊28――たとえば Tom Nairn, "The English Working Class", *New Left Review* I/24, 1964.

＊29――アンダーソンのこうした批判の詳細に関しては、たとえばチュンの前掲書、pp. 88-89、D・トムスンの前掲書、pp. 99-103（本稿のこの引用部と同箇所を引用している）を参照されたい。

＊30――Juliet Mitchell, "Women: The Longest Revolution", *New Left Review* I/40, 1966.

＊31――Ralph Miliband, "The Capitalist State: Reply to N Poulantzas", *New Left Review* I/59, 1970. Nicos Poulantzas, "The Capitalist State: A Reply to Miliband and Laclau", *New Left Review* I/95, 1976.

＊32――Perry Anderson, "The Antinomy of Antonio Gramsci", *New Left Review* I/100, 1976, p. 36. 以下、アンダーソンの同論文は"AG"と略記、収録本の頁数とともに引用末尾に記載する。

＊33――Nicos Poulantzas, *Fascism and Dictatorship: The Third International and the Problem of Fascism*, Verso, 1974.

＊34――Edward. P. Thomson, *The Poverty of Theory*, Merlin Press, 1995 (New Edition). 以下、トムスンの同書は"PT"と略記、収録本の頁数とともに引用末尾に記載する。

＊35――トムスンの着想については、長原豊のきわめて繊細で思慮深い論考、「自称する」（『ヤサグレたちの街頭』航思社、

二〇一五年、第九章）を参照されたい。そこでは、トムスンの歴史概念についての詳述はもちろん、彼にとっての「階級的経験」とベンヤミンの救済概念との親和性が非常に説得的に示唆されてもいる（三三九—三四〇頁）。

＊36——K. S. Karol, "The Tragedy of The Althussers", *New Left Review* I/1, 1980.

＊37——Perry Anderson, "Renewals", *New Left Review* 1, 2000, p. 13. 以下、アンダーソンの同論文は"R"と略記、収録本の頁数とともに引用末尾に記載する。

＊38——たとえば、ファラージはイギリスのどの代議士たちよりも早い段階で、次期米国大統領となるトランプと個人的な友好関係を築いたが、彼はその理由として、互いの〝ビジネス経験〟をあげている。二〇一六年の時点で、彼はシティでの非鉄金属取引や先物取引仲介業に従事した経歴が政治家としてのそれよりも長い。しかし彼は商売の実務に長く携わってきた〝経験〟や政治家としての〝経験不足〟を、〝不動産王〟トランプ同様、むしろ有権者への売り込み材料にしていた。ワシントンやダウニング街一〇番地に常駐する職業政治家たちとは毛色の違う者同士、ウマが合うというわけだ。そんなファラージは、二〇一七年から始動するホワイトハウスとの人脈をいまだ構築できないでいる官邸に、トランプへの仲介役を買って出たものの、党外の第三者による仲介は必要なしと断られたのであった（二〇一六年一一月二三日付 *The Guardian*）。これに対して彼は、「連中が国や国益になにも関心がなく、器の小さな政党政治にばかり腐心していることが明らかになった」（二〇一六年一二月一三日付 *The Guardian*）と批判、ダウニング街の機動力のなさ、融通の利かなさをあげつらった。ファラージにしてみれば、仲介役の申し出は、頼まれても断られても自己顕示に役立つ妙案だったのだ。ちなみに、彼は二〇一六年一一月末にUKIP党首を辞任しているが、その際、メディアを前にこの男はこう〝ぶっちゃけた〟——「毎日、下々《しもじも》（low-grade people）と付き合うことがなくなってほっとしているよ」（二〇一六年一二月九日付 *The Guardian*）。

＊39——むしろ、ずっと以前からそうであったにちがいない、というべきだろう。

＊40——そうした補完がいついかなるときにも、そして誰にとっても好ましくないというわけではないが、それは少なくともNLRが奉ずる「科学」とは異質であるはずだ。

あとがき

本書は、市田良彦・王寺賢太編『現代思想と政治――資本主義・精神分析・哲学』(平凡社、二〇一六年)に続く、私たちの共同研究の二冊目の成果報告書である。当共同研究は、二〇一一年四月から二〇一五年三月までは、全国共同利用・共同研究拠点である京都大学人文科学研究所の公募共同研究班A「ヨーロッパ現代思想と政治」として、また二〇一三年四月から二〇一六年三月までは、日本学術振興会科学研究費(基盤研究Ⓑ)の支給を受けた「「現代思想」と政治――マルクス主義・精神分析・政治哲学を軸とする歴史的・理論的研究」研究グループとして組織された。制度的な枠に変化はあれ、実質五年間、京大人文研で継続された共同研究である。本書の出版に当たっては、『現代思想と政治』に続き、京大人文研の全国共同利用・共同研究拠点経費から研究成果刊行の助成を受けた。

すでに市田良彦がまえがきに記している通り、本書は『〈ポスト68年〉と私たち』という総題のもとに、「現代思想」の側から〈ポスト68年〉の政治を再検討する一連の論考を収めている。六〇~七〇年代のフランスで興隆した構造主義・ポスト構造主義の思潮は、正統派マルクス主義や労働者本体論とも、第二次世界大戦後の「西側」諸国で成立した「戦後民主主義」とも一線を画す、世界的な「新左翼」の勃興と同時代的な現象であった。その反対派によって「68年の思想」(アラン・ルノー、リュック・フェリー)として一括して語られたのもそれゆえである。『現代思想と政治』がその蔑称をいわば真に受けながら、「現代思想」をそれが捉えてきた「政治」との関係において再考するものだったとすれば、『〈ポスト68年〉と私たち』は、「私たち」の現在をとりあえず〈68年〉のさまざまな帰結を歴史的所与とする時代とみなした上で、「現代思想」の側から現在の「政治」を再考しようとする。

その際、「政治」の核心に置かれたのが「私たち」という一語であり、この一人称複数の主語＝主体の現在的な可能性の条件を問うことだった。

本書の母体となる共同研究において、明示するか否かにはかかわらず、〈68年〉はつねに大きな歴史的・政治的な参照項であった。そのことは、『現代思想と政治』のあとがきに記した、この共同研究グループ主催の公開研究集会の一覧を見ていただくだけで容易に納得されるだろう。とりわけ二〇一二年二月五日には、『日本から見た68年5月』と題して、『パリ五月革命私論』の著者・西川長夫と、日本の六〇〜七〇年代を代表する「新左翼」理論家・長崎浩の対論を中心とするシンポジウムも開催している。[*1] ただし本書に収められたのは、同じ共同研究グループが主催し、日本国外から講演者を招いて開催した三つの国際学術集会での発表を下敷きとする論考の日本語版と、フーコー／アルチュセールに関するいくつかの補論である。そのうち日本語版が収録された諸論考の仏語ないし英語オリジナルは、すでに京大人文研の欧文紀要 *ZINBUN* に掲載されている。以下に、各学術集会の概要と該当論文の初出書誌情報を挙げる。

① 二〇一五年一月一二日　人文研アカデミー国際シンポジウム『« Pourvu que ça dure ... » : 政治・主体・〈現代思想〉』　於・京都大学百周年時計台記念館
ICHIDA, Yoshihiko, « Héros (post-)structuraliste, politique de politique », *ZINBUN* 46 (2015), p. 3–20.
BOSTEELS, Bruno, « Twenty Theses on Politics and Subjectivity », *ibid.*, pp. 21–39.
BALIBAR, Étienne, « Après la Révolution, avant les révolutions », *ibid.*, pp. 41–57.

② 二〇一五年一月一七日　国際ワークショップ『〈われわれ〉がエティエンヌ・バリバールの読解に負うもの——ルソーからブランショまでの個体性と共同性』　於・京都大学人文科学研究所
SATO, Junji « L'anomalie solitaire : le *cas* Otanés et la politique de J.-J. Rousseau », *ZINBUN* 46 (2015), p. 59–74.

RADICA, Gabrielle, « Sur Rousseau, la propriété et la communauté », *ibid.*, pp. 75–88.
SATO, Yoshiyuki, « L'idée de 'citoyen-sujet' et ses paradoxes : Balibar, Rousseau et la subjectivité politique », *ibid.*, pp. 89–98.
UEDA, Kazuhiko, « Penser l'insoumission de Maurice Blanchot avec Étienne Balibar : Le droit à la non-réponse comme une méthode de transgression et de résistance », *ibid.*, pp. 99–110.
③ 二〇一六年三月一九日　人文研アカデミー国際ワークショップ『〈権力 - 知〉か、〈国家装置〉か――〈68年5月〉後のフーコーとアルチュセール』於・京都大学人文科学研究所
ICHIDA, Yoshihiko, « Pouvoir-savoir et/ou Appareils d'État : l'après-Mai 68 de Foucault et d'Althusser », *ZINBUN* 47 (2016), pp. 3–12.
HARCOURT, Bernard E., « Waking Up from May '68 and the Repressive Hangover: Stages of Critique Past Althusser and Foucault », *ibid.*, pp. 13–32.
PEDEN, Knox, « Truth and Consequences: Political Judgment and Historical Knowledge in Foucault and Althusser », *ibid.*, pp. 33–47.
NAGAHARA, Yutaka, « A Croquis for the New Project: The Strategraphy of Capitalism — Capture Devices of Capital », *ibid.*, pp. 49–79.
KOIZUMI, Yoshiyuki, « The Theory and History of the Subject and Domination of the Self and Others: From Althusser to Foucault », *ibid.*, pp. 81–89.

以上、*ZINBUN* 46号、47号に発表された仏語・英語論文は、いずれも京都大学学術情報リポジトリ（KURENAI）を通じてウェブ上で公開されている。[*2] なお本論集収録にあたって、日本人著者の原稿はそれぞれ適宜加筆修正が施されていることをお断りしておく。またボスティルスの論考は、ラテン・アメリカ文化研究と、バディウやラ

ンシエールをはじめとする現代フランス哲学という二つの領域で旺盛に仕事をしているこのベルギー出身の研究者の数少ない邦訳文献の一つであり、韓国語訳も公刊予定である。

それぞれの催しについて市田のまえがきを若干補足しておく。二〇一五年一月、ブリュノ・ボステイルスとエティエンヌ・バリバールを迎えて開催された国際シンポジウム（①）にあわせて催されたのが、②のワークショップである。このワークショップは、バリバールの主著『市民‐主体』を中心とする近現代哲学史の政治的再読解を出発点にとり、哲学史・思想史研究と現代政治思想の理論的研究をいかに交差させるかを問うことを一つのモティーフとして企画された。共同研究参加者の佐藤淳二（ルソー研究者）、上田和彦（ブランショ研究者）、そしてバリバールの教え子である佐藤嘉幸と、たまたま同時期に来日したガブリエル・ラディカ（ルソー研究者）の参加を請うたのはそのためだ。このワークショップ開催を機にバリバールの仕事を読み込み、ワークショップ全体に「〈われわれ〉がエティエンヌ・バリバールの読解に負うもの——ルソーからブランショまでの個体性と共同性」というタイトルと問題設定を与えてくれたのは、佐藤淳二であった。アルチュセールの「一番弟子」として知られるバリバールは、その師の免訴処分以降、ジャック・デリダを一つのインスピレーションの源泉としながら哲学史研究を続けてきた。『現代思想と政治』では「主体」の脱構築を「共同体」概念の再考に結びつけるデリダ派的な問題設定は明示的に議論の枠外に置かれている（市田『現代思想と政治』序論参照）。むろん、そこで想定されていたジャン＝リュック・ナンシー以下の共同体論とバリバールの議論を同一視することはできないにせよ、このワークショップは、アルチュセールとデリダの延長線上に自らを位置づけるバリバールの仕事を介して、私たちの共同研究で周縁化された別の問題系に接近を図るものともなっている。残念ながら当日のバリバールのコメントを収録することはできなかったが、「哲学教師として言わせてもらえば」とつねに自嘲気味に、しかし圧倒的な教養を踏まえ、各論者の発表をそのつど的確に広範な哲学的展望のなかで位置づけ直しながら、疲れを知らぬように議論を続けたバリバールの姿は忘れられない。その実に懐の深い寛大さ（générosité）は、私にとって、シンポジウムの壇上でのいかにも「巨匠的」なパフォーマンス以上に強く印象的だった。

他方、二〇一六年三月一九日のフーコー／アルチュセールをめぐる国際ワークショップは、翌二〇日に鵜飼哲、檜垣立哉、森川輝一の三氏を評者に迎えて開催された『現代思想と政治』の公開合評会とともに、[*3]五年間の共同研究を締めくくる催しであった。そのかぎりで、これは共同研究で積み残された課題を喚起し、新展開を期す以上に——京大人文研では二〇一七年度から、小泉義之を班長とし、立木康介を副班長とする公募共同研究班A「フーコー研究：人文科学の再批判と新展開」が新メンバーとともにスタートしている——、長期間の共同作業にひと区切りつけることを念頭に組織されている。この種の研究集会にあたっては「班長」としてつねに力強く問題提起的な発表を行ってきた市田良彦とともに、共同研究の期間を通じて年長世代として若年の参加者たちに伴走してくれた長原豊、小泉義之に登壇願った理由はそこにある。市田・長原・小泉の三者はいずれも〈ポスト全共闘〉の時代——日本の〈ポスト68年〉——をそれぞれの立場で「活動家」学生として経過した人々でもある。個人的に、私はこの三者と共同研究を通じて親しく付き合うことで、自分自身が育った〈ポスト68年〉の哲学・思想と政治にかかわる多くの認識をあらためることができた。なによりも、飽くなき学究であり、優れた「現代思想」の読み手である彼らの姿勢からは、後進の一研究者として多くのことを学ばせていただいた。この点は、もっぱら八〇年代の「ニューアカ」ブーム以降に学生となり、フランス発の「68年の思想」に触れた共同研究の他の参加者の大半にも異論のないところだろう。いささか編者としての分をわきまえぬ物言いになるけれど、その三者が同じ場所で議論する稀有な機会に立ち会えたこと、そして彼らの論考をこうして一つの書物に収められたことを本当に幸福に思っている。

他にフーコー／アルチュセールにかんしては四つの補論を収めた。そのうち廣瀬純と布施哲の論考は、共同研究最終年度に『現代思想と政治』で充分に議論しきれなかった主題をとりあげて研究会を開催した際の両者の研究発表を下敷きにしている。この二つの論考に加えて、若手のフーコー研究者である箱田徹の論考と、本書の共編者である私の論考を収録した。これら一連の補論は、フーコーの『処罰社会』講義の編者バーナード・ハーコート[*4]と、かつてのアルチュセール派の理論誌『分析手帖』の英語版アンソロジーの共編者[*5]ノックス・ピーデンを招いて開催された国際ワークショップを承けて、この海外からの二人の招待講演者の論考に対する共同研究参加者の側からの応答という性格ももっている。

『現代思想と政治』が五年間にわたる共同研究の成果としてひとまず統一的なかたちをとっているのに対し、『〈ポスト68年〉と私たち』は共同研究参加者たちが『現代思想と政治』を一つの経過点として続けた長年にわたる共同作業の副産物であり、共同研究に集った私たちがお互いのあいだで、あるいは招待した論者たちとともにいかなる議論を続けてきたかを証言する記録でもある。『現代思想と政治』寄稿者すべてに新たな論考を執筆してもらうことはできなかったが、にもかかわらず、本書は『現代思想と政治』に劣らぬまぎれもない共同研究の成果であり、各論者の問題設定において『現代思想と政治』以上にいっそう多様であると言える。それが共同研究の一つの過程としての内実を損なうことなく、読者に新たな手がかりを示しうるものとなっていることを切に願う。

「現代思想と政治」という大きな問題設定を掲げて続けてきた共同研究も、本書の刊行ですべての活動を終える。この間、折に触れて「〈ポスト68年〉と私たち」という主題について考えさせられてきたが、現時点から振り返ると、それは〈68年〉と現在にある自分自身の「近さ」と「遠さ」をさまざまなかたちで確認する機会でもあったように思う。〈68年〉ももうすぐ五〇歳になる。「私たち」をどう規定するにせよ、現在に生きるその複数的主体がいつまでも〈68年〉と「現代思想」を特権的な参照項として考え続けてばかりいられないのは自明なことだろう。とはいえ、自分たちはいまだに――良かれ悪しかれ――〈ポスト68年〉の地平からけっして完全に抜け出してはいない、そして「現代思想」において考えられてきたことを時の流れとともに無為に押し流してしまってはならないという感覚は、共同研究に集った「私たち」の共有する前提でもあった。その前提から出発する「私たち」の論考が本書の読者各自に引き起こすさまざまな反応も、「現代思想」と〈ポスト68年〉の今日的帰趨の一端にはちがいない。その反応がいかなるかたちをとるにせよ、本書が〈ポスト68年〉の功罪について、あるいはそこで「現代思想」が演じてきた役割について再考するきっかけとなるなら、所期の目標はいささかなりと達せられたことになる。いずれにせよ、「私たち」にはノスタルジックに過去を振り返るつもりなどなかった。共同研究の散開から一年余、かつての参加者たちの幾人かは早くも新たな仕事を生み出しつつある。

本書の刊行にあたっては、『現代思想と政治』に続いて、平凡社の保科孝夫氏の手を煩わせた。あらためて心から感謝申し上げる。二つの論集の刊行が、保科氏と学生時代以来旧知の間柄だった数名の共同研究参加者との再会の契機となったことは、編者としてひそかな喜びでもあった。

二〇一七年七月　京都にて

王寺賢太

＊1――西川・長崎両氏の対論は、市田良彦の解題とともに、「「私」の叛乱」というタイトルで『思想』二〇一五年七月号に再録された。またこのシンポジウムを機に、西川長夫・祐子夫妻から寄贈された「68年5月」に関する一連の資料は、「西川長夫・祐子旧蔵　パリ五月革命文庫」として京大人文研図書室で閲覧可能であり、その一部はウェブサイト上で公開されている（http://www.zinbun.kyoto-u.ac.jp/˜archives-mai68/）。

＊2――以下のウェブサイトを参照のこと。https://repository.kulib.kyoto-u.ac.jp/dspace/bulletin/zinbun handle/

＊3――この公開合評会の討議は、週刊読書人から『徹底討論　市田良彦・王寺賢太編『現代思想と政治』@京大人文研』と題された e-book として刊行されている。また、鵜飼・檜垣・森川三氏の書評は二〇一七年七月刊の『人文学報』第一〇九号に掲載された。以下のウェブサイトも参照のこと。https://repository.kulib.kyoto-u.ac.jp/dspace/handle/

＊4――Michel Foucalt, *La société punitive*, Paris, Gallimard/Seuil, 2013. 二〇一五年には、ハーコートはこの講義の英訳とプレイヤード版フーコー著作集第二巻所収の『監獄の誕生』の批評校訂も担当している。

＊5――Peter Hallward & Knox Peden, *Concept and Form*, London, Verso, 2012, 2 vol.

ピーデン、ノックス（Knox Peden）
オーストラリア国立大学研究フェロー。専攻、近現代哲学。ピーター・ホルワード（Peter Hallward）とともにアルチュセール派の理論誌『分析手帖 *Cahiers pour l'Analyse*』のアンソロジー・研究書である *Concept and Form* (Verso, 2012, 2 vol.) を編集。主な著作に、*Spinoza Contra Phenomenology : French Rationalism from Cavaillès to Deleuze* (Stanford UP, 2014) ; *French Philosophy Today : Critical Interventions* (Bloomsbury Academic, 2017) などがある。

長原豊（ながはら ゆたか）
1952年、富山県生まれ。東京大学大学院農学系研究科博士課程中退。博士（農学）。現在、法政大学経済学部教授。専攻、経済史・経済理論。主な著作に、『天皇制国家と農民』（日本経済評論社）、『われら瑕疵ある者たち』（青土社）、『ヤサグレたちの街頭』（航思社）などがある。

小泉義之（こいずみ よしゆき）
1954年、札幌市生まれ。東京大学大学院人文科学研究科博士課程退学。現在、立命館大学大学院先端総合学術研究科教授。専攻、哲学・倫理学。主な著作に、『倫理学』（人文書院）、『生と病の哲学』（青土社）、『ドゥルーズと狂気』（河出書房新社）などがある。

箱田徹（はこだ てつ）
1976年、松戸市生まれ。神戸大学大学院総合人間科学研究科博士課程修了。博士（学術）。現在、天理大学人間学部総合教育センター准教授。専攻、思想史。主な著作に、『フーコーの闘争』（慶應義塾大学出版会）、「幸福な定かならぬ世界の身体と快楽」（『生存学』第7号）、クリスティン・ロス『68年5月とその後』（訳、航思社）などがある。

廣瀬純（ひろせ じゅん）
1971年、東京生まれ。パリ第3大学博士課程中退。現在、龍谷大学経営学部教授。専攻、映画論、現代思想。主な著作に、『絶望論』（月曜社）、『アントニオ・ネグリ』（青土社）、『暴力階級とは何か』（航思社）などがある。

布施哲（ふせ さとし）
1964年、東京生まれ。エセックス大学 Ph. D. 現在、名古屋大学文学部・人文学研究科准教授。専攻、政治哲学、政治理論。主な著作に、『希望の政治学』（角川学芸出版）、「末人たちの共和主義」（『情況別冊 思想理論編』第3号）、「新結合をめぐって」（『思想』2015年9月号）などがある。

上尾真道（うえお まさみち）
1979年、福岡県生まれ。京都大学大学院人間・環境学研究科博士後期課程修了。博士（人間・環境学）。現在、滋賀県立大学非常勤講師。専攻、精神分析・思想史。主な著作に、『ラカン 真理のパトス』（人文書院）、『発達障害の時代とラカン派精神分析』（共編著、晃洋書房）、「フロイトの冥界めぐり」（『人文学報』109号）などがある。

松本潤一郎（まつもと じゅんいちろう）
1974年、東京生まれ。立教大学大学院文学研究科博士後期課程単位取得退学。現在、就実大学教員。専攻、フランス文学・哲学・思想史。主な著作に、「公理と指令」（『ドゥルーズ／ガタリの現在』平凡社）、「ピエール・クロソウスキーにおける身体と交換」（『層』第7巻）、「上向と翻訳」（『立教大学ランゲージセンター紀要』第33号）、「また消えるために」（『ドゥルーズ・知覚・イメージ』せりか書房）などがある。

立木康介（ついき こうすけ）
1968年生まれ、神奈川県出身。パリ第8大学博士課程修了。博士（精神分析学）。現在、京都大学人文科学研究所准教授。専攻、精神分析。主な著作に、『精神分析と現実界』（人文書院）、『露出せよ、と現代文明は言う』（河出書房新社）、『狂気の愛、狂女への愛、狂気のなかの愛』（水声社）などがある。

信友建志（のぶとも けんじ）
1973年、山口県生まれ。京都大学大学院人間・環境学研究科博士課程修了。博士（人間環境学）。専攻、思想史・精神分析。現在、鹿児島大学医歯学総合研究科准教授。主要業績に、「ラカンと数理論理学」（『主体の論理・概念の倫理』以文社）、「「寄生者」の思想」（『21世紀の哲学をひらく』ミネルヴァ書房）、「二人のスピノザ」（『フランス哲学・思想研究』21号）などがある。

松川みゆう（まつかわ みゆう）
1987年、三重県生まれ。現在、大阪大学大学院文学研究科博士後期課程在籍、日本学術振興会特別研究員（DC）。専攻、フランス文学、とくにルソー研究。

執筆者・翻訳者紹介

市田良彦（いちだ よしひこ）　**編者**
1957年、西宮市生まれ。京都大学大学院経済学研究科博士後期課程修了。現在、神戸大学大学院国際文化学研究科教授。専攻、フランス現代思想。主な著作に、『ランシエール 新〈音楽の哲学〉』（白水社）、『アルチュセール ある連結の哲学』（平凡社）、『革命論』（平凡社新書）、『存在論的政治』（航思社）などがある。

王寺賢太（おうじ けんた）　**編者**
1970年、ドイツ生まれ。パリ西大学博士（文学）。現在、京都大学人文科学研究所准教授。専攻、社会思想史／フランス文学・思想。主な著作に、*Éprouver l'universel*,（Kimé, 共著）、「一般意志の彼方へ」（『思想』2013年12月号）、『現代思想と政治』（市田良彦と共編、平凡社）などがある。

ボスティルス、ブリュノ（Bruno Bosteels）
コロンビア大学教授。専攻、ラテンアメリカ文学／文化・フランス現代哲学。アラン・バディウの著作の英語圏への翻訳・紹介でも知られる。既邦訳に、C. ドゥズィーナス・S. ジジェク編『共産主義の理念』（水星社、2012年）への寄稿がある。主な著作に、*Badiou and Politics* (Duke University Press, 2011) ; *The Actuality of Communism* (Verso, 2011) ; *Marx and Freud in Latin America : Politics, Psychoanalysis, and Religion in Times of Terror* (Verso, 2012) などがある。

バリバール、エティエンヌ（Étienne Balibar）
パリ西大学名誉教授、キングストン大学（ロンドン）招聘教授など。専攻、哲学。邦訳に、ルイ・アルチュセールほかとの共著『資本論を読む』（ちくま学芸文庫、1996年）、イマニュエル・ウォーラステインとの共著『人種・国民・階級』（唯学書房、2014年）ほか多数。主な著作に、*La crainte des masses. Politique et philosophie avant et après Marx* (Galilée, 1997) ; *Violence et civilité :* The Wellek Library Lectures 1996 *et autres essais de philosophie politique* (Galilée, 2010) ; *Citoyen Sujet et autres essais d'anthropologie philosophique* (PUF, 2011) などがある。

佐藤淳二（さとう じゅんじ）
1958年、東京生まれ。東京大学大学院人文社会系研究科博士課程修了。博士（文学）。現在、京都大学人文科学研究所教授。専攻、フランス文化論・思想史。主な著作に、「ルソーの思想圏」（『現代思想』2012年10月号）、「主体についての逆説」（『思想』2013年12月号）などがある。

ラディカ、ガブリエル（Gabrielle Radica）
ピカルディ大学准教授。専攻、政治哲学・ルソー研究。近年では民法と公法の関係について哲学史的研究を進めている。主な著作に、*L'Histoire de la Raison : Anthropologie, morale et politique chez Rousseau* (Champion, 2008) ; *Philosophie de la famille : Communauté, normes et pouvoirs* (Vrin, 2013) ; *Le Sens de la justice, une « utopie réaliste » ? : Rawls et ses critiques* (éd. avec Sophie Guérard de Latour, Garnier, 2015) などがある。

佐藤嘉幸（さとう よしゆき）
1971年、京都府生まれ。パリ第10大学博士（哲学）。現在、筑波大学人文社会系准教授。専攻、哲学／思想史。主な著作に、*Pouvoir et résistance : Foucault, Deleuze, Derrida, Althusser* (L'Harmattan)、『権力と抵抗』『新自由主義と権力』『脱原発の哲学』（田口卓臣との共著）（以上、人文書院）などがある。

上田和彦（うえだ かずひこ）
1964年、熊本生まれ。東京大学大学院人文社会系研究科博士課程修了。現在、関西学院大学法学部教員。専攻、フランス思想。主な著作に、『レヴィナスとブランショ』（水声社）、「恐怖政治と最高〈存在〉の祭典」（『啓蒙の運命』名古屋大学出版会）、クリストフ・ビダン『モーリス・ブランショ』（共訳、水声社）などがある。

ハーコート、E. バーナード（Bernard E. Harcourt）
コロンビア大学および社会科学高等研究院（パリ）教授。専攻、刑罰・監視を中心とする法律と政治の批判理論。『悪をなし真実を言う』（河出書房新社、2015年）ほか、ミシェル・フーコーの講義録と著作集の編纂にも参加している。主な著作に、*The Illusion of Order : The False Promise of Broken Windows Policing* (Harvard University Press, 2001) ; *The Illusion of Free Markets : Punishment and the Myth of Natural Order* (Harvard UP, 2012) ; *Exposed : Desire and Disobedience in the Digital Age* (Harvard UP, 2015) などがある。

〈ポスト68年〉と私たち　「現代思想と政治」の現在

2017年10月20日　初版第1刷発行

編者　市田良彦＋王寺賢太
発行者　下中美都
発行所　株式会社平凡社
〒101-0051　東京都千代田区神田神保町3-29
電話　03-3230-6580（編集）
03-3230-6573（営業）
振替　00180-0-29639
装丁　中山銀士
DTP　平凡社制作
印刷　株式会社東京印書館
製本　大口製本印刷株式会社

ISBN978-4-582-70355-9
NDC 分類番号133　A 5 判(21.6cm)　総ページ416

平凡社ホームページ　http://www.heibonsha.co.jp/